노숙인과
사회복지
실천

본 저서는 한국학술진흥재단의 지원에 의해 연구되었음(KRF-2004-003-B00152).

노숙인과 사회복지 실천

노숙인 복지시설 내의 사회복지실천 양상과 체계화

남기철 지음

한국학술정보(주)

‖ 저자 서문 ‖

    최근 우리나라에서는 언론매체를 통해 노숙인과 관련된 이슈가 부각되곤 한다. 흔히 들 거리에서 노숙인을 보면서, 혹은 인터넷 댓글 등을 통해 노숙인의 특성에 대해 한 두 마디씩 던지기도 한다. 하지만 대개는 개인적 경험이나 주관에 편향되어 사실과 다 른 왜곡된 내용이 대부분이다. 한편으로 노숙인에 대한 사회복지적 접근이나 체계적 연구도 빈약한 상황이다. 지역별 노숙인 복지체계는 매우 임의적이고 잔여적인 형태로 구성되어 있다. 노숙인 복지체계가 다른 사회복지 서비스 대상자에 비해 어떤 특징을 가져야 하는지도 인식되어 있지 않다. 노숙인과 노숙인 복지서비스 문제에 대해 연구 하는 연구자도 몇몇에 지나지 않는다. 다른 영역 사회복지실천에서의 연구와는 기본적 인 양에서부터 큰 차이가 있다. 쉼터와 상담보호센터만으로도 전국에 100개 이상의 노 숙인 복지 관련 시설이 있고 수백 명 이상의 관련 인력이 활동하고 있지만, 노숙인 복 지시설에서 이루어지고 있는 사회복지실천에 대해 객관적 조망은 이루어지지 못하고 있다. 낙후한 여건에서 사회복지사 및 종사자의 헌신적 노력에도 불구하고 이들에게 발전방향과 비전을 모색하여 제시하지 못하고 있다. 이는 상당부분 연구자의 책임이다.

    2004년 한국학술진흥재단의 연구비 지원은 우리나라의 노숙인 복지실천에 대해 정 리해보고자 하는 필자의 생각을 현실화하도록 도와주었다. 또 그간 노숙인 관련 연구 나 발표가 대개 노숙인 복지정책이나 체계에 대해 이야기하고 있는 경우가 많아 이 책자에서는 특히 노숙인 복지시설과 사회복지실천 양상에 대해 초점을 두어 살펴보고 자 했다. 대체적으로 연구비 지원을 받은 프로젝트의 경우 연구결과의 주요한 부분을 축약하여 논문을 쓰고 저널에 게재하는 것이 일반적이다. 그리고 처음에는 그렇게 하 려고 했다. 하지만 우리나라에서 노숙인 복지와 관련된 책자가 거의 없는 상황이라는 점이 마음에 걸렸다. 그래서 전반적인 관련내용을 정리하여 책자를 만드는 것으로 본 프로젝트의 결과정리 방식을 바꾸게 되었다. 그러다보니 본 프로젝트를 통해 조사하고 연구한 내용에 과거에 연구해왔던 내용들, 개론서적 성격에 포함되어야 할 구성과 내용, 그리고 다른 관련 연구자들과 논의해왔던 내용들도 포함하여 정리하고자 했다. 그럼에도 노숙인 복지 분야의 독립적인 서적으로서는 구성에 불충분하거나 누락된 부분이 많이 있다. 이 자리를 빌어 귀한 저술과 연구자료를 인용하도록 도와주신 정원오 교수님, 이태진 박사님, 남철관 선생님, 김선미 선생님과 연구회 및 현장 선생님들께 감사를 드린다.

이 연구 프로젝트를 진행할 때 필자와 아울러 동덕여대 사회복지학과에서 사회복지학을 공부한 사회복지사 등은 한 연구팀을 구성하였다. '할리피뇨'라는 이름의 프로젝트 팀이다. 노숙인과 우리사회 빈곤 관련의 자료수집과 세미나를 진행하였다. 이 책자와 프로젝트는 그 결과라 할 것이다. 할리피뇨 팀의 팀원은 모두 사회복지사로서 지금은 대학원, 대학의 관련 연구소나 현장 등에 있다. 특히 최은숙 사회복지사님은 할리피뇨 팀의 활동과 일정을 주관해왔고 각별한 노력을 기울여 주었다. 지금은 노숙인 복지의 실천 현장과 옹호조직에서 열심히 활동하고 있고 이 책의 마지막 정리단계까지 생생한 정보를 정리해 주었다. 할리피뇨 팀으로 함께 했던 최은숙, 권영혜, 김승아, 김지애, 손혜민 사회복지사님께 깊은 감사를 드린다. 연구과정에서의 기여와 노력을 생각해볼 때 팀원 모두는 이 책의 공저자로 보아 아무런 과함이 없을 것이다. 생각보다 책자 발간이 늦어진 점에 팀원 모두에게 사과드린다.

프로젝트와 책자발간을 위한 집필기간 동안 가족과 주변 사람들 모두에게 폐를 끼쳐 왔다. 바쁘다는 핑계로 대소사를 소홀히 해 온 점을 너그러이 보아주시고 도와주신 부모님과 가족들에게 감사를 드린다. 그리고 특히 평생 크게 어긋나지 않는가 살펴주시고 생각의 균형을 찾도록 도와주신 이모님께 깊이 감사드린다. 가현이와 재민이가 늘 건강하고 즐겁게 자라주었으면 하는 바램이다.

그다지 매력적이지 않을 이 책자를 흔쾌히 발간해주신 한국학술정보에 감사드린다. 연구를 지원해 주신 한국학술진흥재단에 미진하나마 이 책자로 연구결과 보고를 갈음하며 감사를 전한다. 노숙인 복지현장에서. 그리고 옹호조직과 주거빈곤층과 함께 활동하시는 모든 분들께 큰 빚을 지고 있다. 지면을 빌어 말로 다 할 수 없는 감사를 드린다. 감사로 끝날 수 없는 빚에 대해서는 해야 할 역할에 보다 충실하겠다는 뜻으로 갚아보고자 한다.

2007년 월곡동 연구실에서

‖차례‖

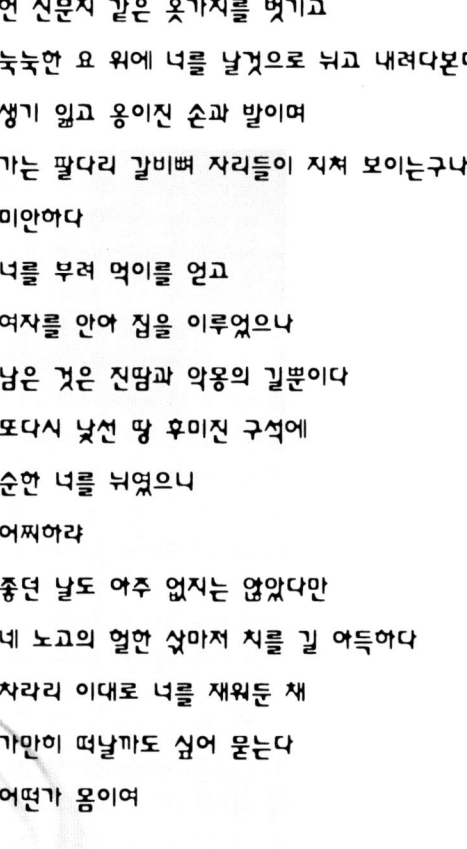

헌 신문지 같은 옷가지를 벗기고

눅눅한 요 위에 너를 날것으로 뉘고 내려다본다

생기 잃고 옹이진 손과 발이며

가는 팔다리 갈비뼈 자리들이 지쳐 보이는구나

미안하다

너를 부려 먹이를 얻고

여자를 안아 집을 이루었으나

남은 것은 진땀과 악몽의 길뿐이다

또다시 낯선 땅 후미진 구석에

순한 너를 뉘였으니

어찌하랴

좋던 날도 아주 없지는 않았다만

네 노고의 헐한 삶마저 치를 길 어득하다

차라리 이대로 너를 재워둔 채

가만히 떠날까도 싶어 묻는다

어떤가 몸이여

김사인 시인의 '노숙(2006)'

‖프롤로그‖ 익숙한 모습 그러나 낯선 사람

노숙인이라는 용어가 익숙해진 만큼 주변에서 노숙인을 보는 건 어렵지 않게 됐다. 뉴스에서도 IMF 이후 노숙인이 증가하고 있다는 기사는 쉽게 찾을 수 있고 겨울만 되면 노숙인 대책이 시급하다는 이야기도 빠지지 않고 들려온다. 사람들은 '노숙인'이라고 하면 공원에서 무료급식을 받기 위해 줄을 서 있거나 거리나 지하철에서 잠을 자는 것만을 단편적으로 떠올리는데 과연 그것이 전부일까? 노숙인은 우리 주변에서 자주 볼 수 있지만 이들의 삶에 대해 일반인들이 알고 있는 바는 극히 단편적이다. 노숙인에 대한 언론의 기사를 살펴보자.

<‘담요 한 장’ 여성 노숙인 안쓰런 죽음>

담요 한 장을 갖고 바람 피할 곳도 없는 길바닥 위에서 겨울을 나던 여성 노숙인이 숨진 채 발견됐다. 18일 오후 2시 30분께 서울시 도봉구 도봉시장 골목에서 50대로 추정되는 여성 노숙인이 붉은 색 담요를 덮은 채 누워 숨져 있는 것을 상인 선 모(59) 씨가 발견해 경찰에 신고했다. 선 씨는 “3일 전부터 길에서 이불을 덮고 있어 잠자는 것으로만 생각해 무심코 지나쳤는데 계속 누워 있는 것이 이상해 어깨를 밀어 보니 이미 숨져 있었다.”고 말했다. 경찰은 감식 결과를 토대로 숨진 여성이 다른 사람들에게 발견되기 10-20시간 전쯤 저체온증으로 인해 숨진 것으로 추정하고 있다. 이 여성에게는 덮고 자던 담요와 곁에 벗어놓은 낡은 슬리퍼 한 짝 외에는 별다른 소지품이 없었으며 상의 주머니에서 발견된 흰 종이봉투 안에는 천 원짜리 두 장과 동전 몇 개가 들어 있었다. 도봉시장 상인들은 2005년께부터 보이기 시작한 이 여성 노숙인이 주로 구걸을 하거나 시장통에서 먹을 것을 얻어가며 연명해 왔다고 말했다. 박 모(70.여) 씨는 “지나다가 맨바

14

닥에서 자는 걸 보고 요라도 가져다 줄 걸 하고 생각만 하고 가까이 다가가지 못했는데 이렇게 죽었단 말을 들으니 안쓰럽다."고 말했다.

[연합뉴스 2007.01.19]

노숙인에게 겨울은 특히 나기 힘든 계절인 만큼 사고가 끊이질 않고 있다. 2006년 겨울에는 노숙인 2명이 영등포역 3층 통로에서 잠을 자다가 대합실과 통로 사이에 설치된 자동방화 셔터에 깔려 숨지는 사고가 있었다. 또 같은 해 겨울에도 갑자기 닥친 추위에 불을 피워서 몸을 녹이려던 노숙인이 불에 타 숨지는 사고도 있었다.

노숙인 인터뷰: 아, 지금 추워서 양말도 없고…… 봐요, 내복도 안 입었어요. 이렇게 덜덜 떨고 있잖아. (제일 필요하신 게 뭐예요?) 내복과 이불이죠. 우리 잘 데만 있으면 여기서 안 자요. 이루 말할 수 없어요. 아픔과 고통과 괴로움에 잠을 이룰 수가 없어요. 몸이 아파서 신경통 때문에 (돌바닥에선) 못 자요. 난 전철타고 수원서 의정부까지 왔다 갔다 하면서 자고…… 생략 ……

[SBS 8시 뉴스 2003.12.20]

<거리 노숙인 57% 알코올중독>

　노숙인들은 신체적·정신적인 질환을 앓고 있는 경우가 많다. 이는 가장 기본적인 생활도 보장받지 못하고 불안정한 생활이 지속되면서 나타나는 당연한 결과로 보이기까지 한다.

　거리 노숙인들의 노숙이 만성화됨으로써 거리 노숙인들의 건강이 날로 악화되고 있는 것으로 조사됐다. 노숙인 다시서기 지원센터(소장 황운성)가 지난 10월 7일부터 3주 동안 서울 지역 거리 노숙인 100명을 대상으로 실시한 설문조사에서 거리 노숙인 가운데 만성질환이 있는 경우가 31%, 장애가 있는 경우가 30%인 것으로 나타났다. 또한 이들 가운데 알코올중독과 정신 건강에 문제가 있는 거리 노숙인이 상당수에 이르는 것으로 조사됐다. 거리 노숙인들의 알코올중독 문제를 조사하기 위해 한국형 알코올중독 선별검사(NAST)를 실시한 결과 거리 노숙인들 중 57%가 알코올중독 상태인 것으로 나타났고 이러한 결과는 일반 쉼터에 있는 노숙인들 가운데 22.1%가 알코올중독자인 것과 비교해 볼 때 거리 노숙인들의 알코올중독 문제가 상당히 심각한 수준에 도달했음을 보여주고 있다. 뿐만 아니라 노숙인들의 정신 건강 문제를 조사하기 위해 간이정신진단검사(SCL-90R)를 사용해 검사를 한 결과 거리노숙인의 34%가 정신건강에 문제가 있는 것으로 나타났다. 세부적인 하위영역을 살펴보면 거리 노숙인들은 우울증상(17%)을 가장 많이 보였고 타인에게 해를 끼칠 수 있는 편집증상(14%)과 정신증증상(13%)을 가진 노숙인들도 상당수에 이르렀다.

[오마이뉴스 2002.11.13]

2005년 기사에는 노숙인 10명 중 1명은 결핵을 앓고 있다는 기사도 있었다. 결핵은 꾸준히 치료를 하면 완치가 가능하지만, 노숙인들의 경우 주거지가 일정치 않아 완치가 어려운 실정이며 대부분의 노숙인들이 결핵 검진을 거부하는 것을 감안하면 실제 감염률은 더 높을 것으로 추정된다는 말도 덧붙여졌다. 이러한 실상에서 노숙인의 자살 소식은 그리 놀랍지만은 않다.

<40대 노숙인 또 지하철서 투신자살>

40대 노숙인이 열차에 몸을 던져 스스로 목숨을 끊었다. 25일 오후 7시 15분쯤 경기도 안양시 석수역 인근 선로로 진입하던 장항행 무궁화호 열차에 김 모(48) 씨가 치여 그 자리에서 숨졌다. 사고열차 기관사는 한 남자가 갑자기 선로로 뛰어들어 급정거했지만 멈추지 못했다고 말했다. 경찰은 일주일 전 김 씨가 노숙인 센터에서 나갔다는 주변 진술과 보행이 불편할 정도로 신체장애가 있었던 점으로 미뤄 스스로 목숨을 끊었을 가능성이 높다고 보고 사고원인을 조사하고 있다.

[노컷뉴스 2006.12.26]

그렇다면 우리 사회 시민들은 노숙인을 어떻게 바라보고 있을까? 혐오스럽고 기피해야 할 대상으로 여기고 있는가? 동정적으로 바라보고 있는가? 아니면 나와는 상관없는 사람들이니 무관심한가.

지난 설 전날 서울역에서는 노숙생활을 하던 40대 김 모 씨가 오랜 노숙생활로 건강이 나빠져 숨진 사건이 있었다. 쓸쓸한 죽음을 맞이한 이 노숙인을 다룬 기사(연합뉴스 2007.2.17)의 댓글을 살펴보면 노숙인에 대한 시민들의 시각을 볼 수 있다. 통상 인터넷의 댓글은 걸러지지 않은 즉자적인 감정을 그대로 드러내곤 한다. 노숙인에 대해서도 마찬가지이다.

000 목사   aboxxxx   2007/02/18 1:51

당신은 노숙인들한테 밥 쳐 먹이지 마라. 아까운 쌀밥을 왜 잠재적 범죄자 노숙인들한테 주는가? 밥 쳐 먹이니까 노숙인은 안 줄고 서울역에서 사는 거 아니야. 당신이 진정 도와줄 사람은 소년소녀가장, 독거노인이다 조용히 도와주면 남 도와주는 티가 잘 안 나니까 남들 다 보는 넓은 광장에서 노숙자들 밥 나눠줘야 되는 거냐? 그런 거였냐 ? 목사야

사회의 보탬이 안 되는 인간들은   batxxxxxxxxx   2007/02/18 11:10
조용히 사라지는 게 인간의 도리다.

노숙인은 사회의 찌꺼기다.   cigxxxxxx   2007/02/18 10:59
요즘 세상에 일거리가 없어서 노숙인 한다는 건 개소리다.
벼룩시장만 뒤져바라. 배달일이나 식당일 구직광고 수두룩하다.
일하기 싫어하는 버러지들이나 저렇게 노숙하지.ㅉㅉ
정부는 조속히 노숙인들 역에서 쓸어내라 가끔 지하철 탈 때마다 불쾌하다.

노숙인들이 어떤 족속들이냐 하면……   slaxxxx   2007/02/18 10:20
50대 이상이라면 몰라도 30~40대라면 충분히 일자리 구할 수 있다.
그런데 왜 일자리를 찾지 않느냐하면 놀고 싶을 때 놀고 자고 싶을 때 자고
먹고 싶을 때 먹었던 생활을 하다보니 거기에 익숙해져서 규칙적인 생활을
하지 못하는데다가 예전에 자기가 뭘 했느니 하는 그런 생각을 가지고
있어서 더럽고 힘든 일을 기피한다는데 있다.
공짜로 재워주고 먹여주는 보호시설도 술 못 먹게 하고 규칙적인 생활을

시킨다고 안 들어가는 인간들이 바로 노숙인들이다.

그런 잉여인간들을 존재가치가 없다고 봐도 무방하다.

스스로 노력하는 노숙인이 있다면 도와야 하지만 놀고먹겠다는 생각을

가진 인간들은 하등 도울 이유가 없다고 생각한다.

내가 지어낸 이야기라고 생각하는 무지한 인간이 있을 거다.

이건 몇 년 전에 TV에서 실제로 나왔던 내용이니 거짓이 있을 수 없다.

노숙인들 중 스스로 노력하려는 사람들은 1%안팎뿐이다.

서울역 부근의 노숙인들은 지나가는 사람들에게 구걸을 하고

위협을 하고 개방을 안 한다고 서울역 앞에서 시위를 하지 않나.

아무튼 웃긴 족속들이지…….

노숙인은 다 죽어도 마땅해   manxxxxxx   2007/02/18 03:48

회사 짤리면 끝인가?????

능력 없으면 능력을 키울려고 하지조차 엇는 미련한 낙오자들

카드 빚. 대출 빚 못 갚아서 쩔쩔매고 머리에 빵구난 녀석들

걍 죽는 것도 나쁘지 않아.

진짜 노숙인 때문에 세금 주는 것도 아깝다.

밥값…… 길거리 노래라도 하는지 요즘 농장 일손 모자란데 도와주던가.

사회봉사활을 하던가. 먼가 돈을 주면 술이나 쳐먹으니.

　　노숙인은 일을 할 수 있음에도 일할 의지가 없는 사람, 일은 안 하고 구걸만 하는 사람, 자유로운 노숙생활이 편해서 굳이 벗어나려는 노력을 안 하는 사람으로 비춰지고 있다. 실제 대부분의 노숙인이 구직활동을 하고 있고, 다른 사람들에게 노숙하는 모습이 나타나지 않게 하려고 숨는 경우가 많다는 점들은 아랑곳하지 않는다. 혹은 눈에 띄는 알코올중독, 정신장애 등의 모습 외에는 잘 모르고 있기도 하다. 반면 긍정적인 댓글도 나타나고 있다.

노숙인도 사람입니다.   dd1xx   2007/02/18 11:01
물론 그런 분들을 싫어하시는 분들은 얼마나 잘살고 떵떵거리며 사시는지는 모르지만
…… 이런 분들은 정말 어쩔 수 없이 살게 될 수밖에 없는 상황에 놓여져 사회에서 버림
받고 나약한분들입니다, 이런 분들을 돌보지 못할망정 이렇게 까대면 정말 이건 잘못된
거라고 생각 되구요. 다시 생각해 보셨으면 좋겠네요.

슬프네요.   air2xxxx   2007/02/18 10:48
가족들마저 외면하시다니……
얼마나 외로우실까……
고인의 명복을 빕니다.

마음의 상처가 큰 사람들 입니다.   jdhxxxxx   02007/02/18 09:48
마음의 상처가 큰 사람들 입니다. 우리가 사랑으로 돌봐야 할 사회약자 입니다. 그렇게
말씀 하시면 안 될 것 같네요.

노숙인……   whtxxxxxx   2007/02/18 05:31
역주위에 가면…… 오늘 내일 하는 노숙인들이 많습니다.
그때만 잠시 관심 가질 것이 아니라 정부에서는 무슨 대책 마련이
시급합니다.
살맛나는 세상 만들도록 모두 노력했으면 좋겠네요.

　긍정적인 댓글 중에는 쓸쓸히 죽어간 노숙인에 대해 애도와 동정어린 표현들이 있
었다. 그리고 노숙인을 쓸모없는 사회의 낙오자가 아닌 사회적 약자로 여기며 사회적
차원에서 도와줘야 한다는 의견도 찾아볼 수 있었다.

전체 댓글의 대부분은 부정적으로 바라보는 내용이었으며, 이들은 노숙인들이 할 수 있는 일자리가 많이 있고 육체적으로 일을 할 수 있음에도 불구하고, 단지 귀찮아서, 노숙생활이 편해서 힘든 일은 하지 않는다고 말하고 있었다. 또한 노숙인에게 무료 급식, 무료 진료 등을 제공해주는 서비스 때문에 노숙인이 줄지 않는다고 생각하고 있다. 과연 그들의 생각대로 우리 사회는 노숙인에게 그들이 노숙생활에 안주할 만한 서비스를 제공하고 있는 것일까? 오히려 우리 사회는 주변에서 노숙하는 것을 어떻게든 막기 위해 여러 가지 방책을 사용하는 것이 더 일반적인 모습이다.

2004년 5월, 서울시는 노숙인이 공원에서 자는 것을 방지하기 위해 일부 공원 의자에 나무턱과 쇠 팔걸이를 설치하여 노숙인 단속에 나섰다. 시청 앞 광장에는 노숙인들이 몰려드는 것을 방지하기 위해 아예 벤치와 음료수대, 화장실을 설치하지 않았다.

(경향신문 2004.05.18)

2005년 11월, 경찰청은 APEC 테러방지이유를 들어 사전 고지 없이 전국의 지하철과 철도의 물품 보관함 전원을 끊고 물건을 압수하여 이곳에 생필품을 보관해 온 노숙인들의 생존을 위협하는 사건이 일어나 노숙인의 인권침해가 아니냐는 논란이 제기되었다.

(노컷뉴스 2005.11.04)

최근에 부산역 측은 노숙인들이 야간에 대합실을 점령해 음주소란, 고성방가, 구걸행위 등을 일상아 문제를 일으키고 있다며 부산역 대합실 일부를 심야시간에 폐쇄하기로 결정하였다.

(서울신문 2007.2.24)

물론 실제로 노숙인들 중에는 시민들에게 불편을 끼치고 본의 아니게 공포감을 조성하는 경우도 있을 것이다. 하지만 이와 같이 공공에게 두려움을 주는 행동을 모든 노숙인에게 일반화시키는 것은 문제가 있다. 돈이 없고 갈 곳이 없어 길거리에 있다는 사실 자체로 인권을 침해받아도 좋다는 것은 있을 수 없다.

일반인들에게 익숙하지 않은 노숙인의 모습도 있다. 아래 두 개의 기사를 통해 노숙인들에게서 일반인들이 잘 몰랐던 새로운 모습을 발견할 수 있다.

<을지로입구역 노숙인 "우린 특별하죠">

자체 규칙 통해 음주·고성방가·싸움 없애. 개인위생도 깔끔 "노숙인 같지 않아요"

하루 11만 명이 이용하는 서울 지하철 2호선 을지로입구역. 이곳에서 생활하는 노숙인들은 좀 특별하다.

28일 을지로입구역 역무원과 상인 등에 따르면 이곳의 노숙인들은 지하철과 상가를 이용하는 시민들에게 불편을 주지 말자는 뜻에서 스스로 생활규칙을 정해 놓고 어김없이 이를 지키고 있다. 노숙인 하면 떠올리기 쉬운 음주, 고성방가, 싸움을 이곳에선 찾아볼 수 없다. 행인들의 발길이 뜸해지는 오후 8시가 넘어 모여들기 시작해 이튿날 새벽 6시면 모두 자리를 피해준다. 청소도 깨끗이 해서 밤을 샌 흔적을 찾기 힘들다.

노숙인 김 모(58) 씨는 "을지로입구역에 모이는 노숙인들은 암묵적으로 정한 규칙이 있어 이를 어기면 다른 곳으로 쫓겨나기도 한다."며 "언제부터 규칙이 생겼는지 모르지만 스스로 질서를 지키는 모습에 자부심을 느낀다."고 말했다.

……

(중략)

……

구세군특별봉사대 정 모(37) 씨는 "을지로입구역 노숙인들은 다른 역에 있는 분들에 비해 특별하다."며 "개개인이 청결함을 유지하려고 노력하고 말이나 행동이 온순하다."고 평가했다. 이곳에서 견과류를 파는 박 모(52) 씨는 "매일 오전 10시쯤 나오는데 신문지나 박스가 굴러다니는 모습을 거의 볼 수 없다."고 말했다. 역무 실장 김 모(50) 씨는 "다른 역에서는 아침에 일일이 노숙인을 깨워야 했는데 여기에선 그럴 필요가 없다."고 전했다.

10여 년을 을지로입구역에서 보냈다는 노숙인 강 모(57) 씨는 "가끔 술 취한 시민이 잠들어 있는 노숙인을 발로 차고 고성방가를 하거나 노상 방뇨를 하는 모습을 보면 한심한 생각이 든다."며 "우리 사회가 노숙인 전체를 무능력한 알코올중독자로 보지 않았으면 좋겠다."고 말했다.

[연합뉴스 2007.01.28]

노숙인 100여 명 장기기증 서약 "갈 곳 없지만 줄 수 있어 행복"

"사실 두려워요. 장기기증을 한다는 게……. 하지만 하늘나라에 갈 수 있다는 믿음으로 신장과 각막, 골수 등 장기를 사후에 기증하기로 했죠."

노숙인 하면 얼핏 떠오르는 것이 음주와 고성방가, 싸움과 구걸 등이다. 그런데 노숙인들이 일반인들도 하기 힘든 장기기증 서약에 나서서 훈훈한 감동을 주고 있다.

서울 중림동 시냇가교회(담임목사 김수철) 노숙인 성도 100여 명은 6일 오전 11시 이 교회 예배당에서 '사랑의 장기기증 예배'를 갖고 장기기증을 서약한다.

……

(중략)

……

사후 장기기증을 서약한 홍 모(40) 씨는 "비록 갈 곳 없는 노숙인이지만 다른 사람을 위해 뭔가 할 수 있다는 게 행복하다. 어차피 죽으면 썩어 없어질 몸인데……. 기쁜 마음으로 장기기증 등록을 하게 됐다."고 말했다.

장기기증운동본부 이승현 간사는 "사회적 냉대 속에 살아가는 노숙인들이 사실 가장 두려워하는 것은 길거리에서 죽으면 무적 처리돼 병원 해부용으로 기증될지 모른다는 것"이라며 "그런 이들이 오히려 생명나눔운동에 참여하는 것은 참으로 감동적인 일"이라고 말했다.

[국민일보 2007.02.04]

이제 노숙인을 우리 주위에서 본다는 것은 보편적 사회현상이 되었다. 하지만 노숙인에 대한 인식은 천차만별이다. 특히 부정적인 생각은 우리 사회에 미신처럼 퍼져있다. 전 세계 어디든 노숙인은 존재한다. 그리고 인류 역사상 예전에도 있었고 앞으로도 존재할 것이다. 노숙인과 함께 살아가는 것이 현대 사회 도시의 보통 모습이라 할 수 있다. 오히려 서울은 세계의 다른 대 도시에 비해서 노숙인이 적은 편이다.

우리는 우리 주변에서 늘 노숙인을 보고 있지만 그 실상을 잘 모르고 있다. 노숙인에 대해 보다 객관적인 인식이 필요할 때이다. 사회복지 서비스와 실천은 클라이언트의 욕구에 대한 정확한 인식에서 출발해야 한다.

노숙과 노숙인에 대해서는 개인적인 편견이 많이 작용한다. 개인적인 약간의 접촉이나 관찰이 전체적인 노숙인의 양상으로 치환되곤 한다. 물론 이에는 노숙인이 게으르다거나 위험하니 통제해야 한다는 사회적 낙인이 배경이 되고 있다. 실제로 음주나 소란 등 '기행'을 나타내는 노숙인이 그렇지 않은 경우보다는 눈에 더 잘 띄는 경향이 있다. 그렇지 않은 노숙인은 노숙인이라 여기지 않는 경우도 많다. 일부에 대한 경험이 마치 전체인 양 여기는 인식이 확대, 재생산되며 노숙인에 대한 낙인은 점점 심해지곤 한다.

우리나라의 대표적 노숙인 옹호조직인 전실노협(전국실직노숙인대책종교시민단체협의회)에서 제시하고 있는 '노숙인에 대한 편견과 진실'은 좋은 시사점이 된다.

① 노숙인은 일을 하지 않는 게으른 사람이다?
대부분 노숙인은 어려운 환경 속에서도 건강하게 노동을 해왔으나 불의의 사고, 사업의 실패, 개인의 힘으로는 어찌할 수 없는 사건의 발생 등으로 인해 삶에 대해 좌절합니다. 이로 인해 가정이 무너지고 노숙생활이 장기화되면서 점차적으로 삶에 대한 의지를 잃게 됩니다. 그 결과 일할 수 있는 힘도 의욕도 잃게 되어 노동을 한다는 것은 불가능해집니다. 그래도 살아보려는 의지가 있거나 노숙의 삶을 스스로 받아들인 사람들은 불안정하나마 인력시장을 통해 건설현장에서 막일을 하거나 식당 등에서 불규칙적인 일을 합니다.

② 노숙인은 스스로 노숙생활을 즐긴다?

노숙인의 생활은 크게 3가지 형태로 나누어집니다. 우선 정부의 응급대책으로 만들어진 수용시설에서 생활하는 사람들이 있고, 시설 생활에 적응하지 못해 말 그대로 노숙을 하는 사람들이 있습니다. 그리고 건설 잡부나 앵벌이 등을 통해 돈을 버는 사람들은 일당을 받으면 5천 원 이상의 일세나 10만 원 이상의 월세를 주고 일셋방(쪽방)이나 여인숙 등을 이용합니다. 그리고 월세로 사는 사람들은 사회로부터 어떠한 보호도 받을 수 없기에 언제든 노숙생활로 다시 되돌아 갈 수 있는 환경에 처해 있습니다. 밖에서 잠을 자는 것은 굉장히 고통스러운 일입니다. 특히 추위 속에서의 노숙은 목숨을 내놓은 것과 마찬가지인 일종의 재난 상황입니다. 그렇기에 그들은 가능하면 잘 수 있는 곳을 찾습니다. 그래서 노숙인의 대부분이 여건에 따라 '노숙―쪽방(일일 숙박시설)―복지시설―노숙'의 생활을 반복하게 됩니다.

③ 일자리만 생기면 노숙인은 자활할 수 있다?

노숙인들을 수용시설에 입소시켜 일시적인 숙소와 일자리를 제공한다고 해서 바로 자활한다는 것은 불가능한 일입니다. 왜냐하면 노숙생활이 길어짐에 따라 육체적·정신적으로 많은 손상을 입게 되고 개인적인 수치심과 자책감 등으로 사회생활에 적응하기 힘들게 되기 때문입니다. 즉 장기간의 불안정한 생활과 돌아갈 곳이 없는 가족 관계의 붕괴는 안정적인 자립생활을 어렵게 만드는 것입니다. 따라서 일시적인 주거제공과 취업알선만으로 노숙인의 실질적인 자활을 기대하기는 어렵습니다. 그러므로 대인관계에 문제가 있는 사람은 대인관계훈련을, 알코올문제가 있는 사람은 금주훈련을 시키는 등 각각의 개인 특성에 따른 상담과 치료과정을 병행한 후 안정된 주거공간을 보장해주며 취업을 시켜야 합니다.

④ 노숙생활은 비난받을 만한 당사자 개인의 책임이다?

노숙이라는 한계상황으로 내몰린 원인은 무척 다양합니다. 하지만 가장 주된 원인은 불평등한 사회구조에서 찾을 수 있습니다. 즉 고용상태가 매우 불안정한 노동자들은 장기실업으로 인해 소득이 현저히 감소하게 되는데, 불충분한 사회보장제도와 높은 주거비 부담은 끊임없이 노숙의 가능성을 증대시킵니다. 게다가 경제 불황과 대량실업사태가 빈곤을 악화시키며 가족관계를 무너뜨렸고 개인의 사회 적응능력의 취약함 등에 의해 더욱 사회에서 이탈되어 갈 수밖에 없습니다. 그리고 개인적 취약함이란 것도 사실 개인의 책임이라고만 할 수 없습니다. 불우한 성장배경으로 낮은 교육을 받고 저임금과 빈곤으로 이어지는 연결고리를 이 사회는 그대로 방치하면서 개인의 무능력으로 몰아가고 있기 때문입니다.

⑤ 노숙인은 위험하고 정신질환이나 알코올중독자이다?

우리나라의 노숙인들을 자활가능성 중심으로 분류하면, 20%는 실직 노숙인으로 안정적인 주거와 일자리가 있으면 가정으로 돌아갈 수 있는 사람이며, 50%는 단신 가족해체 노숙인으로서 재활프로그램을 거치면서 사회와 계속 접촉을 하면 노숙생활에서 벗어날 수 있는 사람들입니다. 20%는 치료대상 노숙인으로서 알코올치료와 정신치료 등을 받으며 사회생활을 병행할 필요가 있으며 이들을 방치하면 만성 부랑 노숙인으로 전락하게 될 것입니다. 10%는 만성 부랑 노숙인으로 만성 정신질환, 중증알코올중독, 부랑인, 노인 등이 이에 해당하며 이들은 장기적인 치료와 보호를 필요로 하는 사람들입니다. 따라서 대다수의 노숙인들은 사회의 관심과 애정이 있다면 충분히 자립할 수 있는 사람들입니다. 또한 그들은 결코 위험한 사람이 아니라 범죄의 위험에 그대로 노출되어 있어 오히려 보호받아야 될 사람들입니다.

제 I 부

노숙과 노숙인

"노숙인을 가까이 살펴보면 문제가 아니라 사람이 보일 것이다"

미국의 Common Ground 연례보고서

제1장 노숙인의 정의와 관점

여러 언론이나 신문, 방송에 노숙인의 이미지가 계속 좋지 않게만 나와서, 실제로는 거리에서든 시설에서든 아니면 쪽방에서든 그 상황에 따라 생활하는 모습들이 다 다르고 항상 똑같을 수만은 없는데…… 노숙인에 대한 인식은 변하지 않고 날이 갈수록 좋지 않은 방향으로만 편견을 가지는 것 같아서…… 내가 영상을 배워서 정말 그렇지 않다는 것을 알려주고 싶다는 생각이 많이 들게 해주었습니다. 제 주변의 노숙인 분들은 나름대로 거리생활을 청산하기 위해 열심히 애쓰는 분들도 많고, 소일거리라도 일을 찾아 생계를 유지하는 분들이 많이 있습니다.

(노숙인 당사자 모임에서의 기고…… Homeless, 25호)

1. 노숙인의 정의와 범위

노숙인(homeless)은 일반적으로 정규적인 적절한 주거지가 없고 길거리, 역사, 공원 같은 공공장소, 버려진 건물 등 사람이 자도록 고안되지 않은 장소에서 기거하거나 일시보호시설에서 지내는 사람들을 말한다. 노숙인은 기본적인 생활의 유지에서 심각한 위기상황에 직면하게 된다. 우선 정규적인 주거가 없다는 점은 최소한의 필수적인 경제적 능력과 사회적인 지원체계가 상실된 것이므로 생활의 재생산이 크게 위협받는다. 안정된 주거공간이 없어 규칙적인 생활이나 사생활의 보장도 이루어지지 않고 위생과 건강상의 문제를 야기하기도 한다. 기본적인 생물학적인 욕구부분의 문제뿐만 아니라 노숙인은 심리사회적인 측면에서도 부정적인 영향에 노출되어 있고, 사회적 지지 자원의 결여가 나타난다. 즉 노숙인의 생활은 단지 주거의 상실 혹은 경제적 궁핍만이 아니라 총체적이고 극심한 생활위기의 모습을 갖는다.

　노숙인의 범주를 어디까지로 보고 이에 따라 그 수가 얼마로 나타나는가, 하는 것은 노숙인 문제의 양상과 그 심각성을 보는 데 가장 기초적인 자료가 된다. 우리나라에서는 아직까지 이에 대한 합의가 이루어진 바가 없이 서로 다른 개념과 범주를 사용하고 있어 그 규모의 확인에서도 견해의 차이가 크게 나타나고 있다. 외국의 경우에도 개념상의 혼란은 어느 정도 일반적인 양상이지만 외국의 경험을 통해 합의를 얻을 수 있다.

　노숙인(homeless)의 범위를 엄밀히 규정하는 것은 쉽지 않다. 예를 들어 지하도에서 자고 있는 사람은 모두가 노숙인으로 보겠지만, 부녀일시보호소나 쉼터에서 자는 사람들에 대해서는 서로 다른 견해들이 나타난다. 노숙인이란 일반적으로는 일정한 숙소가 없어 길거리에서 자는 사람을 일컫는다. 그렇지만 노숙인이 길거리에서 자는 사람들만을 의미하는 것은 아니다. 많은 경우 임시보호시설 등의 숙소를 임시거처로 활용하는 경우를 노숙인의 범주에 포함하고 있다. 미국의 경우에 NCH(National Coaliation for Homeless)의 정의에 따르면 노숙인은 '정규적이고 고정된 적절한 주거시설이 없고 주로 길거리나 일시적인 보호시설, 사람이 자도록 고안되지 않은 공공의 장소…… 등에서 자는 사람'으로 정의되고 있다(NCH, 1998). Stewart B. McKinney 법에서는 노숙인을 (1) 밤을 보낼 적절한 고정적이고 정규적인 주거가 없는 사람, (2) 밤을 보내는 주 주거지로 일시적인 주거의 제공을 목적으로 하는 공공 혹은 사설의 임시보호시설, 수용을 목적으로 개인들에게 임시적 주거를 제공하는 시설을 활용하는 사람, (3) 사람이 자는 것을 목적으로 고안되지 않은 공공이나 사설의 시설 등을 밤을 보내는 장소로 이용하는 사람으로 규정하고 있다(U. S. General Accounting Office; GAO, 1999에서 재인용). 이렇게 볼 때, 노숙인은 크게 길거리 노숙인(street homeless)과 보호시설 이용 노숙인(sheltered homeless)으로 구분할 수 있다. 전자에는 주거가 없어 길거리나 숙박용도가 아닌 시설과 장소(공원, 역사, 지하도 등)에서 자는 경우가 포함되고 후자에는 희망의집과 각종 쉼터 등 노숙인 보호시설을 숙소로 이용하는 경우가 포함된다.[1]

　　이러한 범주에 기초하여 살펴볼 때, 노숙인의 수는 과연 얼마나 되는가? 일단 각종 정부에서의 노숙인 관련 사업 지침 등을 통해 살펴본다면, 보건복지부는 우리나라의 노숙인의 수를 대략 5,000명으로 추산[2]하고 있으며 이 중 4,000명은 노숙인 쉼터에 그리고 1,000명은 길거리에서 생활하는 노숙인으로 파악하고 있다. 이는 시점에 따라 약간씩 달라지고 있지만 대략적으로 발표되는 수치들은 이와 유사하다. 예를 들어 지난 2006년 하반기 시점에서는 보건복지부가 근거자료로 활용하는 전국실직노숙인대책 종교시민단체협의회의 집계에서 전국적으로 쉼터노숙인 3,300명과 거리노숙인 1,300명 등 대략 4,600명가량의 노숙인을 집계하고 있다. 쉼터노숙인과 거리노숙인은 3:1 정도

---

1) 일부에서는 위와 같은 정의에 대해 협의의 관점이라고 하며 실제로 노숙인 문제의 현황에 대해 정확히 파악하기 위해서는 임시로 친지의 집에 얹혀사는 경우나 일세나 쪽방 등을 전전하는 등 주거의 안정성이 보장되지 않는 경우를 포함해야 한다는 주장도 있다. 사실상 노숙인은 여타 주거취약계층과 분명하게 구분되지 않는 것이 사실이다.

2) 물론 이러한 수를 작다고 할 수만은 없으나 5,000명이라는 수는 전 인구의 0.01%를 약간 상회하는 정도이다. 이는 미국에서 노숙인의 수에 대해서 특정한 시점에는 약 73만 명, 한 해에는 약 200만 명이 노숙을 하고 있다는 추산(1998년 National Alliance to End Homelessness의 조사치)이나 Culhane 등의 조사(1994)결과 전 인구의 3%가 2-4년에 한 번씩 노숙을 경험한다는 사실(NCH, 1998에서 재인용)에 비교해본다면 아직까지 우리나라의 노숙인 문제가 상대적으로는 심각하지 않거나 혹은 노숙인의 수가 과소평가되고 있다는 것을 나타낸다. 이는 노숙인의 수를 파악하는 방법 차이에 따른 과소평가의 경향과 관련이 있다고 보인다.

의 비율을 나타내고 있다.

〈그림 1-1〉 전국 거리노숙인, 쉼터 이용 노숙인 현황

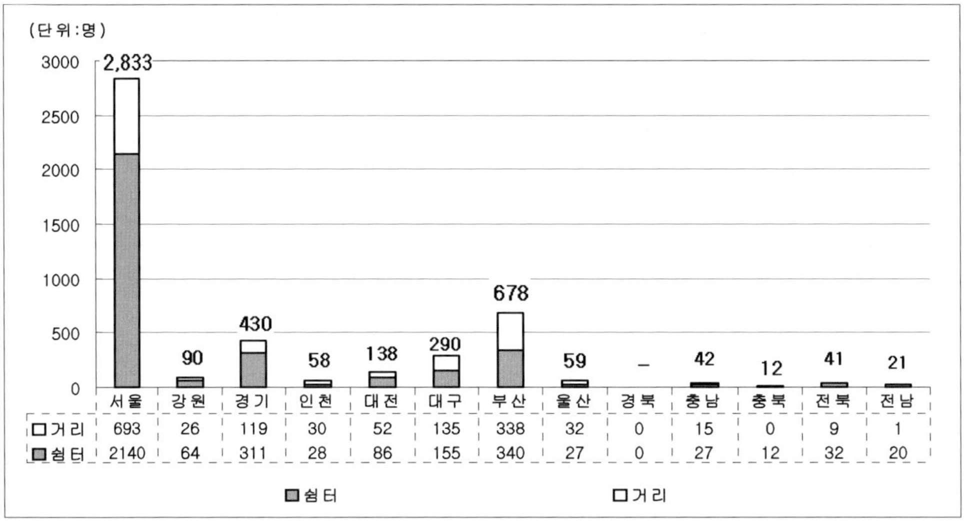
(단위:명)
3000
2500
2000
1500
1000
500
0
2,833
90
430
58
138
290
678
59
–
42
12
41
21
쉼터
거리

	서울	강원	경기	인천	대전	대구	부산	울산	경북	충남	충북	전북	전남
□거리	693	26	119	30	52	135	338	32	0	15	0	9	1
■쉼터	2140	64	311	28	86	155	340	27	0	27	12	32	20

출처: 전실노협, 2006. 9월 노숙인 현황

그리고 이 중 절대다수가 서울에 거주하고 있는 것으로 파악하고 있다. 노숙인의 수치에 민감한 서울시의 자료를 살펴보면 최근 3,200명가량의 노숙인이 있는 것으로 나타나고 있다. 전국적으로 노숙인의 60% 이상이 서울의 노숙인이며 쉼터 이용 노숙인 중 서울의 쉼터를 이용하는 노숙인은 전체의 2/3가 된다.

〈그림 1-2〉 서울의 노숙인 추이

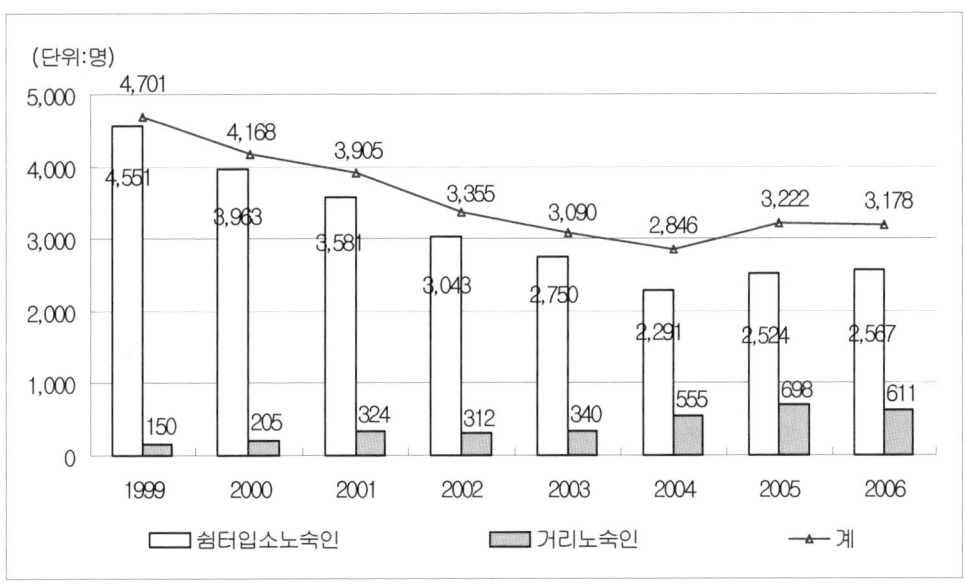

출처: 노숙인자립지원반 내부자료(1998-2006 노숙인변화추이, 99`-05` 1월 말 기준/06` 12월 말 기준)

　　그러나 노숙인의 현황을 파악하고자 하는 노력에도 불구하고 이러한 수치는 노숙인
의 현황을 정확하게 반영하고 있다고 보기 어렵다.[3]

　　노숙인 문제에 대한 접근 경험이 우리보다 앞선 미국에서의 노숙인 실태파악을 둘
러싼 논의를 통해 그 이유를 살펴볼 수 있다. 1990년대 초에 미국에서는 S-Nights라

---

3) 얼마 전까지 제주도에는 노숙인이 한 명도 없는 것으로 관련 조사자료가 발표되곤 하였다. 제
　주도에 노숙인의 존재는 누구나 알고 있으며 무료급식 프로그램 등도 자생적으로 나타나고
　있음에도 공식적으로 노숙인의 수를 집계할 주체와 의지가 없기에 노숙인이 없는 것으로 상
　황이 정리되어 왔다. 노숙인 담당의 업무를 수행하는 주체가 없는 지방자치단체에는 노숙인
　이 없는 것으로 발표되는 것은 일반적인 상황이었다. 이는 해당 지역사회에 노숙인 관련 프
　로그램이 마련되지 못하는 원인이 되곤 한다. 다소 비약이지만 우리 사회에서 노숙인 자활과
　사회복귀 관련의 아무런 노력을 하지 않는 지방자치단체에는 노숙인이 한 명도 없는 역설이
　성립해 온 것이 사실이다. 이는 노숙인이 없어서 프로그램이 없다는 것과는 전혀 다른 것이
　다. 노숙인의 수를 집계할 관련주체가 없기 때문에 '노숙인이 없는' 것이다.

는 프로젝트를 통해 뉴욕, 시카고, 뉴올리언스, 로스앤젤레스, 피닉스의 5개 지역에서 노숙인들이 밤을 보내고 있을 것으로 알려진 모든 임시보호시설과 길거리 장소를 정해진 날에 일제히 조사하여 노숙인의 수를 약 23만 명으로 추산하였다. 그러나 이 결과는 노숙인의 수를 과소평가한 것일 수밖에 없다는 견해가 이 프로젝트를 수행한 학자들에게서 표방되었다(Wright et al, 1998). 이와 같이 일정시점에 여러 장소에서 일제히 관찰한 숫자를 더하는 것으로는 정확한 노숙인의 수가 나오지 않는다는 것이다. 첫째로, 측정하려는 장소에 있었으나 숫자에 포함되지 않은 사람이 있을 수 있고, 두 번째로는 조사팀이 발견하지 못하는 장소에서 밤을 보내는 노숙인들이 있을 수 있다는 것이다. 그 경험적 근거로서 S-Night에서는 길거리 노숙인(49,734)보다 쉼터노숙인(178,636)이 더 많은 수를 나타내고 있으나 그 지역에서 이루어진 기존의 많은 연구들에서는 길거리 노숙인이 몇 배 더 많거나 최소한 비슷한 수가 있다고 보고된 바 있었다. 이러한 점을 볼 때, 쉼터노숙인의 수는 어느 정도(Wright 등의 주장에 의하면 약 90% 정도) 파악이 되었으나 길거리 노숙인의 수가 제대로 반영되지 못했다는 것이다.

즉 노숙인이 많이 모여 있다고 판단되는 지역에서 특정 시간대에 모여 노숙하고 있는 사람을 조사자가 세는 방법[4]으로 정확한 노숙인의 수를 파악하기 어렵다. 미국에서 1988년에서 1992년에 걸쳐 뉴욕인구의 3%, 필라델피아에서 1990년과 1992년 사이에 전체 인구의 3%가량이 우리나라의 '쉼터'와 비슷한 성격을 띠는 노숙인 보호시설(shelter)을 임시주거로 활용한 경험이 있다고 보고 되었다. 엄밀히 말해 노숙은 한 개인의 삶에서 영구불변의 상황이 아니기 때문에 집이 없어 노숙을 하는 사람의 수보다는 노숙을 경험한 사람의 수를 측정하는 것이 올바른 방법이다(NCH, 1998).

---

4) 이를 노숙인의 수를 파악하는 'point-in-time counts' 방법이라고 하는데 이럴 경우 조사자가 잘 모르는 지역의 노숙인이 파악되지 않아 전체적으로 그 수가 과소평가될 뿐만 아니라 '간헐적'으로 노숙하는 사람이나 활동적으로 이동하는 노숙인보다는 '만성적'으로 노숙하거나 질환 및 중독자들의 비율이 높게 나타나는 경향이 있다. NCH(1998)에서는 노숙인을 파악하기 위한 방법으로 이와 같은 'point-in-time counts'와 특정 기간 동안에 노숙을 했던 사람의 수를 조사하는 'period prevalence counts'방법이 있다고 하며 이 중 후자가 보다 정확한 파악이라는 점을 제안하고 있다.

James는 특정 시점에 노숙인으로 확인된 사람은 전체 노숙인에 비해서는 일부분이
며 더 적절한 파악방법은 '노숙의 위험'에 처한 사람을 확인하는 것이라고 주장하며
이를 위해 다음과 같은 식으로 특정 시점에 관측된 노숙인에 대한 정보로부터 노숙의
위험에 처한 사람의 전체 수를 확인할 수 있다고 했다(James, 1992).

[(연령—16)/노숙의 회기(spell)] * [12/(현 회기의 길이 * 2)][5]

그는 콜로라도 지역에서 이러한 조사를 통해 임시보호시설에서 1,755명, 길거리나
다른 장소에서 850명, 종합 2,605명의 노숙인이 관측이 되었으나 노숙의 위험에 있는
수는 이보다 훨씬 큰 86,000명을 나타내는 것이라고 지적하고 있다.

물론 우리나라에서는 아직 노숙의 회기(spell)나 기간 등에 대한 정보가 얻어지지
않아 이와 같은 위험 수를 정확히 계산할 수는 없다. 그러나 관련된 자료가 수집된 거
의 유일한 연구인 남기철(2000)의 자료 값을 통해 추산해본다면, 보건복지부에서 발표
한 5,000여 명의 관찰된 노숙인의 수는 노숙의 위험에 처해 있는 사람들의 수가
70,455명에 이르는 것을 나타내고 있다.[6] 따라서 우리나라에서 노숙인 문제를 현재
point-in-time counts 방법의 일제조사 결과인 전 인구의 0.01%라는 수의 특수한 계층

---

5) 이 식에서는 우리나라에서 몇 가지 교정해야 할 전제를 필요로 한다. 우선 노숙의 spell은 성
   인 시기만을 대상으로 하므로 성인기를 구별하는 연령을 16세로 규정하고 있고, 조사된 노숙
   인은 현재 회기의 한가운데에 있다는 전제를 하고 있다. 이 식에서 좌측은 성인기에서 1년에
   노숙회기를 맞이할 확률을 통해 관측된 해당 노숙인이 몇 명의 유사한 위험에 있는 사람을
   대표하는가를 나타내는 것이고, 우측은 그 노숙인이 개월 수로 표시한 현 회기의 길이에 따
   라 1년의 노숙 기간에 관측될 사람 몇 명을 나타내는가를 표시하는 것이다(예를 들어 26세인
   노숙인이 성인기에 2회 노숙을 했고 현재 6개월째 노숙 중이라면, 그리고 현재 노숙인으로
   관측이 되었다면, 수식에 따라 5*1=5를 통해 이 1명이 관측되었다는 것은 5명의 동일한 노
   숙 위험에 있는 사람이 있다는 개략적인 파악이 되는 것이다).
6) 물론 이러한 계산결과는 몇 가지 가정에 기반을 두고 얻어진 것이므로 정확한 것으로 볼 수
   없다. 개략적인 수치파악을 위해 우선 우리나라에서 성인을 구별하는 일반적 기준인 18세의
   연령기준을 사용하고, 해당 연구의 조사결과 얻어진 노숙인 표본 355명의 자료를 토대로 연
   령과 노숙 기간의 값을 위의 식에 대입해서 얻어진 것이다.

의 문제로 보는 것은 적절한 판단이라고 할 수 없다. 이보다는 훨씬 많은 사람이 노숙이라는 위기에 직면하며 살고 있는 것으로 보아야 할 것이다.[7]

한편으로 우리나라의 실정 법령에서 노숙인은 어떻게 규정되고 있는가? 관련된 '노숙인및부랑인복지시설설치운영에관한규칙' 제2조에 노숙인의 정의에 대한 규정이 있다. 이는 "노숙인이라 함은 일정한 주거 없이 상당한 기간 동안 거리에서 생활하거나 그에 따라 노숙인 쉼터에 입소한 18세 이상의 자를 말한다."는 것으로 제2조 1의 2에서 규정되고 있다.

그런데 같은 시행규칙 제2조 1항에서 "부랑인이라 함은 일정한 주거와 생업수단 없이 상당한 기간 거리에서 배회 또는 생활하거나 그에 따라 부랑인 복지시설에 입소한 18세 이상의 자를 말한다."(제2조 1항)는 규정이 있어 노숙인과 부랑인의 개념이 상당 부분 모호하게 중첩되어 있음을 볼 수 있다.

이를 시행규칙의 자구를 그대로 해석하여 '생업수단'의 여부를 통해 노숙인과 부랑

---

7) James는 수식을 통해서 86,000명의 노숙의 위험에 있는 사람 중 그해에 노숙할 확률이 3-10%인 저위험 노숙인이 64,800명, 10% 이상의 고위험 노숙인이 21,200명임을 파악했고 특정 해의 노숙확률이 10%라는 것은 10년에 걸쳐서 본다면 65%의 노숙위험이 있다는 것을 의미한다.

인을 구분한다는 것은 넌센스다. 따라서 부랑인과 노숙인의 개념 범주에 대해 살펴볼 필요가 있다.

학문적인 의미뿐만 아니라 실용적인 의미에서도 개념의 사용, 용어의 구별은 중요하다. 특히 이는 사회복지서비스 이용자에 대한 사회적 인식, 낙인 등과 관련되므로 최근 사회복지실천의 조류에서는 과거보다 더욱 중요하게 생각되고 있다.

노숙인 혹은 부랑인과 관련되어 서로 혼용되고 있는 용어는 매우 많다. 노숙인, 부랑인 외에도 노숙인, 홈리스, 행려자, 노유인, 무주거자 등의 용어가 혼용되고 있다. 이 용어들은 사회적 대책이나 복지정책의 대상이라는 측면에서 특정 서비스를 받고 있는 경우를 지칭하는 '실용적인 수준'에서 구분하기도 하고(노숙인, 부랑인, 행려자 구분), 혹은 노숙인과 부랑인 구분의 비논리성 때문에 포괄적인 새로운 용어를 사용하기도 한다(홈리스 개념의 새로운 도입). 경우에 따라서는 개념이 주는 낙인 때문에 약간의 표현전환을 도모하기도 한다(노숙자에서 노숙인으로의 개념 전환).

하지만 이 용어들의 사용은 서비스 전달체계의 통합이나 제도적 측면의 정리를 위해 구별된 것이 아니라 다분히 자의적으로 사용되어 온 것이다. 원래 사회복지정책의 대상자 혹은 영역을 구별해서 지칭하는 이유는 이들이 가지는 욕구의 특성에 맞는 서비스 전달방식과 내용을 구축하기 위해서이다. 장애인, 노인, 청소년, 아동, 여성, 정신건강 등이 그 예가 될 수 있다. 이 용어들이 지칭하고 있는 내용의 차이만큼 노숙인과 부랑인의 차이가 분명한가를 생각해보아야 한다.

사회복지정책 대상으로서 노숙인과 부랑인은 어떠한 특성을 가지고 있는 대상개념인가를 살펴볼 필요가 있고 이는 이외의 다른 사회복지정책 대상개념들을 포함한 논의를 필요로 한다.

장애인, 여성, 아동, 청소년, 노인 등, 이 모든 용어의 뒤에는 '복지'라는 단어가 붙는다. 그리고 매우 많은 사회복지 관련 법안에서 우리 사회의 모든 장애인, 여성, 아동, 청소년, 노인 등은 국가에 의해 복지를 보장받을 수 있음을 선언하고 있다. 법적으로 보편적 서비스를 선언하고 있지만 현실적으로 여러 가지 한계 때문에 모든 장애인,

모든 노인이 사회복지서비스의 대상이 되지는 않고 있다. 특히 생활시설을 통한 사회복지서비스의 전달은 모든 대상자에게 제공되는 것이 아니라 사회복지서비스 제공의 기본적 요건인 사회적 특수한 욕구(needs)와 빈곤, 무주거, 무의탁이라는 상황하에서 제공된다.

결국 생활시설 서비스가 없다면 '노숙'과 '부랑'에 처할 상황에 있는 장애인, 노인 등이 장애인복지시설, 노인복지시설의 서비스를 받도록 체계가 구성된 것이다. 그런데 여기서 빈곤, 무주거, 무의탁이라는 '노숙과 부랑'의 조건보다 '장애' 혹은 '노인'이라는 욕구특성이 일차적, 우선적으로 발현되고 이에 맞추어 생활시설서비스가 구성되는 것이다. 이는 '장애'에 대한 사회복지서비스 수준이 '노숙'에 대한 사회복지서비스 수준보다 높을 것을 요구하고 있기 때문이다. 노숙 장애인 시설이 따로 있는 것이 아니다. 이들의 서비스 욕구는 장애인복지시설이다. 단적으로 표현한다면 노숙 혹은 부랑 생활을 하고 있는 심각한 분열병 증상을 가진 정신장애인은 사회복지서비스 측면에서 일단 '정신장애인'이지 '노숙인'으로 규정되어서는 안 된다.[8]

즉 '노숙' 혹은 '부랑'이라는 조건은 생활시설서비스의 전제조건이지만 서비스의 질적 수준의 측면에서 보다 낮은 이차적으로 작용하는 것이다. 빈곤, 무주거, 무의탁이라는 전제적 상황하에서 '장애'라는 서비스 욕구가 있다면 이것이 사회복지 생활시설 서비스의 내용과 성격을 일차적으로 규정한다. '노인'이라는 서비스 욕구가 빈곤, 무주거, 무의탁이라는 상황과 결합되었을 경우에도 마찬가지로 '노인'이라는 특성이 일차적으로 작용한다. 알코올중독을 비롯한 '정신건강의 장애'를 가진 대상자의 경우에도 유사하다.

---

8) 이는 사회복지서비스에서 이중진단(dual diagnosis) 대상자에 대한 논의와도 관련될 수 있다. 그러나 이중진단의 내용이 제공되어야 할 사회복지서비스의 수준에서 동일한 것인 병렬적인 경우와 이중진단의 내용이 제공될 사회복지서비스의 수준에서 질적 차이를 가지는 경우는 구별된다. 후자의 경우인, 예를 들어 '장애'와 '노숙'의 경우는 선별적인 생활시설서비스가 주를 이루는 상황을 감안할 때, 장애에 대한 사회복지서비스가 욕구의 특성상 더 수준 높은 것이므로 '노숙'은 '장애에 대한 서비스'의 수급자격과 관련될 수는 있지만 기본적인 서비스 내용은 '장애'의 욕구가 우선시된다. 즉 이 경우 이중진단이라기보다는 서비스 수준에 질적 차이가 나타나므로 이 중에서 더 수준 높은 서비스의 대상개념으로 구분되어야 한다. 이는 대상자에 대한 최대봉사의 원칙을 구현하기 위해 더 수준 높은 서비스를 받도록 해야 하기 때문이다.

　　그렇다면 노숙 혹은 부랑으로 규정되는 사회복지정책 대상자들의 경우는 어떻게 보아야 할 것인가? 이 경우에는 다른 인구학적 특성에 의한 일차적 조건이나 서비스 욕구보다는 빈곤, 무주거, 무의탁이라는 사회복지생활시설 제공의 전제적 상황이 주 서비스 욕구가 되는(장애, 노령, 정신건강, 폐질 등의 일차적 요인에 의한 욕구나 문제가 부각되지 않으므로 이차적 측면이 주요 욕구로 부각되는) 대상으로 보아야 할 것이다.

---

① 빈　곤: 현재의 상황에서 독자적인 경제력으로 최저생활 유지에 어려움을 겪는 경우
② 무주거: 정규적인 주거를 상실한 경우(길거리나 기타 사람이 살도록 고안되지 않은 구조물이나 공공장소를 숙소로 활용하는 경우 혹은 이들을 위한 사회복지생활시설이나 일시보호시설을 숙소로 이용하고 있는 경우)
③ 무의탁: 물질적·비물질적 지원을 제공 혹은 지원할 수 있는 가까운 사회적 관계망을 결여한 경우

　　물론 노숙 혹은 부랑의 상황은 알코올 남용, 심리사회적인 무기력, 사회관계에서의 철회와 고립이라는 속성들을 유발한다. 그리고 이는 많은 경우 노숙과 부랑의 생활 기간과 관련된다. 따라서 심리사회적인 욕구가 없는 것은 아니며 빈곤, 무주거, 무의탁에 대응하는 물질적 급여만을 제공해서는 불충분할 것이다. 심리사회적 욕구에 대응하는 서비스를 반드시 제공해야 한다.

　　노숙과 관련된 사회적 기능수행의 손상 현상에 의해 경우에 따라서는 '노숙인'과 '부랑인'을 그 손상 정도에 따라 심한 경우를 부랑인, 기능손상이 경미한 경우를 '노숙인'이라 칭하기도 한다. 하지만 이는 동일한 정책 대상 안에서의 상대적 차이로 보아야 할 것이다. 이 상대적 차이는 '장애', '노인', '정신건강', '심각한 질환(폐질)'이라는 범주의 구별과는 질적으로 다른 것이기 때문이다.

　　결국 사회복지욕구 혹은 사회복지정책의 대상자로서 노숙인 혹은 부랑인은 다른 특수(인구학적) 요인에 의한 사회복지욕구로 일차적으로 구별되지 않은 사회복지생활시설서비스 대상자이다. 이를 잔여적으로 생각할 때는 '다른 사회복지서비스 영역에서

보호하지 않은 사람'들에 대한 지칭이고 반대로 본다면 사회적 복귀를 치명적으로 어렵게 만드는 여타의 불리한 조건들이 덜하여 사회복귀 가능성이 상대적으로 높은 사람들이 된다.

따라서 이러한 점이 노숙인과 부랑인에게는 공통적인 점이고 동일하게 볼 수 있다. 이를 '자활의지'나 '손상정도' 등 기타의 모호한 구별기준으로 억지로 구별하여 별도의 서비스 욕구와 서비스 체계를 구성한다는 것은 적절치 않다. 따라서 사회복지사업법상의 대상으로서 노숙인과 부랑인은 동일한 서비스를 받는 동일한 정책대상개념으로 통합되어야 하며9) 보건복지부령인 부랑인복지시설설치운영규칙에 노숙인 개념과 부랑인 개념이 적절히 통합될 수 있도록 조정할 필요가 있다.

노숙인과 부랑인은 동일한 정책대상개념으로 통합되어야 하지만 노숙인 쉼터의 '노숙인'과 부랑인 복지시설의 '부랑인'은 지원체계, 즉 각각이 속한 시설의 속성에 대한 고려가 없는 상태에서 유사한 대상이 섞여 있다. 따라서 적절한 서비스가 주어지려면, 각 시설의 속성 및 그곳에 입소해 있는 대상자의 특성을 파악하는 작업이 필요한 것이다.

이는 노숙인과 부랑인 개념의 본래 속성과 무관하게 생활시설 서비스를 무엇을 받고 있는가의 양상을 기준으로 개념이 지칭되고 있는 것과 관련된다. 즉 빈곤, 무주거, 무의탁이라는 욕구에 대응하는 사회복지서비스를 받는 경우가 부랑인이나 노숙인이어야 하는데 그렇지 않은 경우가 많이 존재한다. 특히 그 이상의 수준 높은 서비스를 필요로 하는 장애인, 정신장애인, 노인, 중증요양대상자 등이 다수 부랑인복지시설에서 생활하고 있기 때문이다.

---

9) 이를 지칭할 명칭에 대해서도 '무주거자', '주거불안정자', '홈리스'나 '노유인' 등이 거론된 바 있으나 개념 자체를 무엇인가로 할 것인가는 본 연구에서 논외로 한다. 이는 지나치게 소모적인 추상적 논의로 흐를 우려가 있고 새로운 개념의 설정은 사회복지사업법의 재개정 논의와도 연관되기 때문이다. 정책과 서비스의 대상으로서 빈곤, 무주거, 무의탁이라는 현재 상태와 서비스 욕구가 강조되는 것이 더 중요하다.

〈그림 1-3〉 노숙인쉼터 및 부랑인복지시설 입소자

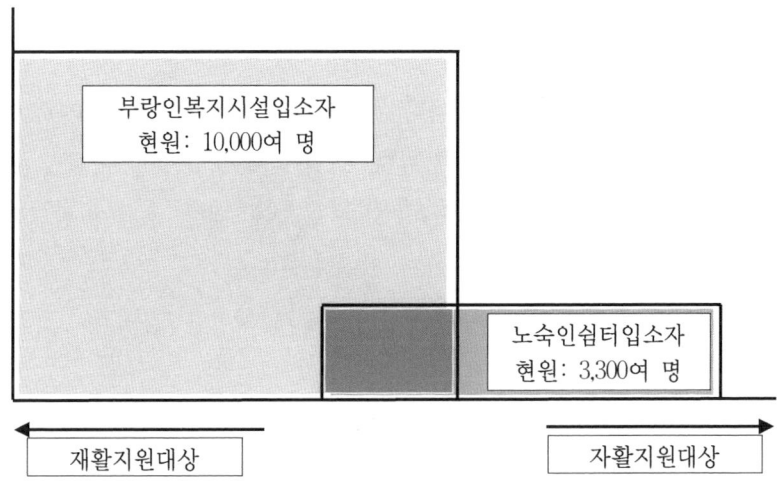

** 자료: 이태진 외(2003).

〈그림 1-3〉에서 나타나듯이 실태조사결과(이태진 외, 2003)에 따르면 부랑인 복지
시설 이용자는 노숙인 쉼터 이용자에 비해 서비스 욕구 수준이 높고 사회적 기능 수
준이 낮아 자활가능성이 상대적으로 낮다. 반면 노숙인 쉼터 이용자는 상대적으로 자
활 가능성이 높은 특성을 나타내고 있다. 상대적으로 기능수행이 높은 우측은 보다 지
역사회에 근접된 자활중심의 서비스를, 상대적으로 좌측의 사람들은 노숙과 부랑 생활
에서 파생된 기능손상에 대응하는 재활중심의 서비스를 받아야 할 대상이다. 그러나
이는 역시 상대적인 차이로 볼 수 있다.

2. 노숙에 대한 인식과 사회복지 역사

노숙은 인간의 정규적 주거생활만큼이나 긴 역사를 가지고 있다. 그리고 이는 가장 고전적인 사회복지의 대상문제에 해당해 왔다. 소위 '비옥한 초승달 지대'로 불리는 인간 정주의 초기역사에서부터 정주할 곳이 없는 노숙에 대한 문제는 발견되고 있다 (Levinson, 2004). 고대부터 노숙인은 가장 취약한 집단이기에 구호나 자선의 대상으로 부각될 수 있었다. 하지만 항상 구호의 대상으로서 적절한 '자격'이 있는가의 측면에서 의문시되어 왔다.

노숙인은 사회복지의 역사에서 오랜 기간 논란이 되어온 가치 있는 빈민(deserving poor)과 가치 없는 빈민(undeserving poor) 중 항상 수급 받을 자격(가치)이 없는 대상으로 여겨져 온 것이 사실이다. 그러나 이 자격과 가치는 역사적 문화적 맥락에 따라 달라지는 것이지 고정불변은 아니다.

예를 들어 고대 그리스에서는 가치 있는 빈민과 가치 없는 빈민의 구별이 나타났지만 그 의미는 후세와는 현저히 달랐다. 가치 없는 빈민은 교양 없고 항상 빈궁한 사람들로서 그들은 거의 동정과 자선을 받지 못하였다. 반면 가치 있는 빈민은 좋은 가문에서 태어나 교양 있고, 유복하게 살았던 사람들 중에서 곤경에 처한 사람이었다. 이들에 대해서는 부자들이 동정심을 가지고 도움을 주었다. 가치 있는 빈민들에 대한 부자들의 동정심은 두려움에 바탕을 둔 것이었다. 즉 유복한 자신들도 언젠가는 궁핍할지 모른다는 두려움이 동정심의 근거를 형성한 것이었다. 이러한 두려움으로부터 부자들은 클럽이나 협회가 조직한 상호부조기금에 기부금을 내게 되었다. 결국 그리스의 박애는 영예에 대한 사랑, 그리고 미래에 대한 불확실성으로부터 오는 두려움에서 비롯된 것이었지 약자나 무능력자에 대한 순수한 관심에서 비롯된 것은 아니었다(감정기 외, 2002).

노숙인에 대한 '복지'의 태도는 역사적으로 볼 때, 두 가지 점이 항상 문제가 되었다. 첫째는 노동능력이 있으나 일하지 않는다는 '나태'에 대한 것이다. 장애인, 아동, 폐질자와는 다른 범주로 여겨진 것이다. 두 번째는 노숙인의 존재가 사회혼란을 유발할 수 있다는 두려움과 이에 따라 강한 통제의 대상으로 여겨졌다는 것이다. 때문에 노숙인은 사회복지의 초창기에는 대부분의 나라에서 복지보다는 통제와 단속의 대상이 되었다.

근대적 사회복지와의 관련성 속에 국한하여 살펴본다면 노숙의 문제는 자본주의적 산업화를 위한 '노동력 집결'을 해치는 요소로 파악될 수 있다. 또한 당시의 노동윤리 강조에 반하는 현상으로 여겨진다. 영국의 노동자 조례 등을 통해 이를 잘 살펴볼 수 있다.

> 떠돌아다니는 많은 부랑자들은 그들이 구걸로 먹고 살 수 있는 한 일하기를 거부하며 게으름과 타락에 빠지고 때로는 절도와 기타 혐오스러운 짓을 하기도 하므로, 그들을 감옥에 넣는 고통을 주지 않고 단지 연민과 자선금품에 의해서는 그들을 일하게끔 할 수 없다. 따라서 부랑자들은 그들이 생계를 구하려고 한다면 반드시 강제노동을 해야 한다.
>
> 1349년 노동자 조례

서구의 역사에서는 중세 봉건제가 붕괴될 상황에 처하면서 임금에 의한 노동이 점차 보편화된다. 과거처럼 토지와 봉지에 예속되는 것이 아니라 자신에게 임금을 지불할 수 있는 사람을 위해 자신이 원하는 곳에서 일하는 농민의 수가 점점 늘어났다. 그리고 도시 지역에 이들 노동력이 어느 정도 이상 집결되어 산업적 생산의 기틀이 마련되었다.

이와 같은 상황에서 가장 많은 쟁점을 불러일으킨 것이 부랑자와 떠돌아다니는 임시 노동자들이었다(남찬섭 역, 2001). 봉건제로부터 발생한 자유의 가장 중요한 측면은 소유(ownership)와 이동(movement)이었는데 이는 결코 분리된 것이 아니었다. 이동과 여행은 사람이 자신을 스스로 소유하는 수단이며 독립의 상징이기도 하였다. 그러나 이는 사회의 지배층이 보기에는 필요한 안정적 노동력 공급에 위험이 되며 체제의 안정에도 불안요소로 여겨졌다. 따라서 이러한 것들이 노동자 조례 등을 통해 "떠도는 행위에 대한 일정한 제재와 금지"를 나타내게끔 한 것이다.

물론 사회적으로 인정받는 방랑도 있었다. 대표적인 것은 추수기의 방랑이다. 이는 노동력의 집중적이고 일회적인 필요성들에 의해 사회적으로 필요한 것이었다. 1351년에는 이를 감안한 두 번째 노동자 조례가 나타났다. 이는 첫 번째 노동자 조례가 잘 지켜지지 않고 있다는 인식도 반영된 것이었다. 즉 "특정시기(8월)에는 다른 지역으로 가서 일할 수 있지만 그 후에는 이전에 거주하던 지역으로 모두 돌아가야 한다."고 명시하고 있다.

왕과 군주들은 구걸과 이동, 부랑 그리고 노동력 부족을 본질적으로 같은 문제라고 생각하였으며, 하나의 법으로는 다루어질 수 없다고 여겼다. 왕과 군주들은 최고임금을 정함으로써 그리고 연고지가 없는 사람들로 하여금 그들을 고용하고자 하는 사람이면 어떤 사람에게든지 그를 위해 일하도록 강제함으로써 이 문제를 해결하려 하였다. 여기에는 또 하나 구걸할 수 있게 해주면 일하지 않으려 할 것 같은 사람에게 자선을 베풀지 못하도록 함으로써, 이 문제들을 해결하려고 하였다. 노동자 조례의 관점에서 볼 때, 걸인과 부랑자는 빈곤의 문제가 아니라 노동력 공급의 누출 문제였던 것이다(남찬섭 역, 2001).

1388년 영국의 법에서는 노동자들을 거주지에 묶어두기 위해 이전보다 훨씬 더 구체적인 용어를 사용하여 강제적인 규정을 하고 있다.

하인이나 노동자, 그가 남자이든 여자이든, 여행 이유와 복귀일시를 담은 허가장을 지니지 않을 경우에는, 그가 원래 살았던 헌드레드(hundred; 100개 가족으로 구성된 규모 정도의 지역)에서 고용 기간이 끝났다 하더라도 근로나 주거를 위해 또는 단순히 여행을 위해 원래 살았던 헌드레드를 떠나 다른 헌드레드로 갈 수 없다. 만일 이동허가증이 없으면 합당한 출발원인을 담은 허가장을 가지게 될 때까지 그를 족쇄를 채우거나, 일하려 한다는 확신을 줄 때까지 감시하거나, 그가 출발하였던 곳으로 되돌려 보내야 한다.

또한 1388년 법은 허가장 없이 여행하는 하인이나 노동자들에게 형벌을 부과하였는데, 그 형벌은 걸인들에게도 적용되었다.

> 일할 수 있으면 구걸하는 사람에게는 허가장 없이 거주지역을 이탈한 사람에게 하는 것과 똑같은 대우를 한다.

이처럼 노숙인에 대해서는 '게으른 빈민'으로 보는 관점이 강했다. 중세 말 서구에서는 구걸로 살아가는 사람들 중에 어느 한 곳에 정착하지 않고 이리저리 옮겨 다니는 부랑걸인들이 있었다. 일정한 정착지 없이 돌아다니는 사람 모두가 걸인은 아니었다. 일의 특성상 옮겨 다니는 노동빈민들도 있었고 일자리를 찾아 헤매는 실업자들도 있었다. 또 자신들이 가진 예술적 재능을 파는 예인(藝人)들도 있었다. 그러나 이들과 상습적 부랑걸인 사이에는 어떤 명확한 경계선이 그어져 있는 것도 아니어서 대개는 같은 취급을 받았다.

일반적인 걸인에게는 관용과 동정을 보이던 중세인이지만 부랑하는 사람에 대해서는 매우 부정적인 태도를 보였다. 부랑인들은 잠재적 범죄자나 전염병 보균자로 간주되는 경향이 있었으며, 특히 부랑인들의 숫자가 늘어나는 시기에는 이들에 대한 경계심도 크게 증가하였다.

이를 잘 보여주는 것이 집시족과 관련된다. 1416년경 중부 유럽에 처음 모습을 드러낸 이들은 이동을 계속하여 1419년에는 프랑스에 대거 출현하는 등 전 유럽에 퍼져 나갔다. 사람들은 이들 집시족을 매우 거칠게 대하였다(허구생, 2002).

비록 자선은 근대적 사회복지에 비해 취약하고 임의적인 것이지만 자선의 논리는 그다지 단순한 것만은 아니다. 12세기 유럽의 랍비인 마이모니데스(Maimonides)는 가장 낮은 1단계의 자선에서부터 가장 고귀한 8단계의 자선에 이르기까지 정리된 형태로 이러한 사유의 존재를 보여주었다(감정기 외, 2002).

8단계의 자선

1단계: 마지못해 후회하며 줌 ―손으로 주는 것이지 마음으로 주는 것이 아님
2단계: 기꺼이 주지만 곤궁한 자의 곤경에 비추어 볼 때 부족함
3단계: 기꺼이 그리고 감안해서 자선을 하나 자선을 달라고 간청할 때에 비로소 줌
4단계: 기꺼이 그리고 감안해서 심지어 간청 받지 않고 주지만 빈자의 손에 직접 쥐어줘서 고통스런 수치감을 자극
5단계: 빈자가 은전을 받고 제공자가 누군지를 아는 방식으로 자선을 제공. 단 준 자는 받은 자가 누구인지 모름
6단계: 제공자는 은전의 대상자가 누구인지 알지만 제공자가 빈자에게 알려지지 않게 함
7단계: 준 자나 받은 자가 서로 알지 못함
8단계: 빈곤을 예방함으로써 빈자들이 더 이상 자선을 기대하지 않도록 함. 즉 빈자를 도와 그가 정직한 삶을 살고, 자선을 얻기 위해 손을 내미는 끔찍한 상황에 처하지 않게 함

우리나라의 노숙인에 대한 관심이 외환위기 이후 급격히 커진 것도 서구의 경험과 마찬가지로 통제의 대상인 유별난 사람으로 여기다가 IMF 경제위기 이후 누구나 노숙인이 될 수 있다는, 그리고 본인의 나태함 때문은 아니라는 인식에 따라 복지의 대상으로 여겨지기 시작한 까닭이다.

우리나라도 원래 노숙인 혹은 부랑인에 대한 부정적인 가치판단이 강한 인습을 가지고 있다. 과거 구휼이나 상부상조의 전통이 사회복지와 관련될 수 있는데 이들 대부분이 정주하여 한 마을에서 지내고 있는 정착부락민에 국한되고 있다. 예전부터 "객사한 시신은 들여올 수 없다."는 말이 전해오고 있는데 여기서 부랑에 대한 강한 경계를 내포하고 있음을 볼 수 있다.

최근의 사회복지체계에서는 대체적으로 노숙인의 문제를 통제보다는 복지서비스의 대상으로 인식하고 있음을 볼 수 있다. 그리고 소득보장, 의료, 주택, 노동 등 다양한 영역의 복지프로그램이 연계되고 있다. 하지만 아직도 시민의 의식이나 혹은 복지프로그램 운영의 세부적 측면에서는 노숙인에 대해 '나태'와 '통제'의 관점이 여전히 잔존하고 있는 것이 현실이다.

3. 노숙의 원인론

노숙인 문제에 대한 이론적 논의들은 노숙의 원인에 대해 접근하는 시도들에서 가장 기본적인 형태로 발견된다. 노숙인 문제에 관해 관심을 가지고 연구하는 많은 학자들에게서 노숙의 원인이 무엇인가에 대한 설명이 나타나고 있다. 노숙은 사회경제적인 측면에서부터 개인의 심리 내적인 측면에 이르기까지 워낙 많은 요인들이 얽혀 있는 복잡한 문제이기 때문에 노숙의 원인에 대한 기존 연구들도 어디에 초점을 맞추고 있는가에 따라 다양한 현상들이 노숙의 원인으로 언급되고 있다.

노숙의 원인을 설명하는 논의들을 몇 가지 종류로 분류해본다면 대체로 다음과 같은 맥락의 몇 가지의 유형이 있는 것으로 볼 수 있다.

가장 기본적인 형태의 원인에 대한 설명은 적절한 주거의 불충분한 공급과 같은 구조적이고 거시적인 측면의 설명이나, 혹은 정신질환, 가족사에서의 특성과 같은 개인 내적인 측면에서의 요인들 중에서 어느 한 가지를 결정적인 요소로 들어 설명하는 경우가 있다. 물론 이는 다른 측면의 원인을 부정한다기보다는 강조점을 어디에 두느냐의 차이로 볼 수 있다.

Wright 등(1998)은 연구마다 서로 다른 노숙의 원인을 제시하고 있는 점들을 지적하였다. 이들은 어느 것이 맞고 어느 것이 틀렸다고 판단할 수는 없다고 하면서, 원인(cause)이라는 용어를 사용하는 맥락의 수준이 서로 다르다는 점을 지적하였다. 이들은 여러 논의들이 원인의 강조점을 어디에 두고 있는가, 하는 차이점에 따라 여러 이론적 입장들을 '선택에 의한 노숙론', '부적절한 서비스에 의한 손상론', '사회구조론'으로 분류하고 있다(Wright et al., 1998). '선택에 의한 노숙론'은 노숙인들이 가지고 있는 개인 내적 특성에 의해 노숙인들이 노숙이라는 생활형태를 선택했다는 설명을 말하며, 이는 '희생자를 비난'하는 시각으로 흐를 수 있는 위험이 있다고 했다.

'부적절한 서비스에 의한 손상론'은 지역사회의 충분한 서비스가 없는 상태에서 나타난 정신질환자에 대한 탈시설화나 사회복지 서비스의 결핍으로 인해 노숙인이 나타나게 된다는 설명이다. 이 논의는 세 가지의 명제들로 이루어진다. 첫째는 노숙인은 대부분 결함이 있는(defective) 사람들이고, 둘째 사회복지 서비스를 통해 이러한 결함들이 치료될 수 있으며, 셋째는 노숙인들의 이러한 결함이 치료된다면 더 이상 노숙인이 되지 않을 것이라는 것이다. Wright 등은 이 시각이 단지 부분적으로만 현실을 반영하고 있다고 보았다.

'사회구조론'의 설명은 노숙인이 나타나는 현상을 국가의 소득정책, 주택정책, 복지국가체계의 완결성 등과 같은 정책과 제도 측면에서 원인을 찾는 논의이다.[10] 그러나 이 경우 보편적인 상황하에서 어떠한 사람들이 노숙인이 되고 어떠한 사람들은 노숙을 하지 않게 되는지에 대해 간과하게 되는 문제가 있다.

Wright 등은 이 세 가지 원인에 대한 이론적 설명이 사회문제에 대한 설명들에서와 마찬가지로 이데올로기적으로 우파적 입장에서 좌파적 입장까지에 해당하는 것으로 보고 있다. 그러나 이 세 가지 설명은 어느 하나의 요인이 결정적이라는 점을 주장한다는 점에서는 동일한 것이다.

그러나 노숙은 워낙 많은 요인들이 관련되는 문제이므로 앞에서처럼 다양한 원인 중 자신의 입장에 부합하는 어느 한 가지 요소를 주장하거나 설명하기에는 무리가 따르는 점이 있다. 이에 따라 두 가지 이상의 주요 원인을 전제하면서 이들 요인의 관계에 대해 설명하는 형태의 이론들이 있다. 여기에 해당하는 원인 설명의 방식은 3가지로 나누어 볼 수 있다. 첫째, 주요한 원인에 따라 노숙인을 분류하는 방식과 둘째, 관련될 수 있는 많은 요인들을 병렬적·실증적으로 탐색하는 방식, 그리고 세 번째는 복합적인 원인이 서로 다른 수준에서 작용하고 있다고 보고 원인요소들의 순서나 수준을 정리하여 통일적인 설명을 시도하는 방식 등이다.

첫 번째의 방식으로 볼 수 있는 것이 Leach(1979)의 연구인데 여기서는 노숙의 원

---

10) Wright 등은 스스로는 노숙의 원인에 대해서 이러한 사회구조적인 시각이 문제를 올바르게 보는 것이라는 입장을 밝히고 있다.

인이 사회구조적인 것에 있는 노숙인은 '외생적' 노숙인, 개인적 결함에 있는 경우는 '내생적' 노숙인으로 분류하고 이 두 유형의 노숙인은 서로 다른 특성을 가지고 있다고 보았다. 얼마 전까지 우리나라에서 소위 '부랑인'과 'IMF 경제위기형 실직 노숙인'으로 노숙인 집단을 분류하고 이 양자의 차별성을 강조하던 것들도 이와 같은 시각이라고 할 수 있다. 결국 이러한 시각에서는 노숙의 원인요소가 여러 가지이기는 하지만 한 개인이 노숙인이 되는 과정에서는 주로 하나의 요인만이 관련되고 이 요인이 무엇인가에 따라 서로 배타적인 특성이 나타난다고 본다.

두 번째의 방식은 노숙과 관련되는 것으로 보이는 다양한 요인들에 대해 실증적으로 검토하는 많은 연구에서 나타난다. Jackson(1998)은 이전의 여러 연구들을 종합하여 노숙을 예측할 수 있는 주요한 8가지의 요인으로 알코올 및 약물중독, 정신질환, 가정폭력, 가족구성, 경제적 자원의 결핍, 사회복지 공공부조의 활용, 사회적 자원의 결핍, 적절한 주거지의 결핍을 들고 있다. Wright(1990)는 22가지의 노숙관련 원인요소들을 분석하고 그 설명력에 따라 순위를 부여하고 있다. 우리나라에서는 신원우(1999)의 연구가 유사한 사회경제적 상황에서 누가 노숙인이 되는가, 하는 결정요인을 분석하였다. 실직상태의 건설일용노동자에 대한 로지스틱 회귀분석을 통해 개인특성, 가족특성, 사회환경적 특성을 분석하고 그 결과로 개인특성 중에서는 교육 정도와 구직방법, 실직 이전의 월평균 수입 요인이, 그리고 가족특성에서는 결혼 안정성, 주거 안정성 요인, 사회환경적 특성 중에서는 친척 및 친구의 사회적 지지 요인이 노숙 여부에 유의미한 영향을 미치는 주요한 결정 요인임을 밝히고 있다.

세 번째 방식에 해당하는 것으로 볼 수 있는 Shinn과 Weitzman(1990)은 노숙의 원인에 대한 포괄적 관점의 이해를 강조하면서 개인적 수준의 요인(individual-level factors), 사회적 요인(social factors), 사회경제적 요인(socioeconomic factors)이라는 세 가지 수준에서 요인을 추출하고 이 요인들의 상호작용 속에서 노숙문제를 이해해야 한다고 보았다. 즉 다중적인 수준에서 노숙의 요인들이 작용하고 있으며 이 요인들이 서로 다른 수준에서 작용하여 노숙으로 전화되는 과정이 나타난다는 것을 강조하고 있다. 이는 노숙이 한두 가지의 요인보다는 다중적 수준에서 복합적으로 작용하는 요인들에 의해 나타나는 현상으로 인식한다는 점에서 의미가 있다. 즉 이러한 논의가 첫 번째 유형의 논의들과 차이가 나는 점은 한 개인이 노숙인이 되는 것과 관련되어 여러 가지의 요인이 서로 다른 수준에서 복합적으로 작용하고 있다고 보는 점이다.

McNaught와 Bhugra(1996)도 노숙인이 되는 경로와 다양한 요인들의 상호작용을 통해 노숙의 다양한 원인들을 통합적으로 이해하는 노숙의 모형(model of homelessness)을 제시하고 있다. 여기서는 개인의 연령이나, 인종, 성 등의 인구학적 요인과 알코올중독, 범죄전과, 교육수준, 사회적 지지망 등의 개인적 요인, 실업과 주택정책 등과 같은 사회적 요인이 한 개인에게 실업과 빈곤을 거쳐 노숙인이 되는 통로를 밟게 한다며 각 원인이 서로 다른 순서로 작용하는 것을 설명하고 있다.

우리나라의 노숙인에 대한 연구에서는 실증적인 조사가 뒷받침된 것은 아니지만, 정원오 외(1998)의 연구나 남기철(1998)의 연구가 원인요소들을 통합적으로 설명하려는 시도를 하고 있다. 이 연구들에서는 사회구조적 배경요인들을 전제로 하고 개인의 심리사회적 취약성을 위험요소로, 사회적 지지를 보호요소로 살펴보고 있다.

대개의 경우 통합적인 설명을 시도하는 논의들에서는 비슷한 내용이 나타난다. 이 내용(Shinn & Weitzman, 1990; McNaught & Bhugra, 1996; 남기철, 1998)을 정리하면 다음과 같은 설명이 일반적 방식이다.

노숙현상의 가장 기저에는 물론 경제적 구조적 요소가 자리 잡고 있다. 경제적 구조에 따른 빈곤화와 개인적인 취약요인은 개인·가족 수준에서의 위험요인에 영향을 준다. 개인과 가족의 수준에서 빈곤과 실업은 경제적 능력의 상실뿐만 아니라 실업자 개인(대개 남성 가구주)과 가족 성원에게 심각한 스트레스를 주며 가족역할의 급격한 변화, 신체적·심리적 건강의 훼손, 가족갈등과 해체에 큰 영향을 미치게 된다(조성희, 1999). 그러나 빈곤과 실업과 같은 경제적인 요인이 곧장 가족의 해체나 노숙으로 연결되어 모두가 노숙인이 되는 것은 아니다. 여기에 개인과 가족의 위기에 영향을 주는 개인적인 사회심리적 요인들도 있다. 대표적으로 언급되는 것이 정신질환, 가정 폭력과 약한 가족 응집력, 약물중독 등이다(Wright, 1990; Proch & Taber, 1987). 이와
같은 구조적인 요소와 개인적인 요소의 위험성에 대항해서 노숙으로의 이전을 막는
'보호요소'가 사회적 지지망으로 볼 수 있다. 반대로 본다면 사회적 지지망에서의 취약
성은 노숙인으로의 전화과정에서 최종적으로 작용하는 원인으로도 볼 수 있다.

　이러한 노숙의 원인에 관한 기존 연구의 논의들을 살펴볼 때, 단일한 원인을 강조
하면서 이것으로 사회구조적 원인을 제시하는 극히 일부의 입장(Wright의 분류에서
사회구조론에 해당하는 입장)을 제외한다면 대부분의 원인설명에서 노숙인이 나타내
는 심리사회적 측면에서의 특성을 노숙의 원인으로 보고 있음이 드러난다. 정신건강에
서의 문제, 알코올중독이나 약물 남용, 사회적 지지의 결여, 범죄나 공격성 등이 이러
한 요소로 지적되고 있다. 그러나 심리사회적 특성을 노숙의 원인으로 설명하는 논의
와 관련해서 반드시 생각해보아야 할 점이 두 가지 있다.

　첫째로 노숙인의 심리사회적 특성은 많은 측면에서 원인과 결과를 명확히 구별할
수 없는 복합적 양상이다.[11] 빈곤이나 실업 등과 같은 요인은 노숙이라는 현상에 선
행하는 결과로서 인과관계를 설정하기가 상대적으로 용이하지만 노숙인의 심리사회적
특성은 그렇지 못하다. 누군가가 노숙인이 되도록 결정하는 원인으로서만이 아니라 노
숙생활에 기인하여 나타나는, 혹은 노숙생활을 통해서 심화되는 다양한 현상이라는 측
면에서도 파악해볼 필요가 있다.[12]

　두 번째 점은 노숙은 고정불변의 종국적인 결과가 아니라 역동적인 생활과정의 한
국면으로 볼 수 있다는 것이다. 이와 관련된 문제제기가 Cohen(1994)이 지적한 바와

---

11) 한 예로 외국에서의 연구(Bhugra, 1996; Shinn & Weitzman, 1990; McChesney, 1995 등)는
　　일반적으로 노숙인들은 정신분열증과 인격장애 등 심각한 정신질환을 가지고 있는 비율을
　　20% 이상으로 보고 있다. 그러나 Bhugra는 자신의 조사결과에 대해서 정신건강의 문제는
　　노숙의 원인으로만 볼 수는 없다는 점을 지적하며 동시에 노숙생활의 산물로도 보아야 한다
　　는 점을 밝히고 있다.
12) 대표적인 예로 Kozol(1990)은 노숙인들이 우울하거나 불안해보이는 등 기타 심리적 역기능
　　을 나타내는 것으로 보이더라도 이 심리적 역기능이나 정신건강에서의 문제는 노숙의 원인
　　이 아니라 노숙이라는 스트레스 사건의 당연한 반응이라고 지적하고 있다.

같이 노숙인의 노숙과 관련된 심리사회적 현상을 그들의 특성(traits)으로 보느냐 상태(state)로 보느냐 하는 점이다.[13] 즉 원인론은 노숙의 '특성' 측면에만 치중하여 정태적인 심리사회적 원인에 의한 정태적인 결과로서만 노숙을 보게 되고 이렇게 되면 노숙이 가지는 '상태'의 의미, 즉 변화하는 역동적 생활과정의 한 국면이라는 점을 간과할 수 있다는 점이다. 그렇게 되면 이미 노숙생활을 하고 있는 사람이 나타내게 될 앞으로의 변화과정과 요인을 상대적으로 간과하게 될 우려가 있다는 것이다.

---

13) Cohen의 세부적인 개념논의에 의한다면 필자의 입장은 '특성'보다는 '상태'의 개념을 선호하는 입장에 있다. 그러나 본 연구에서는 이처럼 개념을 구별하여 사용하는 것이 지나치게 세부적인 측면으로 흐를 우려가 있어, 편의상 '특성'의 개념을 일반적으로 사용한다.

제2장 노숙인과 주거취약계층

아무래도 인제 방에 있는 거하고 밖에 있는 거의 차이는 엄청나죠. 밖에 있음으로 해서 건강을 해치는 거는 기본적인 거고. 왜냐, 지하 같은 데서 자다보면 이 먼지와 뭐 이런 시끄런, 소음 땜에 잠 못 자고, 또 그로 인해서 술을 먹게 되고. 밖에 자는 사람들 대부분이 밤에 술 안 먹고 잠 못 자요. 시끄러워서. 그러기 때문에 첫째가 방에서 자는 거하고 밖에서 자는 거하고 건강상태가 다르다는 거죠……(중략)……얼마 자지도 못하고. 그게 눈만 감고 있는 거지 그게 뭐 자는 게 아니니까. 사람 자라고 불 꺼주는 것도 아니고. 사람 다니는 지하도에서 자다 보니까. 그러다보면 밝은 데서 자다니까 얼마나 자겠어요. 그러니까 다들 술로 이용해서 사는 거고……

노숙인 인권실태 조사를 위한 당사자와의 면접에서, 2005

1. 도심지역 주거취약계층

적절한 주거를 확보하기 어려운 여건의 사람들이 모두 노숙인(homeless)이 되는 것은 아니다. 물론 노숙인의 개념을 넓게 생각한다면 일반적인 주거취약계층을 포함하는 것으로도 볼 수 있지만 통상적으로 노숙인은 거리노숙인이나 노숙인 쉼터 입소자를 일컫는다. 그리고 노숙인 이외에도 우리 사회에는 쪽방 거주자, 만화방 거주자, 고시원 거주자, 비닐하우스촌 주민 등 주거취약계층이 다양하게 존재한다. 그런데 이 주거취약계층은 서로 완전하게 분리된 다른 사람들인 것이 아니라 동일 인물이 시기적으로 서로 다른 형태의 주거취약생활 형태를 번갈아가며 경험하는 경우가 많다.

우리나라는 근대화의 개발독재에 따라 복지 없는 성장의 과정 속에 적절한 주거를 확보하기 어려운 '도시 빈민'이 사회구성원의 하층분화 과정으로 대량 생성되었다. 또한 최근에는 장기적인 경제불황 속에서 다양한 형태의 부적절한 주거양상이 나타나고 있다. 거리노숙인, 만화방 거주자, 고시원 거주자 등 도심지역 주거취약계층은 모두 이러한 도시빈곤 양상의 공통성을 지니고 있다고 하겠다.

한편으로는 도심지역 주거취약계층이 가지고 있는 다양성과 상이성에 대해서도 고려해야 한다. 이와 유사한 맥락에서 서구의 homeless에 관한 많은 연구에서는 homeless의 다양성과 이질성에 대해 강조하곤 한다. 단일한 인구학적 특성을 가진 것이 아니라 다양한 주거취약계층을 모두 포괄하고 있기 때문이다. 우리나라의 도심주거취약계층도 매우 다양한 양상을 나타낸다. 특히 주로 이용하는 주거장소별로 독특한 특징을 나타내곤 한다.

주거취약계층의 범위를 엄격히 규정하는 것은 쉽지 않다. '취약'의 의미가 불분명하고 상대적이기 때문이다. 현재 우리나라의 주택법에는 최저주거기준을 설정·공고하도록 하고 있다. 이에 미달되는 가구에 대하여 국가나 지방정부가 우선적으로 주택을 공급하거나 국민주택기금을 지원하는 등 혜택을 부여할 수 있도록 하기 위함이라는 규범적 목적에서이다. 또한 정부만이 아니라 민간도 최저주거기준에 미달하는 가구를 줄이기 위하여 노력해야 할 의무가 있다고 규정하고 있다. 이 최저주거기준을 통해 살펴볼 때 우리나라의 주거취약계층은 상당히 광범위한 인구층을 포괄하고 있음을 알 수 있다.

2003년 박신영의 조사에서는 전체 가구의 23.1%인 330만 가구가 최저주거기준 미달인 것으로 지적하고 있다. 그런데 이 최저주거기준 미달 가구 가운데에는 고시원 거주자, 미인가 숙박소(쪽방), 지하주거, 비닐하우스 등 비정상적인 주거에 거주하는 또 다른 심각한 주거 빈곤 상태에 있는 이들이 있다. 당연히 노숙인도 포함된다.

넓은 의미에서 주거취약계층에 포함되어야 하는 최저주거기준 미만의 지하방이나 반지하주택의 규모도 적지 않다. 한국도시연구소의 2003년 조사에서 지하방의 경우 서울 다세대 또는 다가구주택에만 22만여 가구가 있는 것으로 추정되며, 조사가 이뤄지지 않은 단독주택, 연립주택을 감안하면 실제 훨씬 많은 지하방이 있을 것으로 추정하

고 있다. '쪽방'으로 흔히 불리곤 하는 미인가 숙박소는 전국적으로 만여 개에 약 만
명이 거주하고 있는 것으로 알려져 있다. 한편 비닐하우스촌이라 불리는 신발생 무허
가주거지는 서울에만 약 30개 지역이 있고 여기에는 4,000세대 정도가 거주하고 있는
것으로 파악되며, 수도권까지 포함시킬 경우에는 1만여 세대 이상이 있는 것으로 추정
된다. 그리고 최소한 5천 명으로 추산되고 있지만 실제 규모가 제대로 파악되지 않은
노숙인도 있다. 이들은 주거권이 심각하게 침해된 상태이며, 가장 우선적으로 대응해
야 할 주거보장 정책의 대상임에 분명하다.

본 장에서는 노숙인과 관련되어 다양한 형태의 주거취약인구층의 양태를 살펴본다.
일부 지역에서 주거목적으로 활용되고 있는 만화방의 거주자, 쪽방 거주자, 비닐하우
스촌 거주자, 고시원 거주자 등의 모습에 대해 간략히 개괄해본다. 이는 가장 극단적
주거취약계층인 노숙인에 대한 이해를 도울 것이다. 사실상 만화방 거주자, 쪽방 거주
자들은 흔히 노숙을 하기도 하며, 거리노숙인들도 숙박비를 지불할 능력이 생기면 고
시원, 쪽방 등을 자주 이용하고 있다.

2. 서울역 주변의 만화방 거주자

1) 숙박용 만화방의 실태

전국적으로 수만 개의 만화방과 도서대여점 등이 있다. 그리고 만화방은 원래 주거
의 용도는 아니다. 그러나 우리 사회 취약계층의 상당수가 그러하듯이 원래 정규적인
주거의 용도가 아니지만 주거를 위해 여러 가지의 시설을 이용하고 있다. 만화방도 그
중의 하나이다.[14]

56

사실 예전부터 만화방 혹은 만화대여점은 심야영업을 하는 곳이 있었고, 밤을 보낼 곳이 없고 돈이 모자란 사람들은 특히 젊은 층은 만화방에서 밤을 지새우는 경우가 드물지 않았다. 그러나 어쩌다 한 번씩을 만화방에서 밤을 지새우는 경우와 일정 기간 동안 만화방을 자신의 주요한 주거 장소로 삼는다는 것에는 큰 차이가 있다.

지난 외환 위기 이후부터 노숙인을 비롯한 주거불안정 취약계층에 대한 사회적 관심이 높아졌고 노숙인 쉼터도 많이 생겼지만 만화방에서 잠을 자는 사람들은 여전히 남아 있다. 그러나 이들에 대한 정책적 개입이나 고려는 상당히 미진하다.

물론 서울시내 대다수의 만화방은 주거처럼 날마다 잠을 잘 수 있는 곳이 아니다. 그러나 서울역 주변의 만화방과 다른 일부 지역의 만화방은 잠을 잘 수 있는 대표적인 곳으로 알려져 있고 그 합법성 여부를 떠나 이는 우리 사회에서 거의 공공연한 사실이다.

서울역 주변 만화방에 대한 실태를 보고한 연구들(최지훈, 2002; 정원오 외, 2004 등)도 있다. 서울역 주변 만화방은 일반 만화방과는 다른 모습을 지니고 있다. 일단 이곳에서는 2,000원에서 4,000원이라는 저렴한 비용만 내면 하룻밤을 보낼 수 있다. 물론 이곳에서 자는 사람들의 숫자는 늘 일정한 것이 아니고 또 주로 어떤 사람들이 잠을 자는지 정확히 알려진 바는 없다. 그러나 분명한 사실은 상당한 수의 사람들이 서울역 주변 만화방에서 잠을 자고 있다는 것이다. 그리고 거의 매일을 그렇게 지내는 사람들이 있다는 것이다.

만화방은 주거의 목적이 아니기 때문에 만화방에서 자신의 주거를 해결하는 사람들은 많은 생활상의 욕구(needs)를 가지고 있을 것으로 생각된다. 세면, 식사, 잠자리의 불편함, 위생, 사적인 프라이버시 등이 문제가 될 수밖에 없다.

서울역 광장에서 남영동 쪽으로 가다보면 길 우측으로 만화방들이 밀집되어 있다.

---

14) 사실상 최근 1-2년 사이에 서울역 근처의 숙박개념을 가진 만화방도 급격히 변화 내지는 업종을 전환하고 있어 그 양이 축소되고 있다. 하지만 과거 만화방은 대표적으로 하룻밤을 보낼 수 있는 저렴한 숙소의 상징이었고 아직도 일부 지역에서는 만화방이 숙소기능을 하고 있어 이 내용을 포함한다.

즉 서울역에서 나와 오른쪽으로 가면 남영역으로 가는 방향에 주로 만화방들이 모여 있으며 또한 길 건너인 대일학원 쪽에도 만화방이 보인다. 지하철 4호선 서울역 역과 바로 이어져 있는 곳에는 몇 개소의 만화방이 입지해 있다. 그러나 이는 과거에 비해서는 줄어들고 있는 것으로 볼 수 있다. 불과 수년 전의 한국도시연구소의 조사(2002)에서는 총 11개소의 주거형 만화방이 있다고 보고된 바 있지만 현재는 그 수가 줄어 있다. PC방을 동시에 운영하고 있기도 하고 얼마 전까지만 해도 만화방으로 운영되던 어떤 곳은 현재 단란주점으로 업종이 변경되었다고 한다. 그리고 손님이 없다며 문을 닫은 만화방도 발견된다.

만화방은 대부분 한쪽 거리에 몰려 있다. 또한 만화방은 지하에 자리 잡은 곳도 있지만 대개 2층에 자리 잡고 있는데, 이 중에는 2층과 3층을 같이 겸하고 있는 곳도 있었다. 2층과 3층을 같이 사용하고 있는 곳들은 대개 2층에는 만화방 시설을 갖추어 놓고, 3층에는 안락의자 등을 배치하고 있었다. 이는 서울역 주변 만화방들이 잠을 잘 수 있는 시설이라는 것을 의미하는 것이기도 하다.

① A 만화방의 실태

A 만화는 2층과 3층으로 되어 있으며 2층에서는 만화를 보고 3층에서는 잠을 잘 수 있게 해 놓았다. 특히 3층에는 마루처럼 이불을 깔 수 있는 공간이 있고 그 옆으로는 완전히 누울 수 있는 의자가 있다. 의자 등에 수건을 말리려고 넣어놓은 모습이 눈에 띄어 일반적인 만화방과 달리 사람들이 '살고 자고' 하는 곳이라는 느낌을 주었다.

물품 보관함이 있으며 이곳은 서울역 주변 다른 만화방보다 많은 편으로 자물쇠가 있는 철로 된 보관함이 20여 개 이상이 있었다. 마치 노숙인 상담보호센터 등을 연상케 하는 구조이었다.

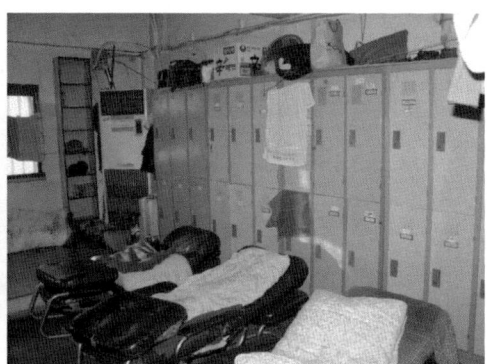

이곳은 요금체계에서 주·야의 구분은 따로 하지 않으며 6시간에 2000원을 내는 방식이었다. 이 경우 잠을 잔다 하더라도 가격은 동일하다. 그리고 일주일, 한 달 단위의 이용권을 따로 끊는 방식은 규정화되어 있지는 않았다. 단지 자주 이용할 경우 주인과 상의해서 결정하도록 되어 있다.

세탁기가 있어서 세탁이 가능한 형태인데 그 사용은 개인이 하며, 세탁기의 1회 사용료는 2000원이라고 붙여져 있다. 세면의 경우는 화장실 옆에 있는 세면대에서 기본적인 세면을 하는 것으로 보이나 시설은 그다지 좋아보이지는 않았다.

만화방 내에서의 식사는 라면과 밥이 되며, 라면은 그곳에서 직접 끓여주는 것으로 2000원의 가격이다. 공깃밥까지 포함할 경우에는 2500원이다.

2층은 만화책을 보는 공간이 주가 되며 3층은 자고 쉬는 공간이 주가 되지만 TV는 2층에 있다. 이용자는 거의 남자라고 이야기되고 있으며 관찰 도중에도 여성 이용자는 한 명도 관찰되지 않았다.

주인의 이야기로는 주간에는 15명 정도, 잠을 자는 사람은 보통 20명 정도라고 하고 있다. "잠만 자러 오는 사람도 더러 있고, 일하면서 오는 사람도 있고. 돈 있으면 여기 오는 거예요, 돈 없으면 안 오고……."

과거에는 2, 3층의 복층구조로 된 만화방이 더 많았으나 최근에는 거의 없다.

② B 만화방

　B 만화는 2층에 위치하고 있으며 2/3 정도는 앉아서 만화를 보는 곳이고 1/3 정도
의 공간은 잠을 잘 수 있는 공간이다. 이불이 깔려져 있는 공간이 있다.

　요금부과를 위한 시간은 주간·야간으로 나누며 가격은 주간·야간의 구별 없이 동
일하게 4000원이다. 요금을 한 달 단위로 내서 이용하는 사람이 2~3명 정도 있다. 이
경우에 하루에 4000원씩 30일로 계산해서 12만 원이다. 한 달 다 이용하지는 못하고
보통 20일 정도 이용하는 경우가 많다고 한다.
　이곳을 이용하는 사람들은 대부분 인력시장 때문에 이곳 B 만화방을 이용하거나
근처 중국집에서 일하는 사람들이라고 한다.
　물품 보관함을 이용하는 사람은 약 30명 정도가 된다고 한다. 이곳 B 만화방을 오
래 이용하는 사람들에게 물품보관함 이용권을 주고 있다.
　이곳을 주거 목적으로 이용하는 사람은 20명 정도가 된다고 주인은 이야기하고 있
다. 잠을 잘 수 있는 인원은 누워서는 최대 20명, 의자까지를 활용한다면 대략 30명
정도가 된다. 화장실에서 세면을 할 수 있고 탈수기가 있어서 빨래도 어느 정도는 가

능한 상태이다.

음식류로 끓인 라면을 판매한다. 역시 라면은 2000원이고 공깃밥을 포함하면 2500원이다. 요금이나 비용에 대해서 가끔 외상이 가능하며 찾아오는 사람들은 보통 만화보는 값과 라면까지 해서 보통 하루에 1만 원 정도 소비한다고 한다.

이용자의 대부분은 30~50대의 남자들이다. 누워서 잠을 자려면 꼭 발을 씻고 올라가야 하는 규칙이 있으며 지저분한 사람은 선별해서 받기 때문에 노숙인은 안 온다고 한다.

주인의 말로는 "보통 저녁에 일하고 낮에 자는 사람들이 온다. 만화방은 자기 생활하면서 남한테 폐 끼치기 싫은 사람들이 자기 생활하려고 온다. 쪽방과 가격이 비슷하지만 만화방을 찾는 이유는 만화방은 사람들과 만나기도 하고 만화도 보고 또 노름도 하니까 재밌어서 오는 것 같다……."

③ C 만화방

C 만화는 2층에 위치하고 있다. 실내에 테이블과 의자가 있으며 잠을 자기 위해 공간을 별도로 마련해놓지는 않았다.

요금은 6시간에 2000원이며, 일주일, 한 달 단위로는 손님을 받지 않는다. 그러나 역시 야간에는 거의 자는 사람만 있고 만화를 보는 손님은 찾아볼 수 없다. 대략 10명 정도의 인원이 야간에 이곳에서 잠을 잔다고 했다.

짐을 보관해놓는 장소가 있기는 하지만 보관함 형태가 아닌 선반에 올려놓는 형태이다. 화장실에 딸린 세면대에서 세면을 할 수 있다. 그러나 세탁기는 없어서 세탁을 하기는 어렵다.

음식으로는 라면을 팔고 있지만 컵라면만 팔 뿐이지 공깃밥도 팔지 않는다. 이곳을 이용하는 사람은 대부분 인력시장에 다니는 사람과 북창동의 중국집에서 배달 일을 하는 사람들이라고 한다. 만화방 주인에 따르면 인력시장에 나가는 사람과 배달 일을 하는 사람을 50:50의 비율로 보면 되고 인력시장에 가는 사람들은 대부분 일을 하지만 배달하는 사람들은 요즘 일이 없는 것 같다고 했다. 인력시장에 나가는 사람들은 보통 오후 8시에 들어와서 일이 있으면 새벽 5시에 나가고 일이 없으면 오전 10시쯤 나간다. 이곳 C 만화방은 보통 하루에 50명 정도가 이용하는데 이들은 거의 같은 사람으로 고정적인 고객이라고 한다.

　노숙인은 씻어야 한다면서 지저분하면 다른 사람에게 피해가 되니까 받지 않는다고 한다. 대개 만화방을 이용하는 이유로는 갑자기 돈을 구할 수 없으니까 돈이 떨어지면 만화방에 오는 것이라고 했다. 주인의 말로는 이곳에 오는 사람들은 돈이 있으면 오락실, 돈이 없으면 만화방에 오는 것이 거의 일상화된 생활패턴이라고 했다. 이들 중에서 가정이 있는 사람은 별로 없는 것으로 보이며 거의 지방 사람이라고 한다. 이곳 C 만화방의 주인은 만화방 운영한 지 10년 정도 됐는데 최근에는 PC방 때문에 만화방이 많이 줄었다고 했다.

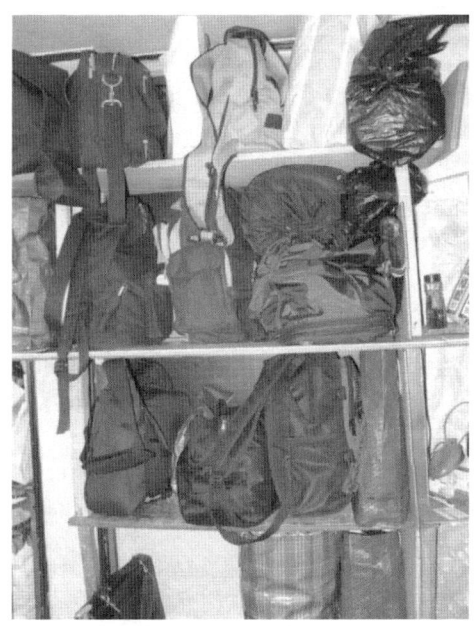 

2) 서울역 주변 만화방의 기본적 특성

서울역 주변 만화방에 대한 특성을 탐색한 최지훈의 연구에 의하면 서울역 주변 만화방의 특징을 다음과 같이 묘사하고 있다(최지훈, 2002).

① 요금체계

잠을 잘 수 있다는 것은 서울역 만화방의 중요한 특징이다. 이 제도는 서울역 만화방들 사이에서 '심야'라고 불리는데, 이 중에는 아예 벽에 '심야 4,000원'이라고 써 붙인 곳도 있다. 그러나 이러한 표지가 없다고 해서 이곳에서 잠을 잘 수 없다는 것을 의미하는 것은 아니다. 숙박을 위해 이용한다는 것은 서울역 주변 만화방에서는 일종의 불문율과 같은 것이기 때문이다.

만화를 보는 값을 매기는 방법도 다른 곳과는 사뭇 다르다. 일반적인 만화방에서는 권당 얼마, 시간당 얼마 식으로 되어 있는데 반해, 이곳에서는 권당 얼마 식의 계산방식은 아예 존재하지 않는다. 그 대신 입장료제도와 기본시간제, 심야시간제 등을 병행적으로 운영하고 있다.

입장료제도는 한마디로 만화가게에 들어설 때 단위시간에 해당하는 돈을 지불하는 것이다. 즉 만화가게에 들어온 이상 십 분을 보건, 삼십 분을 보건 얼마씩의 돈은 무조건 내야 한다. 물론 만화책을 보지 않는다고 해서 입장료를 내는 것이 면제되는 것은 아니다. 잠을 자건, 만화방에 있는 TV를 시청하건 그것은 전적으로 개인의 자유이지만 입장료만큼은 내야 한다. 입장료를 내고 만화방에 있을 수 있는 시간은 만화방마다 다르지만, 6시간 단위로 2,000원 하는 식으로 단위시간이 정해져 있다. 마치 영화를 상영하듯이 입장료를 발급하는 것이다. 혹은 아침 9시부터 12시까지 1부, 12시부터 3시까지 2부, 그리고 밤 11시 30분부터 다음날 아침까지 심야라고 하는 식이다. 어떤 곳에서는 만화방 입구에서 정식으로 입장권을 나누어주는 곳도 있다. 이 입장권에는 당일 날짜와 입장한 시간, 그리고 그 입장한 시간에 해당하는 부에 스탬프가 찍혀있다.

제Ⅰ부 노숙과 노숙인 63

그렇지만 어떤 만화방에서는 이와 같은 방식보다는 소위 알아서 시간이나 값을 정하는 경우도 있다. 이 판단은 전적으로 주인이 결정하는데, 예를 들면 옷차림이 남루하거나 자고 갈 사람 같으면 좀 깎아 주고, 시간 때우기 용으로 들른 것 같은 사람에게는 조금 비싸게 받는 식이다.

시간제는 일반 만화가게에서 쓰는 방식과 동일하다. 즉 시간당 얼마씩의 돈을 받는 것이다. 지역에 따라 약간 차이가 있겠지만, 이곳 서울역에서는 시간당 천 원씩을 받고 있다. 그러나 시간제를 사용하고 있는 만화방은 몇 군데 안 되기 때문에 서울역 주변 만화방에서 이 방식은 일반적인 것이라고 보기는 어렵다.

심야요금제는 서울역 만화방의 대표적인 특징 중 하나이다. 심야 비용은 사천 원이 일반적이지만 길 건너에 떨어져 있는 다른 곳은 삼천 원을 받기도 한다. 그러나 이곳은 특이한 경우에 해당하기 때문에 현재 서울역 만화방에서 하루 자는 데 드는 비용은 사천 원이라고 할 수 있다. 만화방 중에는 들어오는 손님에게 심야할 거냐고 노골적으로 물어보거나, 아예 "심야 4,000원"이라고 써 붙인 곳도 있다. 그러나 대부분의 만화가게에서는 이런 표시를 붙여 놓지 않았는데, 그 이유는 특별한 표시가 없더라도 자고 갈 사람은 자고 갈 것이라는 일종의 암묵적인 합의 같은 것이 이미 형성되어 있기 때문이다.

② 만화방내부시설

만화방내부시설 또한 그냥 의자만 있는 곳에서 안락의자나 방이 있는 곳까지 그 수준이 천차만별임을 알 수 있다. 대부분의 만화방은 안락의자를 갖추고 있는데, 이 안락의자의 용도는 잠시 쉬거나 잠을 청하기 위한 것이라고 할 수 있다. 특히 2층과 3층을 같이 쓰고 있는 만화방에서는 3층에 안락의자나 잠잘 수 있는 시설이 집중·배치되어 일종의 잠자는 공간으로 활용되고 있다.

한편 만화방 내부에 TV, 냉장고, 화장실, 심지어 자판기까지 갖추고 있는 곳이 많았다. 이와 같은 시설을 통해 우리는 서울역 만화방이 일종의 휴게실이나 숙소의 역할—서울역 주변 만화방 중에 아예 "휴게방"을 상호명으로 쓰고 있는 것도 있었다.—을

64

한다는 것을 알 수 있다. 실제로 만화방에서 만화를 보지 않고 있는 사람들의 대부분은 잠을 청하거나 서로 이야기를 나누거나 TV를 보고 있었다. 이는 서울역 만화방이 만화를 보는 기능 외에 쉬기도 하고 정보도 나누는 종합 휴게소 기능을 한다고 볼 수 있다. 한편 서울역 만화방은 다른 만화방과 마찬가지로 가족중심으로 운영되는 것으로 나타났다. 아예 만화방 내에 방을 두고 있는 경우도 있었다. 즉 시간을 정해 가족이 돌아가면서 만화가게를 보고 있는 것이다.

사실상 만화방이지만 만화를 보는 곳으로서의 기능은 숙소나 휴게실의 기능보다 약한 것이 서울역 주변의 만화방이라 하겠다.

3) 서울역 만화방 거주자의 특성

가게별로 약간씩 차이가 있지만 2002년 최지훈 연구의 조사에서 조사원들이 관찰한 만화방에 있는 사람들은 대략 열 명에서 스무 명 정도에 이르는 것으로 보인다고 보고되었다. 이 숫자는 저녁 여덟 시에서 열한 시 사이에 측정한 것이기 때문에 정확하다고 볼 수는 없다. 그리고 2004년 정원오 교수팀의 면접조사 결과에서 통상 2-30명이 정기적으로 각 업소에서 지내는 것으로 파악되었다. 특히 계절이나 날씨 등의 변수를 고려한다면 이 숫자는 늘어날 수도 있고 줄어들 수도 있다.

만화방에서 하루 잠을 청하기 위해서는 최소 심야 이천 원 이상 대략 사천 원이 필요하고 여기에 라면이라도 시켜 먹으려면 이천 원 정도의 추가비용이 필요하다. 즉 만화방에서 하루 자는 데 드는 비용은 적어도 육천 원 정도라는 것을 알 수 있다. 그리고 실제로 만화방 주인의 말에 따르면 대략 하루에 만 원 정도의 돈을 쓴다고 한 바 있다. 이 정도 비용이면 서울역 근처의 쪽방에 가서 하루 잘 수도 있고(쪽방 자는 데 드는 하루비용은 오천 원에서 칠천 원 사이), 다른 시설(예: 자유의집 내지 희망의집) 등을 이용할 수도 있을 것이다. 따라서 같은 비용(혹은 거의 공짜)을 들이고도 좀 더 불편한 만화방에서 하루를 자고자 하는 데에는 나름의 이유가 있을 것이다. 그중에는 지방에서 갓 상경한 젊은이, 집을 나온 청소년, 갈 곳이 마땅치 않은 가장, 아니면 정말 만화를 밤새 보기 위해 만화방에 들른 사람들도 있을 것이다.

기본적으로 면접 결과나 관찰에 의하면 만화방은, 적어도 서울역 주변의 만화방은 일부 인구층에게는 숙소로서의 기능을 하고 있다. 그리고 이들은 사실상 '완전노숙'과 '불안정 주거'의 중간에서 넘나들며 생활하고 있다고 할 것이다.

일단 잠정적으로 만화방을 주거로 이용하고 있는 사람들은 거리노숙인보다는 일용직 등의 일을 하고 있는 비율이 높다는 점, 거의 대부분 남성이라는 점, 스스로 노숙인과는 다르다는 자기인식을 가지고 있다는 점 등이 노숙인과의 차이라고 할 수 있으나 한편으로 '노숙인'의 범주 자체가 다양하다는 점을 감안한다면 노숙인 혹은 주거불안정의 취약계층의 한 유형으로 독특한 생활방식을 영위하고 있다 하겠다.

만화방은 노숙인을 포함한 저소득층 단신 노동자들이 잠을 잘 수 있는 일시적인 공간 중 하나로 인식되고 있다. 쪽방 혹은 고시원만 해도 일세보다는 월세 개념으로 투숙하는 사람들이 많기 때문에 만화방보다는 안정적인 공간이다. 따라서 만화방에서 자는 사람들은 쪽방이나 고시원보다는 불안정한 주거의 형태로 이 시설을 일시적으로 이용하고 있다고 볼 수 있다.

특히 만화방은 주거불안 취약계층의 숙소로 활용되고 있지만 노숙인 쉼터, 쪽방, 고시원 등 다른 어떤 종류의 숙소보다도 숙소로서의 고안이 되지 않은 공간이라는 점에서 이에 대한 정책적 고려와 관심이 필요하다. 주거계약이 아닌 '업소'라는 측면에서는 고시원과 만화방이 유사하다. 그러나 만화방은 그 변형된 공간 활용 등에도 불구하고 고시원보다 훨씬 더 주거로서의 적절성이 취약한 모습이다.

3. 쪽방 거주자

우리 사회에서 취약계층 주거의 전형적 양상으로 언급되곤 하는 것이 '쪽방'이다.

그러나 사실상 쪽방이 무엇이고 그 정확한 현황이 어떻게 되는지에 대해서는 개념이 명확치 않아 모호한 점이 있다. 하지만 법적 행정적으로 용어가 단일하게 명확히 정의되지는 않고 있다고 해도 전국에 10여 개소의 쪽방 상담소가 있고 이에 대한 행·재정적 지원 등을 정부가 시행하고 있다는 점은 그 실체를 인정하는 것이라 하겠다.

사실상 쪽방이라는 용어는 예전부터 주민들 사이에서 회자되어온 개념이고 새로운 것은 아니다. 주거취약 계층의 다양한 주거유형 중 주거로서의 고시원이나 비닐하우스촌 등은 비교적 최근에 급격히 늘어났고 특히 비닐하우스촌은 과거의 소위 '달동네'를 대체하는 유형이라 할 수 있지만 쪽방은 이보다는 훨씬 과거부터 있어 온 것이다.15) 그러나 쪽방은 소위 IMF 이후 노숙인에 대한 사회적 관심과 함께 세간의 주목을 받기 시작하였다.

1) 쪽방의 개념과 현황

쪽방의 개념은 단일하지는 않지만 대체적으로 "매우 협소한 면적의 일세나 월세로 이용되는 최빈곤층의 주거공간"으로 이해되어 왔다. 최빈곤층의 주거실태를 일반에게 쉽게 전달할 수 있는 수단으로서 '쪽방'이라는 용어가 사용되어 오곤 했다. 쪽방은 우리 사회에서 지역적 차이마저도 나타내고 있어 단일한 정의가 어렵다.

한국도시연구소에서는 서울 지역의 쪽방의 특성을 토대로 ①방의 크기가 성인 한 사람이 잠만 잘 수 있을 정도이며 별도의 욕실이나 부엌과 같은 편의시설이 방마다 갖추어져 있지 않으며, ②거주자는 대체로 불안정하고 이동성이 강한 직업을 가지고 있고 소득이 낮은 도시의 최빈곤층으로 특히 가족을 구성하지 못한 경우가 많으며, ③

---

15) 보건복지부에서 파악하고 있는 쪽방의 수는 2000년에는 3,000개소 미만이다가 2003년 말에는 9,000여 개로 증가한 것으로 나타나고 있으며 최근에는 10,000개소 가량으로 이야기되고 있다. 이는 최근에 급격한 증가를 보이는 것으로 생각될 수 있으나 이 수치 자체가 비교적 최근에 설치되기 시작한 쪽방 상담소를 통해 파악한 것이기 때문에 사실상 기존에 존재하던 쪽방을 새롭게 집계함으로써 나타난 수치의 증가가 더 큰 것으로 볼 수 있다.

대개 일세나 무보증 월세로 운영되는 형태를 나타내고 있다고 하여 쪽방의 기본적인
특성을 통해 이를 정의하고 있다(한국도시연구소, 2004).

결국 쪽방은 노숙과 일반적 주거의 경계선에 위치하고 있는 취약한 주거양태라고
볼 수 있다. 이는 노숙의 잠재요소를 지니고 있는 빈곤가구들의 마지막 잠자리라고 할
수 있으며, 상대적으로 거리노숙인에 비해 해결해야 할 사회적 문제로 가시화되지 않
아 그간 정책적 관심이 덜했던 측면이 있다.

쪽방은 주로 대도시 지역에서 많이 발견되고 있으며 특히 서울과 대전 지역에서는
대표적인 쪽방 밀집지역으로서 소위 '쪽방지역'이 형성되어 있다.

쪽방지역에는 쪽방 거주자들을 위한 서비스의 일환으로 2000년부터 쪽방상담소가
설치되어 운영되고 있다. 쪽방상담소를 통해 공식적인 쪽방의 현황이 파악되고 있으며
현재 쪽방상담소에 의해 집계된 쪽방의 현황은 다음 표와 같다.

<표 2-1> 쪽방상담소가 위치한 지역의 쪽방 현황

구 분		쪽방수	주민수	수급자수
전 국		9,030	6,545	1,512
서 울	중구(남대문로5가)	1,193	997	180
	종로구(돈의동)	697	571	87
	용산구(동자동)	1,050	1,003	287
	영등포(영등포동)	548	433	218
	동대문(창신동)	597	426	85
부 산	동구	396	307	72
	부신진구	501	460	53
대 구		1,760	1,000	174
인 천	부평구 · 계양구	454	670	63
	동구 · 남구 · 남동구	375	165	57
대 전		1,459	513	236

자료: 한국도시연구소(2004). 주거빈곤가구의 주거안정대책에 관한 연구

2) 쪽방 거주자의 특성

24일 오후 서울 상계1동 노원마을 쪽방촌에서 만난 윤숙이(87) 할머니는 1960년대 서울 구로동 단칸방이 재개발로 철거되면서 이곳으로 이사해 40년째 쪽방 생활을 하고 있었다. 하나뿐인 딸은 어려서 병으로 세상을 떴고, 석공이던 남편도 11년 전 별세해 홀로 남았다. 생계 수단이던 떡장사, 북어장사, 미역장사는 힘에 부쳐 그만둔 지 오래고 이젠 정부 생계보조비로 근근이 살고 있다.

이웃의 방선옥(77) 할머니는 경기 연천군에서 태어나 17세 때 남편과 함께 서울로 왔다가 남북 분단으로 고향에 돌아갈 수 없게 됐다. 강원 평창에서 농사를 짓다 1970년 쪽방촌에 왔다. 8년 전 남편이 숨진 뒤 고향 생각이 더욱 간절하지만 세월과 병에 지친 몸을 하루하루 추스르기도 버겁다고 했다.

이처럼 가슴 깊이 슬픈 사연을 묻고 외로운 삶을 이어가는 노원마을 쪽방촌 할머니는 모두 20여 명에 이른다고 한다.

[국민일보 2005-04-24]

쪽방도 고시원이나 만화방과 마찬가지로 하나의 영업형태로 볼 수도 있으나 기본적으로는 주거계약의 특징을 보다 강하게 나타낸다. 이에 따라 고시원과 비교할 때, 쪽방은 생활도구를 가지고 가야 한다는 점, 음주가 상대적으로 자유롭다는 점 등이 기본적인 생활방식의 차이로 나타난다. 물론 고시원은 맨몸으로 들어가도 살 수 있다는 점, 술을 마실 수 없다는 점 등은 상식적으로 지켜지고 있다.

이러한 생활방식의 측면과 아울러 고시원과 쪽방은 그 주된 거주 인구층의 특징도 상대적인 차별성을 보인다. 한국도시연구소가 2004년에 실태를 조사한 바에 따르면 쪽방주민의 86.4%는 단독가구였다. 부부가구나 부부와 자녀가 함께 살고 있는 가구 수는 10% 이내에 불과하였다. 쪽방에 거주하는 사람들의 연령은 50대가 다수를 이루고 있다. 특히 남성보다 여성의 평균연령이 10세 이상 높은 양상을 보이고 있다. 성별분포는 남성이 대략 87.5%로 나타나고 있다.

현재의 쪽방 거주자들은 다양한 이유로 인해 주거수준의 하향이동을 경험하고 있어 쪽방은 저소득층의 거처로 기능할 뿐만 아니라 주거취약계층이 거리 노숙생활로 나가지 않도록 하는 마지막 안전망 역할을 하고 있다고 하겠다. 공공임대주택 거주비율이 매우 낮은 것을 볼 때, 쪽방거주자들은 공공임대주택과 같은 정부정책으로부터 배제된 집단들이라는 점도 주목할 필요가 있다.

쪽방은 부엌, 목욕시설, 채광, 화장실, 습기 등의 주거환경이 극도로 열악하며 몇몇 조사에서도 쪽방 주민들이 가장 불편한 점으로 호소하고 있는 것이 이러한 주거편의 시설인 것으로 드러나고 있다.

주민들이 나타내고 있는 쪽방으로부터의 이주가능성에 대해서는 부정적이라고 볼 수 있다. 즉 실제 자력으로 쪽방에서 이전하여 주거의 상승이동을 경험하는 비율은 극히 미미한 것으로 나타난다. 또한 대부분의 가구가 미래에 대한 부정적 인식을 나타내고 있다.

이와 같은 쪽방 거주자의 특성과 비교한다면 고시원 거주자는 먼저 '연령적 측면'과 '해당 주거유형에 진입하는 순서'라는 측면에서 차이가 눈에 띈다. 고시원은 많은 경우 불안정 주거의 초반기에 활용되며 대체주거로 이용되는 경우도 많다. 하지만 쪽방은 여러 주거를 거쳐서 마지막 불안정 주거유형으로 선택되어 오게 되는 경우가 많다. 쪽방에는 쪽방 상담소 등을 통한 사회적 서비스가 제공되기도 하지만 고시원은 프라이버시를 중시하며 상호작용이 적은 편이다. 반면 쪽방은 주거인간의 상호작용이 상대적으로 활발한 편이다. 또한 고시원은 쪽방에 비해 여성의 평균연령이 남성의 평균연령보다 낮다는 점도 상대적인 특징으로 볼 수 있다.

4. 비닐하우스촌 거주자

1) 비닐하우스촌의 개념과 현황

1980년대 이후 우리 사회의 대도시주변에 새로운 무허가 집단지로서 소위 비닐하우스촌이 형성되었다. 사실상 비닐하우스촌이라는 개념은 정확한 개념이라고 볼 수는 없으며 행정용어로 표현한다면 '신발생 무허가주택'의 밀집지역이다. 사실상 주택의 외부구조도 비닐하우스 자체라기보다는 일정한 형식이 없기는 하지만 주로 목재를 주요한 재질로 하고 그 위에 보온용 덮개를 씌운 방식이 많다.

서울시와 수도권 인근 지역에 주로 분포하고 있으며 서울의 경우 주로 강남구, 서초구, 송파구에 집중적으로 분포하고 있다. 수도권의 경우에는 고양시, 광명시, 시흥시, 안양시, 하남시 등 서울과 인접한 지역 또는 신도시가 건설된 인근에 주로 형성되었다. 한국도시연구소의 조사(2004)에서 비닐하우스촌 거주자는 대략 4,900여 가구, 15,000명에 이르는 것으로 보고 있다.

물론 비닐하우스촌도 그 양상은 다양하게 나타난다. 영농목적의 비닐하우스가 주거목적으로 전환된 경우도 있지만 처음부터 체비지에 무허가 주택을 짓고 사람들이 거주하면서 형성된 마을도 있다.[16]

---

16) 이 무허가 주택도 등재된 무허가와 비등재된 무허가 주택으로 나뉘고 이는 그 점유권리와

　서울 인근에서 비닐하우스촌이 대량으로 형성된 시기는 부동산 투기에 의한 주택
및 임대료의 상승이 절정에 달한 1980년대 후반부터로 서울에서의 저렴한 주택의
재고가 절대적으로 부족해지고, 주거비가 급격하게 상승함에 따라, 빈곤계층의 대안적
주거지로 비닐하우스촌이 형성된 것이다. 따라서 이는 주거비 폭등과 저렴한 주택의
소멸이라는 당시 사회적 상황과 직접적인 관련이 있다.

　비닐하우스촌은 기본적으로 불법점유, 소유권 및 점유권의 불인정, 주민등록의 미등
재, 불량주거지라는 특성을 갖는다(한국도시연구소, 2004). 타인의 토지를 무단 점유하
고 있다는 점 때문에 여러 경우에 불법 관련의 논란이 나타나기도 한다. 그러나 본질
적으로는 사람이 살아가기에 적합하지 않은 불량주거지 환경이라는 점이 사회적 관심
의 근원이 되고 있다. 화재 사건으로 인해 취약한 생활환경이 송두리째 날아가 버린
사건들이 심심치 않게 언론보도에 등장하기도 한다.

　비닐하우스촌의 물리적 구조를 보면 무질서한 주택배열, 비정상적인 전기공급, 비정
상적인 상수도 설비 또는 상수도 설비의 부재, 하수도 시설의 부재, 편의시설의 부족
이라는 특성을 가지고 있다(한국도시연구소, 2004). 물론 규모가 큰 구룡마을과 화훼마

──────────────────

　관련하여 많은 차별성을 나타낸다. 특히 이는 서울시의 경우 '신발생'의 시점인 1982년과 소
　유권 및 점유권의 인정시점인 1989년을 전후로 하여 이전비용과 보상 등에서 많은 논란을
　야기하고 있다(한국도시연구소, 2004).

을 등 일부는 마을 내부에 편의시설이 갖추어져 있기도 하다.

주택의 재질상 화재의 위험이 상존해 있음에도 소방도로가 제대로 확보되어 있지 못하며, 지금은 상수도가 연결되어 있는 지역이 많지만 여전히 지하수를 식수로 사용하는 곳도 있다. 또한 전기는 농업용 전기를 사용하거나 불법적으로 전기를 끌어오는 경우도 있으며, 일부 지역은 한국전력공사와 계약을 맺고 마을 단위로 계량기를 설치하여 나누어 쓰기도 한다. 특히 후자의 경우에는 여러 가구가 한 계량기를 동시에 사용하다보니 사용량이 많아 누진율이 적용되어 전기요금을 과도하게 지불하기도 한다(남원석, 2004).

비닐하우스촌의 주거환경에 대한 조사결과에서 최저주거기준을 적용하여 살펴보면 전체 조사가구의 39.4%가 침실기준 미달가구로, 37%가 면적기준 미달가구로 판정되었으며, 화장실 기준에 미달하는 가구는 68.2%나 되었다. 특히 건축물의 구조 강도와 내열, 내화, 방열, 방습에 양호한 재질을 기준으로 적용하면 모든 건물이 기준에 미달한다고 할 수 있다. 주택뿐만 아니라 전기나 상하수도 등 기반 시설도 대단히 취약하다. 주민들은 주거시설의 열악성 그 자체보다도 화재나 붕괴, 철거의 위험을 가장 큰 문제로 이야기하곤 한다.

2) 비닐하우스촌 거주자의 특성

서울시정개발연구원과 한국도시연구소의 2002년 조사에서 비닐하우스촌 거주자들의 기본적 특성과 생활실태가 개략적으로 드러나고 있다.

114가구에 대한 이 조사에서 최근 3개월간 평균 가구근로소득은 89만 원 정도로 나타났다. 주민 대부분은 주택을 소유하고 있는데 구입당시의 가격은 평균 540만 원가량인 것으로 나타나고 있다. 최저생계비 기준에 미달하는 가구는 전체의 53.5%이었다. 실업이 많은 고용상태와 고용직종의 측면에서도 단순노무직이 많다는 사실이 경제적 어려움을 나타내주고 있었다.

가구원 수는 1명인 경우가 18.4%, 2명인 경우가 13.2%, 3명인 경우가 16.7%, 4명인 경우가 31.6%, 5명 12.3%, 6명 3.5%, 7명 3.5%, 8명 이상이 0.9%로 나타났다. 평균

가구원 수는 약 3명가량인 것으로 볼 수 있다.

　단독가구나 한부모가구, 조손가구, 부부가구가 절반을 차지하고 있으며, 10가구 중 1가구 정도는 실업상태에 처해 있는 것으로 나타났다. 또한 소득 및 의료비 지원에 대한 욕구가 크며, 주민의 15%는 환자가 집에 있으면서도 돌봐줄 사람이 없다고 응답했다.

　이와 같은 조사결과에서 비닐하우스촌 거주자들이 '사회적으로 배제'된 집단으로서 가지는 취약성이 일부 드러나고 있다. 그러나 한편으로는 고시원 거주자 등과 비교했을 때 기본적인 사회적 유대가 어느 정도 유지되고 있다. 이는 비닐하우스촌 거주자는 고시원 거주자나 만화방 혹은 노숙인들이 단신인 경우가 많다는 점에 비교해본다면 상대적으로 가족이라는 기본적 사회적 유대가 유지되고 있는 점에서 드러난다.

3) 무허가 주거지와 무단 점유의 문제

　고시원 거주자들이나 만화방 거주자들의 주거 문제가 본래 거주의 용도가 아닌 시설을 주거지로 활용하면서 발생하는 문제들이라고 본다면, 비닐하우스촌은 무허가 주거지와 무단 점유의 문제라는 우리 사회 주거의 문제 양상을 가장 잘 드러내는 양상이다.

　무단 점유란 다른 사람의 토지를 허가를 받지 않고 사용하는 것이고, 기본적으로 불법적인 행동이다. 하지만 다른 살 곳을 찾을 수 없어서 주거를 목적으로 토지를 무단 점유하는 것을 단지 불법적인 행동이라는 견지에서만 바라볼 수는 없다. 이는 생존에 대한 권리와 직결되기 때문이다.

　일반적으로 '비닐하우스촌'으로 불리고 있는 '신발생 무허가 주거지'는 이런 쟁점을 안고 있는 지역이다. 신발생 무허가 주거지와 이전의 무허가 주거지에 대한 구분은, 1980년대 초에 기존 무허가주택에 대해서 점유권이나 소유권을 인정하고 그 후 발생한 무허가주택에 대해서는 일체의 권리를 인정하지 않는 정부의 조치를 기준으로 하고 있다. 기존 무허가주택에 대해서 행정기관은 무허가건물관리대장을 통하여 무허가주택의 소유권 이전까지 관리했고, 재개발사업 등에서는 이런 주택에 대해서도 보상을 실시했으며, 점유자들에게 국공유지를 불하하기도 했다. 하지만 새로 발생한 무허가주택은 엄격하게 철거했고, 개발사업이 진행되는 과정에도 보상하지 않는 것이 원칙이었다.

정부는 무단 점유가 일어나지 않도록 하기 위해서 새로 발생한 무허가주택이나 그 주거지에 대해서 엄격한 태도를 취했으며, 기본적인 생활에 대한 권리를 인정하는 것조차 주저했다. 그리고 무단 점유가 불법이기 때문에 이 지역에서 전기, 상하수도 등의 기본적인 서비스를 공급하는 것에 대해서 행정기관은 동의하지 않았다. 가난한 사람들이 살고 있는 거처를 모두 무작정 철거하지는 않았지만, 공공기관이 불법적인 무단 점유를 통해 형성된 주거지를 인정하는 것으로 보일 수 있는 어떤 조치도 하지 않겠다는 것이 정부의 방침이고 정책의 일관성을 유지하는 길이라고 생각해 왔다.

신발생 무허가주택 혹은 주거지와 이전의 것을 구분하는 정부의 조치는 추가적인 무단 점유의 발생을 예방한다는 점에서 의의를 찾을 수 있지만, 무단 점유를 할 수밖에 없는 사람들의 생존의 권리도 무시할 수 없다. 정부가 기본적인 주거를 보장할 수 없는 (혹은 보장하지 않는) 상황에서 점유 거주자 스스로 그것을 해결하기 위한 시도를 불법이라고만 대응하기는 어렵다. 그렇다고 이것이 과거와 같은 무단 점유에 대해 점유권이나 건물의 소유권을 인정해야 하는 등의 양성화 역시 부작용을 낳을 가능성이 높다. 과거 정부가 행한 권리 인정은 정부가 기본적인 주거를 보장할 수 있는 여력이 되지 못하는 상황에서 편법적으로 무단 점유자들이 스스로 문제를 해결하도록 조장하기 위해 특별한 자산 이득을 제공한 것이다. 이제는 주거 위기에 처한 가구에게 기본적인 주거를 보장할 수 있는 다른 수단을 마련하는 것을 통하여 이 문제에 대응하는 것이 적절하다.

2003년에 비닐하우스촌 가운데 가장 규모가 큰 구룡마을에서 전기 공급이 중단되는 일이 있었다. 전기 요금 미납으로 인해 한국전력공사에서 단전을 한 것이다. 구룡마을은 총 9개 지구로 구분되어 있는데, 각 지구별로 한국전력공사에서 정식으로 공급되는 계량기 하나를 200여 가구가 함께 사용하고 있다. 전기요금도 각 가구별로 납부하는 것이 아니라, 하나의 계량기를 공유하는 주민들이 각자에게 분담된 요금을 모아 한국전력공사에 납부하고 있다. 그래서 계량기를 공유하는 가구 중 미납 가구가 발생하면 그 지구 전체가 미납되는 결과가 발생한다. 이런 일 때문에 한국전력공사는 단전 조치를 취했다. 일반적으로 각 가정마다 설치되는 전기계량기가 설치되지 않은 것은 비닐하우스촌의 특수한 문제 이다. 비닐하우스촌 중에는 이렇게 여러 가구가 공동으로 계량기를 사용하고, 누진율이 적용된 비 싼 요금을 내야 하는 경우가 많다. 개별 가정마다 전기계량기가 설치되지 않는 것의 원인으로는 행 정기관의 비협조와 시설 설치에 따른 비용을 부담해야 하는 문제를 꼽을 수 있다(한국도시연구소, 2003a). 그 가운데에서도 행정기관의 태도가 더욱 중요한 것으로 보이는데, 이런 태도는 다른 거처 를 구하지 못해서 주거를 목적으로 무단 점유하는 행위 자체를 최소한의 거주에 대한 권리로 생각 하지 않고 단지 불법적인 행위로 보기 때문에 나타나는 것이다.

요금 미납을 이유로 단전 문제는 비닐하우스촌에만 국한되는 문제는 아니다. 전기나 수도 등의 생활에 필수적인 서비스를 요금 미납 때문에 중단하여 기본적인 주거 생활에 장애를 초래하는 것은 적절하다 고 보기 어렵다. 단전으로 인해 2004년 2월에는 한 장애인이 죽음에 이르기도 했다. 요금 미납과 관련 해서 채권자는 적법한 절차에 따라 동산의 압류와 매각을 통해서 채권을 청산할 수 있다. 이러한 방법 이 있음에도 불구하고 생활에 기본적인 전기나 수도 등의 서비스를 중단하는 것은 비인권적인 행위로 지탄을 받고 있다. 생존에 필수적인 기본적인 서비스는 일반적인 상품과 구분될 필요가 있다.

국가인권위원회(2004), 인권백서

비닐하우스촌에서는 전기, 수도와 같은 기본적인 서비스를 사용하는 데에서도 어려움이 존재한다. 사실상 법적으로 무단 점유자들에게 어떤 권리가 있는지를 명확하게 정의하기는 쉽지 않다. 하지만 무단 점유 자체를 '불법'이라고만 생각할 수 없다는 것은 기본적인 주거를 마련하기 위한 자구적인 행동의 불가피성도 고려해야 함을 의미한다. 이것은 주거생활에 필요한 기본적인 서비스 제공에 대해 부정적인 태도를 취하지 않고, 무단 점유로 인하여 다른 권리의 실현이 가능한 장애를 받지 않도록 적극적인 조치를 취할 수도 있음을 의미한다. 비닐하우스촌 주민들의 주거를 비롯한 여러 분야의 권리 실현을 위해서, 전기 공급이나 화재 예방, 주민등록 등재 등의 기본적인 생활을 유지할 수 있는 서비스에 대해서는 보다 적극적인 태도를 취하는 것이 바람직하다.

사회권위원회는 우리 정부가 제출한 제2차 보고서에 대한 최종견해에서 "비닐하우 스와 같이 예외적으로 기준 이하의 조건에서 생활하는 모든 사람들을 지원할 즉각적인 조치를 취해야 한다."고 권고했다. 이러한 권고는 비닐하우스에 거주하는 이들이 심각한 주거 위기에 처해 있고, 정책에서 우선적으로 고려되어야 할 집단으로 판단하고 있는 것이다. 비닐하우스촌 주민들은 화재 등의 재난 가능성, 위생, 기본적인 주거 서비스 미비 등과 같은 여러 가지 중첩적인 주거 위기에 처해 있으며, 가장 심각한 주거 위기에 처한 집단 가운데 하나로 판단된다. 그리고 이들은 주거 위기에 처한 개인과 가족을 위한 주거 대책에서 우선적으로 고려되어야 할 것이다.

정부가 비닐하우스촌에서 기본적인 서비스나 주거 대책을 제공하는 것과 관련하여 우려하는 것 가운데 하나는 자산 이득 등을 노리고 무단 점유가 확산되는 것이다. 그런데 주거 위기에 처한 이들에게 제공되는 기본적인 대책이 마련되면 무단 점유를 통해서 이러한 대책에 빨리 접근하고자 할 필요가 없어지게 된다. 현재 무단 점유자를 퇴거시키면서 주로 비공식적인 보상을 통해서 타협하곤 하는데, 이러한 관행이야말로 무단 점유를 투기적인 수단으로 활용하도록 조장하는 바람직하지 않은 것이다. 무단 점유의 권리가 무단 점유자에게 토지에 대한 점유권이나 건물에 대한 소유권을 인정하는 것을 의미하지는 않고, 무단 점유자는 일반적인 임차인이나 건물의 소유자와 동일한 권리를 가지고 있다고 볼 수 없다. 이들은 다른 방법으로 거처를 확보할 수 없는 상황에서 따라서 최소한의 생존을 위한 행동이라는 차원에서 정당화되는 만큼, 퇴거와 관련해서도 기본적인 수준의 주거를 보장하는 대책이 필요하고, 일단 퇴거되고 건물이 철거된 상태에서는 적법한 절차에 따라 원 상태 회복을 주장할 수는 없는 실정이다.

5. 고시원 거주자

얼마 전 고시원에서의 방화와 화재로 인한 인명사고가 보도되면서 고시원에 대한 관심이 증폭되었던 바 있다. 고시원 역시 원래의 용도와 다르게 저렴숙박업소의 용도로 많이 사용되어 오곤 했다.

이 고시원 거주자들에 대해 도심주거취약계층이라는 관점에서 파악한 조사결과는 정원오 등에 의해 이루어진 연구(2004)에서 잘 요약되어 있다.

1) 고시원의 출현 배경

현재 도심지역에서는 수없이 많은 고시원을 찾아볼 수 있지만 고시원은 실상 보편화된 지 그리 오래지 않았다. 고시원이 발생한 유래와 정확한 출현 시기를 찾아보기는 쉽지 않다. 일간 신문지상에 '고시원'이라는 명칭은 90년대 중반 이후에 자주 등장하기 시작했다. 고시원과 비슷한 용어인 '고시촌'은 1980년대 초반부터 용어가 자주 등장하였다. 1980년 11월 16일자 조선일보에서 "사법시험열풍…… 고시촌—대학도서실 초만원……"이라는 제목의 기사를 볼 수 있다.

고시촌이라는 용어가 1980년 일간신문에 등장하는 것으로 보아 고시원이라는 용어를 사용하는 시설도 이 시기 즈음에 이미 상당수 존재하였던 것으로 생각할 수 있다. 고시원이 등장한 초기에 이는 고시생의 공부방 용도로 출발하였다. 대학가 주변 하숙집 밀집지역에서 고시생들이 증가하면서 고시 전용 대규모 공부방들이 하나 둘 생겨나고 이러한 독서실과 하숙집 중간형태의 시설들이 고시원이라는 명칭을 사용하기 시작하였다.

고시원을 고시생이 아닌 일반인이 이용하기 시작한 시기는 정확히 확인하기 어렵다. 정원오 외의 연구(2004)에서 고시원 총무나 운영자에 대한 면접조사 결과 90년대 초반부터 일반인이 주거용도로 고시원을 이용하기 시작했다고 한다.

2) 고시원 유형과 현황

고시원은 90년대 이후 몇 가지 형태로 분화되며 유형이 나타났다.

첫째, 수험생의 공부방으로서의 고시원이다. 이는 원래 고시원이 만들어지게 된 고유한 목적과 기능을 수행하고 있는 유형의 고시원이다. 주요 이용자들은 고시 및 각종 시험을 준비하는 고등학생과 대학생, 혹은 일반 성인들이며 학업과 시험을 준비하는 과정에서 일시적으로 이용되고 있다.

둘째, 신세대 독신자들의 독립적이고 편리한 주거공간으로서 고시원이다. 이 주요 이용자들은 젊은 직장인 혹은 대학생들이다. 이들에게 고시원은 저렴하고 편리하며, 타인으로부터 침해받지 않을 원자화된 공간에 대한 욕구 등에 부합하는 새로운 독신자 생활문화를 반영하는 일시적 주거공간으로 활용되고 있다.

셋째, 도시빈곤계층의 저렴한 숙소로서의 고시원이다. 이러한 측면에서의 주요 이용자들은 전세금, 혹은 월세방을 구하기 어려운 저소득계층으로서 이들의 직업 또한 임시직, 일용직이 대부분이어서 불안정한 일자리를 따라 이동하는 특성에 부합하는 새로운 도시빈곤계층의 주거공간으로 대두되고 있다.

고시원의 구조 및 시설설비의 측면에서 세 유형의 고시원은 뚜렷하게 구분되지는 않지만, 대체로 두 번째 유형의 고시원이 편의성과 쾌적함 등에서 가장 양호한 상태로 평가된다. 그리고 상대적으로 이용요금도 비싼 경향이다. 지역적으로는 강남, 신촌 등의 교통환경이 편리한 지역에 주로 위치한다. 세 번째 유형의 고시원은 공단 부근, 일용노동시장 부근, 도심지 전철역 부근에 주로 위치한다. 전형적인 지역을 제외하면 대체로 세 가지 유형의 이용자들이 혼재되어 있는데, 지역적 특성에 따라 혼재되는 비율이 상이하게 나타난다.

정원오 등의 연구에서 중구와 영등포 지역의 고시원에 대해 조사한 결과, 첫 번째 유형이 약 10%, 두 번째 유형이 20%인 반면 도시빈곤계층 주거공간으로서의 세 번째 유형의 고시원이 약 70%에 달하는 것으로 분석되었다(정원오 외, 2004). 이는 고시원이 '고시'에 대한 준비의 의미보다는 도시빈곤계층의 주거공간으로서의 특징을 강하게 나타내고 있음을 의미한다.

영등포 지역의 경우 전철역 주변과 영등포 청과물 시장 주변의 고시원은 이용자들이 거의 대부분 도시빈곤계층이었다. 또 다른 영등포 지역인 신길동과 대방역 부근의 고시원의 경우 학생 및 수험생이 약 10% 정도, 나머지 90%가 직장인들로 구성되었으며, 직장인들 중 안정된 직장인이 절반 정도, 나머지 절반 정도는 일용 노동자 등 불안정한 고용상태에 있는 것으로 확인되었다.

3) 고시원 이용자들의 특징

고시원 이용자들은 남성이 다수이다. 서울 지역에서의 조사결과를 보면 남성이 약 70%를 차지하고 있는 것으로 보인다. 정원오 등의 조사결과에서는 평균 연령은 만 42.5세로 나타났으며, 대체적으로 30대 중반에서 40대 초반까지의 연령대가 높은 빈도를 나타내었다.

월 소득 100만 원 미만의 사람들이 전체 거주자의 절반 이상으로 나타났다. 이들은 월 50만 원가량의 생활비를 사용하고 있었고 이 중 절반가량이 고시원 이용료(주거비)로 지출되고 있었다.

서울 중구와 영등포 지역 고시원에 대한 조사결과에서 나타나는 특이사항은 다음과 같다.

―노숙경험이 있는 사람들이 다수 발견되었다. 특히 한때 서울의 가장 대규모 노숙인 쉼터였던 자유의집 이용경험이 있는 사람들이 영등포 지역 고시원 거주자에게서는 다수 발견되었다.

―60세 이상의 노인 연령의 이용자들이 약 10% 정도 발견되었다. 이들은 자녀가 없거나 부양관계로부터 단절된 사람이었다.

―기초생활보장제도 수급자가 일부 발견되었다. 이들은 노인, 장애인이거나 노숙경험이 있는 사람들이었다.

―다수가 가족관계로부터 단절된 독신자들이었다. 약 50% 정도는 결혼경험이 있는 미혼이었고, 약 25% 정도는 법적으로 가족이 해체된 상태였으며, 결혼관계 혹은 가족관계가 정상적으로 유지되면서 관계망이 작동하고 있는 경우는 10% 내외에 불과할 것으로 평가되었다.

―3개월 미만의 단기 체류자가 많았지만, 2년 이상의 장기 체류자도 상당수 발견되었다. 이동하는 사람들 중 안정적인 주거생활로 전환되는 경우는 소수에 불과하고 대부분은 다른 지역의 고시원이나 비슷한 유형의 불안정한 주거생활을 지속하고 있는 것으로 파악되었다.

―월 20만 원 내외의 고시원 이용요금을 연체하거나 지불하지 못하는 이용자가 다수 발견되었다. 조사 기간 중 고시원 이용료 미납으로 퇴실하는 사례가 고시원당 2-3명 정도씩 발견되었다. 요금의 미납은 고시원 이동의 주요한 이유가 되기도 한다.

—대부분은 현재 일을 하고 있었고, 그렇지 못한 경우에도 계속 구직활동을 하고 있었다. 그러나 이들의 수입의 절반 정도는 주거비용(고시원 이용료)으로 지출되고 있어서 대부분은 저축의 여력이 없는 것으로 파악되었다. 장기적으로 이들 대부분은 현재의 생활에서 벗어나 정상적인 주거생활을 할 가능성이 매우 낮은 것으로 평가되었다.

—고시원을 이용하는 기초생활보장제도 수급자의 경우 생계급여의 대부분이 주거비용으로 지출되었다. 따라서 이들이 고시원에서 제공되는 밥과 김치 외에 반찬을 섭취하기 위해서는 추가적인 소득이 필요하였고, 이런저런 이유로 이들 대부분도 일거리를 찾거나 일용노동에 종사하고 있었다.

—고시원 이용자 중 상당 비율은 서울이 출생지이거나 서울 지역이 생활 근거지였다. 더욱 주목할 것은 출생과 성장 지역이 현재 거주하고 있는 고시원 부근으로 밝혀지기도 했다. 재개발 등으로 도심지역의 저렴 주거공간이 해체됨에 따라, 더욱 열악하고 불안정한 주거공간인 고시원이 과거의 빈곤계층의 주거공간을 대체하고 있는 것으로 보인다.

** 자료: 정원오 외(2004), 취약계층의 도심생활 실태와 정책적 함의

　고시원은 주거로서의 기능은 부적절하고 위생이나 안전의 문제가 많아 지난 2004년부터 지속적으로 중앙정부나 서울시를 비롯한 지방자치단체의 고시원 정비대책이 발표되어 오고 있다. 그러나 도심의 저렴한 주거공간의 부족으로 인한 현실의 근본적 대책이 아니기 때문에 이와 유사한 주거공간의 문제는 지속될 것으로 보인다.

6. 도심 주거취약계층의 다양성과 공통성

도심 주거취약계층에 대한 사회적 관심은 예전에 비해 높아지고 있다. 그러면서 과거에는 단지 "빈민굴"과 같은 표현의 "빈곤양상"으로 뒤섞여 파악되던 주거 취약계층과 주거 양상의 실제가 보다 면밀히 파악되기 시작하고 있다.

그리고 이 과정에서 주거라는 공간의 적절성을 확보하지 못하고 배제되는 집단의 차별적 존재양상이나 역동성의 차이가 강조되고 있다. 그리고 과거보다는 차이점이나 역동성에 주목한 연구들도 나타나고 있다.

홍인옥은 2004년의 연구에서 비닐하우스촌, 쪽방, 지하주거, 영구임대주택이라는 대표적인 4가지 취약 주거형태에 대해 비교하였다. 이는 다음의 표와 같다.

〈표 2-2〉 주거빈곤계층의 주요 주거유형별 특성

구 분	비닐하우스촌	쪽 방	지하주거	영구임대주택
형성배경	―산동네 해체에 따른 저소득층 주거난	―도시화 ―노숙인 등 한계계층의 등장	―도시 주택난 ―다세대·다가구주택 건설붐	―저소득층의 심각한 주택난
주요 형성시기	―1980년대 중반 이후	―1960~70년대	―1980년대 후반 이후	―1989년 도입, 1992년 중단
입 지	―시내 공한지 ―수도권 그린벨트	―역, 인력시장 인근	―주거지역 전역	―도시 외곽지역
물리적 형태	―비닐하우스를 주거용으로 개조 ―주거용으로 신축	―소규모 방	―가족 단위 일상생활 가능 ―습기, 채광, 침수 등 주거환경 문제 심각	―대부분 대규모 단지형태로 조성 ―저소득층 집중거주에 따른
주요 거주자	―저소득가구 ―일부 위장전입	―단신 일용노동자 ―노숙인, 가출청소년	―도시저소득층 ―상대적으로 양호한 주택은 서민층	―수급자 (생활보호대상자) 중심

구 분	비닐하우스촌	쪽 방	지하주거	영구임대주택
규 모	―서울 4,000여 가구. 서울 인접지역 포함할 경우 6,000여 가구로 추정	―전국 9,535개 ―서울 4,000여 개	―서울의 경우 25만 여 가구 추정	―전국 190,077호 ―서울 47,054호
법적 성격	불 법	불법(일부 합법)	합법(일부 불법)	합 법

자료: 홍인옥(2004), 저소득층의 주거실태와 대책방안

한편 김홍수영은 노숙인의 인권문제에 대한 담론을 제기하며 우리 사회의 주거취약계층의 인권취약성과 배제가 심화되어가는 과정을 다음의 그림과 같이 도식화하고 있다.

<그림 2-1> 주거빈민의 역사를 통해 살펴본 노숙에 이르는 경로

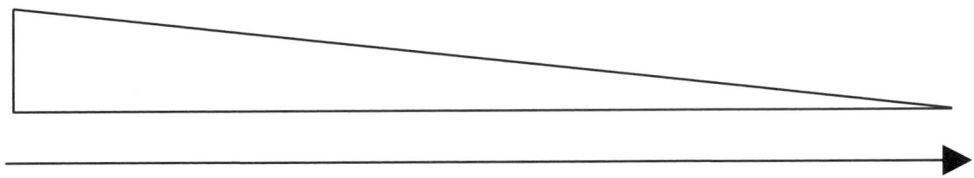

판자촌	달동네	비닐하우스촌	쪽방	거리, 역사, 공원
(60년대, 도심묵인)	(70년대, 도시외곽)	(80년대, 도시곳곳)	(90년대, 사창가와 여인숙)	(98년 이후, 공공시설규제)

** 자료: 김홍수영(2003), 사회적 소수자의 인권배제와 인권딜레마

이와 같은 지적들은 우리 사회 도심주거취약계층이 나타내는 주거와 생활방식의 다양성, 혹은 개인사나 집단적인 역동성에서 나타나는 역사성을 잘 보여주고 있다. 그러나 한편으로는 많은 도식화의 과정이 그렇듯이 과잉단순화의 경향이 있다. 동시대에 존재하면서도 그 주된 흐름이 변화하기도 한다. 또한 개인별로는 보편적인 일방향의 경로라 할 수 없을 정도로 혼재되고 복잡한 주거력을 나타내는 것이 보통이다.

만화방, 쪽방, 비닐하우스촌, 고시원 거주자, 노숙인 등 다양한 주거취약계층이 동시

대의 우리 사회 도심에서 존재하고 있다. 앞에서 지적했듯이 상대적으로 비교한다면 고시원 거주자들이 개인 프라이버시를 강조하며 젊고 경제활동을 하면서 임시적 주거로 활용하는 경향이 강했다. 이에 비해 쪽방 거주자는 고연령층이 많으며 불안정한 노동형태와 주거 하향이동의 마지막 단계에 있는 것으로 보인다. 서울역 주변 만화방 거주자는 주로 일용노동을 하는 층으로 고시원보다도 훨씬 불안정한 방법으로 거리 노숙과의 경계선에서 생활하고 있다. 반면 비닐하우스촌 거주자는 불법점유와 취약한 주거환경을 나타내기는 하지만 사회적 관계와 가족유대를 보유하고 있는 상태에서의 생활양상을 나타낸다. 노숙인은 극단적으로 단절되고 배제된 생활의 모습을 보인다.

고시원 등 여타 유형의 주거취약계층과의 비교 속에서 노숙인의 특징 중 가장 두드러지는 것은 '노숙인에 대한 낙인'이다. 이는 노숙인의 자기인식에서도 나타나고 있다. 즉 노숙은 여러 주거취약계층이 공통적으로 위협받고 있는 생활방식임에도 불구하고 모두가 "나는 노숙인과 다르다", "나는 노숙인이 아니다", "노숙인은 좋지 않다"는 자기 논리를 가지고 있다.

그러나 이러한 상대적 차이보다는 동시대의 도심에서 적절한 주거와 공간으로부터 배제되어 취약한 주거양상을 보이는 공통성, 그리고 주거양상 상호 간의 중복과 혼재를 보이고 있는 침투성에 대한 고려가 우선적일 것이다.

제3장 노숙인의 유형

한때 '무동기형', '반항형', '고졸장남형' 등의 용어가 노숙인의 특징을 묘사하면서 사용된 적이 있다. 이 용어들은 노숙인 복지실천 현장의 실무자들이 개별 노숙인의 특성에 대해 의사소통하면서 비공식적으로 사용하였던 유형화의 개념이다. 연구결과가 충분하지 않아 이론적으로 정체화된 개념이 없다보니 나타난 현상이라 할 수 있다.

사회복지실천에서는 서비스 대상자인 클라이언트에 대한 유형화를 선호하지 않는다. 유형화가 사회복지실천의 기본원리 중 하나인 '개별화' 원칙에 위배된다는 점과 특정한 클라이언트에 대해 낙인적인 명칭을 부여하는 것(labeling)이 적절치 않다는 우려에 의한 것이다. 지나친 유형화는 각 개별 클라이언트가 가지는 다양한 속성 중 일부의 속성에 기초하여 분류를 시도한 결과 획일적인 서비스로 인해 폐해를 가질 수도 있다. 유형화의 시도는 노숙인 클라이언트에 대한 유형화의 진단 도구를 개발하거나 각 개인을 특정 집단에 포함시킬 수 있는 분류기준을 제시하고자 하는 것이 아니다. 노숙인들이 어떤 양상들을 보이고 있는가를 보다 잘 이해하기 위해서 개략적인 특성을 부각하여 살펴보고자 하는 예비적이고 탐색적인 시도라고 할 수 있다. 노숙인의 유형과 하위집단에 대한 논의는 보다 잘 이해하기 위한 예비적인 것이다. 노숙인은 다양한 속성을 가지고 있는 집단이며 특히 우리 사회에서는 기존 사회복지서비스의 누락과 결핍에 의해 주거, 실직, 빈곤, 장애, 정신건강, 대면적 서비스의 결여 등 여러 문제가 복합적인 양상으로 결합되어 있다. 노숙인마다 서로 다른 다양한 문제를 안고 있는 상황에서 적절한 서비스를 제공하기 위해서는 지나치게 포괄적인 '노숙인에 대한 서비스'라는 것으로는 효과적일 수 없고 대표적인 특성에 기반을 두고 서비스를 세분화하여 발전시킬 필요가 있다. 따라서 노숙인들이 나타내고 있는 대표적인 생활유형과 그 특성에 대해 개략적으로 살펴보는 것은 의미가 있다.

여기서 노숙인의 유형과 하위집단 혹은 하위인구층에 대해 살펴보는 것도 유형 자체에 대한 고정된 지식으로서의 의미는 목적이 아니다. 이보다는 노숙인의 다양성에 대한 이해를 위한 것이다.

1. 노숙인의 유형과 하위인구집단

노숙인은 빈곤, 무주거, 사회적 지지망 결여의 세 가지 속성을 기본특성으로 한다. 하지만 이러한 공통적인 속성으로만 파악하기에는 대단히 다양한 인구층을 포괄하고 있다. 그리고 현실에서의 노숙인에 대한 이해나 혹은 서비스 정책들은 이 다양한 구체성에 초점을 두고 기획되고 실행된다.

노숙인 하위집단의 차이점에 주목하는 것은 다음과 같은 장단점을 가진다(Rosenberg, Bassuk, & Salomom, 1999). 먼저 장점에 대해 살펴보면 첫째, 각 하위집단들은 독특한 서비스 욕구를 가지는데 이를 규명하는 것은 구체적인 프로그램을 기획하고 설계하는 데 중요하다. 자존감의 저하, 사기와 동기화의 결여 등 심리적 특성마저도 서로 다른 배경을 가진 하위집단 간에는 그 근원과 양태가 다를 수 있다.

둘째, 하위집단의 욕구를 규명하는 일은 기관들이 클라이언트 욕구에 부합하는 기술을 가진 실무진을 고용할 수 있도록 길을 터준다. 정신질환을 가진 노숙인을 위한 프로그램은 이에 대한 전문성을 가진 실천가에게 할당되어야 한다. 알코올중독, 성폭력 피해자, 아동이나 청소년 노숙인 등에 대해서도 마찬가지이다.

셋째, 하위집단의 특수한 욕구를 규명함으로써 조직 간 서비스 네트워크를 개발하는 데 필요한 핵심정보를 얻을 수 있다. 노숙인은 전형적으로 복합적 분야로부터의 지원이 필요하다. 따라서 서로 다른 초점을 가진 조직과 기관들 간의 네트워크를 구성하는 것이 중요하다.

> **노숙인을 각 하위집단으로 접근하는 방식의 장점**
>
> · 독특한 서비스 욕구를 규명할 수 있다.
> · 하위집단별 특수욕구에 부합하는 실무진을 선정할 수 있다.
> ―전문적 개입에 필요한 특수한 기술을 갖는 실무진
> ―공감과 이해를 촉진할 수 있는 비슷한 배경을 가진 실무진
> · 기관 간 네트워크 개발이 용이하다.

이와 반대로 하위집단의 특수한 욕구를 차별화하여 주목하는 것은 단점도 가진다. 하위집단의 욕구들을 구별함으로써 서비스 유형을 기획하고 전달하는 일이 보다 수월해질 수 있지만, 그 과정에서 노숙인이 공통적으로 가지는 안전, 주거, 소득, 사회적 지지망 등의 기본적 욕구에 대해서 소홀해질 수도 있다. 차이점에 주목하다보면 현대 자본주의 사회에서 일부 국민들은 불가피하게 극빈과 노숙의 나락으로 떨어질 수밖에 없다는 불가피성을 제대로 인식하지 못할 수도 있다.

마찬가지로 특수한 욕구를 표적으로 하는 프로그램들은 노숙의 구조적 요인에 대해 눈을 흐릴 수 있으며 정책입안자들이 개인 또는 하위집단 내부 결함의 결과로 노숙이 발생한다고 해석하도록 호도할 여지가 있다.

> **노숙인을 각 하위집단으로 접근하는 방식의 단점**
>
> · 주거, 소득, 고용을 위한 보편적 욕구에 관심을 덜 갖게 한다.
> · 노숙인들이 가진 개인적 결함에 초점을 두게 한다.
> · 서비스 수혜의 자격 유무로 개개인의 수준을 차별화하는 관점을 강화할 우려가 있다.

노숙인들 중에서도 두드러지게 부각되는 인구집단은 가난하면서도 저렴한 주택에 대한 접근성이 떨어지는 사람들이다. 이러한 하위집단들은 특별히 개인적 장애가 많아서라기보다는 우리 사회의 사회안전망 프로그램과 기회구조에 의해 체계상 지원이 덜 되고 있는 집단이라고 이해하는 편이 좋다.

노숙인의 하위집단을 구분하는 데에는 여러 가지의 기준이 사용될 수 있다. 혹은 일관된 기준이 없이 두드러지는 욕구의 부각이나 사회적 관심도에 따라 몇몇 하위집단에 대한 논의만을 전개할 수도 있다. 서구에서의 실무와 연구에서는 노숙인의 하위집단을 구분하는 기준 범주로 연령(발달국면), 성, 사회적 단위, 인종이나 민족성, 건강상태, 사회적 지위 등의 여섯 가지를 들고 있다(Rosenberg, Bassuk, & Salomom, 1999).

노숙인 하위집단 구분 기준(Rosenberg, Bassuk, & Salomom, 1999)

· 연령(발달국면): 아동, 청소년, 노인
· 성: 여성
· 사회적 단위: 가족노숙
· 인종 및 민족: 흑인, 히스패닉 등
· 건강상태: AIDS, 정신질환자, 약물중독자, 만성신체질환자
· 사회적 지위: 참전군인, 전과자, 불법체류자

이와 같은 구분 기준의 일부는 우리 사회에서 크게 부각되지 않기도 하지만 어느 정도는 일반성을 지닌 것으로 볼 수 있다.

① 연 령

이 범주에서 가장 부각되는 집단은 연령적으로 발달단계에서 취약성을 많이 가진 연소자와 노인이다. 아동 노숙은 흔히 가족 노숙의 문제와 관련지어 파악될 수 있다. 세대 간 악순환 문제를 막기 위해 아동 노숙에 대해서는 자원투입의 사회적 합의가 비교적 쉬운 영역이다. 청소년의 노숙은 '가출'이나 '학대'의 문제와 연결지어 파악되곤 한다. 한편 근로능력과 관계망이 취약한 노인의 노숙문제도 부각될 수 있다. 원론적으로 취약한 연령대의 노숙 문제에 대해서는 노숙인 복지체계보다는 아동복지 혹은 노인복지 프로그램에서의 접근이 보다 적절할 수 있다.

② 성

여성 노숙인의 문제는 남성 노숙인의 문제보다 더 심각하다. 성 착취의 문제 등으로 인해 여성 노숙인은 거리 노숙을 피하는 경우가 많다. 따라서 대개 여성 노숙인의 비율은 남성 노숙인보다 현저히 낮다. 우리나라에서도 여성이 거리에서 노숙하는 경우는 전체 거리노숙의 5% 내지 10% 정도로 파악되고 있다. 반면 가지고 있는 심리사회적 기능수행에서의 문제는 여성 노숙인이 더 심각한 상황인 것으로 알려지고 있다. 여성 노숙인을 대상으로 하는 상담보호센터나 쉼터, 각종 프로그램은 보통 특화되어 운영되고 있으나 그 수가 매우 적다. 이중적 착취나 피해의 대상이 될 수 있어 보다 면밀한 서비스가 필요하다.

③ 사회적 단위

개인노숙과 가족노숙을 생각해볼 수 있는데 이 단위 측면에서는 가족 노숙인의 문제가 부각될 수 있다. 가족단위로 노숙을 하는 경우는 우리 사회에서도 종종 발견되고 있다. 특히 가족단위 노숙은 아동 노숙, 여성 노숙 등의 문제와도 직결되며, 자존감의 하락, 사생활 침해 등 보다 많은 심리사회적 취약성을 야기할 수 있다.

④ 인종 및 민족

이는 우리 사회에서는 아직까지 노숙인 문제로서는 크게 부각되지 않는 영역이다. 그러나 서구사회 다민족국가들의 경우 특정 인종이나 민족의 노숙이 많아지거나 독특한 노숙문화가 형성되는 등의 현상을 낳고 있다.

⑤ 건강상태

노숙인이 건강문제가 일반인보다 심각한 것은 당연하다. 하지만 만성적인 신체질환을 가진 노숙인, 정신장애를 가진 노숙인, 알코올중독을 가진 정신장애인의 이슈가 부

90

각되곤 한다. 혹은 결핵이나 AIDS 등도 중요한 이슈가 된다. 특정 건강문제를 가진 노숙인에 대한 서비스 구축을 위해 건강상태와 관련되는 노숙인 유형별 특성도 중요한 의미를 가진다.

⑥ 사회적 지위

미국의 경우에는 특히 퇴역참전용사의 문제가 노숙인 하위집단으로서 많이 부각된 바 있다. 한편으로는 장기간의 격리로 인해 사회생활에의 통합에 어려움을 겪는 출소자 등도 마찬가지이다. 우리나라에서도 과거 상이군인, 출소자 등 특정한 배경을 가진 사회적 집단의 노숙인에 대한 측면이 부각되기도 하였다. 하지만 최근에는 일부 직업군에 대한 노숙위험이 높다는 점은 일부 나타나고 있지만 비교적 특정한 사회적 지위 혹은 사회집단의 노숙에 대해 강조가 이루어지지는 않고 있다.

2. Leach의 노숙인 분류

노숙인에 대해 상식적으로 서비스를 받아야 하는 경우와 그렇지 않은 경우로 구별하는 경우가 많다. 이때 서비스를 받아야 하는 경우는 소위 '불쌍한' 혹은 사회적으로 용인될 만한 이유가 있는 경우이다. 반면 서비스를 제공하지 말아야 한다고 이야기되는 경우는 노숙이 본인의 선택이거나 게으름이 원인이고 이는 사회적으로 용인될 수 없는 도덕적 해이로 보는 것이다. 이와 같은 관점은 우리 사회에도 깊숙이 퍼져 있다. 그리고 이와 같은 원인론적 측면에 초점을 두어 노숙인을 분류한 고전적인 논의가 Leach의 것이다. 이는 널리 알려진 내생적 노숙인과 외생적 노숙인이라는 식의 구분이다(Leach, 1979). 자신이 좋아서 노숙을 하는 경우와 외부 여건에 의해 어쩔 수 없이 노숙을 하는 경우로 노숙인을 두 가지 유형으로 구분하여 살펴보았다. 이 경우에는

전자는 서비스를 받을 필요가 없는 '스스로 선택한 생활 방식으로서의 노숙'이고 후자
가 사회복지서비스의 대상이 되는 사회적 개입을 받을 자격이 있다는 식의 논리가 뒤
따르곤 한다.

우리나라에서도 소위 '실직 노숙인'을 '부랑형 노숙인'과 구별하는 논의들이 일반인
들의 상식적인 수준에서 많이 이루어져 왔고, IMF 이후 한때, 노숙인에 대한 사회복
지서비스를 제공하는 기준으로도 사용되었다. 그러나 이 분류는 일견 양상을 잘 반영
하고 있는 것으로 보이지만, 사실은 노숙인의 생활에서 나타나는 여러 가지 측면에서
의 차이들을 두 가지의 원인론적 카테고리에 귀착시키는 과잉단순화를 범하기 쉽다.
즉 실직이라는 외부적 원인에 의한 노숙이냐의 여부가 노숙인의 여러 특성을 예측하
게 하는 유일한 독립변수로 보기에는 무리가 따른다는 것이다. 또 한편으로는 노숙의
원인 자체가 복합적이라는 것이다. 즉 누구의 노숙생활이든 실직, 심리사회적 취약성,
빈곤 등의 요소가 복합적으로 작용하기 마련이라는 것이다. 따라서 노숙인이 생활상에
서 나타내는 특성과 노숙의 원인은 같은 수준의 개념으로 볼 수 없음에도 이를 서로
같은 차원의 개념으로 간주하여 유형 구분의 기준으로 삼는 것은 다양한 특성을 반영
하지 못하는 부적절한 방법이라고 하겠다.

3. "노숙자다시서기지원센터" 연구(1998)에서의 분류

우리나라에서 노숙인 유형화에 관한 최초의 체계적 연구는 1998년에 노숙자다시서
기지원센터에서 이루어졌다. 노숙인의 생활사에 대한 정리를 통해 노숙인이 노숙생활
에 이르는 경로와 주요한 요인들을 파악하고 있다. 그리고 이러한 요인들이 단일하지
않고 다양한 양상을 가지고 있음을 설명한 후, 노숙생활의 양상을 통해 노숙인의 유형
을 구분하고 있다.

먼저 이들의 연구에서는 노숙인을 보호대상자와 자활대상자로 크게 구별하고 있다. 보호대상자는 오랫동안의 극빈생활과 불안정한 주거생활 등의 이유로 만성적인 질환을 가지고 있어서 전문적인 치료가 필요한 사람, 혹은 영양결핍, 육체적 쇠약 등으로 노동능력을 상실하여 장기적인 요양이 필요한 사람들을 의미한다. 자활대상자는 노동능력을 보유하고 있는 사람들로 본다. 그렇지만 이들도 단기적인 물질적 지원으로 자활이 가능한 사람들과 상당 기간의 정서적 지원과 재교육이 전제되어야 자활이 가능한 사람들로 구분된다고 보고 있다.

그리고 이 연구에서는 보호대상자를 치료대상자와 요양대상자로, 자활대상자를 재활대상자와 협의의 자활대상자로 다시 나누어 4가지 유형을 제시하고 있다.

치료대상자는 전문적인 의료서비스가 필요한 사람들로, 일회적인 수술 혹은 처치와 약간의 요양을 통해 치료가 가능한 사례도 있지만 장기간의 입원과 치료가 필요한 사례도 있는 것으로 본다. 간염, 매독, 폐결핵 등의 육체적 질환을 보유하고 있는 사람도 있으며 알코올중독이나 약물의존, 정신질환 등을 보유하고 있는 사례도 있는 것으로 본다.

요양대상자는 특정한 질환보다는 오랫동안의 노숙생활로 심신이 쇠약해진 사람들이다. 이들에게는 의료적 치료보다는 양질의 급식과 숙소를 제공하는 안락한 휴식처가 필요하다. 투약과 같은 간단한 의료서비스가 부가되어야 하는 경우도 있지만 더 중요한 것은 영양결핍의 해소와 상당 기간의 휴식이다. 주로 고령의 노숙인에게서 많이 발견되는 유형이다.

이 연구에서는 특히 재활과 자활 대상자에 대해 초점을 두고 살펴보고 있는데, 먼저 재활대상자는 육체적 재활보다는 사회심리적 측면에서의 재활에 보다 초점이 두어져 있는 개념이다. 이 범주에 속하는 노숙인들은 직업만 제공된다고 해서 자립하고 정상적인 사회구성원으로 돌아갈 수 있는 상태가 아니다. 이들이 찾을 수 있는 직업은 여전히 저임금과 불안전 고용을 특성으로 하고 있다. 많은 노숙인들은 불우한 성장과정을 거치고 어린 나이에 취업전선으로 뛰어들면서 가정과 학교교육을 통한 사회화

과정을 거의 거치지 않게 된다. 이들의 삶의 방식과 소비패턴 등은 정상적인 사회구성원과 다른 형태로 고착된다. 그리고 노숙인으로 전락하는 과정에서 겪게 되는 특별한 경험들은 그들의 삶의 의욕을 박탈하고 만다. 이 과정에서 그들은 술과 도박, 범죄 등에 의존하는 생활에 빠져들기도 한다. 이들에게 일자리나 수입은 그날을 보내는 의미 밖에는 없다. 이들이 정상적인 사회구성원으로 홀로 서기 위해서는 상당 기간 정서적 지원과 재교육이 전제되어야 할 것으로 본다.

자활대상자는 단기간의 숙식을 해결할 수 있는 서비스가 제공되고 일자리와 연결되기만 하면 곧 자립이 가능한 사람들이다. 이들은 노숙인으로 전락하는 과정에서 심각한 정신적 해체 현상을 경험하지 않았던 사람들이거나 여인숙과 일셋방 같은 형태로 다소 불안정하지만 자신의 힘으로 숙소를 마련해왔던 사람들이어서 완전한 노숙생활을 경험한 기간이 극히 짧은 사례들이 많다. IMF와 같은 경제위기 상황에서 일용노동 시장에서 일거리가 거의 고갈되어가는 상황에서도 일주일에 하루 이틀 정도는 일을 해왔던 사람들이다. 이들의 경우 노숙과 일셋방이 교차하는 한계상황에 있었던 사람들이라고 볼 수 있다. 그러므로 이들은 노숙인에 대한 정체감이 적게 형성되어 있다. 자활대상자 중 일부는 특정 분야에서 일정 정도 숙련된 기능을 보유하고 있는 사례들이다. 임금과 전문성의 측면에서 기능수준이 낮지만 상당 기간 축적된 경력에 의해 획득된 숙련노동자로서 그 분야의 일자리만 있다면 언제든지 현장으로 복귀할 수 있는 사람들이다. 이들 중 일부는 그 분야의 경험을 기반으로 영세 사업장을 직접 운영한 경험이 있는 사람들도 있다. 저임금과 장시간 노동을 견디며 한 분야에서 젊은 시절을 보냈던 결과가 독립적인 사업형태로 나타난 경우이다. 그렇지만 축적된 자본규모가 미약한 상태에서 출발하기 때문에 부채에 의존하는 비율이 높을 수밖에 없는 특성을 지니고 있다. 구조적인 경제불황과 중소기업의 연쇄도산이 이어지는 과정에서 이들 대부분은 사업의 실패를 벗어나기 어려웠고 그중 일부가 노숙인으로 전락하게 되어 이 유형에 해당하게 된 것이다.

이러한 분류는 결국 노숙인의 손상 정도 그리고 필요한 서비스의 수준에 따라 일정한 순서를 나타내고 있다. 즉 치료대상자와 요양대상자, 그리고 재활대상자, 자활대상자라는 순서로 노숙생활과 관련된 손상이 심각하고 각 단계별로 순서화된 서비스의 필요성을 부각시키고 있다.

이 연구에서의 분류기준은 원인론에 입각한 유형화가 아니기 때문에 중요한 장점을 가지고 있다. 즉 원인에 의한 분류가 아니라 정상적인 사회경제생활로의 진입을 위해 현재의 손상상태를 기반으로 필요한 서비스의 수준이 그 기준이 되고 있다. 따라서 여기에서는 서비스를 위한 실천적 함의가 크다고 할 수 있다. 또한 외국과는 매우 다른 우리 사회 맥락에서의 노숙인의 양상을 살펴보고 있다는 의미가 중요하다.

그러나 이 연구에서의 분류방식과 내용에 대해서는 크게 두 가지의 측면에서 생각해 보아야 할 점이 있다. 첫 번째로 이는 아직 노숙인에 대한 서비스 제공의 경험이 전혀 없는 시스템하에서 어떠한 서비스가 유용할 것인가, 하는 분류였다. 현재 수년에 걸친 쉼터 서비스의 제공 상황하에서는 이들이 쉼터 서비스 체계 속에서 나타내는 유형과 특성에 대해 다시 검토할 필요성이 제기된다.

두 번째로 이 분류는 다소 선험적인 특성을 가지고 있다. 즉 이 분류는 실증적인 방법에 의한 노숙인 생활유형의 분류라기보다는 연구자의 선험적, 주관적 기준에 의한 것이기 때문에 실제로 어느 정도 비율의 노숙인이 어떤 유형에 속하는지를 알기 어렵다.

4. Bauman과 Grigsby의 연구에서 나타난 노숙인의 분류

또 주목할 만한 노숙인에 대한 유형화의 의미를 가지는 것은 Bauman과 Grigsby (1988)의 연구이다. 이들은 텍사스 오스틴에서 보호시설 입소 노숙인과 길거리 노숙인

500명에 대한 조사결과를 통해 주로 사회적 관계망과의 관련성 속에서 노숙의 만성화에 대해 고찰하며 노숙인을 4가지 유형으로 분류하였다. 최근에 노숙인이 되었으나 사회적 지지망을 가지고 있으며 외향적인 경우(Type 1), 최근에 노숙인이 되었으나 지지망을 상실하였고 내향적인 경우(Type 2), 노숙 기간이 길어졌고 고립되어 있는 경우(Type 3-The Isolated), 노숙 기간이 길고 노숙인들로 이루어진 집단에 속해서 생활하는 경우(Type 4-The Outsider)가 그것이다.

이들은 한 사람이 노숙인이 되는 과정에서 우선 상실의 단계(stage of loss)가 나타나며 3가지 단계의 상실(가족지지의 상실, 친구의 상실, 지역사회지지의 상실)이 발생한다고 보았다. '상실'을 거쳐 노숙생활에 접어들고 난 후 사회적 연계단절(disaffiliation)의 과정이 뒤따른다. Type 2의 경우 다른 노숙인과 사귀기 어렵고 '외로움'의 경로를 밟게 된다. Type 1의 경우는 초기의 지지가 점차 감소함에 따라 다른 노숙인과 함께하는 경로를 밟게 된다. 이 양자의 경우에 시간이 흐르면서 노숙이 만성화(entrenchment in homelessness)되는 과정으로의 이동이 나타난다. 노숙으로의 이동압력을 반전시킬 만한 충분한 자원을 확보하지 못함에 따라 노숙인들은 점점 더 전통적인 관계와 제도로부터 분리되는 경향이 나타난다. 가정이 없고 지역사회의 거주자들과 관계가 없어지면서 노숙인은 인습적인 방법으로 행동해야 할 의무를 많이 느끼지 못하게 되고, 전통적인 역할과 주류 사회로부터 단절된다. 한편으로는 이 과정이 진전되면서 노숙인은 그들을 도와줄 수 있는 잠재력을 지닌 주류 문화의 사람들과 연결되지 못하고 연계단절(disaffiliation)이 진행되면서 자신의 정체성과 소속감을 잃게 된다. 이 과정은 주위와의 연계 없이 외로운 노숙생활을 지속하거나(Type 3: The isolated로의 이전), 비전통적이지만 지지를 재획득하기 위해 노숙인들과 연계되는(Type 4: The outsider로의 이전) 두 가지 형태로 나타나는데, 최초 노숙이 어떤 형태이든지 노숙생활을 오래 하다보면, The outsider나 The isolate의 형태로 만성화된다고 보았다.

Grigsby 등(1990)은 이후 다시 보호시설 노숙인과 길거리 노숙인을 포함한 166명에 대한 일대일 면접방식의 조사를 실시하여 노숙생활이 사회적 연계제휴(social affiliation)에서의 문제를 가져온다는 점을 지적하고 사회적 관계망의 측면에서 노숙의 장기화, 만성화 과정에 관한 사회적 모형을 제시하였다.

〈그림 3-1〉 Grigsby의 만성적 노숙에 대한 사회적 과정 모형

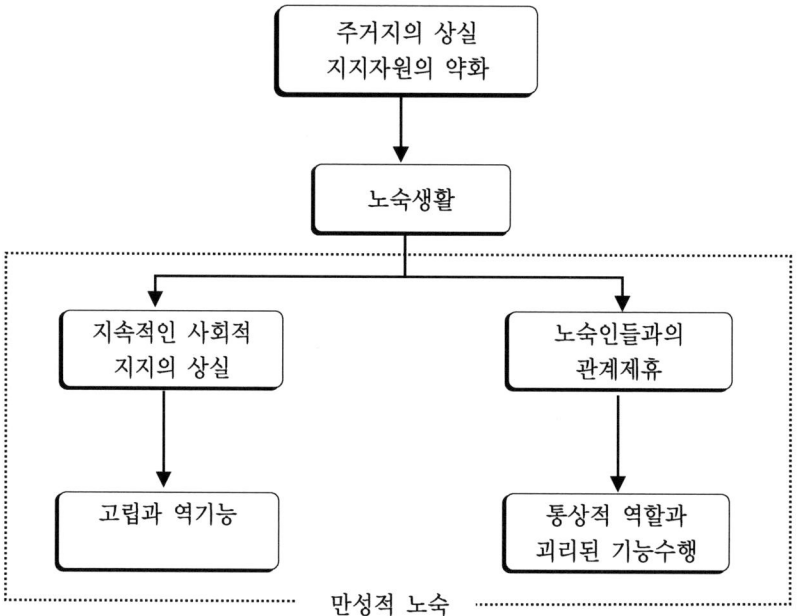

출처: Grigsby, C. et al.(1990). Disaffiliation to Entrenchment. Journal of Social Issues, V.46(4).

복합적인 상황과 사건으로 인해 최초로 노숙을 하게 된 노숙인들은 두 가지 형태로 만성화되어 간다고 할 수 있는데, 첫째는 노숙생활을 하게 되면서 사회적 지지를 지속적으로 상실하게 되어 나타나는 사회적 연계단절(disaffiliation)의 문제이고, 두 번째는 주된 관계망이 노숙인들로 이루어지면서 나타나는 파행적 형태의 관계의 재제휴(re-affiliation)와 관련된 문제이다. 전자가 사회적 지지와 관계망의 지속적인 상실로 인해 정상적인 사회생활을 영위하기 어렵게 만드는 요인이라면 후자는 일반적인 사회

관습과 동떨어진 '노숙문화'를 만들어내는 관계망에 의존하게 되어 정상적인 사회생활을 영위하기 어렵게 만드는 것이다.

Grigsby 등은 이 연구에서도 사회적 연계단절 양상과 관련된 노숙인의 유형을 분류하고 있는데 그 내용은 1988년 연구에서와 약간 다르게 나타난다. 이들은 노숙 기간, 사회적 관계망의 크기, 사회적 기능수행 정도의 측정치를 기준으로 군집분석(cluster analysis)을 실시하였고 그 결과로 노숙인을 최근에 노숙인이 된 경우(Recently dislocated), 취약층(Vulnerable), 외부자(Outsider), 장기노숙인(Prolonged homeless)의 4가지 유형으로 분류하였다. 이 중 최근에 노숙인이 된 경우는 1988년 모형에서의 type 1과 2에 해당하는 것이고 취약층은 노숙 기간이 보다 길고 관계망의 크기가 절대적으로 축소된 type 3과 같다. 외부자는 type 4에 해당하는 것으로 관계망의 크기는 상대적으로 크지만 비전통적인 형태의 노숙인 위주의 관계망을 가진 경우이다. 그리고 장기노숙인은 1988년의 연구에서는 설정되지 않았던 범주로 노숙 기간이 평균적으로 6년 이상으로 상대적으로 작은 관계망의 크기와 상대적으로 취약한 기능수행 수준을 나타내는 만성화된 집단으로 보았다.

따라서 Grigsby 등의 사회적 연계단절에 관한 논의들은 사회적 관계와 지지망에 관련된 양상을 기준으로 노숙인들의 특징적 유형을 제시하고 있는데 군집분석 결과를 도표로 제시하면 다음 표와 같다. 이들의 분석에서는 노숙인 중심으로 새로운 연계를 형성해가는 양상인 outsider의 경우보다는 관계망의 크기가 절대적으로 축소되는 양상인 isolate(혹은 vulnerable)의 경우가 역기능이 훨씬 더 심한 것으로 나타나고 있었다.

〈표 3-1〉 Grigsby 등의 노숙인 유형별 노숙 기간, 관계망, 역기능 분석결과

군집명	노숙기간(개월 수)	관계망의 크기	기능수준(LOF)
Recently dislocated	6.6	4.3	68.6
Vulnerable	11.8	2.8	50.7
Outsider	16.1	13.2	66.4
Prolonged homeless	80.7	3.4	57.5

결국 이들의 연구에서 나타나는 노숙인의 유형은 노숙의 기간, 사회적 관계망에서의 특성, 심리적 기능수준이라는 기준을 중심으로 최근에 노숙을 시작한 유형, 고립 속에서 기능이 나빠져 가는 취약 유형, 주류 사회와 단절되어 비전통적인 관계망을 강화해가는 외부자 유형, 만성적인 노숙생활에 빠져들어 간 유형으로 분류되고 있다. 특히, 노숙생활 이후 외부와 지속적으로 단절되어 가는 고립의 유형과 노숙인 중심의 비전통적인 새로운 관계를 형성해가는 외부자의 유형을 개념적·실증적으로 정체화하고 있는 점은 매우 중요한 것이라고 판단된다.

이들의 연구는 이론적인 분석과 아울러 실제 노숙인을 대상으로 한 군집분석 결과를 통해 실증적으로 노숙인들이 어떠한 유형을 나타내고 있는가를 살펴보고 있는 점에서 큰 의미가 있다. 즉 연구진들이 노숙인에는 어떠한 유형이 있다는 선험적인 분류를 통해 구분하고 있는 것만이 아니라 실제 노숙인들의 현황과 응답을 기초로 통계적인 분석을 통해 그 유형을 구분하고 있는 것이다.

그러나 한편으로는 우리 사회에서 이를 그대로 적용하기에는 상당한 문제점이 있다. 주지하다시피 미국에서의 노숙인 문제가 20세기 후반에 크게 부각된 것은 '지역사회정신보건' 혹은 '탈시설화'의 흐름과 관련되어 정신장애인 상당수가 노숙의 형태로 방치된 점과 가장 밀접한 관련이 있다. 반면 우리 사회는 IMF 경제위기 이후 실직과 빈곤의 한 극단적 사회현상으로서 노숙인 문제가 사회적 관심의 대상이 되었다. 따라서 우리 사회의 노숙인 문제에 대한 대처는 지금도 '실직 노숙인'에 대한 '자활 중심 접근'이라는 편향이 있는 것도 사실이다.

5. 노동능력과 자활의지에 의한 구분

우리 사회에서는 노숙인에 대한 유형을 이야기할 때, 자활의지와 적절한 자활(노동) 능력을 기준으로 분류하는 경향이 있다. 이는 많은 실무자들이 노숙인들의 자활에 '관건'이 되는 요소로 '자활의지'와 적절한 '노동능력'을 언급하고 있기 때문이기도 하다. 다소 도식적이지만 이 두 가지 기준을 중심으로 다음 유형화를 시도한다면 〈표 3-2〉와 같이 네 가지의 일차적인 구분이 가능하다.

〈표 3-2〉 노숙인의 쉼터생활양상 구분 기준

구 분		노동능력의 적절성 수준	
		높 음	낮 음
자활의지	높 음	유형 1	유형 2
	낮 음	유형 3	유형 4

　이 중 유형 1은 빨리 자활하여 정상적인 사회생활로 복귀하고자 하는 의욕이 높고, 이를 위한 노동능력도 좋은 편인 쉼터 생활자들이다. 다음으로 유형 2는 자활하여 정상적인 사회생활로 복귀하려는 의욕은 높은 편이나 보유하고 있는 노동능력이 취약하다고 판단되는 경우이다. 유형 3은 노동능력에는 큰 문제가 없으나 쉼터에서 벗어나 정상적인 사회생활로 복귀하려는 자활의욕이 상대적으로 낮은 경우이다. 마지막으로 유형 4는 자활의 의욕도 낮은 편이고 노동능력에도 결함이 있는 경우를 말한다.

　한국보건사회연구원의 2001년도 연구에서는 이러한 기준을 적용하여 실제로 우리 사회의 노숙인을 분류하고 있다. 이 연구의 결과는 다음의 〈표 3-3〉과 같이 나타난다.

〈표 3-3〉 노숙인의 유형

근로의욕 신체건강상태	근로의욕 있음	근로의욕 없음
비교적 신체 건강 (근로능력 있음)	자활가능자	정신적 재활 필요자 알코올해독 필요자
별로 건강하지 않음 (근로능력 없음)	신체적 치료 필요자	근로가 어려운 사람 부랑인, 장애인, 노인 정신지체

그리고 이 연구에서는 10개 쉼터의 사례조사를 기초로 각 유형별 인원수를 대략 다음의 〈표 3-4〉와 같이 추정하고 있다. 즉 건강상태가 양호하면서도 근로의욕이 있는 자활가능자가 전체 노숙인의 56%에 해당하는 2,744명으로 가장 다수인 것으로 보고 있다. 그리고 다음으로는 건강상태도 좋지 않고 근로의욕도 없는 유형이 19%, 신체적으로는 건강하나 근로의욕이 낮은 정신적 재활 필요자를 17%, 마지막으로 건강하지 않으나 근로의욕은 높은 유형이 가장 작은 8%의 비중을 차지하는 것으로 보고 있다.

〈표 3-4〉 실직 노숙인 유형별 추정 인원

근로의욕/능력 건강상태	근로의욕/능력 있음	근로의욕/능력 없음
건강함	2,744명(56%)	833명 (17%)
건강하지 않음	392명 (8%)	931명 (19%) 노인: 343명 (7%) 장애인: 392명 (8%) 기타: 196명 (4%)

이 연구에서는 이러한 분석의 결과로 자활가능자에 대한 해당 인원만큼의 자활쉼터, 치료필요자에 대한 치료쉼터, 심리적 혹은 알코올과 관련된 재활 필요자들에 대한 재활쉼터, 그리고 나머지 범주에 대한 각종 보호시설의 서비스를 활용해야 한다고 제안하고 있다.

이 유형화의 경우도 실천적으로 큰 함의를 가지고 있다. 그러나 다양한 노숙인의 특성을 자활의지와 노동능력(건강상태)이라는 임의적 기준으로 4분화하는 과잉단순화의 문제를 가지고 있다. 또한 이는 노숙인의 유형을 반영한 실천적 함의 도출이라기보다는 서비스를 위한 실천적 의미에 해당하는 기준을 이미 설정해 놓은 상태에서 여기에 맞는 노숙인의 규모를 추산한 것이라고 보아야 하기 때문에 노숙인의 생활양상을 반영한 유형적 분류로 보기는 어렵다. 즉 양적인 분석이기는 하지만 노숙인에 대한 설문조사 등의 결과를 통해 유형을 분류하는 방식이라기보다는 4가지의 유형을 결정한 상태에서 각 노숙인들이 어느 유형에 해당하는지를 조사한 방식으로 연구진들이 미리 설정한 유형화 범주 내에 어느 정도의 노숙인이 포함되는지를 조사한 것이다.

6. 군집분석을 이용한 노숙인 생활유형 분류

1) 연구의 방법

필자와 노숙인다시서기지원센터의 연구진은 군집분석을 통해 쉼터노숙인의 생활상 태를 유형화하기 위한 연구를 진행하였다. 이는 2001년부터 2002년에 걸쳐 연구가 진행되었다. 이 연구의 절차는 다음과 같이 진행되었다(남기철·황운성, 2002).[17]

첫째 실무진이 인지하는 노숙인의 쉼터생활 유형항목을 조사하였다. 실무진과의 수차례 간담회를 개최하여 쉼터에서 생활하고 있는 노숙인들이 나타내는 생활의 방식들에 어떠한 유형이 있는가를 탐색하였다. 이는 쉼터노숙인들과 가장 가까이 생활하는 실무진들의 실천지식을 최대한 반영하고자 하는 목적과 관련된다. 이 과정을 통해 수많은 유형들에 대한 항목이 만들어졌고 각각의 항목과 관련되는 것으로 판단되는 사례들의 내용을 검토하며 유형항목의 적절성을 평가하고 첨삭하였다. 이러한 과정을 반복하여 대체적인 유형으로 10가지 유형을 선정하였다.[18] 물론 이러한 유형구분은 특정한 이론적 기초 위에 형성된 것은 아니기 때문에 각 유형 범주의 배타성과 포괄성이 완전히 담보되지는 못한다.

---

17) 이 연구의 진행방법과 결과의 세부적 내용은 노숙인다시서기지원센터의 2001년 기획보고서 혹은 남기철·황운성의 2002년 논문을 참조할 것
18) 자료분석과 연구진의 논의결과 이 10가지 유형에는 쉼터의존생활, 쉼터위기이용, 한계계층주 거활용, 쉼터생활부적응, 하위문화, 활동성취약, 인지취약, 정신건강취약, 반복음주, 노동력취 약 등의 유형이 선정되었다.

두 번째로 앞의 과정에서 선정된 10가지 유형 항목에 따라 각 쉼터에서 생활하고 있는 노숙인들이 어떠한 유형에 해당하는지에 대해 자료를 수집하였다.[19] 이 조사를 위해서는 10개 유형의 판단기준에 따라 각 쉼터의 입소 노숙인에 대해 가장 잘 알고 있는 사례관리자 실무진에게 유형구분의 기준을 설명하고 자료가 수집되어야 할 대상 노숙인들이 어느 유형에 해당하는가를 판단하도록 하는 방법을 취하였다. 이 유형구분은 예비적인 단계에 해당하며 실무진의 주관적인 성향이 많이 개입될 수 있는 여지가 있다.

세 번째로 노숙인의 쉼터 입소 생활유형 구분에 기준이 될 수 있는 주요 변인에 대해 검토작업을 실시하였다.[20] 이 과정은 노숙인의 특성에 관한 기존의 이론과 선행연구에 대한 검토와 실무진들과의 간담회라는 두 가지 방법을 통해 이루어졌다. 이 변인들은 노숙인의 교육연한과 같은 인구학적 변수들부터 심리적인 증상이나 사회적 지지와 같은 심리사회적 변수, 노동일수와 같은 변수들을 포함하고 있다.

네 번째로 설문조사를 통한 자료수집과 군집분석을 실행하였다. 추출된 주요 변인들로 구성된 설문지를 작성하여 2001년 10월에 31개 노숙인 쉼터를 대상으로 자료를 수집하였다. 수집된 자료는 주로 쉼터 생활유형을 구분하는 데 기준이 될 수 있는 변인들에 대한 것이었다. 이 자료들을 통해 노숙인들의 쉼터생활유형을 구분하는 방법으로 군집분석(cluster analysis)을 실시하였다.[21] 군집분석은 많은 사례들을 대상으로 특정한 변수들이 어떻게 분포되어 있는가를 기준으로 삼아 유사한 사례들끼리 묶는 분석방식이다. 즉 주요 변인들에 해당하는 여러 문항의 응답들을 기초로 비슷한 응답에 해당하는 노숙인들을 각각의 집단으로 묶도록 하는 방식이다. 이 방식은 사전에 '정해진 기준치'에 따라 어떠한 노숙인은 어떤 유형에 해당한다는 식의 구분이 아니라 사전에 구분의

---

19) 이 대략적인 결과는 쉼터의존생활 15.3%, 쉼터위기이용 27.6%, 한계계층주거활용 24.7%, 쉼터생활부적응 2.7%, 하위문화 1.8%, 활동성취약 5.1%, 인지취약 1.8%, 정신건강취약 4.9%, 반복음주 8.2%, 노동력취약 8.0%로 나타났다.
20) 이 결과 교육연한, 신체적 건강정도, 심리적 증상, 사회적 관계, 직업적 기술정도, 쉼터 내 서비스 활용의 적극성, 자활의지정도, 근로일수 등이 주요 변인으로 고려되었다.
21) 군집분석은 K-means cluster analysis의 방식에 의해 이루어졌으며 각 변인의 z score 측정값이 투입되어 3개의 군집으로 분석하였다.

기준이 되는 항목만이 정해지고 수많은 사례의 실제 응답들을 통계적으로 유사한 것끼리 한 유형으로 구분하여 기준치 자체가 각 응답들에 의해 그 결과로 만들어지는 것이다. 따라서 명확한 이론적 진단기준 같은 것이 없다는 불명확성이 있으나 분명한 기준치가 없는 상황에서 현실의 유사성들을 보다 잘 반영할 수 있는 장점이 있다.

마지막 다섯 번째로 실무진들의 유형구분 결과와 군집분석의 결과를 비교하여 종합적인 노숙인 쉼터 생활유형을 분류화하였다. 특히 특정한 유형, 예를 들어 고령으로 인하여 노동능력이 취약한 사례라든가 알코올중독으로 진단된 경우에는 그 유형이 인구학적 특성이나 객관적 진단에 의해 결정된 것이므로 이 사례에 대해서는 군집분석의 의미가 다소 퇴색될 수 있으므로 이를 감안하였다.

2) 연구의 결과

이러한 과정을 거쳐 쉼터노숙인의 생활유형을 실무자들의 유형구분과 군집분석 결과를 종합해 한계계층, 기능손상, 일시위기, 알코올 의존, 정신건강 취약, 노동력 취약의 6개 범주로 구분하였다. 이는 다음 〈표 3-5〉와 같다.

〈표 3-5〉 노숙인의 쉼터생활유형과 빈도[22]

구 분	빈 도	백분율
한계계층	71	17.4%
기능손상	125	30.5%
일시위기	118	28.9%
알코올 의존	37	9.0%
정신건강 취약	22	5.4%
노동력 취약	36	8.8%
소 계	409	100.0%
미분류	41 (전체 450사례의 9.1%)	무응답으로 인해 분류가 이루어지지 않음
합 계	450	

　각 유형들이 나타내고 있는 주요한 특성들을 전체적으로 도표화하여 살펴보면 〈표
3-6〉과 같다. 도표에서 척도화된 값에 대해서는 비교를 용이하게 하기 위해 z 값을 활용
하였다. 따라서 여기서의 특성에 대한 상대적인 비교는 노숙을 하지 않는 일반인이 아
니라 쉼터에서 생활하고 있는 전체 노숙인들의 평균을 기준으로 한 비교에 해당한다.

〈표 3-6〉 각 유형별 특성

구 분	한계계층	기능손상	일시위기	알코올의존	정신건강취약	노동력 취약
입·퇴소 횟수	3.83회	4.27회	3.14회	5.67회	3.59회	2.86회
쉼터 이용 기간	516.63일	450.40일	536.12일	421.40일	415.91일	487.40일
거리 노숙 기간	20.12일	22.28일	42.12일	138.26일	123.25일	132.60일
교육연한	5.93년	11.09년	11.45년	9.38년	10.45년	10.53년
건강정도	−0.13	−0.0037	0.46	−0.48	−0.12	−0.92
심리적 증상 정도	0.077	0.17	−0.81	1.28	1.28	0.027
사회적 관계의 취약성 정도	0.26	0.44	−0.71	0.45	0.29	−0.18
쉼터 서비스의 이용 정도	0.62	−0.53	0.19	−0.41	−0.14	0.30
직업적 기술 취약성	0.30	0.38	−0.72	0.13	0.20	0.28
월 평균 근로일수	20.61일	16.99일	22.00일	15.83일	14.71일	17.67일
자활의지	0.15	−0.57	0.82	−0.78	−0.36	−0.09

① 한계계층

　전체의 약 17%가량으로 나타난 한계계층의 유형으로 분류된 노숙인들의 특성을 살
펴보면 우선 가장 두드러지는 점은 교육연한이 매우 짧다는 점이다. 이들이 나타내는
특성은 기본적으로 태어날 때부터 우리 사회의 주변부 생활을 오랫동안 해 온 경험을

---

22) 물론 여기서 조사대상 노숙인들에 대한 객관적 진단에 기초한 것이 아니고 중복된 군집의
　　경우보다 큰 영향을 미치는 성격의 군집에 포함되어 있는 것이다. 따라서 정신장애나 알코
　　올 의존이 있는 노숙인이 전체 노숙인의 5%와 9%가량에 해당한다는 의미는 아니다.

가지고 있으며 낮은 학력과 이로 인한 안정성이 없는 저임금의 직업을 가진 경우에
해당한다. 즉 낮은 소득으로 인해 쪽방이나 일세, 월세 등의 안정성이 없는 주거생활
을 반복해왔으며, 그러한 주거생활의 연장선상에서 현재의 노숙인 쉼터 서비스를 활용
하고 있다고 하겠다.

다음의 사례는 한계계층 유형에 해당하는 노숙인의 생활력을 보여주고 있다.

A는 6세에 부모가 이혼을 하여 고모 집 등 친척집을 전전하며 성장과정을 지냈다. 어린
시절부터 잦은 가출로 인하여 제대로 교육을 받지 못하여서 국민학교 4학년 학력이 전부
였다. 고모는 어려운 생활환경 속에서도 A를 바로잡아보려고 가출한 A를 찾아서 데려오고
하였으나, A는 부모에 대한 원망과 함께 자란 사촌과의 경쟁심과 질투로 인해서 자꾸 가
출을 하고 거리의 친구들과 어울리는 등 비행성향을 습득하였다고 한다. 하지만 천성적으
로 남에게 해를 끼치기를 싫어하는 성격으로 인하여 범죄행위를 하지는 않았다고 한다.
17세 되던 해에 먹고 살 일도 막막하고, 더 이상 어려운 고모 집 등에 의존하기도 그렇
고 해서 친구랑 시골에 내려가 머슴생활을 2년 정도 하기도 했다. 월급이나 새경이 있었
던 것도 아니고 그저 밥과 잘 곳을 해결하기 위해서였다고 한다. 그러나 계속적인 시골
생활은 A가 점점 나이가 먹게 되면서 계속할 수가 없었다. 인생의 전망이 서질 않아서
약간의 용돈을 받아서 대구로 나오게 되었다. 대구에서 생활은 도시 뒷골목에서 할 수
있는 모든 일에 대한 경험이었다. 암표장사, 비닐우산 팔기, 당구장 관리(당구를 300점
정도 치는 실력), 술집 웨이터 등 많은 직업 세계를 거치며 살았다. 학력 미달로 군대를
갈 수 없어 성남시에서 실역미필 훈련을 받았고, 이를 계기로 서울로 오게 되었다. 나이
를 먹음에 따라 기존의 어린 시절에 가능했던 뒷골목 일을 계속할 수 없었던 A는 핫도
그나 군고구마 등을 파는 노점을 하기도 하고, 여관 카운터, 목욕탕 때밀이 등을 했다.

이들의 쉼터 이용 기간은 다른 노숙인들에 비해 약간 긴 편이며 거리 노숙 기간은
짧은 편인 것으로 나타난다. 건강정도와 심리적 증상은 입소 노숙인들의 평균 수준 혹
은 이보다 약간 나쁜 상태를 나타내고 있다. 사회적 관계가 취약한 편이며, 직업적 기
술도 취약한 상태이다. 다른 노숙인들에 비해서 근로일수도 약간 많은 편이며 자활의
지도 평균 이상으로 가진 것으로 볼 수 있다. 즉 특별한 증상을 가진 것은 아나나 오

랜 주변부 생활 속에서 이용할 수 있는 자원이나 관계망이 없고 노숙인이 일반적으로 나타내는 특성처럼 결혼관계도 취약하다. A의 사례에서도 이러한 점은 잘 나타난다.

> 이 시절에 몇몇의 여자를 만나서 동거생활을 하기도 했으나, A의 생활의 불안정이나 여자들의 배신으로 해로를 하지 못했다고 한다. 부모와도 어릴 적에 헤어지고, 거의 완벽하게 사고무친으로 30년 가까이 생활한 A는 깊은 외로움 속에서 여자들에게 정을 주었지만 배신의 경험을 몇 차례 하게 된다. 이러한 생활 속에서 A의 마음속에 자리 잡은 가치관은 아무도 믿을 수 없다. 누구하고도 깊게 사귈 필요가 없다는 것이었다. 낯선 사람과 만나서 이야기할 때도 늘 의심하는 마음의 장막을 걷을 수 없었다. 남에게 피해도 주지 않겠지만, 절대로 이용당하지는 않겠다는 결심이 사람과의 만남에서 최우선의 기준이 되었던 것이다.

이들은 또한 조사결과에서 거리 노숙 기간이 다른 유형에 비해 상대적으로 짧게 나타나고 있는데 이는 한계적인 주변부 생활의 누적된 경험 속에서 임시적인 주거를 활용하는 것에 관한 기술이나 지식이 쌓인 것과 관련되는 것이라고 볼 수 있다. 또 이러한 생활에 상당히 익숙하여 주변에서 제공되는 서비스를 많이 이용하는 성향을 보이며 심리적인 손상이 별로 크지 않은 적응된 상태를 나타낸다. 반면에 안정적인 자활에 이를 수 있는 직업적 기술이나 교육수준이 열악함으로 인해 지속적으로 '예비 노숙인' 계층에서 머무를 가능성이 높다. A의 사례에서도 이 점이 나타나고 있다.

> A는 조금 모아진 돈을 가지고 친구와 함께 옷 장사를 하기도 했으나 장사에는 경험도 없던 차에 경기도 좋지 않아서 장사가 잘 되지 않아 친구와 싸우고 헤어졌다. 갈 곳도 없고 막막해진 처지에 한보철강 노동자들이 서울역에서 장기 농성하는 모습을 구경하는 것으로 서울역 노숙대열에 끼게 되었다. 담배를 얻어 피우고 일을 나가서 함께 밥도 사먹고 하는 과정을 통해서 거리 사람들과 알게 되어 지내던 중 '숲 가꾸기 사업'에 참여하게 된다. 이후에 원주에서 숲 가꾸기 공공근로를 하고, 98년 노원구의 복지관에서 역시 동사무소 업무를 보조하는 공공근로를 하다가 99년 자유의집에서 실시한 숲 가꾸기 공공근로에 참여하여 현재까지 계속해서 숲 가꾸기 현장에서 생활하였다. 중도에 탈락하는 것 없이 3년 이상 계속된 숲 가꾸기 공공근로 사업에 지속적으로 참여하고 있다. 돈

을 모으기 위해서인데 특별한 기술이나 고된 일에 대한 자신이 없어 다른 일을 통해 돈
을 모을 수 있다는 자신감은 상실하고 있다.

② 기능손상

분류 유형 중 가장 높은 빈도를 나타내는 기능손상의 유형은 전체의 30% 정도이다.
특히 이 유형은 노숙생활로 인한 심리사회적 손상과 관련되기 때문에 노숙생활 이전
혹은 초기에는 한계계층이나 일시위기의 유형에 해당하는 것으로 볼 수 있던 사례가
노숙생활의 장기화 과정 속에서 기능손상의 유형으로 전화되곤 한다. 다음 B 사례는
기능손상 유형의 한 모습을 보여주고 있다.

B는 주로 건설토목업의 철강기술자로 직업을 가지고 살아가다가 주변 자원을 동원하여
호프집을 경영하였다. 자신이 저축한 얼마간의 돈과 부모·처가의 지원을 받아서 운영하
던 호프집은 공교롭게도 IMF상황에서 별다른 방법을 써보지도 못하고 투자한 돈을 날리
게 되었다. 이 과정에서 아내와 아이는 문구점을 운영하는 손위처남의 집에 의탁하여 문
구점 일을 도와주며 생활하고 있고, B는 친구 집에서 지내다가 노숙인 쉼터를 이용하게
되었다. 손위처남에게 심각한 질타를 당하고 자존심에 깊은 상처를 입었다. 이는 꼼꼼하
고 세밀하지 못하고 허풍기가 있는 자신의 생활자세를 교정하기 위한 것이었음에도 불구
하고 이를 견디지 못한 B는 처남과 술이 취한 상태에서 수차례 다투었으며 처가와 메우
기 힘든 감정의 골을 지우게 되었다. 자신이 자존심을 굽히고 처남에게 의탁하면 가족과
함께 생활할 수도 있었는데 하는 후회를 많이 하고 있다. 현실을 냉정하게 수용하지 못
하고 감정적인 혼란 속에서 상황을 계속해서 악화시켰다는 자책이 한편에서는 아내와 아
이에 대한 심리적 의존을 고착화시켜 현실적 상황의 개선을 꾀하지 못한 채 아내와 아이
의 태도에 일희일비하면서 '보현의 집'에서 1년 6개월, '자유의집'에서 1년 가까운 세월
을 허비했다. B는 노숙생활 이후 급격하게 자존감이 낮아지고 고립되어 상황에 적절하게
대처하지 못하고 무기력하고 수동적인 모습으로 하루하루를 보내게 되었다.

이들은 교육연한은 평균보다 오히려 높은 수준으로 대략 고등학교 졸업 정도의 학
력에 해당한다. 다음에 기술할 일시위기 유형 다음으로 학력은 높은 편으로 나타났다.

그러나 건강상태의 큰 손상이 없으면서도 심리적 기능이나 특히 사회적 관계의 취약성이 크다. 일부 실무자들에게서 표현되는 '고졸장남 노숙형', '무기력' 등의 말은 이 유형과 관련이 있다.

> B는 자유의집 이용 8개월 경과 시점에서 '저활동자'로 파악되어 상담에 의뢰되었으나 혼자의 힘으로 해보겠다며 상담자의 개입을 거절한 사례가 있었다. 그러나 이후 2개월이 지나도 여전히 저활동 상태에 있어 재상담에 의뢰되었으며, 상담자의 개입을 계속 거절할 시에 쉼터 이용을 중단해야 한다는 위기의식과 상담과 집단프로그램을 경험한 방 동료들의 긍정적 평가에 힘입어 상담을 시작하였다.

이들은 쉼터 이용 기간은 450일가량으로 한계계층의 유형에 비해 더 짧은데도 입·퇴소 횟수는 평균 4.27회로 3.83회인 한계계층에 비해 훨씬 많은 횟수를 나타내고 있다. 이는 여러 명이 함께 생활하는 쉼터 생활에 대한 적응도가 떨어져 있음을 나타낸다. 이 유형에 해당하는 노숙인들 중 상당한 비율이 실무진의 주관적 유형구분에서 쉼터 부적응 즉 부유형으로 표현되었던 바 있음은 이러한 양상을 나타낸다.

기능손상형이 나타내는 이와 같은 특성은 특정한 신체적 질환이나 정신질환 등에 기인한 것이 아닌 스트레스 대처능력, 대인관계기술, 무기력성, 외적 통제소 등 심리사회적 기능수행에서의 취약성이 노숙생활과 관련되어 크게 나타나고 있음을 나타내고 있다. 따라서 이들에게는 심리사회적 기능수행 향상을 위한 재활프로그램이나 사회복지실천적 개입이 매우 필요하다. 특히 알코올중독이나 특정 정신질환으로 진단되지 않은 상태에서 노숙생활과 관련된 손상이 있는 경우이기 때문에 이들의 심리사회적 취약성은 다양한 형태를 띨 수 있다. B에 대한 모 쉼터의 사정 보고서의 일부인 다음 내용은 이러한 양상의 하나를 보여준다.

> ─인지능력: 보통 이상이며 대화능력, 상황판단 능력에 장애요소는 없음
> ─외부귀인: 통상적으로 상황을 탓하기보다는 자신의 무능함을 자책하는 편임

─심리적 무기력: B의 심리적 경향은 자꾸 과거에 집착하면서 자신의 무능함과 무기력함
에 대한 자책과 자포자기 속에서 생활하여 같이 생활하는 쉼터 입소자들 중에서 나태하
고 의지력이 박약하다는 비난을 받았으며 대신 타인과 마찰은 야기하지 않아 주변에서
그냥 방기하는 경우가 많음
─대인관계: 과거에 다른 사람들과 어울리는 것을 매우 즐기는 형이었으나, 현재는 아무
하고도 연락을 하지 않고 있으며, 자신의 초라한 모습을 보이기 싫고 건설현장에서 익숙
하지 않은 노동일 경험으로 인하여 몇 번의 거친 모욕을 경험한 이후로 타인과의 교류에
위축되어 있는 상태
─사회적 관계
부모와는 정기적으로 연락하고 있으나 처와 별거 중인 자신의 처지를 솔직하게 말하지
못하고 있으며 장남으로서 역할을 하지 못하고 있는 것에 대한 죄책감을 느끼고 있으나
자신의 자활을 위한 지지망으로 삼을 정도는 되지 않음. 자신을 구체적으로 돕거나 간접
적으로 도울 수 있는 친구들과 관계를 맺거나 활용할 의욕이 없음

이 노숙인 유형은 모든 유형 중에서 쉼터 서비스의 활용이 가장 낮은 편으로 조사
되었고, 조사결과에서도 무기력 성향이 두드러진 것으로 나타났다. 결국 자활과 구별
되는 의미에서의 '사회복지적 재활'이 가장 관건이 되는 집단이라고 할 수 있지만 자
활과 관련해서도 역기능성이 많이 나타난다. 직업적 기술의 취약성과 아울러 근로일수
도 월 평균 17일로 매우 적은 편이다. 또한 자활의지도 대단히 낮은 편으로 나타나고
있다. 앞선 한계계층과 비교할 경우 한계계층의 유형은 교육연한이 짧아 직업적 기술
이 취약하지만 근로일수나 자활의지라는 측면에서는 양호한 상태(비록 안정적 자활의
가능성은 낮다고 보아야 하지만)였던 것에 비해, 교육연한은 평균정도의 수준을 가지
고 있고, 건강 정도도 크게 나쁘지 않아 노동력은 있으나, 무기력과 스트레스 취약성
등 심리적 증상과 사회적 관계가 나쁘고 이에 따라 적절한 직업활동도 하지 못하고
근로의욕이나 근로일수도 미약한 상태로 대조를 이루고 있다. 따라서 현재 상태로서는
이들을 정기적인 직업활동을 장기적으로 수행하게 하여 자활을 이루도록 한다는 것은
비현실적일 수밖에 없다.

③ 일시위기

일시위기의 유형은 역시 30%가량의 높은 빈도를 차지하는 유형으로 언론에서 '실직 노숙'이라는 용어로 표현되었던 속성과 유사한 특성을 나타내고 있다. 일시위기 유형의 전형이라고 생각되는 사례를 소개한다.

C는 중농 정도의 집안에서 태어나 누나와 함께 자랐다. 별 특이한 사항 없이 자란 강 씨는 지방의 중소도시에서 대학을 다니던 시절에 아버지가 고혈압으로 사망하셔서 중퇴하였다. 육군으로 입대하였으나, 사고로 허리를 다쳐서 의병 제대를 하였다. 홀어머니와 함께 생활하던 C의 첫 직업은 부동산 중개업이었다. 5년 동안 일을 하면서 많은 돈을 벌지는 못했지만 그럭저럭 살아갈 수 있는 정도였다. 결혼을 하면서 좀 더 안정적인 직장이 필요하여 이천에 본사가 있는 유리회사에 취업을 하였다. 자동차 유리 영업직이었다. 원래 내성적이고 활달하지 못한 강 씨는 두드러진 실적을 내지 못했고, 상사와 관계도 좋지 않았다.
헌데 친지가 이미용 재료상을 하면 밥을 먹고 산다고 권하여 사표를 내고 이미용 재료상 차렸다. 미용실과 이발소에 여러 가지 기구나 재료를 납품하는 재료상 사업을 하기 위해서는 외상거래와 저가 판매로 거래처를 확보할 수밖에 없었다. 대출도 받고 사채도 끌어들여 의욕적으로 사업을 시작했으나 경쟁이 치열한 가운데 늘어나는 외상값과 자본의 부족으로 1년여 만에 부도를 낼 수밖에 없었다. 처가 쪽에서 얻어 쓴 사채 등으로 아내와는 마찰이 심했고, 가계수료로 현상수배까지 되어 집에서 생활이 불가능해지자 C는 매우 위축되고 죽어버리고 싶었다. 어떻게 먹고 살기 위해서 가족을 등진 채 서울로 올라왔다. 그러나 연고도 없고 숙식 해결도 쉽지 않아 우연히 알게 된 절에서 운영하는 납골당에서 일을 하게 되었다. 돈을 벌겠다는 목적보다는 도피처로서의 생활을 약 2년간 했다. 그러나 이렇게 살다가는 정말 '인생 종치겠다'는 위기의식과 자녀들이 그리워 집으로 돌아갔다. 2년 만에 돌아간 집은 빚쟁이들은 찾아오지 않았지만, 아내가 미장원에서 일을 해서 생활을 하고 있었다. 아무것도 손에 쥔 것이 없이 돌아온 C를 아내는 경원시하였다. 고달픈 생활에 지친 아내는 자포자기하는 심정으로 가정을 잘 돌보지 않고 늦은 귀가와 외박도 하였으며 도박에 손을 대고 있는 듯하였다.
여전히 살 길이 막막해서 아내와 심하게 다툰 날 C는 다시 서울로 올라왔다. 그저 거리를 며칠 떠돌다 서울역 무료 급식 현장에서 자유의집에 대한 정보를 접하게 되었다. △

△복지관에서 1년 정도 공공근로와 일용건설일을 하면서 약간의 돈을 집으로 송금하며 지냈다. 복지관 이용 기한이 다되었으나, 별다른 자활의 방도가 없어서 다른 희망의집으로 옮겼다.

새로 옮긴 희망의집은 매우 적극적으로 C에게 자활계획, 가족관계 등에 대해서 개입하기 시작했다. 그저 앞날이 막막해서 시작한 복지관 생활에 어느 정도 젖어 있던 강 씨에게 새로운 자극이 되었다. 정말 이렇게 살아서는 안 되겠다 싶어서 공공근로를 하면서 취업교육을 받은 후 택시 운전자 자격을 취득하여 영업용 택시 운전을 하였다. 월급은 많지 않았지만 합승 등을 통한 부수입도 있고, 특별히 다른 사람들과 긴장된 관계를 맺지 않아도 되는 일이어서 적성에도 맞았다. 함께 생활하는 희망의집 사람들과는 깊은 이야기를 나누며 지내지는 않았지만 자신보다도 더 열심히 자신을 도우려는 열성적인 모습의 사회복지사 선생님과 많은 이야기를 나누며 혼자서 모든 일을 다 처리해야 한다는 부담감도 나눌 수가 있었다. 매월 적금을 들어서 조금씩이나마 저축액이 쌓이는 것에 오랜만에 마음의 평화를 얻을 수 있었다.

그런데 다시 위기가 닥쳤다. 아내와 좋은 관계를 회복하기 위하여 만들어준 신용카드를 가지고 아내가 도박 빚 등으로 1000만 원의 빚을 지고 사라진 것이었다. C는 도저히 운전대를 잡을 수가 없었다. 결근을 하고 잘 마시지 않던 술을 마셨다. 아내에 대한 원망과 분노, 좌절감은 너무나 컸다. 겨우 마음을 잡고 다시 시작하려고 하는데 하는 심정에 상실감이 너무 컸다. 어디론가 사라져 버리고 싶은 유혹이 다시 자라났다. 하나 당장 자기만 쳐다보는 아이들과 노모를 생각하고 며칠 동안 동해안을 떠돌다, 희망의집으로 갔다. 사회복지사 선생님에게 모든 이야기를 하고 도움을 청했다. 처가와 연락해서 아내와 이혼을 하고, 복지사 선생님의 도움으로 국민기초생활보장수급권자가 될 수 있도록 하여 노모와 아이들은 월 30만 원의 급여를 받게 되었다. 또한 혹시나 하는 심정으로 카드사를 상대로 재판을 하였으나 패소하여 900만 원을 갚았다. 엎친 데 덮친 격으로 막내 사내아이가 급격하게 시력이 나빠지는 병에 걸려 수술을 해야 한다고 하였다.

C는 이 모든 문제를 사회복지사 선생님과 의논했다. 그 결과 아이는 현재 나이가 어려서 수술을 할 수 없지만 현재 치료비와 수술비를 의료보호 제도를 통해서 어느 정도 해결이 가능할 수 있음을 알게 되었다. 자신이 희망의집에서 생활한다는 것을 아는 유일한 직장 사람인 부장님이 이 사실을 알고 격려를 해주시고 상조회에서 일정의 도움을 주겠다고 약속을 하였다. C는 현재 아이들과 복지관 근처에서 월세방을 얻어서 살고 있다. 다시서기 지원센터에서 월세 지원 사업을 통해서 약간의 월세비 보조를 받고 있다. 사회복지사 선

생님과는 1주나 2주에 1회씩 정기적으로 만나 경제적 상황, 심리적 갈등 등에 대하여 상담을 진행하고 있다. C는 한때 대인기피 증세까지 나타났던 우울증을 많이 극복하였다.

위의 사례에서 볼 수 있는 것처럼 일시위기 유형은 비교적 심리사회적인 외상이 심하지 않고 주로 경제적 위기 상황이라는 측면과 관련되어 노숙생활이라는 국면을 겪고 있는 사람들이라고 할 수 있다. 그리고 많은 경우에 쉼터 생활에서도 적응을 잘 하고 실무종사자들과의 관계나 서비스 및 지원을 통해 자활할 수 있는 방안을 적극적으로 모색하고 있다.

조사를 통해 나타난 이 유형의 수치적인 측면을 보면, 쉼터 이용 기간은 536일가량으로 가장 긴 편이지만 입·퇴소 횟수는 평균 3회 가량으로 적은 편이다. 즉 1개의 쉼터에서 비교적 안정적으로 오래 생활하고 있는 경우라고 할 수 있다(물론 이러한 현상은 일부의 쉼터에서 일시위기형의 입소 노숙인이 생활태도가 좋고, 소위 관리나 자활지원 노력이 용이해서 선호하는 유형의 클라이언트라는 점도 관련된다). 교육연한도 평균 11.45년으로 가장 높은 수준이다. 이들은 건강 정도도 양호하고, 심리사회적 기능의 손상이나 사회적 관계의 취약성도 다른 노숙인들에 비해서는 매우 경미한 수준이다. 즉 심리적 기능이나 사회적 관계의 측면에서 상당한 장점을 가지고 있는 클라이언트 층인 것이다.

각종 쉼터 서비스도 비교적 많이 활용하고 있는 편이며 직업적 기술 수준도 높고, 월 평균 근로일수는 22일 가량으로 가장 의욕적인 근로활동을 보이는 경우이다.

이들은 기능손상의 유형이 가지는 큰 약점인 노숙생활과 관련된 심리사회적 취약성이 상대적으로 적게 나타나고 있어 근로의욕과 근로활동을 잘 하고 있다는 점에서 장점을 가지고 있다. 반면 한계계층의 유형과 비교한다면 상대적으로 높은 교육연한과 좋은 직업적 기술과 경력을 가지고 있어 안정적 자활의 가능성을 모색할 수 있다.

반면 입소 당시에 비해 여러 가지 기능수준이 나빠진 일부 입소 노숙인들의 자료를 분석해보면(사실상 대다수의 경우에는 입소 당시보다 현재의 입소 노숙인의 제반 특성이 더 긍정적인 것으로 응답되고 있다) 입소 당시에는 일시위기의 유형이었으나 점차 기능손상의 유형으로 전환되는 경우도 나타나곤 한다(A의 사례 참조). 즉 노숙생활과 관련된 손상이나 취약성이 두드러지지 않은 이 일시위기 유형에 대해서는 초기부터 지속적인 관리와 자활프로그램 제공을 통해 주류 사회의 생활방식으로부터 이탈하는 것을 방지할 필요가 있다. 특히 이들의 경우 가정생활을 어떠한 방식으로든 유지하고 있거나 가족 혹은 과거의 관계망과 접촉을 지속하고 있는 경우가 많다는 것이 다른 유형과의 차별성이므로 이처럼 가족과 같이 '노숙과 관련된 손상이 없는' 사회적 지지의 강화와 활용이 의미 있다.

④ 알코올 의존

알코올 의존의 유형은 군집분석보다는 객관적인 진단 등의 기준과 관련되는 비교적 명확한 특성을 나타낸다. 이들의 비율은 약 9% 정도로 나타나고 있다. 그러나 사실상 많은 노숙인들이 알코올과 관련된 진단을 제대로 받아본 적이 없고 또한 많은 쉼터에서 알코올과 관련된 문제가 있는 노숙인들은 받지 않고 있는 선별의 경향을 나타내고 있음에 유의해야 한다. 즉 거리노숙인들을 포함하여 볼 경우 알코올 문제가 있는 노숙인들의 수는 이보다 훨씬 높은 비율을 차지하고 있다는 것이 정확한 판단일 것이다. 실제로 거리노숙인 상담을 수행하는 실무자들의 견해나 거리노숙인까지를 포함한 기존의 조사결과에서 알코올 의존의 문제는 '쉼터노숙인의 9%'라는 표현보다는 더 심각한 상태임을 볼 수 있다. 다음 D의 사례는 알코올 의존의 유형으로 분류되는 사례의 생활력을 나타내는 쉼터의 상담 보고서의 일부 내용이다.

D(55세)ㆍ교육연한: 중학교 중퇴

ㆍ생애사 및 가족관계
D는 일본에서 운전을 하다 귀국한 아버지와 어머니 사이에서 3남 3녀의 넷째로 태어났다. 아버지는 일본에서 트럭 운전을 하던 분으로 20살에 일본에서 결혼을 하고 큰딸을 낳아서 한국으로 넘어오셨다. 귀국할 때 재봉틀 하나 들고 넘어왔으나 아버지 본인은 생활력이 없고 노름과 술을 좋아하는 생활을 해서 ct는 아버지에 대해서 욕을 많이 하는 편이다. 양

장점을 할 때도 아버지는 다리미나 들고서 조금 일을 하는 척만 하고는 계속 돌아다니곤 했다고 한다. ct는 아버지에게 매를 많이 맞았는데 창문 밖으로 내던져져서 한동안 헛소리를 한 적도 있다고 한다. 중학교 2년에 아버지가 ct를 미워하고 때리며 밥도 주지 않아서 전봇대에 목을 맸다. 그러나 얼굴로 피가 몰리고 미칠 것 같아서 내려왔다고 한다.

그 후에도 부엌칼로 배를 찌르려다가 못한 경우도 있다고 한다. 막내 동생이 22살에 군에서 사망했을 때도 부는 방랑을 하고 다녔다고 한다. 현재 집에서 혼자 살고 있다. 얼마 전 아버지가 그 집을 임의로 팔아 없애려고 해서 ct가 아버지를 혼을 내고 집문서를 빼앗아서 큰형에게 주었다고 한다. 어머니가 생활력이 있어서 가정의 생계를 이어 갔다. 모든 일에 대한 결정권이 있었다고 함. 어머니는 일본에서 들고 온 재봉틀로 양장점을 시작하게 되었고 양장점 일을 할 때는 집안사람들이 역할을 분담하게 해서 모두 달려들어 그 일을 해내곤 했다고 한다. 어머니의 주머니는 샘물과 같았다고 하며, 어머니에 대한 좋은 기억이 있고 불쌍하게 생각한다. 어려서 아버지에게 매를 무지막지하게 맞았을 때에도 어머니가 달려와 말려주었던 기억을 갖고 있다. 10년 전 암으로 어머니는 병사했다. ct가 직접 기도원에 모시고 다니며 치료를 받게 했다.

84년에 이혼하였고 17년 동안 자식들도 만나지 못한 상태로 있었다. 자신이 양화점을 운영할 때 양화점 운영이 아니라 술과 노름으로 나날을 보내게 되었다. 결국 빚이 많아지고 아내와 자식들에게 못할 짓을 하고 있다고 생각하고 스스로 그 집을 나왔다고 한다. 작년 형님 집에서 밥을 먹고 있는 큰아들을 만났으나 별 이야기는 하지 않고 용돈만 주고는 그냥 형님 집을 나왔다고 함. 현재는 막내아들을 만나고 싶은 마음만 있고 현실로 가능하지 않다는 것을 인정하고 있다. 이제는 자식들에게도 내가 아버지라고 말할 수도 없고 말해서도 안 되는 입장이라고 말한다. 아내는 현재 혼자 살고 있고 자신의 가족들 누구와도 연락을 하지는 않는다. 형님만 가끔 만나고 있으나 관계는 좋지 않다.

형제간의 관계는 이미 다 끊어져 있는 상태이다. 가끔 ct가 자기가 번 돈을 형에게 맡기러 다니기는 하는데 형이나 형수가 반기지도 안고 귀찮아하며 돈을 맡기러 오는 것을 싫어한다고 또 욕을 한다. ct는 자기가 번 돈을 형에게 맡기는 것이 아무 문제가 되지 않는다고 생각하고 있고 형이나 형수가 그것을 싫어하는 이유에 대해 구체적으로 설명하지는 못한다. 느낌도 없고 나쁘다고 한다. 자신은 형제들에게 많은 공헌을 했는데 아무도 그것을 알아주지 않고 나 몰라라 하는 상황에 대해 분노하고 있고 형제보다 친구들이 낫고 친구들보다 자유의집 알코올팀 선생님들이 낫다는 말을 한다. 다른 형제간에는 왕래가 없다. 아버지에게 가끔씩 20여만 원씩 보내드리고 있는 상황이다.

이들이 나타내고 있는 이러한 생활력과 부적응적이고 고립된 생활모습은 알코올중독 성향과 밀접한 관련이 있다. D의 경우에도 이러한 점이 나타난다.

D의 술에 대한 기억은 초등학교 6년(13살)에 막걸리 공장에서 술 찌꺼기를 밥에 비벼 먹고 술에 취한 경험으로 시작되었다. 일찍부터 장사 등 직업생활을 하였고 십대에서부터 술을 먹을 기회가 종종 있었다고 한다. 결혼 생활 가운데에서도 장사를 하였으나, 장사는 뒷전인 채 음주와 도박을 많이 했다고 한다. 양화점을 할 때 밤 12시 이전에 들어간 적이 없고 거의 매일 아내와 싸우고 폭행을 했다. 아내는 수회에 걸쳐서 가출하고 결국 84년 이혼을 하게 되었다. 이후 레스토랑, 외항선, 양화점, 사출기 공장, 버스 운전, 노숙 등의 다양한 직업을 거쳤으나 술과 관련해서 싸우고 그만두게 되는 경우가 반복되었다고 한다. 아내와 이혼한 후에 자신의 술버릇에 문제가 있다고 인식하게 되었지만 단주 노력을 특별하게 기울인 경우는 드물었다. 최종적으로 사출기 공장에서 일을 하다가 공장이 망하는 바람에 더 이상 의탁할 곳이 없어서 서울역에서 노숙을 하다가 쉼터를 이용하게 되었다. 쉼터에서의 생활도 6곳의 희망의집을 옮겨 다닐 정도로 음주문제와 타인과의 정상적인 관계 맺기에 실패하였다.

이들의 심리사회적 기능의 손상은 어떤 유형보다도 심각함을 볼 수 있다. 쉼터 이용 기간은 421일 정도로 다른 노숙인들에 비해 짧지만, 입·퇴소 수는 가장 많은 것으로 나타나고 있다. 또한 거리 노숙의 기간도 138일로 압도적으로 길게 나타나고 있다. 이러한 양상은 알코올 문제로 인한 공동생활에서의 마찰로 강제퇴소나 쉼터생활을 견디지 못하고 발생한 부정적 퇴소의 양상과 관련되며 거리 노숙생활이 계속해서 나타나게 하는 것으로 볼 수 있다. 자유의집에서 파악한 D사례의 쉼터 이용 현황에서도 이 점은 잘 나타나고 있다.

※ 단주 생활 이전 노숙인 보호시설 이용 상황
  1. 1999-04-05 입소 기타   1999-04-12 자진퇴소
  2. 1999-09-10 재입소 기타   1999-09-10 희망의집 서계보현의 집
  3. 1999-10-07 재입소 기타   1999-10-15 희망의집 방화6복지관

4. 2000-03-28 재입소 영등포   2000-03-31 희망의집 양천노인복지관

5. 2000-12-26 재입소 영등포   2000-12-27 희망의집 강북복지관

6. 2001-02-08 재입소 영등포   2001-02-10 희망의집 가나안교회

7. 2001-03-02 재입소 영등포   2001-03-05 희망의집 수서복지관

8. 2001-04-12 재입소 희망의집   2001-04-12 자진퇴소

9. 2001-04-20 재입소 영등포

10. 현재 재활사업부 희망단우 단주방에서 생활중: 대체로 음주문제로 강제퇴소를 반복해서 당함

교육연한은 평균 9.38년으로 중졸 정도의 학력을 나타내고 있어 한계계층의 유형 다음으로 취약하다. 육체적 건강정도와 심리적 기능, 사회적 관계 모두에서 가장 문제가 심각한 유형이다. 알코올로 인해 건강상태가 악화되어 있을뿐더러, 자기 존중감, 인지능력, 무력감 등 심리적 증상이 매우 심각한 양상을 보인다. 또한 알코올 때문에 대인관계가 악화되어 사회적 지지와 관계망의 상실이 심각한 수준이다. 특히 이들에게서는 사회적 관계망의 양적인 취약성뿐만 아니라 그 적은 관계망마저 재활이나 자활에는 도움이 되지 않는 비슷한 유형의 획일적인 관계망이라는 내용의 측면도 심각한 문제가 된다. 그 이외의 관계망일수록 알코올 의존의 문제에 의해 먼저 와해되었던 것으로 보인다.

즉 이 유형은 알코올 문제로 인해 제반 심리사회적 기능 수준이 와해된 것으로 볼 수 있다. D에 대한 쉼터의 다음 사정 보고서 내용은 이를 잘 보여주고 있다.

· 신체적 건강정도: 건강한 편이나 중노동은 어려운 체력을 가지고 있으며 한쪽 귀가 청력 없음

· 심리적 증상

—인지능력 등의 검사결과

환자의 지적능력 평가를 위한 K-WAIS 실시결과, 언어성 지능(VIQ) 102, 동작성 지능(PIQ) 97, 전체지능(FIQ) 100으로, 평균 정도 범위의 지적능력에 해당되는 것으로 평가

되었음.

학력과 직업력을 볼 때, 다소 단기기억과 운동성을 중심으로 아주 경한 정도의 지적 능력저하를 추정할 수 있음. 기질적으로 충동조절에 어려움이 있다. 알코올성 치매진행의 초기 모습이 나타나는 것을 추정할 수 있는데, 기본적이고 일반적인 사회적 상황에 대해서는 어느 정도 그 기능이 유지되고 있겠으나 자신의 바람이나 욕구가 상치되는 상황에 있어서 다소 미숙한 점들이 보인다. 또 자기중심적인 경향이 나타남.

추상적 사고력에 있어서 보통의 수준에 달하고 있지만 기억을 요하는 문항의 과제에서는 저하된 수행을 보이고 있으며 시지각을 요하는 상황들에 있어 다소 부적절한 면들이 나타날 것으로 보임.

정서적인 면에 대한 평가는 주로 우울한 감정을 보이고 자존감 역시 매우 낮은 수준이며 불안 척도 상에서도 상태 불안과 상황 불안 모두 어느 정도 높은 것으로 평가되고 있었고 자기 자신에 대해서도 부정적인 지각 경향을 보이며 자신의 처지에 대해 비관적인 것으로 나타나고 있었음. 대인관계에 있어서는 두드러진 문제를 일으키지는 않지만, 외부 자극에 부정적인 시각들로 사람들과 융화되어 지내는 것이 어렵고 사람들 사이에서나 어떤 조직 내에서 갈등상황에 놓일 경우 이를 적절하게 직면하여 해결하지 못하고 회피하거나 철회하는 행동을 보일 것으로 판단됨.

따라서 전반적으로 D는 보통 정도의 지적 능력을 유지하며 기본적인 사회관계 장면에서 큰 물의를 일으키지는 않겠지만 다소 자기중심적인 사고와 부정적으로 상황을 먼저 지각하는 경향 등으로 깊은 관계형성이 힘들며, 사람들과도 일방적인 갈등으로 늘 고립되어 있지 않을까 사료되며 문제 상황에 대한 적절한 해결능력이 부족하고 자신에 감정 조절에도 미숙한 점들이 나타나고 있는데 이에 음주 혹은 경마문제 등이 지속되고 있는 것으로 판단된다. 따라서 환자의 경우 감정통제나 부정적인 시각 등에 대한 구체적인 개입이 필요할 듯 하며, 우울한 감정들로 더욱 위축되어질 가능성에 보다 지지적인 개입으로 보다 긍정적인 면들을 부각시켜주는 것이 필요할 것으로 사료됨.

※ 인지능력과 관련해서 실제로 지능이 떨어지는 것은 아니나 상황판단이나 자신에 대한 통찰에서 일관성이 떨어지거나 부적절한 이해가 나타난다. "경마장에 다니는 문제를 지적하면 인생을 허비하는 나쁜 일이다. 알코올중독과 같다고 대답하기도 하고, 경마장에서 말의 순서를 바꾸어 놓아서 돈을 잃었다며 나쁜 놈들이라고 분노하기도 하고, 그냥 장난으로 다닌다며 대수롭지 않게 대답하는 등"

ㅡ외부귀인: 전체적으로 자신의 잘못된 생활로 인하여 현재의 상태에 이르게 된 것을 잘

이해하고 있으나, 구체적인 상황에서는 터무니없이 남을 탓하거나 상황을 탓하는 경우가 있음.

—심리적 무기력: 좋고 나쁜 상황에 따라 감정의 기복이 심하다. 조금 좋은 일이 있으면 세상을 다 얻은 것처럼 행동하고 타인에게 매우 너그러워지고 굉장한 다변으로 변하지만, 경마장에서 돈을 잃거나 타인에게 거절당하는 등의 일이 생기면 온종일 꼼짝도 하지 않고 대화도 거의 하지 않는 등 우울증상을 보임. 전체적으로 투약 지속 후에 심리적 무기력 증상은 많이 완화된 것처럼 보임.

—대인관계

타인에 대하여 주관적인 인상을 과잉해석해서 판단하는 경향이 있으며 한 번 좋으면 끝까지 좋고 한 번 나쁘면 영원히 원수라는 발언을 자주한다. 단주방 생활 초기에는 거의 타인과의 교류가 없어서 고립된 생활을 하였으나, 단주방 생활이 2개월 정도 지난 후부터는 음식을 사와 나누어 먹는 등 개선된 모습을 보이고 몇몇의 방 동료와는 깊은 관계를 형성하기도 함.

—스트레스 대처 능력

단주 생활을 시작한 이후에 금단 증상을 보이고, 스트레스 대처 능력이 취약해서 경마에 몰두하는 생활을 지금까지 보임. 생활 전반의 우울과 무료함을 피하기 위하여 경마에 몰두함. 타인에게 피해를 준다든가 음주를 다시 시작하지는 않으며, 대체로 우울성향으로 스트레스를 대처하고 있음.

—정신질환 및 알코올중독: 알코올사용장애와 우울증 진단

· 자살시도

중학교 2년에 아버지가 D를 미워하고 때리며 밥도 주지 않아서 전봇대에 목을 맸다. 그러나 얼굴로 피가 몰리고 미칠 것 같아서 내려왔다고 한다. 그 후에도 부엌칼로 배를 찌르려다가 못한 경우도 있다고 한다.

· 자신이 알코올중독자라는 것을 스스로 인정하고 있고 술을 먹으면 죽는다고 생각한다. 그리고 죽기 전에 딱 한번 술을 먹고 죽을 거라는 말을 하곤 한다.

오히려 직업적 기술의 취약성은 다른 요인에 비해서 큰 문제가 되지는 않지만, 쉼터 서비스도 별로 이용하지 않고 평균 근로일수도 적고 자활의욕도 거의 없다. D사례의 근로관련 현황에서도 이 점을 볼 수 있다.

D는 자신의 문제는 자신이 풀어야 한다고 여기며 최근에 근로활동을 위한 모색을 하고 있으며 희망의집에서 공공근로를 하고 싶어 한다. 그러나 현재 근로일수는 월 4회 정도로 낮고, 여전히 경마 등을 즐기고 있다. 자유의집 밖에 친구에 대해 가끔 언급하는 것을 볼 수 있는데 자활계획을 나름대로 갖고 있어서 구두 수선방을 할 수 있는 곳을 찾아보러 자주 외출을 하고 있으나 노력이 정기적이고 꾸준하지 못하여 현실적인 진전이 아직 없다.

이러한 제반 문제들은 기본적으로 이들의 알코올 의존 성향과 관련되어 심각한 문제가 되고 있는 것으로 볼 수 있어 이들에게는 일단 알코올의 문제와 관련된 집중적인 개입이 필요하다. 그리고 이 알코올 문제는 다른 유형의 노숙인들과 함께 거주하는 쉼터에서 독자적으로 개입하기에는 어려운 문제라고 할 수 있다.

D는 자유의집에서 문제 음주자로 파악되어 알코올집단프로그램에 참여하게 되고, 자신이 사람답게 살고 싶다는 생각을 하게 되었다. 단주 프로그램에 참여한 지도 250일이 지났다. 자신이 알코올중독자라는 것을 스스로 인정하고 있고 술을 먹으면 죽는다고 생각한다. 그러나 죽기 전에 딱 한번 술을 먹고 죽을 거라는 말을 하곤 하는 등 쉼터에서의 개입이 완전한 효과를 보고 있지는 못하다.

⑤ 정신건강 취약

정신건강 취약의 유형도 알코올 의존의 유형과 비슷한 속성을 나타내고 있다. 여기에는 알코올중독 이외의 정신과적 진단을 받았거나 혹은 담당 사례관리자의 판단에 정신건강 문제가 매우 심각한 수준으로 이와 관련된 서비스에 연결되었거나 계획 중인 사례들이 해당하였다. 전체 조사 대상 노숙인의 5.4% 정도로 나타나고 있는데 알코올 의존의 유형처럼 아직 우리나라에서 특히 노숙인의 경우 정신건강과 관련된 진단이 체계적으로 이루어지지 못하고 있고 쉼터의 클라이언트 선별 경향에 의해 많은 수는 거리에 있을 것으로 추정되는 상황을 염두에 두어야 한다. 즉 정신건강에 문제가 있는 노숙인은 이보다 훨씬 더 많다고 보아야 한다. 다음 E에 대한 쉼터의 사례보고서는 이 유형의 노숙인의 상황과 그에 대한 개입과정을 나타내 주고 있다.

E의 성장과정 및 대인관계: 아버지는 농사를 짓는 사람이었다. 술을 좋아했고 술을 마시면 주정을 심하게 했다. 자녀들에게는 따뜻하지는 않았지만 그런대로 관심을 가져주었다. 어머니는 자상하지는 않았다고 기억하고 있다. 대상자는 고향에서 평범하게 성장했다. 어려서부터 군인이 되는 것을 꿈꾸었고 고등학교 들어가면서 직업군인의 길을 선택하기로 마음을 먹었다.

가족들과의 관계는 다정다감하고 서로를 배려하는 그런 정도는 아니라고 하나 발병하기 전에는 자주 전화하고 명절에는 찾아가고 부모님에게 용돈을 부쳐주는 정도의 관계를 유지하고 있었다. 가족 중에 알코올중독자나 정신질환자는 없었던 것으로 기억하고 있다.

E의 정신상태 검사 결과: 위생상태—적절, 태도—적절, 얼굴표정—정상적 반응, 행동 및 정신운동성—정상적 행동, 언어(속도, 반응, 말의 양, 말의 크기)—적절, 사고의 흐름—적절, 사고내용—적절 (환청은 지속되고 있음), 기분—우울, 정서—정상, 지남력—적절, 계산 및 주의집중력—적절, 추상적 사고—적절, 기억력—적절, 판단력—적절, 병식—있음.

E의 주 증상은 환청, 환시, 사고의 이탈, 망상이다. 귀에서 소리가 들리고 그 소리가 계속적으로 지시한다. "일산으로 가라", "저 여자가 너를 욕하고 있다", "이 나쁜 놈아 너 같은 놈은 죽어야 한다" 등이다. 현재는 상태가 많이 호전되었고 그 소리들이 실제로 들리는 것이 아니라 자신의 사고 속에서만 일어나는 환청이라는 것을 인식하고 있으며 이로 인하여 환청에 대하여 반응하는 행동들은 하지 않고 있다.

발병으로 인한 사건들: 발병초기 E 스스로 병식이 없었던 까닭에 그냥 무조건 거리에서 방황했다고 함. 스스로 왜 그러는지 알지도 못했고 그냥 짜증이 나고 정신이 없었다고 함. 잠은 아무 곳에서나 쭈그리고 잤으며 식사는 쓰레기통을 뒤져서 음식 찌꺼기를 주워 먹거나 식당이나 가정집에서 얻어먹었다고 함. 그렇게 생활한 지 약 3년가량이 되어 E의 노숙생활은 정신질환과 크게 관련되고 또한 노숙생활 동안 적절한 영양과 치료가 이루어지지 않아 더욱 심각하게 악화되어 갔다.

쉼터 입소 이후 개입 관련 내용: 자유의집 최초 입소일은 1999년 5월 3일이나 11일에 퇴소하였다. 입소 당시 상담원의 질문에 전혀 대답하지 않고 질문을 하여도 계속 쳐다만 보고 한참 뒤에 큰소리로 대답하였다. 정신질환이 있는 것으로 사료되어 병원입원이나 은평마을을 권유했으나 역시 아무런 대답도 없고 눈맞춤도 되지 않아서 퇴소 처리했다. 이후 자유의집 입출입을 반복했으며 정신병원에 입원하기를 기록상에만 2차례 했던 치료력이 있다. 두 번째 권유받아 입원했던 은평시립병원에서 대상자는 호전되기 시작하였고 1월 19일 은평병원에 입원하여 5월 10일에 퇴원하였음. 입소 당시에도 환청 등의 정신과적 증상이 남아 있었으나 과거에 비하면 많이 호전된 것으로 사료되었다. 이후 정신건강센터에 등록하고 꾸준히 치료 프로그램에 참여하고 있으며 경제적 자활을 위한 프로그램에도 참여하고 있다.

이들은 E의 사례와 같이 드러나게 양성(+) 증상을 나타내고 있는 경우도 있으나 음성(-) 증상을 가지고 있는 경우에 대해서도 많은 관심이 필요하다. 양성 증상이 있는 경우에는 극히 일부의 노숙인 관련 쉼터에서만 용인되고 있다. 따라서 알코올 의존 유형만큼 드러나는 피해를 주지 않고 있다. 이에 따라 거리 노숙일수는 알코올 의존 유형처럼 123일가량으로 긴 편이지만 쉼터 이용 기간과 입·퇴소 횟수로 볼 때, 알코올 의존 유형에 비해서는 잦은 퇴소와 방황을 나타내지는 않는 것으로 보인다.

교육연한은 평균 10.45년으로 나타나 평균보다 약간 취약한 상태이다. 건강정도도 약간 나쁜 편이다. 특히 심리적 증상은 정신건강 취약의 유형인만큼 알코올 의존과 더불어 가장 심각한 문제 상태를 나타내고 있다. 반면 사회적 관계망 부분에서는 알코올 의존만큼의 손상은 나타나지 않고 있다. 쉼터 서비스의 이용도 취약한 상태이고 직업적 기술의 취약성과 자활의욕이 낮은 점이 동시에 영향을 미치고 있다. 이에 따라 근로일수는 월 평균 14.71일로 모든 유형 중 가장 낮은 근로 정도를 보이고 있다.

이러한 특성들을 종합해 볼 때, 대체적으로 음성(-) 증상을 나타내고 있는 정신장애와 관련된 입소 노숙인들의 특성을 볼 수 있으며 정신건강과 관련된 취약성이 이들의 쉼터 생활 문제의 근간을 이루고 있어 정신건강 서비스와의 연계가 우선적 과제가 된다고 하겠다.

⑥ 노동력 취약

노동력 취약의 유형은 고령이나 건강상태가 좋지 않아 노동력 취약의 집단으로 분류된 노숙인 계층으로 전체 조사 대상의 8.8% 정도로 나타나고 있다. 이들 역시 거리 노숙 기간이 132일로 긴 편이며, 평균 487일의 쉼터 이용 기간 중 2.86회의 입·퇴소 횟수를 보이고 있어 잦은 퇴소 등의 문제는 보이지 않고 있다. 이들은 노동력과 활동성이 취약하므로 현재 쉼터 생활에서 안주하고 있는 양상임을 볼 수 있다. 다음 F의 사례가 노동력 취약의 유형과 관련된다.

F는 충북 충주에서 출생했다. 여기서 출생했다는 사실은 호적이 모두 고아원으로 되어 있어서이다. 고아원에서 초등학교 졸업할 당시까지 살았으나, 고아원이 장애인 정책의 확대로 인해서 장애인 시설로 변경되면서 함께 생활하던 어린이들은 모두 음성 꽃동네로 가고 중학교에 다니던 F 같은 이들이 근처의 농장으로 양자 형식으로 가게 되었다. 원래 농장에서는 고등학교에 보내주는 조건으로 간 것이지만 2년 동안 소·돼지를 키우는 일부터 시작해서 논농사 밭농사 등 시키고 학교 가는 날보다 일하는 날이 더 많았다고 한다. 안정성이 없는 몇몇 일자리를 전전한 이후 건설노동자가 되었고, 목수 보조공으로 시작해서 18년 동안 전국을 다니며 목수일을 했다. 지금 생각해보면 일당 몇 만 원 더 받는 것보다 방을 얻어서 고정적인 숙식을 했어야 했는데 하는 후회를 하지만 일당 10만 원이 되는 돈을 받는 재미에 구체적인 계산을 할 수가 없었다.

하던 일이 계속 실패하고 함께 살던 여자의 배신까지 겹쳐 어렵게 하루하루를 지내던 중 객혈을 하고 쓰러졌다. 119에 실려서 간 인하대부속병원에서는 결핵성 폐늑막염이라는 진단이 나왔다. 45일 입원하는 동안 남은 돈은 모두 병원비로 쓰였고, 20만 원 정도가 남았을 때 한 달 치의 결핵 약봉지와 늑막염으로 흘러나오는 물을 받는 통을 달고서 퇴원을 당했다.

정말 막막한 심정으로 동인천역 앞에서 그저 앉아 있었다. 한 여름 노숙인이 잠자리 준비를 하고 있으며 말을 건넸다. 소주를 사달라고 해서, 밥을 사준다고 했더니 술만 먹고 싶다고 했다. 소주 1병에 싸구려 햄소시지를 샀다. 서로의 신세를 이야기하게 되었고, 문래동 자유의집을 알게 되었다. 서울역 컨테이너 박스에서 상담하는 중 바로 소견서를 첨부해서 서대문시립병원을 안내 받게 되었다. 서대문 병원에서 1차 결핵약, 2차 결핵약을 먹고서 1년 6개월 만에 더 이상 균이 나오지 않는다는 판정을 받고 퇴원하게 되었다. 그러나 늑막의 염증은 계속되어서 물을 계속 빼내야 하는 상황이었다. 자유의집에서 노숙인 의료서비스를 발급받아 국립의료원에 입원하였다. 국립의료원 입원 3일 만에 한 쪽 폐를 절개하는 수술을 받았다. 이후 폐를 절제하고 나서도 여전히 증상이 사라지지 않아 재검사 후에 '기관지 늑막'에 구멍이 난 것을 나중에 발견하였다. 다시 기관지 구멍을 막는 수술을 했다. 그리고 전신마취를 하는 수술을 또 해야 했다. 한 쪽 폐를 절제하고 난 뒤에 빈 공간에 새 살이 돋지 않아 전염의 위험이 있다는 것이다. 장의 일부 어깨 근처의 살 일부 등등을 이식하여 폐가 있던 공간을 채우는 수술을 했다. 수술은 매우 잘되어서 자유의집의 숙소로 가기 위하여 지금은 3층에서 1회만 쉬고 4층 결핵방까지 올라갈 수 있다.

F는 주로 택시운전을 하는 고아원 친구들과 건설현장의 인맥을 병원에서 살아가는 3년 동안 연락하지 않았고, 죽을 거라는 절망감 속에서 연락처도 다 없애버려 도와줄 수 있는 관계망을 상실한 상태이다. 폐 한 쪽을 잃어버려 옛날처럼 일을 할 수 없을 것이라는 생각에 어려움을 겪으며 생활하고 있다.

본 조사에 의하면 이 유형의 교육연한은 10.53년으로 평균적인 수치를 보이고 있다. 그리고 심리적 증상이나 사회적 관계의 손상 정도는 심하지 않으나 역시 신체적 건강 상태에서 매우 열악한 수준을 나타내고 있다.

쉼터 서비스는 비교적 다양하게 이용하는 편이지만 고령이나 질환으로 인해 직업적 기술도 취약하고 월 17.67일의 평균 이하의 근로일수를 나타내고 있어 그다지 의욕적인 근로활동을 하는 것으로 보기 어렵다.

이들은 몇 가지 점에서 기능손상의 유형과 좋은 대비를 이루고 있는데 기능손상의 유형이 노숙생활과 관련하여 건강과 교육수준 등 노동력은 있으나 심리적, 사회적 기능수행에 문제가 있고 근로일수가 적고 의욕이 없는 집단이었다면, 노동력 취약의 유형은 심리적, 사회적 기능수행보다는(물론 이 유형도 사회적 관계망이 취약한 고립의 양상을 보이기는 하지만) 신체적 건강의 문제가 심각하고 이에 따라 노동력이 취약하며 근로일수와 의욕이 낮은 집단이라고 하겠다.

제4장 노숙인의 심리사회적 특성

집의 중요성은 사람이 자신의 자아정체성을 개발하고, 유지하고, 변화시킬 수 있는 행동과 상호작용의 공간을 제공한다는 사실로부터 도출된다. 집이 허용하고 보장해주는 사생활(privacy) 속에서, 사람은 사회적으로 매장되거나 비웃음거리가 되겠다는 두려움 없이 자신의 재생산과 목표들을 일구어 나갈 수 있다. 집은 자아를 규명하려는 사람들을 위한 은신처이다. 그래서 그것은 대부분의 사람들에게 물리적인 안정성을 넘어 정서적으로도 필수불가결한 상징적 환경이 된다. 노숙인에게는 이것이 결여되어 있다.

노숙인은 노숙을 하지 않는 사람과는 조금 다르게 느껴진다. 지저분해 보이는 외모, 불결에 따라 신체적으로 건강하지 못해 보이는 점 등도 있지만 이러한 외양적인 것 이외에도 정신질환이나 알코올중독, 비인습적이고 공격적인 태도 등 심리사회적인 측면에서도 '이상한' 것으로 여겨지고 있다. 때문에 노숙인은 당연히 일반인들과는 다른 특성을 가졌을 것이라 여겨지고 있다. 또한 많은 조사에서도 이와 유사한 결과가 나타나기도 한다. 그렇다면 노숙인은 정신질환자인가? 이에는 단순하지 않은 몇 가지 논란거리들이 있다.

1. 노숙인의 심리사회적 특성

노숙인(the homeless)은 무주택자(the houseless)와는 개념적으로 차이가 있다. 노숙인의 개념은 단지 주택을 소유하고 있지 못할 뿐만 아니라 실제로 잠을 자고 생활하는 사적인 정상적 공간이 없다는 것을 의미한다. 따라서 가족 해체, 정상적인 경제사회생활에서의 일탈, 사회적 지지망의 붕괴 등 생활상의 위기상황과 맞물려 있으며 이는 심신의 건강문제나 알코올중독 등의 문제와 깊게 관련된다.

노숙인의 특성에 대해서는 여러 가지 논의들이 있으나 이 중 직업, 소득 관련 내용을 논외로 한다면 노숙인들이 일반 인구층에 비해 높은 비율로 나타내고 있는 심리사회적인 문제의 양상으로 정신건강, 사회적 지지의 결핍, 알코올 및 약물중독 등이 가장 많이 언급되고 있다.

1) 정신건강

노숙인의 정신건강 영역에서의 문제점을 지적하고 있는 연구는 상대적으로 풍부한 편으로 대개 일반 인구층에 비해 높은 정신건강 취약자의 비율을 제시하고 있다. 그러면서 정신건강 관련시설 운영에서의 '탈시설화' 흐름을 노숙인 문제 심각화의 원인으로 지적하고 있는 주장들도 있다. 이 정신건강의 문제는 노숙인들이 가지는 심리사회적 특성으로 제시되면서 노숙생활에 빠지게 되는 원인특성으로 많이 언급되곤 했지만 반대로 노숙생활의 산물로서 볼 수도 있다는 점 역시 지적되고 있다.

노숙인을 조사대상으로 하는 자료수집이 용이한 것이 아니기 때문에 신체적, 정신적 건강현황에 관한 조사결과는 아직 동일하게 안정성 있는 수치를 보여주지는 못하고 있으며, 정신건강에서의 문제를 가진 노숙인의 비율도 연구마다 크게 다르게 나타나곤 한다. 그러나 여러 연구(Timms, 1993; Wright, 1990; Shinn & Weitzman, 1990; McChesney, 1995)들에서 노숙인들의 정신적 건강의 문제가 노숙을 하지 않는 일반인들에 비해 훨씬 심각하다는 점은 공통적으로 나타나고 있다.

Lamb과 Talbott(1990)는 정신질환이 노숙의 원인인가? 라는 질문에 대해 그렇다고 단언하며 지역사회의 서비스가 전혀 갖추어지지 않은 상태에서 나타나는 정신보건 분야에서의 탈시설화가 노숙인의 수를 급증시키는 원인이라고 보고 있다. 즉 탈시설화에 따라 정신질환자들이 거리로 나오게 되었고 이들이 대부분 노숙인으로 전환하였다는 것이다. 이들만큼 극단적인 견해를 표명하지는 않더라도 노숙인들의 정신건강 문제가

심각한 양상이라는 데에는 많은 학자들이 대체적으로 동의하고 있다.[23]

이와 유사한 내용으로 Wright(1990)의 연구에서 정신건강에서의 문제는 22개 노숙요인 중 세 번째를 차지하고 있다.

몇몇의 연구(Bhugra, 1996; Shinn & Weitzman, 1990; McChesney, 1995 등)에서 노숙인들이 정신분열증과 인격장애 등 심각한 정신질환을 가지고 있는 비율을 20% 이상으로 보고 있다. 이와 유사하게 NCH는 미국에서의 여러 연구결과를 종합하여 대략 20-25%의 노숙인이 정신건강에서의 문제를 가지고 있는 것으로 보고하고 있다(NCH, 1998). 이는 일반인들과 비교할 때, 2-5배의 수치라는 점이 지적된다. 특히 우울과 신체화 증상은 일반 규준집단에 비해 매우 높은 비율로 나타나고 있다. 스트레스와 관련된 조사에서도 거주가 있는 성인에 비해 노숙인들은 임상적인 우울, 자살에 대한 생각, 자살시도 등 심리적 디스트레스가 2-5배가량 많다는 점이 지적되었다(Schutt, 1994).

인지와 태도 측면에 대한 조사에서도 Smith(1991)의 연구에서 노숙인들은 인지적 역기능성과 외적 통제소를 가지고 있음이 제시되고 있다(Goodman et al., 1991에서 재인용).

사회적 지지의 효과에 관한 Gory 등의 연구(1990) 역시 노숙인에게서 나타나는 우울증의 전반적 심각성을 보여주고 있다. 이들은 노숙의 영향에 대해 노숙과 정신건강에 대한 중개모형(mediation model)을 제시하고 특히 우울증에 대한 실증적 조사를 실시하였다. 여기서 노숙이라는 생활조건은 심각한 스트레스를 주는 생활사건으로 '사회적 지지'와 '자기효능감의 손상'을 매개로 하여 우울증이라는 정신건강에서의 문제를 야기한다고 했다.

미국 등 외국에서의 풍부한 조사결과에 비해 우리나라에서 노숙인들의 신체적 건강이나 정신건강에 대한 심층적인 조사자료는 빈약한 편이다. 이는 조사방식이 노숙인의 응답에 기초하고 있고 정신질환은 겉으로 쉽게 드러나지 않아 그만큼 실태파악이 어

---

23) Kozol(1990)의 경우에는 Lamb과 Talbott의 견해에 대해 노숙인의 이상행동은 노숙생활의 결과이고 노숙의 직접적 원인은 주택정책과 같은 거시적 측면에서 찾을 수 있다며 정면으로 반박하고 있으나 그도 노숙인의 정신건강 문제가 심각하다는 점에는 동의하고 있다

렵기 때문이다.

1998년의 노숙인다시서기지원센터의 조사에서 노숙인의 80% 이상이 건강하다고 응답하고 있으나, 이와는 달리 쉼터 등 노숙인 임시보호숙소에서의 조사에 의하면 많은 수가 폐질환 등을 가지고 있는 것으로 나타나기도 한다. 자기보고식 자료수집에 기본적으로 의존하고 있는 김미숙(1998)의 조사에 의하면 신체적 건강이상이 약 20%, 정신질환을 가진 노숙인이 약 5%인 것으로 보고하고 있다. 이러한 조사결과는 우리나라의 노숙인들에게서는 신체적 정신적 건강의 문제가 미국 등에 비해 상대적으로 심각하지 않다고 보일 수 있으나[24] 보다 엄밀한 측정을 수반한 연구에서는 다른 양상을 보이고 있다.

인도주의실천의사협의회의 노숙인건강실태조사보고서(1998)에 따르면 SCL-90을 통해 파악한 결과 신체화, 우울, 공포불안, 불안의 영역에서 일반 규준집단에 비해 유의하게 높은 위험성을 나타내고 있었다. 특히 노숙 기간이 길어질수록 정신건강에서의 위험성이 점점 높아지고 있는 점이 실증적으로 확인되었다. 서울 '자유의집'에서 CIDI를 활용하여 측정한 결과 우울과 외상 후 스트레스 장애의 비율이 일반 인구층에 비해 훨씬 높은 비율로 나타났다.

노숙인의 정신건강과 관련되어 주목해야 할 점은 노숙인들의 정신건강 문제의 심각성이 노숙 기간이 길어질수록 더 심각한 양상을 보인다는 점과, 보호시설 입소 노숙인에 비해 길거리 노숙인에게서 보다 심각한 문제양상이 나타난다는 점이다.

먼저 노숙 기간과 정신건강에서의 문제에 대해서는 Piliavin 등의 연구(1993)에서 노숙생활의 기간과 노숙인의 심리적 손상 정도에 대한 관련성이 지적되고 있다. 국내의 연구로는 노숙인 대책과 관련한 정원오 외(1998)의 연구가 있다. 이 연구에서는 노숙인을 4가지의 유형으로 분류하고 있는데 특정한 신체적 질환을 가지고 있어 이 치

---

24) 당시 이러한 조사결과가 우리나라의 노숙인 문제는 경제위기에 의한 일시적 단기적인 실직 노숙인의 문제로 서구의 양상과는 크게 다르다는 주장의 근거가 되었으나 1998년 후반기부터의 보다 엄밀한 조사들을 통해서 초기 조사결과보다는 정신건강에서 훨씬 심각한 문제가 있음이 지적되었다.

료가 가장 급선무가 되는 치료대상자, 특정 질환보다는 심신의 전반적 쇠약으로 인해 요양과 건강회복이 필요한 요양대상자, 건강에는 큰 문제가 없으나 심리사회적 손상에 대한 접근이 필요한 재활대상자, 건강과 심리사회적 상태가 양호하여 취업과 경제적 알선만이 주 과제가 되는 자활대상자가 그것이다. 여기서는 노숙인들의 '손상' 정도를 서열적으로 분류하고 있는데 이 손상의 정도는 노숙에 이르기까지의 경로와 생활사 등 다양한 요인에 의해 영향을 받게 된다. 이러한 요소 중의 하나로 전체적인 노숙 기간을 제시하고 있다.

다음으로 길거리 노숙이 정신건강 문제에 핵심적인 위험요인임을 지적하고 있는 대표적인 연구로 Weitzman 등(1990)의 연구를 들 수 있다. 이들은 노숙인 보호시설에 입소하기까지의 과정에서 길거리 노숙을 얼마나 했는가, 하는 점이 역기능성의 정도와 관련된다고 하고 있다. 이에 관련된 실증적 조사결과로는 Gory 등(1990)의 우울증에 대한 조사, 인의협의 SCL-90을 이용한 실태조사 등에서 길거리 노숙의 경우 정신건강에 대해 보다 위험한 결과를 낳을 수 있음이 지적되고 있다.

노숙인의 정신건강이 노숙을 하지 않는 사람보다 취약하다는 점은 분명하다. 구체적인 면에서 조금씩 차이는 있겠지만 정신분열, 우울, 성격장애 등 몇몇 질환의 유병률에 관한 통계는 노숙인의 정신건강 취약성을 실증적으로 보여주고 있다. 그러나 이는 단면적인 양상이다. 즉 정신질환이 노숙의 원인이라거나 혹은 노숙인은 정신질환자라고 단언하기에는 논리적 비약이 따른다. 최근 대부분의 이론적 논지는 노숙생활, 특히 길거리에서의 노숙생활이 특정한 정신건강에서의 취약성을 유발하는 요인인 것으로 보는 경우가 더 많다.

2) 사회적 지지

노숙인의 생활양상에서 가장 크게 문제시되는 것으로 지적되고 있는 것이 바로 사회적 관계망 혹은 사회적 지지에 대한 부분이다. 외국에서의 많은 연구들(Bassuk &

Rosenberg, 1988; Rossi et al. 1987 등)에서 노숙인의 사회적 지지가 약하다는 점, 그리고 사회적 관계망의 크기가 작다는 점이 지적되고 있다.

노숙인의 사회적 지지망이 취약하다는 특성은 노숙인이 되는 원인의 측면에서 그리고 그 과정이나 결과의 측면에서 모두 이야기되고 있다. McChesney(1995)는 사회적 관계망은 빈곤자가 노숙인으로 전락하는 것을 막아주는 안전망의 역할을 한다고 보았다. 사회적 관계망의 구성원들은 주거를 유지하거나 주거공간을 획득할 수 있도록 지원하거나, 자원의 부족에 대처할 수 있는 정서적, 도구적 지지를 제공하기도 한다. 특히 주택과 관련된 사회적 지지는 노숙인으로의 전락과정에서 중요한 완충요인으로 보았으며 아무리 현재의 빈곤과 가족해체 상태가 심각하더라도 친척이나 친구와 주거를 공유할 수 있는 기간이 길수록 노숙으로의 전화를 막는 중요한 요인이 된다고 보았다. 사회적 지지망이 노숙을 막는 안전망의 구실을 하는 만큼 노숙인들은 사회적 지지망이나 유대에서의 취약성을 나타내고 있다(Shinn & Weitzman, 1990).

사회적 지지망과 관련하여 사회적 연계단절(social disaffiliation)의 개념도 많이 언급되는 것 중의 하나이다. 이를 노숙에 앞서 일어나는 선행조건이라고 보기도 하지만, 다른 연구들에서는 노숙이 사회적 고립과 대인불신을 가져와 사회적 단절을 증폭시킨다는 점에 초점을 두기도 한다. 이는 Bassuk과 Rosenberg(1988)의 연구에서 스트레스와 빈곤의 상황에서 도와줄 것을 기대할 수 있는 사람의 이름을 대도록 하여 노숙인과 일반 빈곤자를 비교하여 그 차이를 실증적으로 확인하고 있다. Shinn 등(1991)의 연구에서는 노숙인의 노숙 기간이 길어지면서 사회적 관계망의 크기가 줄어드는 현상을 입증하고 있다.

사회적 지지에 관한 연구들에서 실제의 관계망의 크기뿐만 아니라 지각된 사회적 지지의 크기가 중요함이 지적되고 있다. 김인숙(1994)은 실제로 제공받은 지지(received support)와 지각된 지지(perceived support)의 구별을 강조하며 오히려 후자가 더 중요한 역할을 한다는 것을 강조하고 있다. 노숙인과 관련된 연구에서도 Goodman 등(1991)은 노숙인의 사회적 지지가 취약하다는 것은 실제로 사회적 관계가 취약하기도 하지만 사회적 지지가 취약하다는 스스로의 지각과도 관련이 됨을 언급하고 있다.

노숙인들은 가족해체를 경험하는 경우가 많고 가족으로 대표되는 사회적 지지망이 매우 취약하다. 우리나라의 노숙인들에 대한 조사에서도 사회적 지지와 관계망이 취약하다는 점이 드러난다. 전체 노숙인 중 가족이 함께 노숙을 하고 있거나 현재 가족관계를 유지하고 있는 경우가 5% 선에 지나지 않는 낮은 비율을 보이고 있다. 1998년 노숙인다시서기지원센터의 조사에 의하면 미혼인 경우가 전체의 42.6%로 나타나고 있다. 이들의 연령이 30세 이상인 경우가 90%가 넘는다는 점을 고려해보면 노숙인들은 결혼을 통해 가족을 구성해보지 못한 경우가 많다고 할 수 있다. 또한 별거나 이혼 등 가족해체의 경우도 35%가 넘고 있어 가족으로 대표되는 밀접한 사회적 지지망이 취약하다는 점을 지적할 수 있다.

사회적 지지망이 노숙생활과 관련된 심리적 손상에 대해 완충작용을 하는 '보호요소'로서 작용하고 있다는 측면에서도 이 지지망의 취약성은 심각한 문제가 되고 있다.

노숙인이 아닌 일반 인구층에 대한 연구에서 심리사회적 디스트레스에 대해 사회적 지지가 부적(-) 관계를 가진다고 즉 사회적 지지가 완충작용을 한다는 것이 실증적으로 입증되고 있다. 김인숙의 연구(1994)에서 빈곤여성 150명에 대한 조사결과 사회적 지지 요인은 생활조건에서 나타나는 스트레스 요인들이 심리적 디스트레스에 미치는 영향을 상당 부분 완화시키는 완충작용을 하는 것으로 나타나고 있다. 즉 사회적 지지가 강하면 동일한 스트레스 상황에서도 심리적 역기능이 완화될 수 있다는 것이다. 특히 만성적인 생활스트레스가 강한 경우에 정서적 지지가 중요한 역할을 한다는 것을 강조하고 있다. 즉 정서적 지지가 완충효과를 가진다는 것을 발견하였다.[25]

이 보호요소 혹은 완충요소로서의 사회적 지지에 대해 노숙인을 대상으로 수행한

---

25) 스트레스와 사회적 지지의 관계에서 완충효과 모형이란 생활조건의 스트레스가 낮은 사람에게서는 사회적 지지가 큰 사람이나 작은 사람이 적응상에 문제가 없으나 스트레스가 높아지는 상황에서는 사회적 지지가 완충작용을 하여 생활사건이나 생활조건으로 인한 디스트레스의 영향을 완화한다는 것이다. 따라서 노숙과 같이 높은 스트레스 상황에 있는 사람의 경우 충분한 사회적 지지가 있다면 심리적 역기능으로부터 보호받을 수 있지만, 사회적 지지가 결핍되어 있거나 그 수준이 낮은 경우 심리적 디스트레스에 처하게 된다.

연구들에서는 다소 상이한 결과들이 나타나고 있다. 미국에서 노숙인을 대상으로 스트레스와 사회적 지지에 대해 실증적 조사를 실시한 Schutt 등(1994)과 Gory 등의 연구(1990) 결과가 서로 상반된 모습을 보인다.

Gory 등(1990)의 연구에서는 노숙인의 스트레스와 정서적 충격으로서의 디스트레스 관계에서 사회적 지지의 효과를 검사하였다. 그 결과 사회적 지지는 일반인들에게는 부정적 사건이 우울이라는 디스트레스에 미치는 영향에 대해서 완충작용을 하지만 노숙인에게서는 사회적 지지의 완충역할을 확인할 수 없었다. 이들은 특히 노숙인들이 경험하는 높은 수준의 부정적 사건의 경우에 사회적 지지는 그 보호적 가치를 상실한다는 점을 지적하였다. 이를 근거로 노숙인의 경우에 사회적 지지는 일반인들의 보호요소로서의 기능과는 다른 양상을 가진다고 주장하였다. Gory는 이것이 소위 욕구위계설의 논리와 마찬가지로 저차원적인 욕구충족이 결핍된 노숙인들에게서는 고차원적 욕구에 해당하는 사회적 지지가 필수적인 기능을 발휘하지 못하는 양상과 관련될 수 있다는 점을 제안하였다.

이에 대해 Schutt 등(1994)은 Gory 등의 조사와 마찬가지로 스트레스와 디스트레스의 관계에 대해 연구하였고, Gory 등의 연구결과와는 달리 사회적 지지의 완충효과를 실증적으로 입증하였다. 이들은 보스턴의 보호시설 세 곳에서 218명의 표본을 추출하여 CES-D(심리적 디스트레스), Veit and Ware의 Mental Health Index(자살관련 문항), Cohen and Syme의 ISEL(사회적 지지에 대한 자각) 등의 척도를 활용하여 다중회귀분석을 실시하였다. 그 결과 사회적 지지는 스트레스와 디스트레스에 대해 완충효과를 가지며, 높은 수준의 스트레스를 경험하는 노숙인들에게서도 보호요소로서 기능하고 있다는 점을 발견하여 Gory 등의 주장을 반박하였다. 이들은 일반 인구층 대상의 연구결과와 마찬가지로 사회적 지지는 노숙인에게도 정서적 완충작용으로서 작용하여 부정적 사건의 파괴적인 정서적 영향을 줄이고, 디스트레스 자체의 파괴적 행동결과의 가능성도 줄인다고 주장하였다. 또한 노숙인의 낮은 순위의 욕구에 대한 관심이 사회적 지지라는 높은 순위의 욕구로부터 이익을 얻는 것을 막는다는 관점에 대

132

한 지지근거를 발견할 수 없다는 점도 지적하였다. 이는 Snow와 Anderson(1987)의 연구에서 노숙인의 자기존중감이 이전단계의 심리적 혹은 안전욕구 충족과 반드시 일치하지는 않는다는 지적과 동일한 결과이다.

이처럼 사회적 지지의 구체적인 작용에 대한 세부적 연구결과는 조금씩 상이한 모습을 보이고 있으나 노숙인에게 사회적 관계망과 지각된 사회적 지지의 결핍이 나타난다는 사실은 실증적 조사들에서 거의 공통적으로 지적되고 있다.

3) 알코올중독 및 기타

알코올중독과 약물중독성(및 의존성)은 노숙인들에게서 높은 비율로 나타나는 문제양상이다. 일반인들이 노숙인에 대해 가지고 있는 선입견의 하나가 "대낮에 술을 마시고 길에 누워 자고 있는 모습"이다. 이는 사실상 정신건강의 문제라고도 할 수 있다. Fischer와 Breakey(1991)는 노숙인들에게서 알코올과 약물중독 그리고 이로 인한 정신질환이 두드러지게 높은 비율로 나타난다는 점을 지적하였다. 이와 유사한 내용으로 Wright(1990)의 연구에서 알코올 및 약물중독은 22개로 분류한 노숙요인에서 첫 번째를 차지하고 있다. 이 연구에서 중독자의 비율은 조사시기와 장소에 따라 노숙인의 22%에서 65%까지 편차가 크게 나타나고 있지만 노숙인들이 일반인보다 약물이나 알코올 중독성향이 높다는 것은 일반적으로 인정되는 사실이라고 지적하고 있다.

McCarty 등(1991)도 여러 조사결과들을 종합하여 미국에서 알코올 문제를 가진 노숙인의 비율이 30-40%에 달한다고 지적하고 있다. 이들은 우리나라와는 다소 문화의 차이가 있겠지만 10-15%의 노숙인이 약물 남용의 문제를 가지고 있다는 점도 지적하고 있다. Drake 등(1991)은 미국의 노숙인들 중에서 10-20%는 알코올 및 약물 문제와 다른 정신질환을 동시에 가지고 있는 이중진단 노숙인인 것으로 지적하고 있다.

우리나라의 경우에도 김미숙(1998)의 조사에서 매일 술을 마시는 노숙인은 전체의 12%로 일반 국민의 음주율과 비교하여 3배가량이 된다. 48%의 노숙인이 매일에서 1

주 1-2회 이상의 음주를 하고 있는 것으로 나타났다. 인도주의실천의사협의회가 남성 노숙인 355명을 대상으로 수행한 조사에서도 거리노숙인의 40%, 쉼터노숙인의 13% 내지 26%가 매일 음주를 하고 있는 것으로 나타났다. 음주량이나 빈도뿐만 아니라 음주양상과 관련 요인의 문제에 관해 보다 정밀한 분석을 실시한 유채영과 신원우의 조사(1999)에 따르면 29.6%가 '알코올 의존'으로 분류되어 일반인보다 3배가량 높은 수치를 보이고 있다.

음주문제는 정신건강의 문제와 유사하게 길거리 노숙의 경우에 더 심각한 양상을 보이고 있는 것으로 나타난다(주영수, 1998). 또한 알코올중독은 노숙상태의 원인이면서 동시에 노숙생활의 결과로 볼 수도 있다. 한편 알코올중독은 노숙인의 생리사회적 역기능을 심화시킴으로써 이차적인 정신질환 등을 가져오게 하고 사회적 기능수행 수준을 저하시켜 정상적인 사회활동으로의 복귀를 어렵게 하는 원인이 되고 있다(윤명숙 외 1999). 특히 우리나라의 독특하게 허용적인 음주습관과 음주문화를 고려해 볼 때, 음주문화가 노숙에 미치는 영향은 대단히 클 것으로 추정할 수 있다(유채영, 신원우, 1999).

이 밖에도 노숙인의 심리사회적 특성의 문제들과 관련해서는 아동 양육과 관련된 취약성의 문제(Molnar et al., 1990; Rafferty & Shinn, 1991), 가족 노숙인에게서 나타나는 문제(Shinn et al., 1991; McChesney, 1990), 기타 인구학적 요인들과 노숙인의 심리사회적 특성이 가지는 연관성의 문제(Milburn & D'Ercole, 1991; First et al., 1988; Applewhite, 1997; Kutza & Keigher, 1991) 등도 언급되고 있다. 이러한 연구들에서는 노숙인들이 단일한 속성을 가지지 않으며 성, 연령, 건강 교육 등 다양한 인구학적 인적 자본 관련의 배경요인들이 심리사회적 특성에 영향을 미치고 있음이 제시되고 있다.

2. 노숙인의 심리사회적 특성에 관한 이론 모형

노숙인이 나타내고 있는 정신건강에서의 취약성, 사회적 관계망의 상실, 알코올중독 등의 양상은 이미 앞에서 살펴본 바와 같이 일반인들에 비해 분명히 훨씬 심각한 수준이다. 기존의 노숙에 대한 연구들과 노숙인에 대한 일반적 인식에서는 이러한 심리사회적 특성을 '노숙인이 되는 위험요소(risk factor)'로 보고 있는 경우가 많았다. 노숙의 원인과 관련된 여러 모형들이 이러한 관점을 대변하고 있다.

그러나 반대로 '노숙생활이 개인의 심리사회적 기능수행의 저하에 대해 위험요소'라는 시각도 있다. 개인의 역동적인 생활사에서 노숙생활은 심리사회적인 손상의 특성을 가져오게 한다는 것이다. 이러한 의미에서 노숙 자체를 위험요소로 규정하는 것이다. 극단적으로 표현한다면 노숙이 결과가 아니라 원인적인 속성을 더 크게 가진다는 의미이다. Bauman과 Grigsby의 만성화 연구(1988), Weitzman 등의 노숙 시나리오 비교(1990), Hertzberg의 노숙의 하강나선론(1992), Goodman 등의 노숙외상론(1991) 등이 이러한 관점을 제시하고 있는 연구이다.

Goodman 등(1991)의 연구가 이러한 시각을 대표하는 것으로 볼 수 있는데 이들은 노숙의 원인으로 심리사회적 특성이 많이 이야기되고 있으나 이는 실제로 입증되기 어렵다고 하며, 실제로 중요한 것은 노숙을 시작하기 전에 심리사회적 손상이 있었느냐에 관계없이 노숙생활의 결과로 나타나는 심리사회적 손상의 심각성을 이해하는 것이라고 했다. 이들은 이와 같은 관점에서 노숙의 잠재적 영향을 이해하는 틀로서 심리사회적 '외상(trauma)'의 개념을 사용하여 설명하고 있다. 여기서 '심리사회적 외상'이란 비정상적일 정도로 충격적이고 통제할 수 없는 개인적 사건에 대한 일련의 심리사회적 반응을 의미하고 있다. 외상은 상호신뢰와 대인관계의 상실이나 개인의 심리적 통제력의 상실과 같은 다양한 증상을 포함하는 것으로 설명한다(Goodman et al. 1991).

이들은 외상이론(trauma theory)을 통해 세 가지 측면에서 노숙의 영향을 이해하는 시각을 제공한다. 첫째, 노숙인이 되는 사건은 가정과 이웃, 일상생활, 관습적인 사회적 역할 등을 상실하는 과정이므로 그 자체로서 심리사회적 외상의 증상을 가져온다. 둘째, 노숙인이 되는 그 자체의 과정에서 심리사회적 외상을 입지 않았던 사람이라도, 길거리나 임시보호시설 등에서 생활하는 노숙생활의 지속적인 조건에 의해 결국 개인의 대처능력이 손상되고 외상의 증상에 빠지게 된다. 셋째, 노숙인이 되거나 혹은 지속적인 노숙의 조건으로 심리사회적 외상을 겪게 되지는 않더라도 과거에 다양한 생활경험과 관련하여 이들의 잠재적 손상을 증폭시켜 심리사회적 외상의 증상을 나타나게 한다.[26]

일반적으로 외상사건을 겪은 사람들의 반응은 일시적인 혼란과 장애를 거친 후에 정상적인 반응의 경우 분노나 공포, 좌절감 등의 호소(outcry), 사건에 대한 회상의 거부(denial), 무의식적인 사건에 대한 회상의 침입(intrusion), 사건의 실제에 대한 직면과 진행(working through), 종료(completion)라는 국면을 지나 일상적인 평정을 찾는다. 그러나 병리적인 반응의 경우 이 각 국면에서 극단적으로 압도되거나 공황상태에 빠지고 지속적으로 사건에 대한 회상과 재경험에 시달리며 신체형 장애나 인성의 왜곡으로 이어진다고 보고 있다(Horowitz, 1993).

그러나 잠재적인 외상사건에 대한 반응은 일정한 것이 아니라 개인, 사건, 환경의 복잡한 상호작용에 따라 다양하게 달라진다. 특히 외상을 유발하는 사건의 내용이나 기간, 강도 등이 외상의 양상에 큰 영향을 미칠 수밖에 없다. 노숙은 일반적으로 생각하는 강간, 천재지변 등의 외상사건들과는 달리 현재 계속 진행되고 있는 위기사건이라는 점을 특징으로 한다. 따라서 이에 대한 심리사회적 외상 반응도 다양하게 나타난다.

Goodman 등은 노숙생활이 노숙인에게 유발하는 심리사회적 외상은 크게 두 가지

---

26) 이들은 이러한 특성 때문에 노숙인들에게서는 외상후스트레스장애(PTSD)의 증상이 현저하게 나타나고 있다고 지적하며 DIS 면접방법을 통해 300명의 조사대상자 중에서 53%가 PTSD를 나타내고 있다는 점을 실증적으로 확인한 Smith의 조사(1991)결과를 인용하고 있다. 우리나라에서도 노숙인 보호시설인 자유의집에서 CIDI를 이용하여 조사한 결과에 따르면 노숙인들에게서 현저하게 나타나는 심리적 증상으로 우울과 아울러 외상후스트레스장애가 언급되고 있다.

의 양상이 일반적인 것으로 지적하고 있다. 사회적 연계단절(social disaffiliation)과 학습된 무기력(learned helplessness)이 그것이다.[27] 사회적 연계단절은 사회적인 지지를 제공하는 가까운 유대의 상실을 통해 관계가 단절된 고립의 양상을 스스로 지각하며, 실제로 더 이상 인습적인 사회주류와의 연결이 이루어지지 않고, 인습적인 관계에 기반을 둔 방식의 역할이나 행동의 의무를 가지지 않게 되는 것을 말한다. 학습된 무기력은 자신이 통제할 수 없는 사건의 경험으로 인해 과거와는 달리 심리적으로 스스로를 낮게 평가하고, 상황의 변화에 대한 통제감을 상실하고, 다양한 우울 증상을 나타내는 등 전반적인 무기력과 수동성을 나타내는 것이다. 긴밀하게 상호 연관되기는 하지만, 전자는 노숙인들에게서 나타나는 사회관계적 측면에서의 외상으로, 후자는 심리적 측면에서의 외상 양상으로 구별해 볼 수 있다. 이는 노숙의 만성화 모형을 둘러싼 논의들과 심리적 역기능성에 대한 논의들을 통해 보다 구체적으로 확인할 수 있다.

1) 사회적 연계단절: 만성화 모형

Goodman 등(1991)은 노숙으로 인해 나타나는 심리사회적 외상의 두 가지 중요한 양상 중의 하나로 사회적 연계단절(social disaffiliation)을 들고 있다. 사람의 적응적 행동을 위해서는 안전하다는 것과 주위와 연결되어 있다는 느낌이 필수적인데 노숙인들은 노숙과정을 통해서 연계적 유대(affiliative bonds)나 신뢰할 수 있는 관계를 상실한다는 것이다. 특히 다른 외상의 경우와 마찬가지로 노숙인들이 겪는 심리사회적 외상에서도 유대를 상실하는 객관적인 측면뿐만 아니라, 신뢰할 수 있는 유대나 지지를 줄 수 있는 연계를 잃었다는 주관적 지각이 중요한 역할을 한다는 점이 지적되고 있다. 이는 사회적 지지에서 살펴보았던 바와 동일하다.

---

27) Goodman 등은 이에 따라 보호시설에서 이루어져야 할 노숙인에 대한 실천의 기본적인 원칙으로 사회적 지지(social support)의 강화와 개인적 통제감(personal control)의 함양을 들고 있다(Goodman et al. 1991).

노숙인들이 노숙생활이 길어지면서 사회적 유대나 연계를 상실하고 만성적인 속성을 가지게 되면 재활과 정상적인 사회생활로의 복귀가 어렵게 된다. 이러한 점 때문에 노숙의 만성화와 관련된 논의들이 있어 왔다. 이러한 만성화 논의들은 대부분 사회적 연계단절 요소나 사회적 지지의 측면에 강조점을 두고 있다. 만성화와 관련된 논의들은 노숙생활의 만성화가 어떻게 진행되는가, 하는 과정을 설명하는 형태가 대표적이라고 할 수 있다.[28]

Hertzberg(1992)는 노숙의 '하강나선 모형'을 제시하며 노숙의 만성화 과정을 서술하고 있다. 최초 노숙생활에 접어들면서 기본적인 숙식해결에 치중하며 일시적인 생활이라는 기대를 가지게 되지만 점차 자존감의 손상, 수치심과 죄책감, 소외와 우울증, 분노, 좌절, 음주와 공격성, 고립이라는 과정을 통해 만성화된다고 보았다. 노숙인은 이 과정의 나선곡선상에 위치한다고 보고 그 위치를 저항자, 동요자, 순응자의 순서로 제시하고 있다.[29]

Bauman과 Grigsby[30]는 만성화의 척도로 자신의 '문제'를 과소평가하는 노숙인들의 경향을 들고 있다. 이러한 경향은 다른 노숙인들과의 연계형성이나 동일시, 만성적 노숙화로 인한 전통적 역할로부터의 사회적 연계단절(social disaffiliation) 과정에서 추론해 볼 수 있다. 만성화(entrenchment)의 특성은 다른 노숙인과의 연계형성(affiliation)과 동일시의 두 가지인데 전자는 노숙인에게 사회적 지지의 증가를 주고, 후자는 낯선 환경에서 자신을 이해하는 데 관련된 정보를 얻을 기회를 준다. 사회적 비교론(social comparison theory) 및 이것과 연계형성적 행동과의 관련성 속에서 노숙인들이 문제

---

28) 과정설명보다는 만성화에 기여하는 요인들을 분석하고자 하는 연구들도 있다. 대표적인 것으로는 Calsyn & Morse(1991)가 세인트루이스의 대규모 응급보호시설의 입소자를 대상으로 인적자원, 사회적 소외, 정신질환, 스트레스적 생활사와의 관련을 분석한 연구를 들 수 있다.
29) 하강나선에서는 만성화 곡선에서의 탈출고리 등을 아울러 그림을 통해 서술하고 있다. 하강나선모형의 구체적인 내용에 대해서는 Hertzberg, Edwina L. (1992) "The Homeless in the United States: Condition, Typology and Intervention" International Social Work, Vol. 35, 149-61 참조.
30) 이들의 연구에 대해서는 본서 제3장 노숙인의 유형에 관한 논의에서도 자세하게 소개되고 있다.

를 과소평가하는 경향을 설명할 수 있다는 것이다. 즉 비교의 대상이 되는 타인들이 문제를 많이 가지고 있으면 자신의 문제를 과소평가한다는 것이고 한편으로는 전통적이고 인습적인 수준의 비교대상과의 정보 교환기회가 상실되어간다는 것이다. 이들의 연구의 결과 노숙하는 친구의 수는 만성화와 정적인 상관관계가 있다. 예측할 수 있는 바는 노숙을 하며 보내는 시간이 많고, 길거리의 친구들이 많을수록 자신이 심각한 의료, 정신건강, 알코올 문제가 있다고 느끼지 않는다는 것이다. 또한 자신의 삶의 질이 풍족하다고 느낀다. 즉 분석상에서 만성화를 노숙으로 보내는 시간과 친구의 수로 볼 때, 노숙인들은 만성화의 함수로 자신의 문제를 과소평가한다는 것이다.

Grigsby는 노숙의 만성화과정 모형에서 사회적 연계단절로 인해 역기능성이 나타난다고 설명하고 있으나 이는 역의 관계도 설명이 가능하다. 즉 역기능성이 심해지면 정상적인 사회적 연계가 취약해진다고 볼 수도 있다.

이들은 노숙인들에게 길거리에서의 관계제휴(street affiliation), 즉 노숙인 중심의 관계망을 형성하는 것은 "양날의 칼"과 같아서 심리적 안녕에는 기여할 수도 있지만, 부정적 영향을 미치기도 한다는 점을 지적한다. 길거리 집단의 참여와 같은 노숙인 지지망의 완전한 참여는 인습적인 역할로부터의 연계단절과 비전통적인 문화에의 제휴 및 만성화 과정이라는 것이다.[31] 즉 비인습적인 관계망의 강화가 오히려 주류사회와의 단절과 고립을 가속시킬 수 있다는 것이다.

이 Grigsby의 모형에서 노숙생활을 통해 심화되는 만성화의 지표인 사회적 연계단절이 관계망이나 지지의 크기가 작아지는 문제만은 아니라는 점이 나타난다. 파행적인 재연계(re-affiliation)로 표현되었듯이 관계망의 내용, 즉 관계망이 주로 누구로 구성되었는가도 큰 의미를 갖는다고 볼 수 있다. 사회적 관계망에서 노숙인이 차지하는 비율이 크다는 것은, 사회적 지지나 관계망의 절대적 크기가 작다는 것과 마찬가지로 만성

---

31) Bauman과 Grigsby는 이 과정을 이해하는 것은 실천적으로도 중요하다고 하면서 outsider에게는 함께 노숙을 하는 cycle을 단절시키기 위해 소규모의 손상되지 않은 지지집단을 제공하는 것, 사례관리나 고용과 연계된 '함께 거주하는 사람기반'의 주거프로그램 등의 유용성을 역설하고 있다.

적인 노숙문화의 적응성을 나타내는 사회적 연계단절의 양상이 될 수 있다.

그런데 Grigsby 등의 논의에서는 사회적 연계단절의 두 가지 양상인 양적 측면에서의 지지망의 축소와 내용적 측면에서의 노숙인 위주 관계망 형성을 서로 분리된 독립적 유형으로 간주하고 있다. 다시 말하면 노숙생활을 통해 사회적 관계망을 지속적으로 상실하는 노숙인과 기존의 관계망 대신 노숙인 중심의 새로운 관계망을 형성해가는 노숙인이 따로 있는 것으로 보고 있다. 그리고 이러한 노숙인 유형 간의 속성 차이를 분석하고 있다. 그러나 이러한 유형화가 우리나라의 노숙인 상황에도 그대로 적용된다고 보기는 어렵다. 우리나라의 노숙인은 최근 몇 년 사이에 대량으로 발생하여 외국의 경우에 비한다면 상대적으로 짧은 노숙 기간과 유사한 경제적 상황의 배경을 가지고 있는 경우가 많다. 또한 Grigsby 등의 유형화에서 이야기한 outsider나 isolate(혹은 vulnerable)의 집단이 나타내는 속성 차이는 질적으로 상이한 성격을 가지는 것으로 분리된다기보다는 연속선상에 있는 상대적 차이로 볼 수 있다. 즉 대부분의 노숙인은 노숙생활을 하면서 기존의 지지망을 상실해가고 또한 주변의 노숙인들로 이루어진 지지망을 획득하면서 관계망의 내용이 노숙 이전과는 달라진다고 할 수 있다. 즉 관계망을 상실해가는 사회적 연계단절과 노숙인 중심의 새로운 관계망을 획득하는 재연계 과정은 모든 노숙인에게 동시에 작용한다는 의미이다. 이 경우 상실되는 관계망보다 획득되는 관계망의 크기가 작다면 전체 관계망 크기의 축소와 관계망에서 노숙인의 비율 증가가 동시에 나타나게 되고, 상실되는 기존 관계망보다 획득되는 노숙인 관계망이 더 크다면 관계망에서 노숙인 비율이 증가하면서 전체 관계망도 커진다. 물론 양자의 경우 모두 노숙인을 제외한 관계망의 크기는 축소될 것이다.

따라서 Grigsby 등의 사회적 연계단절에 관한 논의들은 사회적 관계와 지지망에 관련된 양상을 기준으로 노숙인들의 특징적 유형을 제시하고 있으나 이들의 논의에서 유형 분류 자체보다는 유형 분류와 관련된 중요한 기준 요인이었던 지지와 관계망의 상실, 그리고 노숙인 중심의 관계망 형성의 개념에 보다 주목할 필요가 있다.

이상에서 살펴본 Goodman 등의 논의나 Bauman & Grigsby, Grigsby 등의 논의에

비추어 볼 때, 전체적으로 노숙 기간이 길어짐에 따라 사회적 연계단절의 양상이 나타남이 지적되고 있고 이는 주로 사회적 지지나 관계망의 측면과 관련되어 있었다. 이들의 노숙생활의 장기화와 만성화는 사회적 지지를 잃어 고립되었다는 지각, 실제의 사회적 관계망의 상실, 관계망이 주로 노숙인들로만 이루어지는 관계망의 형태에서의 파행적인 모습 등의 요소와 얽혀 있음을 볼 수 있다.

2) 심리적 역기능: 학습된 무기력 모형

앞에서의 논의들은 노숙생활에 의한 심리사회적 외상의 주요한 양상을 사회적 지지나 관계망과 관련된 사회적 연계단절이라는 이론적 틀에서 보고 있었다. 그러나 심리적 외상에 대해 연구하는 많은 학자(Flannery, 1987; Wood et al. 1990; Wilson et al. 1985; Goodman, 1991)들은 노숙을 비롯한 외상사건으로부터 나타나는 무력감(sense of helplessness)의 증상과 같은 심리 내적 측면에 대해 강조하기도 한다. 이들은 이러한 무력감이 노숙으로 인한 심리적 외상의 핵심적인 요소라고 보고 외상의 희생자에게서 흔히 나타나는 자기효능감이나 존중감의 상실 현상 등을 이해하기 위한 이론적 개념으로서 학습된 무기력(learned helplessness)이라는 구성체를 사용하였다. 노숙의 심리사회적 외상론을 주장하는 Goodman 등도 노숙인들에게서 나타나는 외상의 두 양상으로 사회적 측면에서의 사회적 연계단절과 아울러 심리적 측면에서의 학습된 무기력을 지적하고 있다(Goodman et al. 1991).

사람들이 특정한 사건을 겪으면서 자신의 행동으로 스스로의 생활여건에 영향과 통제력을 행사할 수 있다는 믿음을 상실할 때, 학습된 무기력을 경험하고 있다고 흔히 이야기한다. 유명한 동물실험[32]을 통해 학습된 무기력 현상을 실증적으로 연구한

---

32) Seligman의 연구에서 그는 동료들과 함께 동물실험을 통해서 최초로 학습된 무기력을 실증적으로 연구하고 이론적인 개념화를 시도하였다. 이들은 개를 도망칠 수 없는 실험실에 가두어 놓고 일련의 전기충격을 가하였다. 처음에 충격으로부터 회피를 시도하던 개들은 전기

Seligman에 따르면, 환경에 대한 통제가 개인의 능력과 상관없이 이루어지게 된다면 그 개인은 무기력감을 학습하게 된다. 그리고 일단 무기력감이 형성되면 행동과 변화에 대한 동기가 낮아지게 된다. 따라서 학습된 무기력은 일반적으로 특정한 사건 등으로 인해 자신의 행동이 자신의 생활에 영향을 미칠 수 있다는 신념을 상실하게 되어, 뒤이어 생활 전반에 걸쳐 심각한 수동성과 무력감에 빠지는 현상이라고 할 수 있다. 일반적으로 학습된 무기력은 적응이나 동기, 귀인과 같은 심리 영역의 연구에서 많이 활용되는 이론적 구성체이다. 사람들이 환경에 대한 통제력의 부족을 느꼈을 때, 그들은 동기를 상실하고 수행이 나빠지기 시작한다. 심리적 측면에서 적응기제의 문제를 다룰 때, 이 학습된 무기력의 구성체를 활용하기도 한다. 대개 갈등상황에 처한 개인은 직접적 대처(direct coping)와 방어적 대처(defensive coping)의 두 가지 적응방법을 보이게 된다. 학습된 무기력은 이 중 방어적 대처 형태의 하나로서 무관심과 우울상태에 빠지게 될 뿐만 아니라 처해 있는 상황에 대해 보다 효과적으로 대처할 수 있는 상태에서도 효과적인 대처노력을 시도하지 않게 되는 양상을 말한다. 그러나 한편으로는 학습된 무기력을 나타내는 심리적 태도들이 지속적으로 희생양이 되어가는 상황에 대해서 대안을 찾을 수 없는 경우에는 상황에 적응하기 위한 자연스러운 심리적 반응인 것으로 볼 수도 있다. Seligman은 학습된 무기력이 심각한 우울과 수동성, 그리고 심한 경우 죽음에까지도 이르게 할 수 있는 것으로 보았다.

학습된 무기력의 구성요소로는 우울, 자기능력에 대한 불신, 통제력의 상실, 전반적인 무기력과 수동성이 가장 흔히 이야기되고 있으며 이는 노숙인의 심리적 성향에도 대표적인 것으로 나타난다(Goodman et al. 1991).

우선 학습된 무기력은 정서적 측면에서는 우울증을 가져오는 기제가 된다는 점이 일반적으로 이야기되고 있다. 학습된 무기력의 모형은 부정적 상황들을 내부적이고,

---

충격을 피할 수 없다는 사실을 곧 학습하게 되어 도피하려는 행동을 포기하였다. 그다음에 개들을 도망칠 수 있는 실험실로 옮겨 전기충격을 가했을 때, 이제는 충분히 회피할 수 있는 상황인데도 피할 수 없었다는 경험을 한 개들은 무기력한 행동이 계속되어 적극적인 회피행동을 보이지 않았다(최정훈 외, 1995.에서 재인용).

142

안정적이고, 일반적인 요인들 즉 커다란 통제불가능한 요인들에 귀인(attribution)시키기 때문에 심리적 역기능이 강하게 나타난다고 보고 있다. 이러한 양상은 우울증에 대한 인지 모형의 설명과 유사한 양상을 가진다. 즉 통제불가능성에 대한 비합리적 인지 성향이 학습됨으로써 우울이라는 정서적 외상을 낳는 것이다. 사실상 학습된 무기력의 가장 두드러진 구성요소로서 언급되고 있는 것이 우울이다.[33] 노숙인의 우울에 대한 대표적인 연구로는 앞에서 밝혔던 Gory 등의 연구(1990)와 Breakey 등의 조사(1989)를 들 수 있다. Breakey 등은 볼티모어의 노숙인들에 대한 조사에서 정서장애가 가장 두드러지는 현상이라고 하며 특히, 우울이 가장 심각한 노숙인들의 심리적 양상이라고 했다. 물론 이 조사 외에도 앞의 정신건강 부분에서 살펴본 것과 같은 많은 실증적 연구에서 노숙인들이 우울 증상이 두드러진다는 점은 거의 일반화된 발견이다.

학습된 무기력의 이론에서는 노숙인들이 학습된 무기력의 외상을 가지게 되는 것은 자기 자신의 능력에 대한 불신, 즉 자기효능감(self-efficacy)의 저하를 통해서 표현된다고 했다(Goodman et al. 1991). 이는 자신의 활동이 자신의 부정적인 상황을 개선할 수 없다는 상황인식에서 나타나는 것이다. 즉 노숙인 개개인이 실제로 자신의 노숙생활의 상황을 개선할 수 있는 능력의 보유 정도도 문제가 되지만, 일단 심리적인 측면에서 자신의 능력 자체에 대한 과소평가가 일어나는 것이다. 즉 실제의 객관적 효능성보다도 일차적으로 문제가 되는 것은 주관적인 효능감 인식에서의 낮은 자기 평가라는 점이다.

이러한 점은 또한 외적 통제소(locus of control) 성향으로도 나타난다. Berrenberg에 따르면 통제소란 자신의 생활에서 변화나 산물에 대해 그 통제와 영향력의 소재가 어디에 있는가를 인식하는 성향을 말하는 것[34]으로 흔히 자신의 내부에 통제권한이

---

33) 이와 대조적인 논리로 상황에 대해서 자신이 가지고 있는 통제력보다 과장해서 지각하고 있는 '통제력의 착각'이 비우울적 기분의 중요한 구성요소라는 점이 실증적으로 입증되고 있다(Freeman et al. 1981, 홍대식 역, 1986에서 재인용).

34) 이는 자신의 잘못된 상황의 책임이 어디에 있는가하는 책임소재에 관한 귀인의 내용과는 구별되는 것이다. 책임의 소재를 찾는 것은 책임소(locus of responsibility)라고 하며 상황 통제 영향력의 원천인 통제소와는 차별성을 가진다. 외상사건을 경험하여 학습된 무기력을 보이

있다고 보는 측면을 내적 통제소, 자신의 외부에 통제권한이 있다고 보는 경향을 외적 통제소로 구별하여 이야기한다(Fischer & Corcoran, 1994에서 재인용). 학습된 무기력은 자신의 능력과 상황변화 능력을 불신하는 양상이기 때문에 외적 통제소 성향과 관련된다. 이러한 점에서 Goodman 등은 자신들의 노숙에 대한 외상이론의 실천적인 함의로서 사회적 연계단절 양상에 대한 사회적 지지의 강화 개입과 아울러 학습된 무기력 양상에 대한 개인적 통제소에 대한 개입을 가장 중요한 두 가지 요소로 들고 있다 (Goodman et al. 1991).

학습된 무기력 이론에서는 노숙인들이 생활에 대한 스스로의 통제력을 상실하는 것, 또는 이렇게 느끼는 것은 일반적인 수동성을 증폭시키는 것으로 볼 수 있다. 따라서 상황에서의 긍정적인 변화를 위해 가능한 노력을 능동적으로 벌이는 것이 아니라 주위 상황에 무관심하고 노숙생활에 수동적인 적응 양상을 나타낸다. 노숙생활에 내재된 스트레스로 인한 학습된 무기력은 수동성과 만성화라는 양상으로도 표현된다.

이와 같이 학습된 무기력과 관련된 심리적 역기능이 나타나는 양상은 노숙인들에게서도 마찬가지로 자신의 능력에 대해 낮게 평가하게 되는 자기효능감의 저하, 생활에 대한 스스로의 통제영향력을 상실했다고 느끼는 외적 통제소 성향, 우울, 만성적인 수동성 등으로 나타난다고 볼 수 있다. 그러나 이와 함께 노숙인들에게서 가장 심각한 문제로 나타나고 있는 알코올중독의 문제도 학습된 무기력의 이론적 설명과 관련지어 살펴볼 수 있다.

학습된 무기력의 이론 자체에서는 알코올중독이나 약물의존 성향에 대한 직접적 강조는 두드러지지 않는다. 그러나 노숙인 문제와 관련해서 McCarthy 등(1991)은 알코올중독이나 약물중독에 관한 기존의 조사내용을 분석하며, 이를 노숙의 원인인지 결과인지 어느 하나로 확정지어 이야기하는 것은 곤란하지만, 노숙인들이 노숙생활이라는 어려운 환경을 직접적으로 통제하지 못하고 이에 대한 수동적이고 간접적인 회피나

는 희생자들은 많은 경우에 내적 책임소 성향을 가지면서 동시에 외적 통제소 성향을 보이는 것처럼 통제소와 책임소는 정반대 방향을 나타내는 경우도 많다.

144

적응의 방식으로 각종 물질에 의존하는 것으로 파악하고 있다. 또한 국내의 노숙인들의 음주문제에 관한 연구(서동우, 1998: 윤명숙, 1998)에서도 노숙생활에서의 무기력성과 관련된 알코올중독의 문제를 지적하고 있다. 노숙인은 길거리 생활이 장기화되면서 안정성을 잃고 가족과 사회로부터 버림받았다는 유기감(abandonment feeling)을 가지게 된다. 처음에는 수치심을 느끼면서도 이 생활이 단기간으로 그칠 것이라는 기대를 가지고 있으나 그렇지 못한 현실을 인식하면서부터 우울과 무기력을 경험한다. 이에 따라 심리적 유기감과 부정적 자아상을 다루는 수동적인 방식으로 술을 마시는 것이 일과가 되어버린다. 즉 음주문제와 알코올중독은 무기력을 표현하는 방식의 하나라는 것이다. 또한 이것이 노숙생활에 자신을 적응시키는 기제로 활용되고 있음이 지적되고 있다(윤명숙, 1998).

노숙생활의 심리적 외상론의 한 부분으로서 학습된 무기력과 관련된 심리적 역기능 발현의 과정을 도식화하여 살펴보면 〈그림 4-1〉과 같이 정리해 볼 수 있다. 노숙인이 학습된 무기력과 관련되는 심리적 역기능을 발현하게 되는 과정에 대해 Goodman 등은 외상론에서 노숙을 하게 되는 경험 그 자체, 노숙생활의 지속적인 상태, 혹은 과거의 다양한 생활경험에서 가졌던 취약성이 노숙생활을 통해 증폭되어 나타나는 것의 3가지 형태를 이야기했다. 이를 〈그림 4-1〉과 관련지어 본다면, 노숙인 각 개인이 가지고 있는 생활경험에서의 취약성이 노숙이라는 사건의 최초 경험을 통해서 보다 강한 외상으로 발전하게 되고 이는 다시 지속적인 노숙생활을 통해 점차 강해진 외상으로써 학습된 무기력을 유발하게 된다는 것이다.

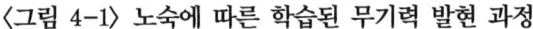

〈그림 4-1〉 노숙에 따른 학습된 무기력 발현 과정

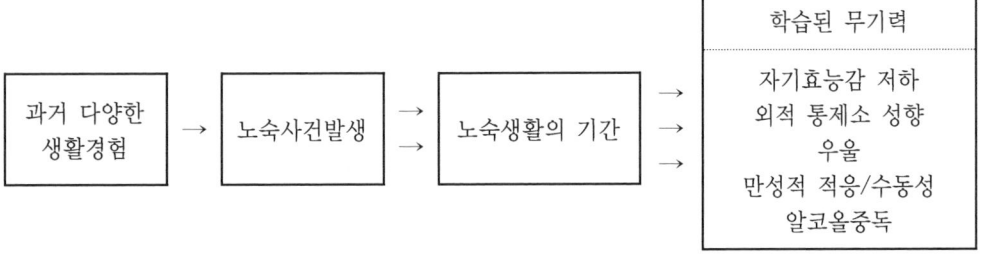

학습된 무기력으로 나타나는 심리적 역기능 증상의 정도에 영향을 주는 요인들에 대해서는 Garber와 Seligman의 논의가 의미를 주고 있다. 이들은 객관적인 면에서는 학습된 무기력을 유발하는 외상적 사건의 심각성이 역기능 정도에 영향을 주며, 주관적인 측면에서는 희생자들이 상황을 어떻게 받아들이는가, 하는 인식이 역기능 정도에 영향을 준다고 이야기하고 있다. 이들은 학습된 무기력의 정도가 심하게 나타나는 것과 관련된 주관적 요인으로 현재의 좋지 못한 상황에 대해 자신의 잘못이 원인이라고 느끼면서도 스스로는 어떻게 할 수 없다고 느낄 때, 이 상황이 장기적으로 계속될 것이라고 느낄 때, 이 상황이 특정한 요소보다는 전반적인 요인에 의한 것이라고 인식할 때 학습된 무기력의 정도가 더 두드러진다고 보고 있다(Garber & Seligman, 1980).

그러나 이러한 주관적 인식은 각 노숙인마다 상황을 인식하는 개별성의 차이로 인해 나타나게 되는 것이므로 노숙생활이 학습된 무기력에 영향을 주는 정도는 객관적인 외상의 심각성 측면과 관련지어 생각해 볼 수 있다. 〈그림 4-1〉을 통해 살펴본다면 과거의 다양한 경험이라는 잠재적 원인들이, 노숙생활로 빠져드는 사건과 노숙생활을 지속적으로 경험하는 과정을 통해서 학습된 무기력을 발현하는 것이라고 할 수 있다. 이에 따라 노숙생활의 조건이 얼마나 혹독하고 부정적인 것인가가 학습된 무기력의 정도와 관련된다고 볼 수 있다. 이는 바로 학습된 무기력의 정도에 영향을 주는 객관적인 요인인 것으로 볼 수 있다. 노숙인이 되는 과정이나 노숙생활에서의 혹독한 조건은 그 정도에 따라 학습된 무기력이라는 심리적 외상을 심하게 한다는 것이다

146

(Goodman et al., 1991). Goodman 등은 노숙생활의 조건이 열악할수록 학습된 무기력의 증상이 증폭되는 정도가 심해질 것으로 보고 있는데, 이들은 이 조건에 대해 길거리 노숙과 보호시설의 생활을 구별하고 있지는 않다. 그러나 길거리 노숙과 보호시설에서의 노숙을 비교해 보았을 때, 길거리 노숙의 생활조건이 훨씬 더 열악한 것으로 볼 수 있다. 따라서 길거리 노숙의 경험이 보다 큰 심리적 역기능을 유발하는 것으로 볼 수 있다. 이는 우리나라의 상황에서도 노숙인에 대한 조사결과에서 나타나고 있다.

노숙인들의 심리적, 신체적 건강상태에 관한 주영수의 연구(1998)에서 알코올 의존성 환자는 길거리 노숙인들에게서 유의하게 많은 것으로 나타났다. 정신건강에 관한 결과에서도 노숙인 288명을 대상으로 간이 정신진단 검사도구인 SCL-90을 이용한 분석결과 노숙인 보호시설인 '쉼터'에 거주하는 노숙인들은 일반 성인 규준집단과 비교하여 큰 차이가 없었으나 서울역과 을지로 등지에서 '거리 노숙'을 하고 있는 노숙인들은 신체화, 우울, 불안, 공포, 정신증, 강박증, 대인예민성의 영역에서 일반규준집단에 비해 유의하게 나쁜 결과를 나타내었다. 그리고 대부분의 영역에서 이상자(t-score 70점 이상)의 비율이 길거리 노숙인이 현저히 높게 나타났다. 또한 노숙의 기간이 길어짐에 따라서도 각 역기능 증상이 강하게 나타나고 있다.

길거리 노숙이 역기능성에 위험성이 높다는 연구는 Weitzman 등(1990)에 의해서도 제시되고 있다. 이들은 보호시설에 입소하기까지의 과정과 만성적 노숙생활의 역기능성의 관련성에 대해 밝히고 있다. 이들은 많은 노숙인들이 길거리 노숙 기간을 거쳐 보호시설에 입소하게 된다는 점과 관련하여 보호시설 이용을 요청하게 되는 상황을 세 가지로 분류하여 역기능적인 문제의 정도를 비교하였다. 첫 번째 유형은 최근까지 자신의 주거지가 있었던 단기간의 노숙인으로 이를 단기 시나리오(short-term scenario)에 해당한다고 보고 있다. 두 번째 유형은 한때 자신의 고정적 주거가 있었으나 이를 상실한 지 오래 되었고 여러 달 전부터 안정적이지 않은 상태로 주변 사람들에게 의탁하거나 길거리 노숙을 하다가 더 이상 의탁할 곳이 없어진 장기간의 불안정을 경험한 노숙인으로 이들이 장기 시나리오(long-term scenario)에 해당한다고 했다. 마지막 유형은 한

번도 자신의 정규적인 주거를 가져본 적이 없는 경우로 보았다. Weitzman 등은 이 중에서 첫 번째 유형보다는 두 번째와 세 번째 유형으로 갈수록 보다 많은 문제와 역기능적인 만성적 상태에 있는 것으로 보고 있다. 이러한 연구결과는 길거리 노숙의 기간이 길어지면 노숙인 보호시설 내에 있는 것보다 더 큰 위험이 있음을 나타낸다.

Grigsby 등의 시각에 근거한다면, 학습된 무기력의 심리적 역기능은 노숙 기간에 따라 노숙인 모두에게서 나타나는 양상이라기보다는 주로 isolate(vulnerable)라는 노숙과정의 한 경로 유형에서 나타나는 특성인 것으로 볼 수 있다. 즉 자기효능감의 저하, 우울, 외적 통제소, 알코올중독이 노숙인 중심의 새로운 연계를 형성해가는 outsider 유형에게서는 잘 나타나지 않는 것으로 볼 수 있는 것이다. 오히려 outsider는 주변의 노숙인들과의 비교를 통해 자신의 문제에 대해 과소평가하며 비현실적인 통제감과 관련된 왜곡된 지각을 가지는 것으로도 볼 수 있다(Bauman & Gigsby, 1988).

노숙인의 심리사회적 외상의 대표적인 두 양상인 사회적 연계단절과 학습된 무기력 양상에 대해서는 Goodman 등의 논의와 Grigsby 등의 논의가 약간은 대조적인 모습을 보이고 있다. Goodman 등은 노숙생활의 조건이 노숙인들에게 공히 연계의 단절과 학습된 무기력을 발현하는 과정에 대해 초점을 두고 있는 반면, Grigsby 등은 노숙생활을 통해 사회적 연계가 변화되는 두 가지 양상에 따라 사회적 관계와 역기능에서의 특성이 상대적으로 다르게 나타나는 유형적 특성에 보다 초점을 두고 있었다.

그러나 양자의 논의는 모두 노숙생활을 통해 사회적 연계에서의 단절(혹은 변화), 학습된 무기력과 관련된 역기능이라는 두 가지 모습을 노숙인의 심리사회적 외상의 주요한 양상으로 지적하고 있다는 점에서는 공통적이라고 할 수 있다.

3. 노숙인의 특성에 대한 이해

노숙인이 심리사회적으로 독특한 특성을 가지고 있다는 사실, 정신건강의 취약성, 알코올중독과 약물중독의 문제. 사회적 고립, 심지어는 기행 등 사회적 이상행동 등의 문제를 부인할 수는 없다. 그러나 이러한 특성을 어떻게 이해하는가, 하는 점이 더 중요한 의미를 가지고 있다. 노숙에 관한 이론적 모형들에서도 노숙인의 심리사회적인 외상과 특성들은 그 사람들의 고유한 속성이 아니라 노숙생활의 위기로부터 발현되는 결과적 양상임이 지적되고 있었다.

이러한 점들의 이해를 위해 노숙인이 잃어버린 집에 대한 논의들을 통해 몇 가지 함의를 얻을 수 있다. 집을 상실하였다는 사실이 가지는 의미는 몇몇의 연구들(김유경, 2000; Somerville, 1992 등)을 통해 잘 나타나고 있다.

Somerville(1992)은 홈리스문제가 주거공간의 상실(rooflessness)을 의미하는지 아니면 안정적 기반의 상실(rootlessness)을 의미하는지에 대해 문제를 제기한다. 그러면서 안정적 기반으로서의 집은 개개인에게 물리적 의미 이외에 친숙한 심리사회적 환경으로서 기능한다는 점을 강조하였다. 물리적 공간이 주는 의미는 그 공간에서 살아가는 사람에 따라 다르다. 이것이 바로 공간과 사람 사이에 형성된 정서적 관계라고 볼 수 있다.

김유경(2000)은 집을 잃었다는 상실이 가지는 의미를 물리적 측면, 정서적 측면, 경제적 측면, 사회문화적 측면으로 나누어 살펴보고 있다. 그리고 이 상실은 '일탈'을 당연한 결과로 가져오는 것이라 보았다. 우리나라의 경우에는 집과 공간에 대한 애착이 유독 강한 문화적 배경에 있다. 그러므로 집이 없어 노숙한다는 것은 사회적으로 중요하게 생각하는 가치와 정서에 일탈된 상태로 받아들여진다는 것이다.

집은 개인적 정체감과 사회적 정체감 모두의 근원이다. 우리가 집에 대해 생각할 때, 그것은 단지 우리가 먹고 자는 주택(house) 혹은 건물(apartment) 이상의 훨씬 더 많

은 것을 함축한다. 집은 이웃(neighborhood) 또한 포함한다. 그리고 만약 집이 우리를
양육하고 보호하지 못한다면, 우리 존재에 대한 어떤 긍정적인 것도 말해주지 못한다
면, "집에 있다"는 느낌을 가질 수 있는 그야말로 생태학적인 세팅을 필요로 하는 것이
다. 이러한 측면에서 집과 홈리스(노숙인)의 의미를 다음과 같은 표로 살펴볼 수 있다.

〈표 4-1〉 집의 의미

주요 상징어	일반적 개념	안전의 의미	자신과 관련	타인과 관련
"쉼터"	모성	신체적	보호	Roofing
"가정"(Hearth)	따뜻함	생리학적인	이완	Homeliness
"마음"	사랑	정서적	행복	안정성
"사생활"	통제	영토적	소유	배제
"뿌리"	정체성의 원천	존재론적	센스	Reference
"거주"(Abode)	장소	공간적	쉼	생활/수면 공간
"파라다이스"	이상	영적	축복	Non-existence

〈표 4-2〉 홈리스의 의미

주요 상징어	일반적 개념	안전의 의미	자신과 관련	타인과 관련
쉼터의 부재	모성 박탈	신체적	노출	Rooflessness
가정(Hearth)의 부재	차가움	생리학적인	스트레스	소외
마음의 부재	무관심	정서적	곤궁	불안정성
사생활의 부재	무력	영토적	감시	취약
뿌리의 부재	아노미	존재론적	Senselessness	상실
거주(Abode)의 부재	장소의 부재	공간적	Restless	(불가능!)
"Purgatory"	이상	영적	고통	Non-existence

극도의 스트레스와 궁핍상황에서 홈리스들이 떠올리는 집의 개념은 대체로 주거공
간이라기보다 따뜻함, 가정, 마음 등으로 구성된다. 이렇듯 집은 상징적 지위를 갖는
다. 이러한 지위는 설계 특징(모성), 이웃과 방문객에 대한 행동 양식(가정), 소유의
자부심(마음), 영토적 통제의 정도(사생활), 존경의 정도와 적소(niche)에 대한 감각

(뿌리), 내부생활의 질(거주)로 표현된다. 반면에 홈리스는 사회적 지위의 부재, 불안 정성, 타인에 대한 문제, 거부, 초라함, '적소부재(適所不在)'라는 특성을 나타낸다.

노숙인은 '집을 상실'하였다. 그리고 이는 단지 물리적 의미로서 'rooflessness'를 넘어서는 것이다. 자고 일어나 눈을 떴을 때 사람들의 오가는 발걸음이 바로 눈앞에 있고, 씻고 자고 할 수 있는 쉴 공간이 아예 없는 상황에서 세상 사람들 모두와 같이 인습적인 예정과 도덕, 대인관계에서의 태도 등을 그대로 유지한다는 것이 더 이상한 일이 될 것이다. 극단적인 거리 노숙의 생활여건은 '정상적'인 사람이라면 평소와는 다른 대처방식을 나타내게끔 한다. 술을 통해 무력감으로부터 회피하거나, 수치심을 이기기 위한 반작용으로 공격적 태도를 나타내거나, 생활에 대한 정상적 통제를 단념하고 자포자기할 수도 있다.

정신분열이나 우울증을 가진 정신질환자나 알코올중독자가 노숙생활에 처할 확률은 상대적으로 더 높을 수 있다. 그러나 노숙인의 심리사회적 외상특성을 더 잘 설명해주는 것은 노숙인의 생활여건과 주류 사회와의 상호작용에서 나타난 결과로 조망하는 것이다. 노숙생활의 여건은, 그리고 집을 상실한 노숙인과 주류사회에서 이를 바라보는 시각은 노숙인으로 하여금 일정 정도 사회의 인습적 적응방식을 포기하도록 강제한다. 그리고 일반인은 이를 다시 노숙인의 책임으로 귀인하는 낙인을 통해 노숙인을 더욱 고립시키기에 이른다.

모든 빈곤층이 노숙인이 되는 것은 아니다. 그리고 모든 노숙인이 심리사회적 기능수준의 심각한 취약성을 나타내는 것은 아니다. 사람마다의 개인차는 존재한다. 그러나 우리 사회의 경제사회적 구조는 사회구성원 중 일부가 노숙인이 되도록 짜여져 있다. 그리고 집을 상실한 노숙생활의 조건과 낙인은 노숙인의 심리사회적 기능수준을 떨어뜨리는 작용을 하고 있다.

제5장 노숙인과 인권

우리도 교회 가서 예배도 보곤 해요. 얻어먹기도 하고…… 그런데 큰 교회일수록 우리를
자리를 아예 갈라둡니다. 다른 사람들하고 아예 자리를 다르게 앉힙니다. 물론 작은 교
회는 가족같이 대해주는 곳도 있습니다. 그렇지만 큰 곳은 그렇지 않은 경우가 많아요.
그런 교회에서는 우리를 가리켜 따로 '나사로'라고 부릅니다. 누가 나한테 잘 모르고 "집
사님" 그러면 "나사로예요."하고 대답하고 그럽니다……

한 거리노숙인과의 인터뷰에서, 2005년

인권은 역사적으로 특권에 대한 대칭의 개념이다. 현대사회에서 인간이라면 누구나 보
편적으로 가지는 존엄성의 원리를 지칭한다. 먼 과거의 역사에서는 소수의 사람들이 가
지는 특권이 이슈였다면 이제는 소수의 사람들이 사회에서 갖지 못하는 인권침해에 대해
살펴보아야 한다. 노숙인은 사회 내에서 인권을 보장받지 못하는 전형적인 소수이다.

1. 인권의 개념과 노숙인

인권은 인간이기 때문에 생득적으로 가지게 되는 천부적인 것으로 이해되고 있다. 그
러나 이는 역사성을 가지고 있다. 즉 인권에 대한 개념은 각기 다른 역사적, 문화적 맥
락에서 정의되어야 하기 때문에 각 학자마다, 각 시대마다 다르게 정의되고 있다.

근대 시민사회가 성립하면서 인권에 대한 초기 관심은 투표권, 표현의 자유, 고문으
로부터의 자유 등 시민권, 공민권과 정치권에 관한 권리에 초점이 맞추어져 있었다.
이러한 좁은 의미의 개념에서 점차로 경제·사회·문화적 권리에 대한 관심으로 인권
의 개념이 넓어지게 되었다. 최근에 들어서는 이보다 더 확대되어 집합적 권리에 대한

관심이 커지면서 환경권, 정치적 안정, 경제개발에 대한 개념으로 인식되고 있다.

인권이란 흔히 알고 있듯이 '모든 사람들이 인간다운 삶을 위하여 인간인 이상 누구나 누려야 할 평등하고 양도 불가능한 천부적 권리'라고 할 수 있다. 이는 인권의 의미를 매우 간결하게 표현한 것이지만, 이 의미 속에는 많은 내용이 함축되어 있다. 그중 첫 번째는 '모든 사람들'이 가진다고 여겨지는 만큼 인권은 인류사회 구성원 모두에게 타당하다는 점이다. 즉 인류사회 구성원 모두가 인권의 주체가 된다는 점이다. 둘째는 '인간인 이상', 즉 인간이기 때문에 갖는 권리인 만큼 그 발생 근원을 '인간성'에 두고 있다. 셋째, 인간다운 삶을 위한 것인 만큼 인간의 '삶'의 모든 영역이 인권의 대상이 된다는 점이다. 넷째, 인간의 '삶'이 여러 사회적 층위(가정, 직장, 사회, 국가, 세계 등)로 구성되는 만큼 그 관할체계 역시 여러 층위에 걸쳐 중복되어 나타나는 일종의 중층구조를 갖는다는 점이다. 그리고 끝으로, 인간의 '삶'이 특정 사회 및 사회관계 속에서 이루어지는 만큼 인권은 그 발생과 실현을 위해서 특정사회와 사회관계가 전제되어야 한다는 점이다. 따라서 인권은 인종, 피부색, 성, 언어, 종교, 재산, 신분, 출생지 등에 상관없이 인간이라면 누구나 다 누려야 할 권리이다.

이처럼 인간의 천부적 권리를 상정하는 이유는 인간의 존엄성 또는 자율성에 대한 뿌리 깊은 신념이 인류사회에 있기 때문이다. 인권의 보편성은 인권의 가치를 세계 인류의 규범으로 선언한 유엔이나 인권보호에 관심을 갖는 국가 권력 또는 헌법에 의해 규정되고 있다. 하지만 가장 근본적으로는 인권이라는 가치 안에 내장되어 있는 보편성에 그 핵심이 있다. 인간의 양심과 이성, 인간다운 마음의 뿌리에 작용하고 있는 인간의 존엄성에 대한 믿음이 인권의 일차적 보편성이라고 할 수 있다.

1) 시민적 및 정치적 권리로서의 인권

시민적 및 정치적 권리로서의 인권은 자유를 중심 이념으로 하고 있으며, 국가의 정치적 억압이나 폭력 또는 권력의 횡포로부터 개인의 자유를 보호할 수 있는 내용이 중심을 이룬다. 구체적인 내용으로 고문 또는 잔학하고 비인도적이거나 품위를 손상시키는 대우나 형벌을 받지 않을 권리, 노예가 되거나 노역에 강제되지 않을 권리, 공정한 재판을 받을 권리를 포함한 신체의 자유 및 안전에 대한 권리, 사생활·가정이 보호받을 권리, 자유로운 통신에 대한 권리, 사상·양심 및 종교의 자유를 누릴 권리가 포함된다. 정치적 권리에는 의견 및 표현의 자유, 집회 및 결사의 자유, 선거권 및 피선거권을 포함하는 공무 참가권이 있다.

이와 관련하여 세계인권선언에 나와 있는 권리의 내용을 주제별로 정리하면 다음과 같다.

□ 신체보존권: 각 개인의 신체적·정신적 안전을 보장하기 위한 것으로 생명권, 부당한 차별로부터 보호받을 권리, 노예제도 및 매매 금지, 법적 인격체로서의 인정, 고문으로부터 보호받을 권리, 국적 보호 및 국적 변경에 대한 권리(세계인권선언 제1조~6조 및 제15조)
□ 법집행에 관한 권리: 정당한 법절차에 따라 법심리를 받을 권리를 가리킨다. 법 앞의 평등권, 인신보호권, 자의적 체포와 구금으로부터 보호받을 권리, 유죄판결 전까지 무죄로 추정받을 권리, 법의 소급 적용으로부터 보호받을 권리(세계인권선언 제8조~11조)
□ 시민적 자유권: 사람의 특정 부문(사적·공적)을 국가나 타인의 간섭으로부터 보호하기 위한 것으로 의견(사상)의 자유, 양심의 자유, 언론의 자유, 출판의 자유, 집회의 자유, 결사의 자유 등에 대한 권리(세계인권선언 제18조~20조)
□ 정치적 권리: 정치사회 구성원들은 국가업무에 대한 참여와 통제를 보장하기 위한 것이다. 시민적 자유권에 속하는 언론의 자유, 결사 및 집회의 자유에 대한 권리(세계인권선언 제19조~20조)와 여러 정치적 결정과 업무에 직·간접적으로 참여할 권리(세계인권선언 제21조)

이상과 같이 '세계인권선언'에 명시되어 있는 인권의 내용은 1966년에 결의되고 1976년에 발효된 '시민적 및 정치적 권리에 관한 국제규약(일명 ICCPR, 국제자유권규약, B규약)'[35]으로 발전하여 국제적 인권규약으로 기능하고 있다.

---

35) ICCPR은 모든 사람들을 위한 광범위한 시민적 정치적 권리를 규정한다. 이 시민적 정치적 분야에 있어서 인권과 근본적 자유의 주요한 성문화는 140개 체약당사국에 의해 비준되었다.

2) 경제 · 사회 · 문화적 권리

경제 · 사회 · 문화적 권리는 개인의 자유와 사유재산의 보호를 강조하는 자유권과는 달리 평등에 초점을 둔다. 구체적인 권리 내용으로는 인간 생존의 기본적 욕구를 충족할 권리(의식주의 생존권, 질병과 재난에 대한 보호), 노동을 하고 정당한 보수와 수입을 받을 권리, 교육 및 문화의 혜택을 받을 권리로 나누어 볼 수 있다.

세계인권선언에 나와 있는 권리의 내용을 주제별로 정리하면 다음과 같다.

☐ 최소 필요충족권: 생존을 위해 요구되는 최소한의 물질적 조건을 충족시키기 위한 것이다. 기본적 의식주에 대한 권리와 건강보호에 대한 권리(세계인권선언 제25조)
☐ 경제적 권리: 본원적 생명활동의 하나인 노동행위에 대한 자유와 공정한 노동조건 및 보수를 보장하고 최소한의 생활수준을 사회적으로 보장하기 위한 것으로서 노동에 대한 권리, 여가와 휴식에 대한 권리, 사회보장권 등(세계인권선언 제22조~24조)
☐ 사회적 권리: 사회적 삶 속에 노출되는 사회구성원들의 가정 및 사생활에 대한 보호, 가정을 형성할 자유에 대한 보호, 부당한 차별로부터의 보호, 자아발전의 보장 등을 위한 것으로 동등한 대우에 대한 권리, 사생활보호권, 가족형성권, 교육을 받을 권리 등(세계인권선언 제2조, 제12조, 제16조, 제26조)
☐ 문화적 권리: 사회구성원들의 정신적 자아실현과 문화생활을 보호하기 위한 것으로 각종 문화공동체에 참여할 권리와 문화활동과 그 결과를 보호받을 권리 등(세계인권선언 제27조)

위의 항목들은 개략적이고 고전적인 것이며, 지난 반세기에 걸쳐 인권 담론과 법률 및 제도들은 각 항목들의 내용을 더욱 풍부하게 만들고 구체화하는 방향으로 많은 발전을 해 왔다. 아울러 국민 개개인이 건강하고 쾌적한 환경에서 생활할 수 있기 위한 환경권, 지식정보화시대에 요구되는 정보권과 의사소통권 등이 포함되고, 여성 · 아동 · 학생 · 환자 · 장애인 · 토착민 · 난민 등 사회적 소수집단의 권익신장을 위한 다양한 담론과 제도로 확산되고 있다.

이상과 같이 '세계인권선언'에 명시되어 있는 인권의 내용은 1966년에 결의되고 1976년에 발효된 '경제적 · 사회적 · 문화적 권리에 관한 국제규약(일명 ICESCR, 국제

사회권규약, A규약)'[36]으로 발전하여 국제적 인권규약으로 기능하고 있다.

3) 노숙인의 인권

노숙인은 어느 사회에서나 인권을 가장 많이 침해당하는 대표적인 소수집단이다. 이는 우리 사회에서도 마찬가지이다. 노숙인의 가장 기본적인 인권침해 맥락은 극도의 빈곤상황이라는 점에서 찾을 수 있다. 빈곤은 인간의 자유를 속박하며 개인으로부터 존엄성을 앗아간다. 세계인권선언, 개발권 선언 및 기타 인권문서들은 이 점을 명백히 하고 있다. 1993년 세계인권회의에서 채택된 비엔나 선언에서는 "극심한 빈곤과 사회로부터의 소외는 인간의 존엄성을 침해하는 것임"을 확인하고 있다.

인간개발보고서는 빈곤을 '단순히 소득이 없거나 부족한 상태' 등의 좁은 개념으로 이해하기보다는 넓은 의미로 보고 있다. 즉 빈곤은 '많은 차원에서의 박탈'을 의미하는 개념으로 이해하고 있다는 것이다. 소득이 인간의 삶에서 전체가 아닌 것처럼, 소득의 부족이 인간의 박탈의 전체가 될 수 없다. "인간개발보고서(1997)"에서는 "한 사람이 할 수 있거나, 될 수 있는 중요한 것으로부터 박탈당하는 것"을 빈곤이라고 정의 내린 바 있다. 빈곤의 개념을 협의의 소득빈곤으로부터 탈피하여 보다 넓은 의미의 빈곤, 즉 박탈의 의미로 이해하고 있는 것이다. 이러한 의미에서 노숙인 등 소외계층에 대한 접근도 단순한 소득빈곤의 좁은 개념에서 벗어나 사회의 다양한 차원으로부터의 박탈로 이해해야 할 것이며, 보다 적극적이고 근본적인 방법을 활용하여 소외계층들이 현재의 부적절한 상황에서 탈피할 수 있도록 해야 할 것이다.

그렇다면 어떻게 해야 개인이 빈곤으로부터 탈출할 수 있을 것인가? 빈곤으로부터의 탈피를 위한 접근은 개인적 차원보다 사회적 차원에서 이루어져야 한다. 다양한 차원에서의 빈곤의 원인—여러 차원에서의 소유, 능력 또는 여러 권리의 박탈—은 결과

---

36) ICESCR은 사람들의 경제적 사회적 문화적 권리를 규정한다. 이것은 개발을 바라보는 새로운 방법, 권리에 기초한 시각을 도입하였다. 이 규약의 체약당사국은 142개국이다.

로서 나타나는 빈곤 현실과 상호작용함으로써 개인(또는 비슷한 처지의 집단)을 빈곤의 악순환에 빠뜨리게 된다. 그러나 빈곤의 원인과 결과로서의 빈곤현실 간의 연관성과 메커니즘을 구체적으로 파악하고 적절한 지점에 개입을 함으로써 순환고리를 끊어낸다면, 빈곤의 악순환에서 벗어나게 할 수도 있다. 따라서 인간의 능력을 향상시키기 위한 노력을 기울이는 한편, 빈곤한 현실에서 침해받고 있는 다양한 차원에서의 인권을 보장하고 확대해 나간다면 가난한 사람들이 빈곤에서 탈출할 수 있을 것이다.

우리 사회에서 소외계층의 인권문제는 크게 두 가지 측면에서 생각해볼 수 있다. 첫 번째 측면은 생존권 등 기본적인 인권의 보장과 직결되는 문제로, 경제적 결핍으로 인해 기본적인 생활마저 위협받는 상황에서 인간다운 생활유지를 위한 사회적 서비스가 이루어지지 못하고 있다는 문제이다. 그리고 두 번째 측면은 소외계층이 권력이 약한 집단이라는 사실 때문에 사회적 배제(social exclusion)를 경험하게 된다는 점과 연결된다. 즉 사회적으로 배제를 당하는 것뿐만 아니라 복지서비스를 비롯하여 소외계층을 대상으로 하는 사회적 조치의 절차나 방법 그리고 행정기관에 대한 접근성에서조차도 다른 계층들은 경험하지 않는 부당한 처우를 받게 되는 등의 인권침해를 당하고 있다는 문제이다. 이러한 소외계층의 가장 극단적인 형태가 노숙이라고 할 수 있다.

노숙인은 주류사회에서 소외되는 사회적 배제를 경험하며, 기본적인 생활과 인간의 존엄성을 지키기조차 어려운 상황에 놓여 있다. 이는 극도의 빈곤, 무주거 혹은 주거 불안정, 건강의 악화, 노동시장에서의 배제, 사회적 관계망의 취약성 등의 특성과 연결된다. 노숙인들은 당연히 국가서비스(복지)의 대상이 되어야 하고, 이를 통해 인권의 옹호를 위한 기초적인 토대가 구성되어야 한다. 그러나 우리 사회의 취약한 국가서비스의 수준 때문에 이들은 국가서비스의 대상이 되지 못하며, 국가서비스를 받는다 해도 형식적이기 때문에 충분한 보호가 이루어지지 못하고 있다. 따라서 이들은 기본적인 인권보장에서도 매우 취약한 상황에 놓여 있다.

2. 한국사회 노숙인의 인권침해 실태

우리 사회는 서구의 기준으로 볼 때 인권이 적절하게 보장된 것으로 보기 어렵다. 인권의식의 취약성은 지금도 여러 측면에서 지적되곤 한다. 특히 사회적 소수자에 대해서는 배척하는 시각 역시 강한 편이라 노숙인에 대한 인권침해 역시 심각한 상황이다. 사실상 노숙인의 인권에 대한 관심이나 지적은 최근 몇 년 사이의 문건에서만 발견되고 있다.

노숙인 인권은 노숙인들의 생활상에서의 직접 경험을 통해 가장 잘 확인된다. 따라서 양적 지표보다는 특히 노숙인들의 경험에 대한 면접내용들을 중심으로 하여 침해 실태의 핵심적인 부분들을 확인할 수 있다.[37] 사실상 노동권 등 일부의 인권영역은 우리 사회에서 노숙인이 아닌 사람들에게도 충분히 보장되고 있는 인권영역이 아니다. 따라서 여기에서는 노숙인이 노숙하지 않는 사람들에 비해 차별적으로 경험하고 있는 가장 기본적인 영역에 초점을 맞추어 우리 사회 노숙인에 대한 인권침해의 상황을 살펴본다.[38]

1) 생존권의 문제

가장 기본적인 의식주의 생존권적 측면에서 가지는 위험성은 현대사회에서는 인권의 문제로 볼 수 있다. 문자 그대로 한데서 자는 노숙이라는 측면, 거리에서의 식사

---

37) 본 장에서 다룬 사례는 필자가 공동연구원으로 참여하였던 '2005년 노숙인 인권상황 실태조사(정원오 외, 2005)'를 통해 수집된 면접사례에서 인용된 것이다.

38) 앞에서 살펴보았듯이 인권은 주거와 노동, 교육, 문화 등 다양한 사회활동 영역을 포괄하는 개념이다. 그러나 이 실태는 노숙인의 생활 모두의 영역으로 방대한 영역을 다루게 되므로 여기서는 주로 시민권의 일반적 측면 및 차별과 부당한 대우의 협의 측면을 중심으로 다룬다. 주거권, 노동권, 교육권, 건강권 등 생활 각 영역에서의 실태는 사회적 배제 등 다른 장에서의 실태를 참조할 것.

158

등은 기본적 생존에서의 위험을 초래하고 있다.

> 지금은 얇은 이불 하나만 가지고 있어서 새벽에 춥다. 침낭이나 2개 있으면 좋겠다.

> (언론에) 안 나와서 그렇죠. 작년(겨울)에두, 작년(겨울)에 한두 번 봤구나. 이제 11여, 119 부르면 걔네들이 와가지고 싣고는 가요. 그런데 죽었는지 살았는지 모르죠. 사람들 실려 가는 거만 보…… 가는 거 보고 인제 그거 죽었다고 봐야지 뭐. 죽었다고 봐야 하는 거예요.

노숙인의 식사와 관련해서는 결식인가 아닌가를 그 끼니 수의 문제가 아니라 안정성과 예측성이라는 측면에서 보아야 할 필요가 있다.

> 방도 없고 주변에 자고 하니까 제대로 먹지도 못하죠. 그니까 어쩌다 밥 갖다 주면 하루에 잘 먹으면 두 끼 못 먹어. 못 먹어 한 끼 먹고……

> 이 생활…… 하는 사람들이 그렇게 몸이 아팠을 때, 밥을 이제 못 먹게 되니까, 나도 지금 여덟 끼 아홉 끼 굶는 거는 수시로 있어. 수시로 이틀 삼일을 굶게 되는 경우가 있어요. 아프면 어쩔 수 없이, 밥 타다 줄 수가 없으니까. 또 누가 사주는 것도 아니고, 그걸 기대할 수도 없는 거고, 기대해서도 안 되지…… 그럴 때는 완전 이렇게 습관이 되다보니까 한 끼 두 끼 아유 그거 굶는 거, 허허, 이젠 그거는, 이젠 암 것도 아니에요. 하하. 한 끼 두 끼…… "아 까짓것 이따가 먹으면 되지!" 하하하하, 아 그냥…… 그냥 넘겨요. 그전 같았으면은 한 끼 굶었다고 그러면 뭔가 잘못된 거 같고. 하하하. 이상했었는데, 이…… 이 생활 하다보니까 한 끼, 두 끼, 세 끼 굶는 거는 태반이니까 암 것도 아닌 걸로 그냥 넘어가고 말아요.

대부분의 노숙인들은 매일 아침 5시를 전후하여 잠자리에서 일어난다. 특히 공원과 같이 독립된 공간에서 생활하는 노숙인들을 제외한 경우에는 선택의 여지가 없이, 지하철 첫차가 들어오기 전에 기상하여, 막차가 끝난 후에나 잠자리에 들 수 있다. 그러나 막차가 끝난 후에도 인적이 많은 곳에서는 곧바로 잠을 잘 수가 없다. 왜냐하면 바닥에 누웠을 때, 여성들의 구두소리는 굉장히 큰 소리로 귀를 울리기 때문이다. 따라서 대부분의 노숙인들은 수면부족의 상황에 놓일 수밖에 없으며, 낮 시간에 따뜻한 곳으로 이동하여 부족한 잠을 보충할 수밖에 없는 상황이다.

> 아침은 거의 건너 뜁니다. 거의 먹지도 못 하고…… 5시 반쯤에, 5시 반쯤에 일어나가지고…… 밤에는 뭐 제대로 못자니까 낮에는 햇빛 있으면 공원 같은 데 가가지고 햇빛 좀 쏘고 거 가가지고 또 마 노숙이라라 해가지고 눈초리가 좀 많습니다. 사람들 눈도 있고 좀 덜 띄는 데로 가야 되고…… 그래도 수면부족도 이기 또 하루 이틀이 그라는 게 아니기 때문에 수면 부족도 어느 정도는 감수 합니다. 감수합니다. 낮에 조금 자니까.

노숙인들의 식사에 대해서는 급식 체계가 여러 가지로 이루어지고 있다. 하지만 급식체계상에서도 부적절한 처우 등이 인권침해의 문제를 낳고 있다. 예를 들어 종교단체에서 무료급식을 시행하는 경우 선교(宣教)의 목적이 내포되어 있는 경우가 많으며, 따라서 종교행위에 참여할 것을 암암리에 강요하고 있다. 이때 개인이 가지고 있는 종교는 고려의 대상이 되지 않는다. 단순히 예배나 미사 등의 정해진 종교행위의 진행이 아니라 노숙인들에게 잔소리를 늘어놓는 경우도 있다. 이러한 종교행위 또는 행사 참여의 강요는 노숙인들이 생존을 위해 감수해야만 하는 것으로 받아들여지고 있다.

> 원래 밥을 여덟 시에 주는데 한 일곱 시부터 와 가지고선 하루 종일 떠들어……(밥을 주는 시간은) 여덟 시 한 반이나 이 정도…… (잔소리 같은 설교가) 한참 가요…… (다른 급식을 나오는 목사의 경우에는) "오직!" 그러면 세 번 "예수!"해야 돼.

> (종교단체) 같은 데서 하는 경우는 먹고살기 위해서 예배를 봐야 되고, 뭐를 타기 위해 예배를 봐야 되고 그런 게 있어요. 자기가 믿기는 자기는 무신론잔데. 밥 한 끼 얻어먹기 위해서 그런 것도 있죠, 당연하게 있죠, 그럼. 어떻게 꼭 그 교회를 믿으라고 할 수는 없잖아요. 종교단체에서 나와서 뭐 급식하거나 이런 제일 큰 불만이고, 뭐 이렇게 먹기

위해서 이렇게 막 종교를 믿는 시늉을…… 먹어야 되니까ー 할 수 없이, 그거 끝나야 밥을 주거든…… 그걸 또 표현해버리면 관계자들이 '먹지 말아라, 오지 마 다른데 가서 먹어라' 그럴 수도 있으니깐요.

노숙인이 많이 이용하는 거리 무료급식의 경우 비위생적이라는 지적이 많다. 첫째, 음식자체나 조리과정에서의 위생문제이다. 둘째, 이용하는 사람의 수가 매우 많고, 수저 등이 위생적으로 관리되지 못하고 있는 점에 대한 지적이다.

위생개념이…… 먹고, 뭐 이런 뭐 그릇 같은 거 아, 내가 진짜 내가 먹긴 먹어도, '이건 아니다' 그것도 그러고 그 한 몇 백 명씩 모여 있는데, 사람이, 그게 좋겠습니까? 그러고 막 사람들 막 손도 안 씻고 막 그릇 잡고, 배식대 잡고, 뭐 수저 수저도 이렇게 딱 놓는데, 이 사람 쪼물락 저사람 쪼물락 하나씩 집어간다 그래도, 접촉이 많이 되거든요…… 위생 상태는 좋아야 되겠더라구요.

노숙인 무료급식의 경우 일반시민들이 지나다니는 곳에서 배식을 받고, 그 주위에서 아무렇게나 모여서 식사를 한다. 일반 시민과 다른 방식으로 식사를 해결하고 있다. 이러한 상황 자체가 노숙인들을 가치 절하하는 원인으로도 작용하는 것으로 보인다. 한 번의 무료급식에 모여드는 인원이 많기 때문에 배식을 받고, 식사를 하는 도중에 주위 노숙인들과 부딪히는 경우도 발생할 수 있다. 그리고 완전히 개방된 거리에서 식사를 하는 모습이 일반인들에게 보였을 때, 노숙인 스스로가 부끄러움을 느끼고, 스스로 주눅이 들 수도 있다.

요즘 무료급식 장소에는 평균 한 끼에 600여 명 정도가 온다. 그러니 자리가 좁아서 서로 부딪히고 국물을 흘리게 되면 싸우고 맞고, 음식 다 엎고. 쪼그리고 앉아서 먹기도 힘들다.

(무료급식을 할 때) 그 아무래도 인제 밥 먹고 그러면은, 저 뭐야 대외적으로 인제 남한테, 아는 사람 만날까 인제 그런…… 그니까 남한테 보이기 싫고, 첫째는. 그 담에 인제 자기 아는 사람이 봤을 때 인제 이런 개인 프라이버시 그런 게…… 그런 것도……

종교행사의 강요에서도 포함되었던 내용이지만, 종교단체에서 시행하는 무료급식의 경우 상당 부분 선교(宣敎)의 목적을 가지고 있는 것이 사실이며, 이러한 점 때문에 노숙인 중에는 무료급식을 하는 이유가 자신들을 이용하기 위해서이지, 순수한 목적으로 시행하는 것이 아니라고 생각하는 사람도 있다.

> 아까 내 말했지만 밥 주는 부분도 생색을 많이 내는 사람도 있거든요. 근데 그런 데서 자존심이 상하는 경우가 많아요. 우리를 이용한다는 생각이 나는 많이 들거든요. 다른 사람은 그런 생각을 하는지 나는 그것이 밥 주는 사람을 좋게 생각, 좋게만 생각하는 게 아니야. 저 사람 때문에 내가 먹고살지마는 근데 그거를 이용하는 부분이 있죠.

2) 생활공간에서의 인권침해: 거리

거리노숙인은 거리에서 일반시민, 경찰, 동료 노숙인과의 관계와 접촉에서 여러 종류의 인권침해를 경험하고 있다.

① 일반시민

일반시민이 거리노숙인에게 행하는 인권 침해로는 크게 무시, 언어폭력, 물리적 폭력, 노숙인들을 이용하는 등의 문제가 많이 지적된다.

먼저 노숙인들이 진술하는 일반시민들의 무시는 노숙인에 대한 편견에서 비롯된 것이라 할 수 있다. 그런데 한편으로 일반시민들이 자신들을 무시하고, 천시한다는 노숙인들의 진술에는 어느 정도 '그럴 것이다'라는 노숙인 스스로의 주관적 판단도 포함되어 있다.

> 우리가 술 먹…… 술 먹고 있어도 일반 사람들이 술 안 먹…… 안 먹은 사람 같으면 편한 데, 술 먹고 간 사람은 '아이씨, 길거리에서 술 먹나' 그냥 욕, 욕하면서 지나가는 사람 많거든요? 아, 이렇게 좀 있으면은 인자 지나가다가 좀 안 좋게 생각하시더라구요. 에 "이렇

게 아픈데도 없는데 일도 안하려 하고 이렇게 하고 산다"고 지그들끼리 인쟈 얘길 하더라 구요. 그러면 그때는 좀 안 좋죠. 어쩔 때는 뭐 뭐랄까. 죽고 싶은 생각, 그런 게 그런 말 들었을 때 있잖아요.

길가…… 가다가 침 뱉고 가는 사람도 있고, 많아요. 예전에 그거 때문에 많이 싸우고 그랬어요.

동물원 쪼, 쪼, 쪼금 모, 모 보는 식으로 원숭이 보는 식으로 막 쳐다보고 가고 그러잖아요.

대개 일반시민들이 노숙인들에게 하는 말은 정상적인 사회적 관계에서는 할 수 있는 유형의 것이 아니며, 거리 생활자들을 자신보다 한 단계 아래의 사람이라고 생각하기 때문에 할 수 있는 말이다. 이렇듯 노숙인의 현재 상황이나 노숙인으로 생활할 수밖에 없었던 개인의 삶의 과정에 대한 이해 없이 이루어지는 일반시민들의 말은 노숙인들에게 깊은 상처를 남긴다.

샐러리맨들이 지나가면서 술 한잔 먹고 지나가면서 "어유— 이 새끼야!"하고……

일반인들이 밥 먹으려고 서 있으면, 그런 소리 한두 번 들은 적 있어요. 몇 번 들었는데, 일반인들이 지나가면서 쉽게 하는 말로 "저 바보 저 먹는다. 아, 저 자식, 거지새끼 밥 먹는다" 해 쌌고. 이런 부분들이 있어요. 무심코 던지겠죠. 듣는 우리 입장에서는 조금 마음이 상하죠. 그런 것도 있고, 일반인들도 솔직히 여기 있다 보면 노숙하는 사람들 보면 혀를 많이 차잖아요. ……"저 마, 사는, 저렇게, 인생 저렇게 사나" 그런 소리 들으면 어휴…… 참 기분 많이 상하죠.

노숙인들에 대한 일반시민들의 폭력은 앞에서 살펴본 언어폭력에서만 그치지 않고, 물리적 폭력에 의한 신체적 상해의 위험에도 노출되어 있다. 신체적 상해는 단순히 치료가 필요한 수준에서 끝나는 경우도 있고, 심각한 흉터나 지병을 남기기도 하며, 심지어 생명이 위험한 수준까지 이르기도 한다.

회현역 같은 데는 혼자 자다가 (지나가는 행인이) 그냥 칼로, 소주병으로도 찌르고……
칼, 칼 사건은, 헛, 작년인가 그랬어요. 병으로, 그냥, 얼굴…… 병, 병, 특히! 소주병 같
은 걸로 그냥!, 예에, 아주, 그런 경우가 있죠. ……또 지나가며, 발길질도 하고, 치잇,
그으냥! 귀빵망이를 때리는 사람들도 있구요. (지나가는 행인들이) 맨날 싸워요! 일주일
에 한 서너 번은 싸울 거예요! 지나가는 사람 붙잡고. 그냥 다, 다 뿌셔버리고 가는 거예
요. 맨 정신에는 그렇지 않아요, 한잔 먹고! 그냥 화풀이하고 가는 거예요!

뭐 막 공원에 누워 있다고 막 발로 차고, 차고 일어나라고 때리고 그런 거도 몇 번 보고 그
랬죠. 그런 거 동영상으로 찍어 가지고 말려야 된다고. 누워 있으면 막 발로 걷어차고, 막.

노숙인은 거리에서 노숙하고 있다는 상황만으로 여러 범주의 사람들로부터 이용당
하고, 그 결과 거리생활을 벗어나기 더욱 어려운 상황에 빠지게 된다. 노숙인의 신분
(주민등록)의 매매, 명의 도용, 위장 결혼, 인원 동원, 공공부조 급여의 착복 등이다.

전부다 카드빚이다 해가지고 사람들 뭐 또 쪼그만 거 이래가지고 돈을 만들어 주겠니 해
가지고 그것을 이용하는 이용을 해가지고 완전 카드만 망글어 놓고 카드빚만 망글어
놓고 그런 경우가 많습니다. 여기에 (신용불량자가) 거의 지금 80~90% 됩니다. 여 노숙
하는 사람 중 신분 깨끗한 사람 몇몇 사람 안 됩니다. 한 100명 중 한 대여섯 명 나올
까? 전부다 밤에 이래 사람들 꼬드겨서 여래가, 카드 내가 얼마 해가지고…… 그래가지
고, 그거는 왜, 머, 머. "얼마 줄게, 얼매 줄게" 해가지고 마. 예를 들어가 "휴대폰 같은
거 세 대 빼라. 한 사람한테 세 대 빼주는데, 세 대 빼주면 돈 한 30만 원 챙겨줄게", 그
래가지고 마 당하는 사람도 많고, 그거하고 크게는 몇 천만 원 몇 억까지. 그렇게 당하
는 사람도 있습니다. 그거는 그러면 법적으로는 법적으로 하면 내 잘못으로 다 되버리지
예. …… 신용불량자 되는 사람도 그래가지고 많이 안 됩니까. 노숙인 중에, 노숙인들 누
가 돈 있습니까? 노숙인 저것들 전부다 명의 도용해가지고 그래 되었다. 은행에 전부다
명의 도용해가지고……

저 서울역에서 노숙하다가 주민등록증을 잊어 먹어 갖고, 거, 주민, 주민등록증을 줏은
사람이 900을 해먹었어요. 쪼끔 쪼끔씩 해서 돈을 이, 이, 일단은 주민등록증을 살려 놓

으니까. 날라 오는 게 어떠냐면 뭐, 대구은행 부산 외환은행, 난 이런 생전 거래해보지도 않은 데야. 이런 데서 막 날라 오는 거야, 정신없이. 근데 전부 합해보니까 900 정도가 되더라고…… 내가 써보지도 못하고 주, 주민등록증 잊어먹음으로 해서 그걸 줏어 갖고 그, 도용해서 써먹는 놈들이 있다, 이기에요…… 그것도 다, 그이, 살아가는 데 접근 해 갖고 도용해 쓰는 사람들이 있고 그러고 도망가고, 그런 사람들이 있죠. 도용, 도용 하는 뭐, 차 같은 거 이런 거 이게 남의 명의 도용해 갖고 해도 그 도, 도용해주고, 당하고. 그런 거여, 부지기수예요.

유혹을 많이 받았지. 위장결혼 하실 생각 없냐고…… 많이 들어오지…… 밥 먹으러 가면. 서울역에 앉아 있어도 그렇고, 밥 먹으러 가면 스윽 접근해, '아저씨, 위장결혼 할 마음 없어요?' …… 초창기에 애들은 제대로 한 애들이라면 천오백씩 챙겼는데, 초기에. 그런 데 이제 브로커가 개입하면서, 겨우 2~300밖에 못 받아먹고 그것도 일시불로 준다 해놓 고 가끔씩 또, 많았지 그렇게 띵겨 먹은 애들. 그거 지금 바라고 괜히 순간 서류 몇 십 만 원어치 해서 다갖다 주고 그랬는데. 어이구.

(교회 주소로 해서 기초생활보장제도 수급을 신청하라고 해서) 어떤 사람은 있죠. 그 가 봤대요. 가 보이 이 새끼들 즈그가 그걸 빼가지고 저가 또 해묵어뿐대…… 그 돈을 그기, 그렇게 한다까드만은…… 고 갔다가 또 바로 나오는 거죠. 다 나오는데 왜 나왔냐고 얘 기를 하면…… 그 돈 관계 때문에 그런다고, 믿었더니만 목사가 나쁜 놈이라고……

서울역에서도 그런 거를 종종 했, 나눠 줬었잖아요. 침낭, 파카잠바, 동절기면은. 그거 몇 개씩 타서, (XX)하는 아줌마들이 와가지고. 일부러 와요 아줌마들이…… 돈 얼마 갖 고 와가지고 어떻게 알았는지 와요! 와가지고 인제 '받은 거 팔아라!'…… 그거 갖고 아 줌마들끼리 인제 다시 팔거나 아니면 나눠서…… 이게이게 갖고 다니기가 불편, 불편하 고 어디 놓을 때도 없고 ……(그래서 팔아버리는 사람들이 있어요)

교회에 나가게 되서 교회에도 가끔 부흥회, 할 때 가끔 연락이 와요. 꼭 차야 되니까, 교 회가. 부흥회라고 그러면. 그걸 보여주는 데서 신도들이 더 생길 수가 있으니까, 여기에 서 교회까지 가는 거예요. 밤에 아니면 낮에라도 가면은 일인당 돈 만 원, 오천 원…… 뭐 오천 원 주는 교회도 있고 만 원 주는 교회도 있고 그래요.

강제 철거 있잖아요. 그거 앞에 서서 인제 앞, 주민들하고 막 싸우는 거예요. 인제, 자기들은 '인제 안 나간다.' 인제, 에, 거기서 앞에서 막고 그랬어요. (노숙인들) 한 200명 이상 나갔어요…… 강제 철거 나가면…… 우리는 인제 때리면 안 되니까, 이제 앞에서 인쟈 그냥 붙잡고만 있었어요.

철거는 이제 어디 가서 막 그 저기…… 뭐야 무슨 저기라고 해야 돼? 도시계획에 의해가지고 철거가 되어야 하잖아요? 그 동네, 거기 가서 때려 부수고 하라는 게 아니고, 데모하죠, 데모. 데모하는 거를, 양쪽이에요. 데모하는 사람으로 가는 게 있고, 그 사람들을 부수로 가는 게 있고, 그 두 가지 저기가 있죠. 그런 거.

② 경 찰

경찰에 의해서 가해지는 노숙인 인권 침해의 유형으로는 거리에서의 불심검문, 노숙인이 가해자일 것이라는 편견, 경찰의 권력남용, 직무유기 등이 흔한 형태이다.

경찰들은 역사 주위에 모여 있거나, 거리를 배회하는 노숙인들에 대해 수시로 불심검문을 한다. 특히 집중 단속 기간의 경우에는 불심검문의 횟수가 상당히 많아지는 것이 현실이다. 이러한 경찰의 불심검문으로 인해 노숙인의 인권이 침해되는 경우는 자신의 소속과 이름을 밝히지 않는 경우, 언어폭력, 취침을 방해할 정도로 도가 지나친 검문, 수배 내용이 없는 경우에도 계속 의심을 하는 경우 등 다양한 형태로 나타난다.

경찰관직무집행법 제3조(불심검문) 제1항을 살펴보면, '경찰관은 수상한 거동 기타 주위의 사정을 합리적으로 판단하여 어떠한 죄를 범하였거나 범하려 하고 있다고 의심할 만한 상당한 이유가 있는 자 또는 이미 행해진 범죄나 행해지려고 하는 범죄행위에 관하여 그 사실을 안다고 인정되는 자를 정지시켜 질문할 수 있다.'라고 규정하고 있다. 그러나 노숙인들의 행색이 남루하다고 하여 무작정 불심검문을 한다는 것은 명백한 인권 침해인 동시에 법률위반이다.

그리고 동법 동조 제3항에 따르면 불심검문 시에는 '…… 질문하거나 동행을 요구할 경우 경찰관은 당해인에게 자신의 신분을 표시하는 증표를 제시하면서 소속과 성명을 밝히고 그 목적과 이유를 설명하여야……' 한다고 규정하고 있다. 그러나 증표를 제시하지 않는 것은 물론이고 자신의 소속과 성명을 밝히지 않는 경우도 상당히 많다.

> 검문에 대해서 있어요. 그러니까 예를 들어서 다른 부분이 아니고 노숙한다는 거 때문에 검문을 많이 당하는 거는 있어요. 본이 아니게 좀 검문을 당하는 경우는 인격적으로 좀 그날은 검문을 좀 많이 당하고 거기에 대한 그런 부분이 있어요. ……나도 자존심 상하죠. ……인격적으로 예를 들어서 뭐 예를 들어서 그 사람을 너무 의식하게 되잖아요. 우리 같은 사람은 솔직히 일반인들한테 예를 들어서 내가 뭐 아는 사람이 지나간다든지 그렇게 되면 내가 얼마나 자존심이, 마음이 상하는 건데. 그런 것을 그 사람은 거의 배려를 안 하잖아요. ……조금 반말로 막 대하는 사람이 많습니다. ……우리 노숙인이라는 사람들을 인격적으로 존중 안 해줍니다.

불심검문 중에 수배자를 발견했을 때에도 최소한의 인격은 지켜주어야 하나 거리현장에서는 잘 지켜지지 않는다. 많은 사람들이 있는 곳에서 불심검문을 실시하고, 수배기록이 나왔다고 "당첨됐다."라는 등의 표현을 쓰는 것은 인격을 모독하는 것이다. 이러한 문제보다 더욱 심각한 문제는 주민등록 조회를 통해 수배기록이 없을 때이다. 이경우 정중히 사과를 하고 물러나야 함에도 불구하고, 계속 의심을 하면서 재차, 삼차 조회를 해보는 것은 심각한 인권침해이며, 노숙인을 당연한 범죄자로 인식하고 있다는 것을 단적으로 보여주는 것이라 할 수 있다.

> (불심검문) 잡는 거 맨, 그러니 나쁜 노무 새끼들이라니까요…… 막 부르고 막 그란다니까요. 부르고 막 그래요…… 너무 쫌 이래, 이래 해 쌌다가 내가 절로 가니까네, "아, 아저씨 오소, 오소." 이러더라구. 경찰들 앞에 가면 안 잡아요. 이 새끼들이. 저번에 새끼가…… 그거 넘 보기에도 안 좋지. 아우, 막 그 현장에서 잡히기도 하고 가니까니 검문해가 바로 "가자." 이래 나오기 때문에…… "당첨됐다"하면서 가자는데, 경찰이 그라더라, "XXX이 잡았다. 당첨됐네."…… (아무런 전과나 문제가 없을 때는) "신분증 없는데

요.” 그럼, “와 없냐.”고 그래요. 그럼 내 그러죠. “아이, 신분증 있는 거트면(것 같으면) 내 여 있겠냐”고. 그람 “(주민등록번호) 불러나 좀 주소.” 이래. 그럼 불러주면, 불러주면 또 안 나오거든요. 솔직한 말로 그 인자 번호 적어가 안 나오면 기분 나쁜 기 ‘요 새끼 뭐 걸릴 거 같은데’ 안 나오거든. 그래 갖고 지문까지 보대, 이 새끼가. 그래가, 또 한 번 더 그러면 또, 또, “이상하다”(그래요). 또, 또 한 번 더 찍어본다니까 이 새끼가. 먼저 새로 더 한 번 물어봐. 거 뭐 물어보고. 나쁜 새끼들이라 카니끼니……

노숙인들이 생활상에서 억울한 일을 당하거나 싸움이 일어나면 경찰들은 노숙인의 말은 믿지 않고, 일반시민들에 대해 노숙인이 뭔가 잘못했을 것이라는 생각을 가지고 있는 것으로 나타났다. 어떤 사건이나 사고가 일어나면, 노숙인들을 대상으로 불심검문을 강화하여 집중적으로 실시하는 것도 일반적이다.

예, 그 사건 있는데도. 그 인제 자질구레 해갖고 인제 그 파출소 갈 때마다 고게 좀 틀리드라구요. 일반 사람하고 여기 있는 사람들. 아 뭐, 이, 해갖고 싸움 말리다 이렇게 해갖고 인제 그 참고자로(참고인으로) 갔는데. 뭐, 어, ‘집도 없는 새끼들 뭐 이런 데 와서 뭐, 싸우고 지랄하냐?’

일단 일반 행인하고 싸워서 들어가면 노숙인은 100% 불리하게 돼 있어. 왜냐하면 그쪽 가족들이 와가꼬, 다다다다 쏴대면, 노숙인은 지가 잘했다 하더라도 자기 말이 안 먹히고 바로 이, 그러니까 안 가야 돼. 가면 지게 돼있다고. 파출소 들어가면 노숙인이 진다니깐.

③ 주변 노숙인

비슷한 수준의 어려운 상황에 놓여 있는 노숙인 간에도 권력관계는 성립되어 있다. 대개는 물리적 힘이나 폭력, 경우에 따라서는 정보력에 의해 권력관계가 형성되고 이것이 인권침해로 이어진다. 이는 여성 노숙인의 경우에 피해가 더 심각하고 한편으로는 이 권력관계를 외부에서 이용하는 경우도 발생한다.

168

약자가, 강자가 약자를 거기에서 또 상대하면 어쩔 수 없이 맞게 되어 있어요, 또. 약하니까 힘이 없으며는 죽는 애들두 많지요. 허지만 하소연할 때가 없어요. "야, 너 있는 대로 내놔! 너 어디 누가 왔다가서 2만 원 줬지, 3만 원 줬지" 한다면, 다, 다 뺏기는 거예요, 없어요. 거기, 거기에서도 같이 또, 거기 팀에서도 또 우두머리가 또 생기기 마련이에요. 이히힛, 히, 힘있는 자가 또 지배하는 거예요, 거기에서도.

요 며칠 전에 (무료급식에) 가가지고 또 남자들하고 그래가지고 내가 싸워가지고. 내가 그러고 그, 그러고부터 그, 내가 잘 안 나간다니까요. 내가 여잔데 무슨 힘이 있어요. 좀 뚜드려 맞았지요. 맞고 나선, 그 후로부턴 내가 잘 안 나간다니까요. 무섭고 좀 쯧, 그런 게 있더라구요. 무섭기는 무섭지요. 줘 패고 싶어도 그 사람이 그렇게 해 놓고는 뭐, 내 눈에 또 안 보일 때도 있고 보일 때고 있고. 뭐 그러다가 내가 뚜드려 맞죠

3) 생활공간에서의 인권침해: 역사

노숙인들의 주요 생활공간 중 하나인 기차역이나 지하철역에서 발생하는 노숙인과의 마찰은 공안이나 역무원과의 관계에서 일어난다. 지하철역은 공공시설이다. 공공시설이란 개인의 소유가 아니며, 누구나 자유롭게 이용할 수 있는 시설이다. 그러나 노숙인들은 지하철역이나 철도역을 마음대로 이용할 수가 없다. 공안들이 노숙인들이 대합실을 마음대로 이용하지 못하게 제재를 가하기 때문이다.

그 자체가, 여름에 같은 경우는 들 한데, 겨울엔 춥잖아요? 그니까 뜨뜻하고. 근까, 자꾸 들어가면 쫓아내고, 또 들어가고 쫓아내면 또 들어가고. 그런 게 반복되는 거예요. 여름에 같으면 누가 보고, 있으라 그래두 안 있어요!

대합실은, 자기가 좀 힘들어요. 한시 반쯤 들어가거든요. 그럼 아침에 다섯 시나 네 시 사십분 정도면 다 깨워요. 그럼 의자에 앉아서 두 시간, 그니까 여기서 있으면 잠을 못 자요. 왜 그러냐면 그기 열두 시까지 있어도 거기 의자에 고대로 앉아 있는 게 아니고,

노숙인들은 거기를…… 오래 못 앉아 있어요. 공무원들이 왔다갔다 거러서, 예. '그럼 좀 나가 계세요.' 그러면 어쩔 수 없이 나오잖아요. 그럼 나와서 바깥에 나와서 모 담배도 한대 피고 사무실에. 그 나와서 태우고 있는데요, 담배 피다가 한 삼십 분 있다가 또 얘기하고 들어가서 쫌 있다가 그러면 잠을 못자는 거예요.

한편으로 공안이나 역무원 혹은 다른 사람들로부터의 언어적·물리적 폭력이 노숙인의 인권을 침해하는 요인으로 작용하기도 한다.

인권침해는 인제 그 그 역원들이 인제 반말 하는 거 자체…… 야, 쟈 하고 그러고 하면 거기서 싸움이 나는 거예요 인제. 나이도 안 따져 그놈의 새끼들은. 그게 큰 문제고. 그리고 공안 요원들이. 거의 반말이라고 봐야 되요 거의.

공안 요원들이 있잖아요? 우리말은 안 듣고 꼭 걔네들[역무원] 말만 신임해주는 거예요 그러니까 무슨, 무슨 일이 나면 무조건 우리들이 잘못이다. 그게 그렇게 되요 결론은. 무조건 그 사람들이 지도자니까 거기서는. 그, 그, 그 무조건 하면 우리가 아무리 잘 했어도 소용없어요. 그러니까 그게, 그게 제일 큰 인권침해죠.

4) 생활공간에서의 인권침해: 시설

노숙인들의 생활공간 중 어느 정도의 안정성을 보장받을 수 있는 곳이 쉼터나 노숙인 복지시설이다. 하지만 노숙인은 시설 내에서도 인권의 침해를 경험하고 있음을 이야기한다. 시설 실무자와의 관계, 교육프로그램의 문제, 시설의 엄격한 규칙, 쉼터 내 동료 노숙인 간의 권력관계 등이 나타나곤 한다.

한번은 이런 일이 있었어요. 그러니까 내가 1단계 면은, 나보다 위에 단계나, 이제 옆에 있는 사람들이 잘못을 했으면은, 그거를 갖다가 저녁에, 종례 때 그 사람을 세워 놓고, 그다음에 한 사람이 일어나가지고 그 많은 사람들 앞에서, 막 뭐라고 그러는 거예요.

아침에 5시에 기상해 가지고 예배를 드려요. 기도를 한다 그러죠…… 의무적이거든요. 아, 그거 어쩔 수 없어요…… 가면은 구속이 되니까 사실은, 자유가 없으니까…… 먹고 자고 하는 거는 지장 없는데 제일 싫은 게 그 사람들이 뭐냐면 나부텀도 구속받기 싫고. 이거 예배보기가 모허니까 아침에 보기 싫으면, 보는 애들은 보고 보기 그 그거 보기 싫은 애들은 아침에 일 나간다 그러고 나와 부래요(버려요) 그냥…… 또 일요일 날은 묵주기도를 해요. 일요일 날은 묵주기도를 시간 반을 해야 되요. 묵주기도는 그 오단짜리가 오단짜리 묵주기도를 하면은 한 시간 반을 해야 되요. 왜 그날은 지루하지. 그니까 그날은 다 늦게 들어와 다 애들은 다 늦게 들어와. 나중에는 한지, 한지, 한지 내가 3년, 마지막 때에는 뭐 7명밖에 없었어요. 다 나가고.

청소 시키면 청소하고, 나가고 노래 부르고. 내가 왜 앞에 나가서 노래를 불러야 되는지, 우울해 죽겠는데, 왜 나가서 노래를 부르라 그러는지. 이거 없는 이야기 아니에요, 왜 노래를 시키는 거예요? 자기가 하고 싶으면 하는 거지, 그걸 억지로 막! 가서 시키고 막……

5) 사회복지 및 각종 서비스와 관련된 침해

노숙인은 우리 사회의 공공부조나 각종 사회복지서비스의 대상이 될 만한 여건에 있다. 그러나 정보접근의 취약성, 신청절차의 복잡성과 배제, 의도적으로 노숙인은 일반 시민과 달리 몇몇 서비스를 이용하지 못하도록 하는 장벽 등에 의해 어려움을 겪고 있다.

예를 들어 우리나라의 빈곤층에 대한 공공부조제도인 국민기초생활보장제도에 대해 상당수의 노숙인은 전혀 들어본 적이 없거나 모르고 있는 실정이었다(정원오 외, 2005). 그리고 들어본 경험이 있는 경우에도 주로 주위 노숙인으로부터 들었고, 국민기초생활보장제도에 대해 잘못된 정보를 가지고 있는 경우도 있었다.

그게(수급권 신청) 그전에 한 번 물어보니까요, 그게 아무나 그러더라구요. 이제 그, 아는 사람한테 물어보니까. 기초생활 수급 뭐, 그게, 그게 장애자나 그런 사람들만 된다고. 그런 말을 하더라고. 근데 이제 두 가지로 종류가 나뉘더라구요. 장애자들하고, 장애가 확실히 판단돼 가지고, 이제 진단서가 있는 사람이 되고, 그전에는 뭐, 갑자기 일하다가 실직된 사람들 된다고 그러는데. 그거는 이제 뭐, 실직됐다는 증명서를 첨부를 해야. 근데 저, 우리 같은 경우에는 인력 같은 데 노동일을 하지 않습니까? 그러면 뭐. 뭐, 노동자 임시직이거든요. 인력이란 게. 그거는 그건 뭐, 실직됐다는 증명도 못하고. 그래 갖고 뭐, 그런 면이 좀 있더라구요, 그게. 그것도 뭐, 임시적으로 뭐, 그 두 번만 나온다고 그러더라구요. 6개월이면 6개월 계속 나오는 것이 아니고, 계속 나오는 게 아니고. 근데 그게 말 들어보니까, 그게 좀 까다롭다고 그러더라구요. 뭐 장애자들도 뭐, 무조건 되는 게 아니고 병원 진단서도 확실히 첨부해야 되고, 그러니까. 아 근데 우리 같은 사람은 아예 엄두를 안 내는 거죠.

그게 그러고 또 복잡해요 가만히 보니까 에 복잡해가지고. 그거 하는 사람 별로 없어요.

동절기에는 많은 조직이나 단체에서 노숙인에게 파카나 침낭 등을 무상으로 나누어 주고 있다. 그러나 노숙인들에게 지원되는 물품이 모두 동일한 디자인과 색깔이기 때문에 지원 물품이 '노숙인 복장'으로 인식되고 있는 실정이다. 현실의 생활에서도 노숙인이라는 낙인(stigma)이 부여되어 있는 노숙인들에게 동일한 물품을 지급함으로써 노숙인과 비노숙인을 구분할 수 있는 기준으로 활용되고 있는 실정이다.

"아, 너!, 그, 그거, 그거, 응, 그거![노숙자 잠바지!]" 그런 인식을!, 그리고 일반인들도 그렇게 인식을 해버려요! 이야 ……그래서 거꾸로 입고 다니고, 벗어놓고 다니고, 그런 일들이 많죠…… 나머지는 다 가져다가 팔아버리고…… 어느 날 갑자기 보면, 서울역 광장에 보면, 그 사람이 그 사람이야, 등짝이 똑같아요, 그것도 한두 명이 아니야, 오십 명, 육십 명이 똑같으면, "어디 뭐 데모 나가는 거야? 어디 철거하는 거야?" 다 그래, 처음 본 사람은(웃음). 처음 본 사람은 서울역에 앉아 있으면, "야아, 서울역에 데모 있나봐!!, 데모 있나봐." 그렇게 인, 그렇게 인식을 해요.

현재 거리에서 노숙을 하고 있는 아주 많은 사람들은 신용불량, 주소지 불분명 등으로 주민등록이 말소되어 있는 상태이다. 주민등록이 말소되어 있기 때문에 3D 업종이나 일용직 노동시장에서도 경제적 활동을 할 수 없는 상태이며, 국민기초생활보장제도의 수급도 받지 못하고 있는 실정이다.[39]

현재의 노숙상태를 벗어나기 위해서는 주민등록을 복원하는 것이 무엇보다 중요하다. 그러나 주민등록을 복원하기 위해서는 10만 원 정도의 비용이 필요하며, 그것보다 더 중요한 것은 일정한 주거지가 확보되어야 한다. 따라서 노숙인들이 주민등록을 복원하고자 하는 욕구를 가지고 있다고 하더라도 현실적으로 상당히 어렵다.

> 이 갑갑하다는 게 말소비(주민등록 복원에 필요한 비용)는 공짜로 대 주겠다 카는데도, 도와주겠다고 카지만 주소지를 내보고 만들어 오라고 하는데 내 어디 가서 주소지를 만들어요. 차라리 내보고 돈 만들어 오라는 게 10만 원 만들어 오라는 게 더 빠르다니까 …… 10만 원 만들면 만들지, 주소지를 지금 내가 어디 가서 만듭니까. 그러니까 그게 잘못된 체계라는 거죠.

2005년 11월 부산에서 APEC이 개최되었으며, APEC 안전보장책의 일환으로 지하철 역사 등의 자동보관함의 운영이 일시적으로 전면 중단되었다. 따라서 노숙인들은 물품을 압류당하고 보관함 사용연체료가 없어 노숙 물품을 되찾는 것을 포기한 경우가 많다. 이처럼 국제행사 시 취하게 되는 정책은 노숙인 등 사회적 약자의 입장은 전혀 고려되지 않은 채 시행되고 있으며, 차후 이와 같은 상황은 계속적으로 일어날 것으로 예상할 수 있다. 따라서 국제행사 시 적용되는 임시 정책이 미칠 파장을 고려하여 신중히 결정되고 시행되어야 할 것이다. 그리고 '임대보관함 이용약관'에는 "노숙자 등 잡상행위를 위한 물품"은 사용금지하도록 되어 있다. 노숙인과 비노숙인의 물품이 구분되는 것이 아니며, 그 중요성에서도 차이가 없다. 그런데 이러한 규정을 만들어 놓고 있다는 것은 노숙인이나 절대 빈곤층에 대한 명백한 차별행위이다.

---

39) 최근에는 노숙인 복지관련 조직이나 옹호단체 등의 활동으로 주민등록과 관련해서는 복원이나 다른 대체적 방법을 통한 지원책이 상당히 보급되고 있다. 그러나 아직도 노숙인이기 때문에 모든 국민이 받을 수 있는 사회적, 행정적 서비스를 받지 못하는 경우는 주민등록과 관련해서 혹은 다른 사안의 경우에도 계속 발생하고 있다.

6) 여성 노숙인에 대한 인권 침해

여성 노숙인들은 생활 전반에서 다수의 남성 노숙인이 겪는 침해나 차별을 동일하게 경험하고 있으며, 이에 더해 일반시민(남성)이나 남성 노숙인으로부터 성(性)적인 착취와 침해도 당하고 있다. 노숙인이 아닌 일반시민(남성)들이 여성 노숙인에게 1-2만 원의 돈으로 동침을 요구하는 일이 종종 있다고 한다. 면접사례에서는 한 노숙인이 자신의 친구의 여동생이 보이지 않아 이곳저곳을 수소문하여 찾아보니 잘 아는 여인숙에서 대학생과 함께 자고 있는 것을 발견했다고 한다. 여동생을 타이르고 집으로 돌아가라고 설득해 차표를 끊어주고 집으로 보낸 경험이 있다고 한다.

여성 노숙인들은 남성 노숙인들이 행사하는 폭력으로부터도 자유롭지 않다. 이처럼 거리에서 생활하는 여성 노숙인들은 굉장히 심각한 수준에서 신체적 자유와 생존권을 침해당하고 있다. 아래 여성 노숙인들의 진술에서는 자신의 경험을 솔직하게 이야기하기 힘들어하는 모습이 역력히 드러나며, 입으로 옮기지 못하는 매우 심각한 수준의 인권침해도 경험했을 것으로 예상된다.

> (이런 데서 그 만나는 남자들이 그냥 함부로 막 대하고) 그런 거는 조금 있었어요. 예예. …… (남자들이 추근대고) 쫌 그렇게 하긴 해요. 뭐, 하긴 해도 내가 인제 좀 이, 저걸 하니까 내가 피해 뿔지요. 피해뿔면 좀 덜하지. (젊었을 때는) 좀 심했지요. 많이 싸우기도 하고 뭐 뚜드려 맞기도 마이 했어요. ……뭐 좀 뭐, 남자들 뭐, 해주고, 뭐 저거 좀 말 안 들어주면 좀 그런 게 있더라구요.

7) 인권침해에 대한 만성화된 적응

노숙인은 경제, 주거, 건강, 노동, 신체적 자유, 정치 참여, 사회적 관계, 문화, 교육, 가족, 공공서비스 등 모든 사회적 영역에서 열악한 상태에 놓여 있으며, 이는 무력감을 유발하고 있다. 따라서 타인과의 관계, 공권력과의 관계, 사회적 서비스로부터의 인권침해에 대해 생각을 해볼 여지가 없거나, 인권이나 권리에 대한 개념 자체를 생각할 수 있는 여력이 없다. 그리고 이는 자신의 권리 자체를 협소화하거나 스스로에 대해 일정한 낙인과 가치절하를 스스로 만들어 버리곤 한다.

> 근데 여, 여기 또 주소지가 호주지가 근데 하면 부재자로 해야 되는데, 지금 여기 있는 거주가 일정하지 않다 보니까, 그런 거 신청 하면은 그 투표용지가 발송이 되는 게, 쉼터나 이런 곳으로 와야 되는데 또 그렇잖아요. 이런 데서도 하기 좀 그렇잖아요. 또 그런 것도 참 남들 보기에 참 이런 생활 하면서 참 투표까지 한다는 소리 나올까 봐…… 뭐 이렇게 권리는 권리지만은, 또, 또 그렇게 생각 안 하는 사람이 많, 또 많이 있을 거란 말입니다. 거 좀 눈에 색 안경 쓰고 보는 사람들이 많기 때문에, 또 괜히 뭐 그런 얘기 듣고 짜증 날 필요 없, 없기 때문에 아예 그냥 생각도 않고 사는데.

3. 노숙인의 인권문제에 대한 사회적 과제

과거 1980년대까지는 노숙인(부랑인)에 대해 '사회방위'적인 측면에서 격리와 처벌이 일반적 대처방식이었다. 이러한 상황에서 노숙인의 인권에 대한 고려는 적극적으로 검토될 수 없었다. 따라서 '형제복지원 사건' 등과 같은 인권사고가 발생하기도 하였고 이에 대한 관심과 개선대책은 극히 전시적, 임의적이었다.

한국에서 노숙인 문제가 사회적인 문제로 고려되기 시작한 1997년 말 이후(외환위기 상황) 노숙인에 대한 사회적 대책도 본격화되었다. 그러나 노숙인에 대한 사회적 인식이나 인권증진을 위한 노력은 과거보다 조금 나아졌다고는 할지라도 매우 미흡한 상황이다. 노숙인 인권증진을 위한 우리 사회의 시급한 과제 몇 가지를 제시하면 다음과 같다(정원오 외, 2005).

1) 법률의 제정 및 개정에 관한 사항

노숙인의 생존권적 기본권의 대부분은 행정적 조치와 정책 프로그램으로 대처가 가능하다. 또한 현재의 노숙인 대책의 대부분이 이러한 맥락에서 이루어져 왔다. 그렇지만 상위 법률로 노숙인의 대책을 구체화시킨다면 노숙인의 사회적 권리는 좀 더 안정적으로 보장될 가능성이 높다. 특히 대부분의 노숙인들이 기존의 사회보장체계로부터 배제되어 있다는 점을 감안하면, 사회보장체계로 포괄하는 방안이 핵심적인 노숙인 인권보장책이 될 수 있을 것이다. 보다 적극적으로는 노숙인을 지원하는 노숙인 지원법, 혹은 노숙인을 위한 주거법 등을 제정할 수도 있겠지만, 기존의 국민기초생활보장법, 의료급여법, 긴급지원법의 내용 일부를 개정한다면 노숙인을 공식적인 사회보장체계로 포섭할 수 있다고 생각한다.

현행 법률에 의하면 노숙인은 국민기초생활보장 수급대상자로 선정되어야 기초적인 생계비와 주거비, 의료급여 등의 혜택을 받을 수 있다. 그러나 국민기초생활보장법의 수급대상자 선정기준이 까다롭고 주민등록이 말소되었거나 주거지가 불특정한 노숙인의 대부분은 기초생활보장 대상자에서 제외되어 있는 실정이다. 문제는 기초생활보장 대상자로 선정되어야만 모든 급여의 수급자격을 부여받게 된다는 점이다. 상황에 따라 긴급하게 주거급여만이 필요한 경우도 있고, 생계비는 마련할 수 있지만 의료비가 부족한 사례도 발생할 수 있다. 많은 노숙인의 경우 방 한 칸을 지원해준다면, 대부분의 문제가 해결될 가능성이 있다.

국민기초생활보장법 급여의 종류별로 차등적 선정기준을 적용하는 방향으로 개정할 필요성이 있다. 또한 이러한 기준에 따라 의료급여법도 개정되어야 한다. 긴급지원법의 경우에도 정상적인 주거생활을 유지할 수 없는 위험에 직면한 사람들을 지원 대상자로 포함하여 응급 구호를 통해 노숙생활로 전락하는 사태를 방지하여야 할 것이다.

2) 법률 준수와 행정적 조치에 관한 사항

사실상 새로운 법률이나 규칙의 재개정이 없더라도 기존의 법률을 준수하는 행정적 조치를 강화하는 것으로도 개선될 수 있는 여지가 많다. 이와 관련된 내용들은 다음과 같다.

○ 노숙인에 대한 차별적인 불심검문 및 공권력 남용에 따른 인권침해 사례
─경찰관직무집행법 제3조 불심검문에 관한 조항: 소속과 성명을 밝히고 신분을 표시하는 증표를 제시하는 절차를 준수하도록 권고할 것.
─경찰법 제4조 경찰권력 남용 및 직무유기에 관한 사항

○ 노숙인의 건강권 침해 사례
─응급의료에 관한 법률 제3조 사회적 신분 또는 경제적 사정 등을 이유로 차별받지 아니하고 응급의료를 받을 권리를 가진다.
─응급의료에 관한 법률 제5조 응급환자에 대한 신고 및 협조의무
─응급의료에 관한 법률 제6조 응급의료의 거부금지

○ 국민기초생활보장법에 따른 생계급여를 착취하는 사례
─종교단체 및 민간단체, 의료시설 등에서 생계급여를 착취하는 사례
─관련 부처의 관리감독 철저 요망

이와 아울러 노숙인의 인권침해 요소로 연결되고 있는 관련 현황의 개선을 위해 필요한 추가조치들이 있다.

○ 노숙인들에게 제공되는 '노숙인 복장'으로 인식될 가능성이 있는 획일적 물품제공의 개선

○ 무료급식 시 제공되는 음식의 질 및 위생의 개선

○ 무료급식을 위한 천막 또는 시설의 설치

○ 많은 노숙인들이 겪고 있는 신용불량 문제와 관련하여 개인파산제도 등과 관련한 무료법률서비스의 실시

○ 보다 효율적이고 효과적인 자원활용을 위한 계절이 지난 의복이나 침구류의 보관 대책 강구

○ 무료급식 시 개인의 종교적 신념과는 관계없이 진행되는 강요된 종교행사 및 노숙인들에 대한 부정적 언행의 근절

○ 모든 국민들이 자유롭게 활용할 수 있는 물리적 공간인 역사 이용의 자율성 인정

○ 쉼터 부랑인 시설에 대한 강제입소 행위의 근절

○ 쉼터 이용자의 개인적 욕구와 자율성이 무시된 강요된 규칙(종교행사 참여강요 및 자아비판 등)의 폐지

○ 일반시민(학생 포함)들에 대한 인권교육(일반적 인권 교육 및 사회적 소수자에 대한 인식을 개선하기 위한 교육)의 실시

○ 경찰, 공안, 공익근무요원, 노숙인 밀집지역 상가 운영자들에 대한 노숙인 인권교육 실시

○ 노숙인들에게 가해지는 물리적 폭력에 대한 엄격한 처벌

○ 사회정책의 적극적 홍보(공무원과 노숙인 관련 단체가 연계한 아웃리치 등)를 통한 노숙인들의 정보로부터의 배제 근절

○ 국제적 행사 시 노숙인들이 활용하고 있는 물품 보관함의 일방적 폐쇄 조치의 근절 및 대체적 물품보관 방법의 강구

○ 여성 노숙인들이 경험하는 성적(性的)·물리적 폭력 등 중첩된 문제 해결을 위한 적극적 방안 강구

○ 노숙인들이 현재 상황을 벗어나기 위해 반드시 필요한 주민등록복원의 현실화 또는 노숙인들의 현실적 상황을 충분히 고려한 임시신분증의 활용 방안 강구

○ 노숙인의 상황을 악용한 신분매매, 분실한 신분증의 명의도용, 위장결혼알선자 등에 대한 강력한 처벌 및 근절방안 마련

○ 노숙인들을 강제철거현장 인간방패 역할로 동원하는 행위에 대한 법적 처벌

노숙인의 인권은 국가와 정부기관의 일방적인 노력만으로 달성하기 어렵다. 우리 사회를 구성하는 일반시민의 노숙인에 대한 차별과 편견이 불식될 필요가 있고, 더 나아가 노숙인의 권리를 보장하기 위한 참여와 원조 활동이 필요하다.

또 하나 중요한 점은 당사자들의 자발적 권익옹호활동이다. 당사자 모임을 통한 노숙인 지원활동은 기존의 종교단체와 민간단체의 손길이 미치지 못하는 구석구석에 절박하게 요구되는 욕구들에 대응하는 것이다. 우리나라에서도 전실노협(전국실직노숙인대책종교시민단체협의회) 혹은 노실사(노숙인복지와인권을실천하는사람들) 등 옹호단체나 당사자단체를 통해 노숙인 인권증진을 위한 노력들이 경주되고 있다. 2001년부터 시작된 노숙인인권문화제, 거리에서 죽어간 노숙인을 추모하는 memorial day 등 행사와 자체 아웃리치와 순찰, 대안 주거운영 등 다양한 활동이 전개되고 있다. 정부기관과 민간시민단체 간의 협력과 연계, 당사자의 자발적 활동과 민간단체와의 협력과 연계, 그리고 당사자모임에 대한 정부의 지원과 인정 등이 적절히 결합될 때 노숙인의 인권보장과 사회적 권리가 더욱 효과적으로 확대될 수 있을 것이다.

노숙인 권리선언문

우리는 더 이상 노숙인이 이 사회에서 실체가 없는 존재로서 통제나 격리의 대상으로 살아가는 것에 대해 반대하며, 노숙인도 이 사회의 동등한 시민임을 선언한다.

노숙인으로 살아간다는 것은 완전고용이 불가능한 우리 사회의 경쟁구조 속에서 밀려나는 사람들이 어쩔 수 없이 선택한 삶의 형태이다. 경쟁적 시장질서, 정보화와 기술집약적 산업화에 따른 과정에서 처음부터 교육, 가족지지 기반 등이 상대적으로 취약한 우리는 이탈될 수밖에 없었다. 불행하게 선택되어진 우리는 모두의 가족, 친구, 이웃이 되고자 한다.

이에 따라 우리는 대한민국 헌법에 명시된 바와 같이 누구에게나 어떠한 신분으로 살아가든 평등하게 보장되어 있는 인간으로서의 존엄성과 권리를 지닐 수 있음을 확인하는 바이다.

1. (인간으로서의 존엄성) 인간은 누구나 태어나면서부터 자유롭고 평등한 존재로서 성별, 종교, 출생신분, 정치적 관점, 경제적 상태, 사회적 지위와 관계없이 인간으로서의 존엄성을 보장받아야 한다.

2. (국민으로서 신분보장) 우리는 어떠한 주변적 상황에도 불구하고 국가의 정당한 국민이며 국민으로서 지녀야 할 정당한 권리로서 최소한의 신분보장에 대한 국가적 책임이 있음을 밝힌다. 현대 사회에서 인간은 사회구성원으로서의 신분보장을 통하여 그 사회의 모든 법적 제도를 이용할 수 있으며 그러한 법적 제도의 이용을 통하여 시민으로서의 구체적 권리 실현이 가능할 수 있는 것임을 선언한다.

3. (최소생존권의 보장) 우리는 가족에게 돌아가기를 희망하며 가족들과의 최소한의 생존권을 유지하며 살아갈 수 있는 사회적 법적 보장에 대해 요구할 권리가 있음을 밝힌다.

4. (주거의 자유와 권리) 인간은 누구나 자유롭게 이동할 수 있고 자신의 선택과 상관없는 강제입소에 대해 거부할 권리가 있으며 인간의 존엄과 가치를 실현하기 위한 최소한의 보장으로서 주거에 대한 권리를 요구할 수 있다.

5. (노동의 권리) 우리는 인간다운 생활을 누리기 위해 노동에 참여하기를 원하며 개인이 원하고자 할 때 일할 수 있는 일자리가 보장되기를 원한다.

6. (자녀의 보호) 우리는 우리의 자녀들이 최소한의 교육을 받을 수 있도록 생활기반 마련과 이에 대한 국가적 책임을 요구하는 바이다.

7. 우리는 노숙인의 인간 존엄성과 국민적 기본권이 실현될 수 있도록 최선을 다할 것이며 노숙인들이 보장받아야 하는 최소한의 국민적 기본권에 대하여 어느 누구도 침해하거나 게을리 해서는 안 된다는 것을 엄숙히 선언하며, 우리도 이 사회의 일원으로 성실히 살아갈 것을 다짐하는 바이다.

—2000년 5월 20일 전국실직노숙자대책 종교시민단체협의회—

제6장 노숙인과 사회적 배제

서울에서 월드컵 경기가 열리는 (2002년) 5월 31일, 6월 13일, 6월 25일 무렵에는 노숙
자를 아예 300명 단위로 묶어 지방 청소년수련원으로 4박 5일간 '특별연수'를 보내겠다
는 서울시의 대책이 있었다. 이는 입을 다물지 못하게 한다. 말이 좋아 특별연수지 '폭력
배 소탕 기간' 같은 플랜카드를 내건 작전이 연상될 뿐이다……

국민일보, 2002. 01. 24

최근에 '사회적 배제'라는 용어가 많이 사용되고 있다. 경제적 어려움과 빈부격차가
심화되면서 더 이상 과거의 빈곤개념으로는 현상을 충분히 묘사하기 어려워진 점과
관련될 것이다.

노숙인은 사회적 배제라는 용어에 가장 어울리는 양상을 나타낸다. 우리 사회 주변
부로의 주변화 압력과 사회적 낙인이 대표적으로 나타나고 있다. 그런데 이 '사회적
배제'라는 용어는 단지 '배제'라는 단어의 문자 그대로의 뜻 이상의 의미를 가지고 있
다. 특히 이는 최근 빈곤의 문제와 관련지어 중요한 의미를 가지는 사회적 화두가 되
고 있다.

노숙인의 문제는 기본적으로 사회주류로부터의 격리와 관련된다. 그리고 여기서 생
존의 문제, 제반 차별과 참여의 제약 등 인권문제의 논의가 연결될 수 있다. 하지만
이는 '인권'이라는 테제만으로는 충분치 않다. 주변화와 격리, 그리고 빈곤의 역동성을
강조하고, 사회적 포섭(social inclusion)의 실천전략을 모색하기 위해 유럽 등을 중심
으로 사회적 배제(social exclusion)의 개념이 각광받아왔다. 노숙인의 문제와 관련하여
사회적 배제의 개념이 활용되고 있는 상황을 정리해볼 필요가 있다.

1. 사회적 배제의 개념

1) 사회적 배제의 개념과 의미

최근 노동빈곤이나 사회적 양극화 등의 문제와 관련된 신빈곤의 양상에 대한 관심이 높아짐에 따라 이에 대한 조망의 틀로서 사회적 배제(social exclusion)의 개념이 부각되곤 한다. 이는 미국에서의 하류계층(underclass) 개념과 대비되어 유럽을 중심으로 많이 사용되어 왔으며 유럽에서는 이제 단순히 추상적이고 이론적인 개념의 수준을 넘어서 여러 탈빈곤과 반소외를 위한 정책과 프로그램을 기획·집행하는 실질적 원리가 되고 있다. 정책적·실질적인 면에서 '빈곤'을 대체하는 개념으로서의 위상을 보이고 있다.

사회적 배제라는 용어가 공식적으로 처음 사용된 것은 1960년대 프랑스 경제기획성의 책임자였던 피에르 마세(Pierre Masse)에 의해서였다. 그는 〈진보의 이익 배당〉이라는 글을 통해 배제 개념을 사용하였고, 이후 사회복지운동의 하나인 제4세계 원조운동의 지도자인 조셉 렌스키(J. Wrensky) 신부에 의해서 〈사회적 배제〉라는 단행본이 출간되기도 하였다(심창학, 2001).

사회적 배제 개념에 대한 논의는 빈곤 개념과 밀접히 관련된다. 사회적 배제에 대한 정의가 다양하지만, 그 의미는 대체적으로 빈곤, 불평등으로 폭넓게 사용되고 때로는 이들 단어를 대체하는 용어이다. 사회적 배제는 개인, 가족, 집단, 이웃을 주거, 시민권, 고용, 적절한 주거 등과 같은 사회적 기회와 주요한 사회적 과정으로부터 분리시키는 다차원적인 불이익으로 볼 수 있다. 빈곤개념은 너무 협소하게 소득과 소비에만 초점을 두고 삶의 질이나 자율성 같은 사회적 현상에 충분히 초점을 두지 못했다는 점에서 비판받고 극복되어야 한다는 것이다(Barry, M. & Hallett, C., 1998).

사회적 배제 개념은 빈곤개념과 아울러 미국에서 촉발된 하류계층(underclass) 논쟁과도 여러 면에서 관련된다. 미국에서 Auletta에 의해 다시 관심을 모으게 된 하류계층 용어는 경제적 차이뿐만 아니라 문화적인 것을 포함하며 기회를 상실한 것보다는 미국적 삶의 방식에 동화되지 못했거나 동화되려는 의욕이 없는 사람들의 측면을 강조한 용어이다. 미국에서 Murrey는 폭력, 부적절한 출산, 노동의욕 등과 같은 전반적 문화와 생활방식 측면에서 하류계층의 특성을 찾았다. 그러나 하류계층의 개념이 정치적 방편으로서 빈곤과 배제를 증폭시키는 구조적 문제에 대한 관심을 다른 곳(개인적 측면)으로 돌렸다는 비판이 있어 왔다.

영국에서도 하류계층 개념에 대한 비판이 많이 나타났는데 첫째, 하류계층 논쟁은 여러 불익집단들 간의 차별성을 은폐한다는 점, 둘째, 이전이나 사회적 과정을 설명하지 못한다는 점, 셋째, 하류계층의 성원들이 주류의 기회에 대해 강하게 반발하는 것으로만 가정한다는 점, 넷째, 구조와 기관 간, 예를 들어 노동시장의 압력과 개인력 간의 상호작용을 간과한다는 점 등이다(Barry, M. & Hallett, C. 1998).

사회적 배제의 유형화 논의로서 가장 대표적인 것은 실버(Silver)에 의한 유형화 작업이다. 여기서 사회적 배제의 세 가지 패러다임으로 다음의 〈표 6-1〉과 같이 연대, 분화, 독점을 제시하고 있다.

〈표 6-1〉 실버의 사회적 배제 패러다임

구 분	연 대	분 화	독 점
통합의 개념	집단 연대/문화적 경계들	분화/분리된 영역들/상호의존	독점/사회적 고립
통합의 원천	도덕적 통합	교환	시민권
이데올로기	공화주의	자유주의	사회민주주의
담론	배제	차별, 하층계급	신빈곤, 불평등, 하층계급
기본 사상가	루소, 뒤르껭	로크, 메디슨, 공리주의자들	마르크스, 베버, 마샬
대표적 이론가	푸코, 씨베라, 더글라스, 미드 등	다원주의, 시카고 학파, 머레이 등	룸, 타운센드, 발리바, 실버맨
신 정치경제모델	유연화된 생산	기술 노동동기 약화 네트워크 사회적 자본	노동시장 분절

** 출처: 문진영, 2004.

184

또한 포강(Paugam)은 빈곤과 배제에 대해 현실 분석에 초점을 두고 다음 〈표 6-2〉
와 같이 유럽 각국의 실제모습을 유형화하고 있다.

〈표 6-2〉 포강의 빈곤과 배제 유형화

구 분	통합된 빈곤	주변적 빈곤	자격박탈의 빈곤
빈민 혹은 배제된 자의 존재양태	광범위한 사회집단	최하위 집단, 하층계급	점증상태의 광범위한 사회집단
빈곤 혹은 배제의 사회적 관심의 정도	제한적	제한적	상당히 강함
빈곤 혹은 배제의 사회적 논쟁	전통적 빈곤 현상에 주목	사회체계의 정상적 기능유지의 관점 중시	구조적 요인 혹은 국민 연대 관점 중시
배제에 대한 국가복지 역할	있으나 미약함	보편적 보호 역할	보편적 보호 역할
가족(친인척) 연대의 역할	매우 강함	약함	약함
빈민 혹은 배제된 자의 강한 수치심 여부	없거나 약함	있음	있음
발견 지역 혹은 시기	지중해 연안국가	독일, 스칸디나비아 국가: 프랑스 60년대, 70년대 초	최근의 영국, 프랑스
발견 지역 혹은 시기의 특징	경제적 저발달(미발달) 상태의 전통사회, 농촌경제	선진산업사회	불안정한 경제상황의 사회, 봉급생활자 위기의 사회

** 출처: 심창학, 2004.

이후 1980년대에 이르러 개인과 사회의 연대가 단절되는 양상을 빈곤의 재생산과
관련지어 설명하는 개념으로서 사회적 배제는 유럽 지역에서부터 정책적 개념으로 광
범위하게 사용되었다.

그러나 상당히 중첩되는 점이 있음에도 불구하고 빈곤과 사회적 배제를 동의어로
보기는 어렵다. 빈곤의 개념이 기본적으로 경제적 요소에 초점을 두고 정태적인 현상

을 설명하는 데 주안점을 두고 있다면 사회적 배제의 개념은 특정 혹은 광범위한 사
회 구성원을 빈곤과 사회적 자본 및 유대의 결핍으로 몰아가고 있는 과정과 역동성의
요소에 초점을 두는 동태적 개념이다.

하지만 개략적으로 볼 때, 사회적 배제는 기존 빈곤 개념에 비해 ①빈곤의 역동성에
초점을 맞추며, ②빈곤을 금전적인 문제에서 다차원적인 불리함으로 확대하여 해석하
고, ③개인보다는 가족과 지역사회까지 범위를 넓히고 있으며, ④참여와 권한 그리고
사회통합 등과 같은 관계적인 이슈에 관심을 기울이고 있다는 점에서의 차별성 지적이
일반적이다. 따라서 〈표 6-3〉과 같은 개념적 수준에서의 차이점 지적이 가능하다.[40]

〈표 6-3〉 빈곤 개념과 사회적 배제 개념 특성 비교

	정태적 결과 (static outcome)	동태적 과정 (dynamic process)
소득중심	빈 곤 (poverty)	궁핍화 (impoverishment)
다차원적	박 탈 (deprivation)	사회적 배제 (social exclusion)

코다마 토오루(小玉徹) 등은 유럽에서 논의되는 사회적 배제의 개념은 첫째, 결과
만을 문제로 하는 것이 아니라 배제되어 가는 과정을 문제 삼고 있다는 점, 둘째, 사
회적 배제는 저소득과 실업이라는 문제에 국한되지 않고 다차원성을 가지고 있다는
점, 그리고 세 번째로 구조적인 현상이라는 것을 지적하고 있다. 여기서 새로 추가되
고 있는 구조적인 현상이란 경제와 사회 변화의 '구조적인 경향'과 관련하여 발생하는

---

40) 그러나 서론에서도 밝혔듯이 본 연구에서는 빈곤과 사회적 배제의 개념에 대한 추상적 수준
  에서의 이론적 논쟁을 의도하고 있지 않다. 따라서 표에서의 개념 차이는 그 강조하는 특성
  을 비교하려는 의도이며 빈곤 개념을 폐기하거나 혹은 사회적 배제 개념으로의 대치를 논하
  려는 것은 아니다. 오히려 이보다는 최근의 빈곤 양상을 사회적 배제의 논의에서 강조하는
  점들을 통해 조망하는 하나의 시각 혹은 분석틀로서 활용하고자 하는 것이다.

현상이라는 것이다. '구조적인 경향'으로 열거되고 있는 네 가지는 다음과 같다(홈리스주거지원과사회적포섭연구모임).

· 첫째, 합리화와 노동시장의 규제완화에 수반하여 생기는 유동적이고 유연한 노동패턴

· 둘째, 지식의존형 경제로 이행함에 따라 정보 테크놀로지를 비롯한 새로운 기능과 자격이 피고용자에게 요구되는 것

· 셋째, 고령화와 전통적인 가족구조의 붕괴라는 인구학적인 변화

· 넷째, 발전으로부터 낙오된 농촌, 과거의 공업지대, 혹은 저소득이나 실업 및 폭력이 집중하는 지역과 같은 영역 분화

한편 문진영(2004)은 다음과 같은 르 그랑의 사회적 배제 개념의 특성을 정리하며, 사회적 배제의 개념을 구성하는 4가지 요소로 다차원성, 상대성, 기관관련성, 역동성을 제시하기도 하였다.

르 그랑(J. Le Grant)의 사회적 배제 개념

① 지리적으로 특정 사회 내에 거주하고 있는 사람으로서,
② 그 자신의 통제를 넘어선 이유로 인해서, 그 사회 내에서 정상적인 사회활동에 참여할 수가 없는 사람으로서,
③ 그 사람이 참여하기를 희망할 경우
→ 위의 ①,②,③의 요건을 충족하는 개인은 사회적으로 배제되었다.

첫째, 사회적 배제는 단지 가처분 소득의 결여나 실업상태만을 의미하는 것이 아니라 이를 포함한 보다 넓은 사회적 상호작용의 과정에서 나타나므로 다차원적인 인식이 필요하다.

둘째, 사회적 배제는 특정한 시점에 특정한 장소라는 상황적 요인 속에서 다른 사람과의 상호작용을 전제로 성립한다.

셋째, 사회적 배제의 과정에는 이를 담당하는 기관이 전제된다.

넷째, 사회적 배제는 현재의 빈곤상태를 의미하는 것이 아니라 이에 이르는, 그리고

이후 이로부터 벗어나기 힘들어지는 과정적 내용을 포함한다.

우리 사회의 사회복지학계에서도 최근의 빈곤 양상에 대한 정확한 파악을 위해 사회적 배제의 개념에 대한 논의가 보다 확산되고 있다. 하지만 한편에서는 '사회적 배제'에 대한 논의가 예전 '빈곤'에 대한 논의에 비해 다를 것이 없는 표현의 차이라고 일축하기도 한다. 예전에도 '빈곤문화론' 등에서는 빈곤과 관련된 제반 교육적, 문화적 취약성 등의 총체성에 대해 언급한 적이 있다는 것이다. 그리고 빈곤의 다차원성에 대한 논의는 여러 프로그램(예를 들어 Head Start 등)에서도 이미 지적된 바 있다는 것이다.

그러나 빈곤문화론 등은 빈곤상황을 재생산하는 빈민들의 공통된 심리상태에 주목하며 빈곤의 원인을 무기력, 나태, 알코올중독과 같은 빈민층 내부의 문제에서 찾고 있는데 사회적 배제의 논의에서는 이러한 '문화'를 유발하는 (빈민층 외부, 전반적 사회구조의) 차별과 배제의 선행 메커니즘에 초점을 둔다. 그리고 그 역동성에 대해 초점을 둔다는 점에서도 그 차이를 찾을 수 있다.

2) 사회적 배제 개념의 전개

1980년대 이후 유럽에서 사회적 배제의 개념은 개인과 사회의 사회적 연대가 단절되는 양상을 묘사하는 개념으로 활용이 보편화되었다. 특히 이는 EU 및 EC의 활동과 관련되어 부각되고 있다.

EC 설립조약 제11편 제1장에 따르면 '사회정책협정'이 거의 전면적으로 조약 본체에 포함되었고, 그 결과 조약 136조에는 '높은 수준의 계속적 고용과 사회적 배제의 박멸을 위한 인적 자원의 개발'이 EU 및 가맹국의 목표로서 제기되었다. 유럽위원회는 전략목표 2000-2005의 중점 항목으로 4가지 의제를 채택하였고, 이 중 세 번째의 경제적·사회적 의제와 관련한 방법으로 '사회적 배제에 대항'하는 전략을 채택하였다.

이는 기존의 유럽사회가 지향하던 높은 수준의 사회보장과 개인 경제활동의 자유라는 양극을 결합하는 방식의 모델 혹은 이 양자를 시기에 따라 초점을 바꾸어 가던 방식이 효과를 거두지 못하고 있다는 자성에 의한 것으로 볼 수 있다. 1980년대 이래 지속되고 있는 높은 실업률과 전 지구적인 경제경쟁의 강화 속에서 이 모델을 그대로 유지하는 것이 더 이상 불가능해졌다는 판단이다. 다소 추상적이지만 이 두 개의 극을 새로운 방식으로 묶어가는 '유럽사회모델의 근대화'로 사회적 배제에 대한 저항전략을 채택한 것이다.

2000년 니스에서 열린 유럽 이사회는 빈곤 및 사회적 배제를 제거하기 위한 네 가지 목표를 다음과 같이 결정하였다.

① 고용에 대한 참가 및 자원 · 권리 · 재화 · 서비스에 대해 모든 사람들의 접근성을 촉진시킬 것

② 배제의 위험을 예방할 것

③ 가장 취약한 계층을 원조할 것

④ 관련된 모든 주체와 자원을 동원할 것

유럽 이사회는 이 네 가지 목표를 달성할 수 있도록 가맹국이 '빈곤과 사회적 배제에 대항하는 국가행동계획(NAPs)'을 유럽위원회에 제출하도록 하였다. 이후 가맹국의 국가행동계획의 다양성을 감안하여 다음과 같은 6개의 정책적 우선순위를 설정하였다(EC, 2004).

① 고용접근에 어려움을 겪는 인구층의 욕구를 충족하기 위해 적극적 노동시장정책에의 투자를 촉진할 것

② 노동 가능한 사람의 노동동기를 유인할 수 있는 사회적 방어기제를 확충할 것

③ 사회적 배제 위험에 처한 취약층이 주거, 건강, 평생학습의 기회에 접근할 수 있도록 접근성을 제고할 것

④ 조기교육이탈의 예방과 교육—노동의 적절한 이전을 촉진하는 조화된 노력을 경주할 것

⑤ 아동의 빈곤과 사회적 배제를 제거하는 초점을 발전시킬 것

⑥ 이민과 민족적 소수자의 빈곤 및 사회적 배제를 감소시킬 것

이는 현재까지의 NAPs 행동계획에 지속적으로 관철되고 있는 부분이다.

또한 이와 아울러 EC는 사회적 배제에 대한 비교 가능한 측정지표를 개발하였고 이를 통한 국가 간 비교를 실행하며 세부정책적 개선을 제안하는 등 '사회적 배제'에 대한 명확화를 위해 여러 활동을 하고 있다. 그럼에도 불구하고 이는 다양한 맥락에서 서로 다른 의미로 개념이 사용되곤 하여 많은 혼란을 가져오기도 하였고 현재도 그 개념은 명확히 정의되지 못한 상황이다.

〈표 6-4〉 유럽연합의 사회적 배제 지표

일차지표의 구분		지 표	비 고
1 저소득비율	1a	연령기준 소득이전 후 저소득 비율	
	1b	최근 종사상 지위 기준 소득이전 후 저소득 비율	
	1c	가구유형 기준 소득이전 후 저소득 비율	
	1d	주택소유형태 기준 소득이전 후 저소득 비율	
	1e	저소득 분계선	
2		소득분포	
3		빈곤지속성	
4		상대적 중위저소득 격차	
5		지역적 결속	
6		장기 실업률	
7		무직 가구원 수	
8		조기 교육기회 상실자	
9		평균 기대 수명	
10		소득수준별 자각 건강상태	

이차지표의 구분	지 표	비 고
11	빈곤선 주위의 분산	
12	특정 시점 기준 저소득 비율	
13	소득이전 전의 저소득 비율	
14	지니계수	
15	지속적 빈곤율	중위소득의 50% 이하
16	장기 실업 비율	
17	초 장기 실업 비율	
18	저학력 비율	

   사회적 배제의 구체적인 내용과 역동성의 구조에 대한 통일된 내용은 아직 명확히 정리되지 않은 상태이지만 기존의 몇몇 논의 특히, 사회적 배제를 조작화하기 위한 각종 지표들을 통해 이를 유추해볼 수 있다.

   먼저 로빈슨과 오펜하임은 SEU에서 제시한 7가지의 사회적 배제를 일으키는 문제영역을 이용하여 각각의 영역이 어떻게 연결되고 있는가를 논리적으로 설명하여 다음의 [그림 6-1]과 같이 표현하고 있다.

<그림 6-1> 로빈슨과 오펜하임의 사회적 배제 역동적 관계

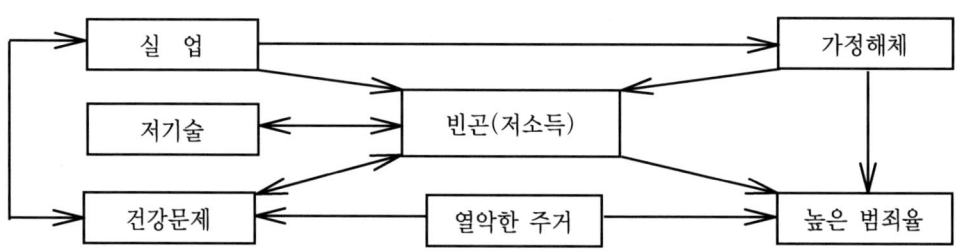

** 출처: 문진영, 2004에서 재인용

   1990년대 이후 유럽에서도 기존의 사회적 배제를 어떻게 이해할 것인가를 넘어서 어떻게 측정할 것인가에 대한 실증적 논의들이 다수 이루어지게 된다. 유럽의 많은 자료들에서 이와 관련된 지표나 실증적 자료들을 찾는 것은 어렵지 않을 정도로 광범위하다. 그러나 반면에 통일된 이론적 지평을 찾기는 어려운 상태라 할 수 있다.

   대표적인 예로 영국의 SEU(Social Exclusion Unit)는 이슈집중형의 측정방식으로 구체적인 사회적 배제 현상(소수인종, 10대 임신, 노숙 등)을 대상으로 실증적인 분석과 대안을 모색하였다. 그리고 그 일환으로 7가지 사회적 배제의 문제영역을 제시하였다. 실업, 가족해체, 빈곤(저소득), 저기술, 비건강, 열악한 주거, 높은 범죄율이 그것이다.

   앞서 <그림 6-1>에서 SEU의 7가지 영역의 관계를 도식화하였던 로빈슨과 오펜하임 (1998)은 다시 SEU의 논의를 토대로 하여 그중 소득, 실업, 교육, 건강의 네 영역에서 지표를 구성하여 제시하였다.

또한 BLP(1999)는 사회적 배제를 소비행위, 저축행위, 생산행위, 정치적 행위, 사회적 행위의 5가지 차원에서 지표화하고 있다.

스코틀랜드 의회는 사회적 배제를 측정하는 지표로 저소득(평균소득의 절반 이하인 가구, 소득지원에 의존하는 사람들 수, 무료급식에 의존하는 학생), 직업에 대한 접근(취업연령인 실업자의 비율, 2년 이상 실업인 사람들의 비율, 저임금의 전일 노동자 비율), 주택의 질과 유용성(주거환경의 밀집성, 무주택), 교육(중등교육에서의 무단결석, 퇴학자들의 자격, 취업연령이지만 취업 자격이 취약한 사람 수), 건강과 출산(미성년 임신, 저체중 신생아, 조기사망률), 시민의식과 공동체 참여(투표자, 범죄에 대한 공포)를 제시하고 있다.

브래드쇼(Bradshaw, 2000) 등은 적절한 수입으로부터의 배제, 노동시장으로부터의 배제, 공공 서비스로부터의 배제, 사회적 관계로부터의 배제의 네 영역으로 구성된 지표를 제안하였다. 또한 이들은 이 지표를 통해 영국에서 사회적으로 배제된 인구의 규모를 추정하였다.

우리나라에서 빈곤에 대해 '사회적 배제'의 관점에서 실태연구를 수행한 대표적 연구는 2003년 국가인권위원회의 연구용역으로 한국도시연구소에서 수행한 '사회적 배제의 관점에서 본 빈곤층 실태연구'라 할 수 있다.

이 연구에서 연구진은 기존의 빈곤에 대한 연구들이 사회적, 문화적, 공간적 요인(배경변수)들이 '경제 요소(매개변수)'에 영향을 미치고 이것이 빈곤 형성 및 재생산을 규정한다는 경제결정론적 시각에 입각해 있다고 분석하였다. 이에 비해 공간적 요인, 사회적 요인, 심리문화적요인, 경제적 요인들이 상호작용하면서 빈곤 형성 및 재생산 과정을 촉발하거나 가속시키는 일련의 과정을 형성하는 것으로 파악하는 것이 사회적 배제의 개념을 활용하는 것으로 보고 있다.

관련되어 살펴볼 수 있는 사회적 배제와 통합 관련의 요인으로 Bergman과 Pierson의 것들이 있다.

Bergman은 ①시민참여를 촉진하는 민주주의적인 법적 시스템, ②경제적 통합을 촉진하는 노동시장, ③사회적 통합을 촉진하는 복지국가, ④개인 간의 통합을 촉진하는 가족 및 지역공동체 시스템의 요인 검토가 필요하다고 보았다.

Pierson 등(2002)은 ①빈곤과 저소득, ②노동시장 접근의 어려움, ③사회적 지원 및 관계망의 부족, ④지역사회/근린의 효과, ⑤공공서비스로부터의 배제를 살펴보아야 함을 제시한 바 있다. 특히 이들은 미시적인 사회복지실천의 관점에서 반배제적 실천의 도입을 주장하며 그 기술적 철학적 요인에 대해 제시하고 있다.

이상과 같이 여러 지표들이 사회적 배제 개념의 구성요소들을 나타내어 주고 있지만 역시 가장 관심을 끌고 있는 지표로는 2001년 유럽연합의 사회적 보호 위원회(Social Protection Committee)에 의해 주관하에 개발된 사회적 배제 지표라고 할 수 있다. 프랑스를 비롯하여 EU에서는 사회적 배제와 배제극복의 정책적 지향에 대해 매우 높은 관심을 나타내고 있어 이 지표는 실질적으로 각 국가의 비교 등을 위해 활용되고 있다.

한편에서는 이러한 유럽연합의 지표에서 나타나는 양상이 실제로는 다층적이고 역동적인 사회적 배제의 본질을 희석시키고 있으며 사실상 '노동'과 '고용' 영역에만 초점이 맞춰지고 있다는 비판도 나타나고 있다. 특히 배제의 중요한 양상을 포착할 수 있는 '주거'의 부분이 사상되고 있음을 그 주된 논거로 삼곤 한다(홈리스주거지원과사회적 포섭 연구모임, 2004).

이상의 사회적 배제 개념과 관련된 논의 및 그 지표의 다양성 등을 통해 직접적으로 유추될 수 있는 바는 이것이 단지 추상적 개념적 논의를 위한 구성체가 아니라는 점이다. 이는 단지 경제적 결핍의 요소를 넘어 다양한 영역에서 관철되는 주변화와 박탈의 현상을 포착하고 이에 저항하기 위한 정책적 대안을 모색하는 실질적 지침이 되고 있다.

비록 그 실질적 지침의 구체적 내용은 다양하고 통일된 내용을 보여주지는 못하지만 사회적 배제의 논의에서 빈곤과 그 대책을 바라보는 몇 가지 주요한 흐름을 찾아

볼 수 있다.

첫째는 과거와 달리 경제적 결핍과 소득만을 중심으로 빈곤현상에 주목하지 않는다는 것이다. 이는 대책의 측면에서도 소득보장만을 중심으로 하여 빈곤문제를 해결하려는 패러다임을 고집하지 않는다는 것이다.

둘째는 빈곤과 배제 현상이 가지는 다방면의 총체적 역동성에 주목하며 그 대안의 방향에서도 다방면에서의 통합과 포섭에 주력하려 한다는 것이다. 예를 들어 주거측면에서의 배제 현상에 대해서는 주거영역에서의 사회적 포섭(social inclusion)을 모색한다는 것이다.

세 번째는 사회적 포섭의 견지에 초점을 두고 있다는 것이다. 물론 이에 대해서는 사회적 서비스가 내포하는 '통제' 기제로서의 본질에 대한 철학적 논란이 가능한 부분이지만 양극화나 주류로부터의 단절을 극복하려는 정책의 필요성을 강조하고 있다. 역으로 최근의 빈곤상황이 가지는 구조적 단절과 소외의 고착화에 초점을 두고 주목한다.

마지막으로 정태적인 빈곤현상과 지표만이 아니라 배제하는 측과 배제당하는 측의 관계의 역동성에 초점을 두고 파악하며 이 과정을 바꿀 수 있는 방법을 모색한다.

결국 사회적 배제의 개념과 논의는 '다차원적인 영역의 역동적인 관계'에서의 박탈 구조를 파악하고 이를 개선하기 위한 원리를 모색한다는 점에서 우리에게 함의를 주고 있다.

2. 노숙인과 사회적 배제

이상에서 사회적 배제의 개념과 구조에 대한 논의들을 통해 노숙인의 문제가 사회적 배제의 개념과 가질 수 있는 상관성을 살펴보았다. 이를 토대로 하여 노숙인과 그 인권옹호 및 욕구충족을 위한 서비스의 모색에서 필수적 고려사항이 되는 사회적 배제 개념에서의 조망 내용에 대해 검토한다.

1) 사회적 배제의 논의와 노숙의 조망

노숙의 문제는 단지 극빈의 문제를 넘어서 다차원적, 과정적 측면에 대한 이해가 필요하다는 것은 여러 연구들에서 공통적으로 지적되고 있다. 사회적 배제의 논의를 우리 사회 빈곤의 실태 파악에 직접적으로 적용한 대표적인 연구는 한국도시연구소 (2003)의 것을 들 수 있다.

이 연구에서는 과거 빈곤에 대한 연구들이 사회적, 문화적, 공간적 차원에서 나타나는 다양한 요인들이 경제적 요인으로 수렴되어 빈곤의 형성 및 재생산에 영향을 끼친다고 보아(혹은 비경제적 요인들은 경제적 요인의 결과 맥락의 현상이라고 보아) 비경제적 요인들은 배경변수로 간주하였다고 지적한다. 하지만 현실적으로는 경제적 요인들과 비경제적 요인들이 서로 영향을 주고받으며 제각기 빈곤의 형성 및 재생산 과정에 개입하고 있다. 이에 따라 사회적 배제를 통해 빈곤문제를 조망하는 입장에서는 경제적 요소뿐만 아니라 공간적, 사회적, 문화적 요인 모두를 사회적 배제 메커니즘의 구성요소로 삼고, 이들이 어떻게 작동하고 있고 이들 간의 상호작용을 통해 사회적 배제가 어떻게 심화되고 있는가에 주목하고 있다.

즉 과거의 틀과는 달리 기본적으로 물질적 결핍을 포함한 여러 영역들이 상호작용하며 지속적인 '주변화'의 배제 압력으로 작용하게 되는 것으로 보아야 한다는 것이다. 따라서 어느 한 부분에서의 서비스나 개입이 이루어졌을 때 연쇄적인 효과를 가지고 배제나 빈곤으로부터 벗어나게 되리라는 것은 비현실적인 기대로 볼 수 있다.

또한 배제의 구성요소들은 단순히 병렬적, 나열적인 의미가 아니라 상호 간에 일정한 역동적 패턴을 가질 수 있으며 이 구체적 모습들을 찾아내는 과제가 대두될 수 있다. 한국도시연구소에서는 ①주거차원의 사회적 배제, ②고용취업 차원의 사회적 배제, ③교육차원의 사회적 배제, ④건강 차원의 사회적 배제, ⑤사회적 관계 차원의 사회적 배제, ⑥물질적 영역의 사회적 배제의 여섯 영역에 대한 생애사적 탐색을 통해 사회적 배제 과정을 분석하고 있다.

물론 한국도시연구소의 논의는 주거빈곤계층에 대한 분석이었지만 사실상 주거빈곤층의 가장 극단적인 핵심에 노숙인이 존재한다고 보면 이는 노숙인의 빈곤상황에 대한 접근에서 사용되어야 할 설명틀의 제시에 다름 아니라 하겠다.

사회적 배제의 논의는 빈곤에 관한 논의에서의 초점이 '분배적 문제'로부터 '관계적 문제' 전반으로의 초점의 변화를 의미하는 것이다. 즉 종래의 '빈곤' 개념은 주로 '분배의 문제'(개인 혹은 세대의 최저생활수준으로의 접근을 가능하게 하는 가처분소득의 결여)에 초점을 맞추고 있는 데에 대하여 '사회적 배제'는 '관계의 문제'로부터 기인하는 문제, 다시 말하자면 부적절한 사회참가, 사회적통합의 결핍과 권력의 결여 등에 관한 사회시스템의 붕괴/기능부전, 혹은 사회적 권리에 주로 초점을 맞추고 있다 (Room, 1995a, 1995b, 1999).

즉 인권이나 공공서비스 등 사회문제의 대상은 빈곤하고 사회적으로 불리한 상태에 있는 개인과 집단이라는 맥락에서가 아니라 이들이 주류 사회의 제도에 대한 접근성으로부터 단절되어 가는 과정, 즉 제도의 기능부전에 문제가 있다는 것에 사정의 초점을 두어야 하는 것이다.

이렇게 본다면 노숙 상태는 그 '결과'만이 아니라, 그를 초래하는 다양한 프로세스와 메커니즘으로부터 '과정'적으로 이해해야 한다. 다음의 〈표 6-5〉에서 이를 감안한 노숙 상태에 대한 정의의 초점 변화를 생각할 수 있다.

<표 6-5> 노숙(homeless) 상태의 조작적 정의

개념적인 카테고리	조작적인 카테고리
노숙 상태 (rooflessness)	공공의 장소에서 거주 야간긴급 쉼터에 체재
집이 없는 상태 (houselessness)	지원서비스 시설 혹은 피난소 —홈리스를 위한 숙소 —여성을 위한 쉼터 일시적인 숙소에서 거주 —임시적 숙소 —통과거주시설 —이민자를 위한 임시거주시설 시설거주 —감옥, 개호센터, 병원 사회적지원형숙소
불안정/부적절한 주거	빈 건물에서의 스쿼팅 저렴한 호텔에서 거주
불안정한 주거 (insecure housing)	강제퇴거에 임박해 있는 거주 (자의적인 선택에 의하지 않은)가족 혹은 벗과의 일시적 동거 (파트너와 가족으로부터의)폭력의 위협하에서의 거주 규범적인 법적 임차권을 갖지 않은 주거에서의 거주
부적절한 주거 (inadquate housing)	임시적인 구조 혹은 조야한 오두막에서 거주 이동주거(캐러번)에서의 거주 (국가의)법적기준 이하의 거주에 부적합한 주거 (국가가 정한 기준에 따른)심각한 과밀상태에서의 거주

** 출처: Edgar et al.(2003)

이상과 같이 생각하면 홈리스 문제에 대한 분석과 대응이 주거로부터 박탈된 상태로부터의 극복에 그치는 것이 아니다. 사회로의 통합 및 (재)참가와 그를 위한 사회적인 자원들과 권력에 대한 접근이 가능하게 되도록 포섭적인 사회(inclusive society)를 구축해 가는 것이 필요하며, 기능부전에 빠진 기존의 제도를 변경하거나 새로운 제도를 창조하는 것이 필요하다(전홍규, 2004).

노숙의 문제에 대한 이러한 이해는 사회적 배제의 논의를 주도한 EU에 있어서도 주목되고 있다. 노숙은 사회적 배제 중에서 가장 극단적인 형태로 볼 수 있다는 것이다. 이에 따라 EU에서의 2002년 국가행동계획(NAPs)에서도 항목 3.2.2(4가지 주요목표 중 2번째의 배제의 위험 예방에서 2번째 항목에 해당함)를 부채와 노숙에 대한 예방으로 삼고 있다(EC, 2002).

2002년 NAPs에서는 노숙이 사회적 배제 중에서 가장 극단적인 형태이지만 이에 대해서는 사실상 명확히 알려진 바가 없음을 고백하고 있으며, 그러다보니 이 문제에 대한 각종 지표에서도 각 회원국들의 행정적 관심은 성과(outcome)보다는 산출(output)에 초점이 두어지고 있음을 고백하고 있다. 즉 노숙인 문제의 해결보다는 노숙인 관련 사회적 서비스에 의해 다루어지고 있는 사람의 수와 같은 것들이다. 기본적으로 회원국들이 정확한 노숙인의 수와 그 문제의 심각성의 양적인 측면에 대해서도 정확히 합의되고 있지 않음이 나타난다. 덴마크가 4500명, 오스트리아가 20000명, 핀란드가 10000명, 네덜란드가 20000-30000명, 이탈리아 17000명 등이다. 이때 중장기 계획 등으로 회원국들이 내어 놓은 노숙인 문제에 대한 프로그램들은 단지 급식이나 주거에 그치는 것이 아니라 각종 관련 사회복지서비스들을 통합적으로 제공하는 프로그램에 초점이 맞춰지고 있다. 이는 국가행동계획의 4가지 주요목표 중 첫 번째 목표인 고용과 관련 자원의 접근성을 촉진하기 위해 사회보장체계, 주거, 보건, 교육, 법률, 레저, 교통 등의 서비스를 종합적으로 기획하는 흐름과 궤를 같이하는 것이다.

2004년 국가행동계획에 관한 EC의 사회적 통합을 위한 합동보고서(Joint Report on Social Exclusion 2004)에서도 항목 6.3에서 노숙인 문제에 관한 내용을 다루고 있다. 이것도 역시 국가행동계획 목표에 접근하기 위한 주요접근의 두 번째의 한 영역으로 여기서도 극단적인 배제인 노숙은 보건, 고용, 아동의 교육, 가족생활에 심각한 결과를 초래하고 있음을 지적하고 있다. 여기서는 노숙인을 적절한 주거를 갖추지 못한 광의의 주거불안정 인구를 포함해야 하는 것으로 보고 있다. 노숙은 주거만이 아니라 보건과 정신건강, 고용, 교육과 훈련, 법률, 사회적 보호 등 다양한 영역에 걸치는 통합적이고 전체적인 접근이 요구되는 다차원적인 문제로 규정하고 있다.

그리고 이와 관련하여 모든 EU의 회원국들이 임시주거나 생활유지 서비스를 제공하고 있지만 분절적이라고 지적하고 있다. 그리고 보고서에서는 노숙문제를 완전히 해결하기 위한 통합적 전략을 도입하고 있는 국가는 4개국(오스트리아, 핀란드, 아일랜드, 영국)뿐이고 3개국(벨기에, 프랑스, 포르투갈)이 이를 준비 중인 것으로 보고 있다.

이러한 노숙상황에 대한 예방과 대처 프로그램은 사회적 응급체계의 개선, 추가적인 임시거처의 제공, 다학문적 아웃리치 팀의 구성, 공공기관 조건 및 정신보건시설 임시쉼터 사회주택 영역 간의 네트워킹, NGO와 공공기관의 주거프로그램의 협력 등과 아울러 사회적 통합 및 재통합을 위한 전문직과 자원봉사자들의 지속적인 노력을 조직화하는 것을 망라해야 함을 지적하고 있다.

2) 노숙인의 사회적 배제요소

노숙의 문제에 대한 사회적 배제 관점에서의 분석은 또한 특정 하나의 제도나 프로그램 및 실천 노력이 하나의 독립된 대상이나 문제에 대응한다는 분리적 접근이 가지는 한계를 명확히 하는 것이다. 사회복지적 개입의 노력을 '사회적 배제의 총체적 현상에 대응하기 위한 총체적 접근'으로의 유기적 연계를 조직하도록 하기 위한 원리가 될 수 있다.

사회적 배제의 개념과 노숙인 문제에 대한 논의가 직접적으로 연계되어 있는 경우는 비교적 최근의 것이다. 그러나 기본적으로 사회적 배제의 개념을 사용하지는 않더라도 노숙인이 사회주류로부터 다양한 측면에서 주변화되고 격리되는 과정에 대한 논의는 계속 있어 왔다. 특히 이러한 논의는 노숙과 빈곤의 관계 측면보다는 노숙인의 심리적 사회적 측면에 대한 측면에서 더 많이 이루어져 왔다.

특히 사회적 배제는 그 개념의 역동적 과정성이나 다차원성에 비추어 볼 때, 그 실천적 활용성의 측면에서 거시적 측면만이 아니라 중시적 측면에서의 분야별 프로그램의 구성과 연계 및 미시적인 점에서도 큰 함의를 주고 있다.[41]

우리 사회에서 현재의 빈곤과 노숙인 문제의 양상, 그리고 노숙인에 대한 사회적 배제의 논의 양상에 비추어 볼 때 배제의 몇 가지 핵심적 요소에 대한 제기가 가능하다. 이는 물론 기존의 사회적 배제에 대한 논의들에서 얻어지는 것이지만 그중에서도 요소를 추출할 수 있는 근거는 노숙 및 빈곤의 경험과 관련하여 첫째, 해당 영역의 문제성이 과거에 비해 심각한 수준으로 악화되었을 것, 둘째, 소위 '빈곤' 내지는 '결핍'의 문제와 밀접한 연관성을 가질 것, 셋째, 특히 이 연관성은 빈곤에 따른 결과의 양상 이상의 의미로서 빈곤에 다시 영향을 미치고 있는 역동적 구조를 가질 것, 넷째, 해당 영역의 개선 없이는 빈곤과 결핍의 문제를 해결할 수 없는 구조적 주변화의 압력이 작용할 것 등을 통해 찾아볼 수 있다.

이 구체적 양상의 구조는 '저소득과 경제적 결핍'이라는 요소 외에 노동시장의 배제, 교육의 배제, 주거의 배제, 건강문제, 가족해체, 사회주류와의 관계망 단절(소수자의 문제)과 문화적·심리적 단절, 사회적 서비스의 배제 등 요소가 중층적으로 결합되어 있으며 이는 상황에 따라 달라지지만 상호 간에 복잡한 관계를 형성하고 있다고 할 수 있다.

이상과 같은 기존의 논의들을 통해서 살펴볼 때 노숙인의 사회적 배제 양상은 다음과 같은 몇 가지 요소의 역동적 과정을 통해 적절히 조망될 수 있을 것으로 사료된다.

① 경제적 결핍

노숙인은 기본적으로 심각한 경제적 결핍을 경험하고 있다. 이는 노숙상황에 이르는 진입과정에서의 박탈과 주변화를 이끌기도 하지만 이후 노숙생활의 조건이 지속적으로 경제적 결핍을 가속화한다. 이 경제적 결핍은 고정된 상태가 아니라 악순환 그리고 탈출하지 못하는 과정적 속성을 가지고 있다. 이는 생활 다차원적인 결핍과 주변화의 경향과 서로 상관성을 가지면서 계속 사회주류로부터 멀어지는 원심력으로 작용한다.

---

41) 중시적 혹은 미시적 부분의 사회복지실천 측면에서는 '반배제적 사회복지실천'이라는 중범위적 모형으로 조망될 수 있다. 이는 본서 14장에서 보다 자세히 다룬다.

200

② 노동시장에서의 배제

노숙인은 최초 노숙 단계로의 진입에서부터 불안정한 고용상태를 보인다. 그러나 일단 노숙생활을 지속하다보면 노숙이라는 조건이 '좋은 일자리'로의 진입을 봉쇄하는 역할을 하게 된다. 우리 사회에서 신분과 주거지의 말소는 정규적 직업을 가지는 데 큰 장애요인이 된다. 따라서 재기란 본인의 의욕이나 노력과 관계없이 매우 어려운 일이 된다. 이 때문에 만성적인 실업이나 일시고용 상태의 반복을 경험하게 되고 불법적인 일이나 위험한 일에 종사하게 된다. 노숙인 노동에 대한 가치절하는 우리 사회의 노동현장이나 관련 프로그램에서도 확인되고 있는 바이다. 다른 한편으로는 노동착취나 기본적 인권침해의 희생자가 되는 일도 매우 잦다.

③ 보건의료에서의 배제

노숙인은 신체적, 정신적 건강에서의 취약성을 지니고 있다. 이는 최초 노숙 진입에서 노동력을 취약하게 만드는 요소가 된다. 한편으로는 노숙생활이 심신의 건강을 해치며, 불안정한 주거요건이 보건의료서비스로부터의 배제를 유발하기도 한다. 저소득층에 대해 법적으로 보장되는 의료보호 체계가 노숙인에게는 일정 주거지가 없음으로 인해 많은 경우 적용되지 못하고 있다. 관련 보건의료기관에서도 노숙인이라는 자체는 차별이나 낙인의 대상이 되기 일쑤이다. 이 건강권 약화는 다시 노동시장에서의 배제, 경제적 취약성 등 다른 배제 요인의 원인이 되어 복잡한 악순환을 유발하게 한다.

④ 교육적 배제

전통적으로 빈곤층과 노숙인은 교육 연한이 짧고, 인적 자본이 취약하다. 이는 수입이 많은 직업이나 안정적인 사회생활을 저해하는 요인이 된다. 하지만 동시에 노숙생활로 인해 교육측면에서의 배제가 눈에 띄게 강화된다. 노숙생활은 당사자의 기술이나 지식 습득, 심지어는 자녀세대에 대한 적절한 교육 기회를 박탈한다. 교육 영역에서의 배제는 종단적 혹은 세대 간 악순환과 관련되어 가장 중요한 취약성으로 이야기되곤 한다.

⑤ 주거의 배제

노숙은 그 의미 자체가 기본적으로 적절한 주거상황에서의 배제를 의미한다. 노숙 진입과정에서부터 정규적인 주거로부터 단계적인 배제 양상을 밟아 왔으며 이의 장기적인 악순환 과정을 경험하고 있다. 노숙인은 우리 사회 여러 주거취약계층의 가장 극단적인 양상이다. 그리고 이들이 다시 정규적인 주거를 얻는 것은 극히 어렵다. 주거가 취약한 상태에서 취업으로 얻는 소득은 정규적 주거를 확보하기에는 턱없이 모자라기 때문이다. 소득지원만으로 노숙의 문제를 해결하려 드는 것이 아니라 주거지원 등이 동시에 병행되어야만 한다.

⑥ 가족해체

노숙인은 가족을 구성하여 함께 생활하고 있는 경우가 소수이다. 가족의 해체는 노숙생활의 원인이 되기도 하고 반대로 결과의 측면으로 현상되기도 하는 배제의 요소이다. 가족의 해체는 결국 심리적 안녕과 재생산에 커다란 위협이 된다. 노숙생활과 관련하여 원하지 않는 상태에서 나타나는 가족해체 현상은 그 인과적 선후관계를 막론하고 노숙인의 사회복지적 욕구로 동시에 고려되어야 한다.

⑦ 사회적 관계망의 배제

노숙에 이르는 과정은 노숙인의 사회적 관계망과 지지자원을 상실시켜가는 과정이다. 특히 우리 사회처럼 비공식자원과 관계망에 의한 상호부조의 비중이 큰 사회에서 이 배제과정은 커다란 타격을 주며 일단 노숙생활에 접어든 이후에는 선행연구들에서 보는 바와 같이 비전통적인 관계망으로 대치되거나 급속한 고립을 보이곤 한다. 이는 일반인들의 사회적 관계망과는 전혀 다른 방식으로 작동하게 된다. 그리고 이는 노숙인에 대한 접근이나 프로그램에서 감안되어야 할 요소이다. 흔히 노숙인의 관계망에 대해 의미를 축소하거나 전혀 의미를 두지 않는 사회복지적 개입이나 프로그램이 많다. 대개 이러한 프로그램은 노숙인 자체의 집단 역동성에 의해 잘 진행되기 어렵다.

⑧ 공공서비스에서의 배제

극빈층에 해당하는 노숙인은 사회복지서비스의 수요가 많아진다. 그러나 이들은 노숙으로의 진입이나 반복과정에서 사회복지를 비롯한 공공서비스에 대한 접근성이 현저히 제약받는다. 정보나 수급요건 등 행정적인 측면에서 소외되고 혹은 의도적으로 배제되기도 한다.

⑨ 문화적 단절과 배제

노숙인은 사회주류로부터의 격리와 이 과정에 대한 내면적 인식에 의해 문화적으로 고립 내지는 비전통적인 문화가치를 내면화한다. 이 과정이 심해지면 자기 자신에 대한 자존감이나 통제력이 약화된다. 이는 무력감 혹은 비합리적인 공격성으로 표출될 수도 있다.

노숙인의 문제에 대해 단일한 원인이나 요소에 대해 단선론적으로 접근하다보면 그 생활 전반에서 나타나고 있는 주변화의 압력을 충분히 파악하지 못하게 된다. 그리고 노숙생활을 벗어나지 못하는 노숙인 개인의 문제로 간단하게 생각하기 쉽다. 하지만 생활의 각 영역에서 복잡하게 작동하고 있는 사회적 배제의 기제들을 통해 노숙생활로 빠져들게 하는, 그리고 여기서 벗어날 수 없게 만드는 악순환의 과정을 볼 수 있다. 그리고 여기에는 우리 사회 주류의 '사회적 왕따'가 작용하고 있는 것이다.

제7장 노숙의 역동성: 반복과 탈노숙

지금의 노숙 자체도 그렇지만 더 문제가 될 것으로 관심을 가져야 하는 것은 얼마나 오
랫동안 노숙을 해왔는가? 몇 번째 노숙인가, 하는 점이다. 노숙회기가 길거나 반복적인
노숙회기를 가진 노숙인은 훨씬 더 취약하다.

Wong & Piliavin, 1997

노숙(homelessness)에 대해 상태(state)인가, 특성(trait)인가에 대한 논의가 나타난
바 있다. 노숙은 고정불변의 상태가 아니고 노숙으로의 진입, 탈노숙, 재진입, 반복 등
이 복잡하게 얽혀 있는 역동적인 사건이기 때문이다.

따라서 노숙 혹은 노숙인에 대한 연구에서는 노숙으로부터의 탈피나 재진입 혹은
노숙의 반복과 같은 그 역동성에 대한 부분이 상당히 많이 다루어지고 있다. 본 장에
서는 노숙의 역동성이 가지는 의미와 그 실태, 서구의 이론들, 국내에서의 연구결과,
특히 필자의 자료로부터 분석된 연구 결과에 대해 소개한다.

1. 노숙의 역동성

노숙인에 대한 서비스의 '성공률'을 이야기하는 경우가 있다. 얼마 전 노숙인 복지
와 관련된 한 전문가가 이를 10%라는 수치로 표현한 적도 있다. 이때 성공의 의미는
서비스를 통해 대상인 노숙인이 노숙생활을 벗어나 지역사회로 복귀한 것을 지칭하는
것이 일반적이다. 즉 탈노숙의 비율을 성공률로 이야기하곤 한다. 그러나 "도대체 노
숙인이 노숙생활을 벗어나 지역사회로 복귀하였다는 것은 어떠한 것인가?"의 질문을
곰곰이 되새겨 본다면 이를 명확히 구분하는 것이 쉽지 않음을 알게 된다. '탈노숙'을

조작화하기 어렵다.

노숙과 탈노숙은 두 가지 고정적 범주 구분이 아니다. 노숙으로의 진입과 마찬가지로 탈노숙 역시 과정적인 현상이다. 따라서 노숙인에 대한 사회복지서비스에서는 노숙의 역동성에 대한 관심을 가져야 할 실천적 이유가 있다.

노숙과 비노숙 자체가 명확히 구별하기 어려운 것이다. 게다가 이를 조작화하였다고 하더라도 시간적으로 노숙과 노숙이 아닌 생활은 반복적으로 나타나는 경우가 많다. 따라서 노숙과 탈노숙을 단순하게 양분하는 의미는 실천적 오류와 관련되기 쉽다.

그래서 노숙의 역동성과 관련된 연구에서는 노숙회기(spell)라는 측면에 보통 관심을 갖는다. 그리고 그 회기의 길이나 반복 혹은 단절의 유형에 대해 분석하는 것이 보통이다. 마치 특정한 암 치료법의 효과에 대해 이야기할 때, '완치효과'와 '치료되지 않음'으로 이분할 수 없어 '5년 생존율'처럼 종단적 측면의 분석을 시도하는 것과 같다. 때문에 생존분석 혹은 사건사 분석과 같은 기법들이 많이 동원되기도 한다.

어쨌건 노숙에 대한 편견을 벗어나 과학적으로 인식하는 가장 중요한 단계의 하나는 이를 역동성을 가지는 과정과 국면으로 이해하고 이 역동성 혹은 이에 영향을 미치는 요소에 초점을 두는 것이다.

2. 노숙의 역동성에 관한 이론

노숙은 노숙인 개인에게는 고정불변의 사건이 아니라 상대적으로 변화하는 역동적인 생활의 한 측면이다. 따라서 노숙은 시간에 따라 서로 다른 과정과 양상으로 나타난다. 이에 따라 Sosin 등(1990)은 노숙인 문제에 관한 연구에서는 그 역동성을 반영하기 위해 종단적인 연구가 필요하다는 점을 지적하고 있다. 그리고 Piliavin 등(1996)도 노숙은 불변의 속성을 가지는 것이 아니라 생활상에서의 이전과정에서 나타나는 사건으로 보아야 한다며 '역동적 시각'의 중요성을 강조하였고, 이 역동성을 충분히 이해하기 위해서는 노숙으로 처음 진입하는 것뿐만이 아니라 노숙에서 벗어나는 과정, 그리고 혹은 다시 재진입하는 과정까지를 설명할 수 있어야 한다고 지적했다.

그리고 실천적인 의미에서 볼 때, 노숙인 문제에 대한 궁극적인 관심이 노숙인들이 노숙생활을 벗어나 정상적인 사회생활로 복귀하는 것과 관련되므로 노숙생활에서의 이탈이나 변화과정에 대한 이해는 중요하게 부각되고 있다. 그러나 이러한 관심을 표현하고 있으면서도 노숙에서의 이탈과정에 관한 연구(Piliavin et al., 1996; Wong et al., 1997; Piliavin et al., 1993; Wong & Piliavin, 1997; Sosin et al., 1990 등)는 그다지 많지 않다. 이는 상대적으로 노숙으로부터의 이탈 자체가 쉽지 않을 뿐더러 이에 따른 표본의 취약성이나 종단적인 추적조사의 난점 등과 같은 연구의 어려움과 관련된다.

노숙이 많은 심리사회적 외상을 가져오는 생활상의 위기이기 때문에 노숙에서의 이탈은 서비스와 실천에서 주요한 목표가 된다. 그러나 실제로 길거리 노숙인들이 곧장 노숙과정에서 이탈하게 되기는 쉽지 않다. 따라서 많은 경우 노숙인들에게 주어지는 서비스는 일차적으로 보호시설을 통한 임시주거에서 기본적인 생활수단을 제공하는 것이다. 길거리 노숙인들은 보호시설 생활을 하게 되고 이곳을 통해 각종 서비스를 받으며 정상적인 주거생활로 복귀하여 노숙과정에서 이탈하거나 아니면 반대로 다시 길거리 노숙과 같은 만성적 노숙생활로 가는 형태의 과정이 나타나게 된다. 대부분의 노숙과정의 역동성에 대해 조사한 연구들이 길거리 노숙인을 대상으로 자료수집이 어려운 상황에서 보호시설에 입소해 있는 노숙인들을 대상으로 연구를 하게 된다.

종단적 조사의 필요성을 역설한 Sosin 등은 6개월에 걸친 패널조사(1990)를 통해 노숙에서 이탈한 노숙인들이 다시 노숙으로 전환되는가의 과정에 대해 조사하였다. 일단 노숙에서 이탈한 노숙인들이 다시 노숙생활을 하는가와 관련된 요인으로 계절적인 요인이 제시되었다. 그리고 일반적인 생각과는 달리 노숙생활 경험 기간이 이탈 후 다시 노숙으로 되돌아오는 것과 직접적인 상관관계는 없다고 설명하고 있다.

완전한 형태의 종단적 연구는 아니지만 분석기법을 통해 종단적인 역동성의 모습을 파악하려는 연구들도 있다. 먼저 노숙생활 기간을 분석대상으로 삼아 이에 영향을 미치는 요인들을 분석한 연구를 들 수 있다.

Piliavin 등(1993)은 이와 관련하여 노숙 기간이 긴 노숙인과 상대적으로 노숙 기간이 짧은 노숙인은 특성 차이가 있을 것이라고 판단하여 제도적 연계단절(institutional disaffiliation), 심리적 역기능(psychological dysfunction), 인적 자본(human capital), 문화적 동일시(cultural identification)의 4가지 요인이 노숙 기간의 길이에 미치는 영향을 분석하였다. 이들은 미네아폴리스의 노숙인 331명을 대상으로 조사를 실시하였다. 여기서 제도적 연계단절 요인은 아동기의 가족해체와 위탁보호 경험, 범죄로 인한 격리의 경험, 가족형성 경험, 가족과의 접촉 정도 등이다. 심리적 역기능은 정신질환으로 인해 입원이나 시설 수용의 경험이 있는 가로 측정되었다. 인적 자본 요인은 근로시간과 직업력, 교육 기간 등으로 측정되었다. 그리고 문화적 동일시는 노숙생활에 대한 적응도와 자신과 노숙인을 얼마나 동일시하고 있는 가로 측정되었다. 이들의 연구결과 아동기 가족해체 경험, 직업에서의 불안정성, 노숙생활에의 적응도가 노숙 기간의 장기화에 기여하는 요인인 것으로 나타났다. 그러나 심리적 역기능성에 해당하는 과거 정신건강시설에 수용되었던 전력은 노숙 기간의 장기화에 오히려 부적으로 영향을 미치는 것으로 나타나 연구가설과 반대되는 양상을 보여주었고, 알코올중독의 증상은 노숙 기간과 관련이 없는 것으로 나타났다. 이들은 노숙의 원인과 노숙 기간에 기여하는 요인은 서로 다르다고 보고 노숙의 장기화에 기여하는 요인을 탐색하는 것은 현재의 노숙인들이 어떤 역동성을 보이게 될지를 예측하는 데 유용하여 정책적인 함의가 크다고 했다. 우리나라에서는 이와 유사한 형태의 연구로 김혜성(1999)이 인구학적 요인, 제도적 비연계성, 개인적 자원, 사회적 자원 요인이 길거리 노숙 기간에 미치는 영향을 분석한 바 있다.

다른 형태의 연구로는 노숙 기간 자체보다는 노숙으로부터의 이탈 사건에 영향을 주는 요인들을 분석하기 위해 사건사 분석방법을 활용한 연구들이 있다.

Piliavin 등은 노숙에서의 이탈과 재진입과정에 대한 연구(1996)에서 이전의 노숙 기간에 기여하는 요인을 탐색하는 데 사용했던 변수들을 일부 수정하여 제도적 비연계성, 인적 자본의 결핍, 개인적 장애, 만성화의 4가지로 재개념화하고 있다. 이들은 사건사 분석방법의 Cox regression을 활용한 실증연구를 수행하였다. 여기서는 종속변수가 되는 노숙에서의 이탈을 독립적인 이탈(independent exit)과 비독립적인 이탈(dependent exit)로 분류하였다. 독립적인 이탈은 자신의 정규적 주거를 확보하는 경우이고 비독립적 이탈은 타인의 거처에 의존하게 되는 것으로 정의하였다. 이에 따라 비독립적인 이탈의 경우에 노숙으로 재진입하게 될 가능성이 높은 것으로 보고 있다. 이들의 조사결과 고용, 직업훈련, 다른 노숙인들과의 동일시 정도, 과거의 노숙 기간 등의 요인이 노숙으로부터의 이탈에 영향을 미치는 것이 발견되었다. 반면 다시 노숙으로 재진입하는 양상에는 직업력의 불안정성, 성 등의 요인이 작용하고 있는 것을 발견하였다. 이들은 특히 제도적 비연계성 요인과 관련하여 제도적 사회적 연계를 얼마나 유지하고 접근할 수 있는가가 노숙생활에서의 독립적인 이탈에 중요한 역할을 한다고 보았다.

또한 Wong 등(1997)은 뉴욕시 노숙인 가족의 공공쉼터 사용에 관한 8년간의 행정적 자료를 분석하여 노숙인들이 거리와 쉼터, 이용가능한 주택 등을 옮겨가는 상대적으로 이전하는 모습을 보인다고 지적하여 불안정한 주거의 이전양상으로서 노숙현상을 고찰하였다. 이들은 실증적 조사를 통해 노숙인 보호시설에 수용된 가족이 노숙에서 이탈하는 것과 관련된 요인을 찾고자 시도하였다. 이 연구에서는 가족크기, 민족적 요소, 인종 등의 인구학적 배경요인과 사회적 지지의 사용, 사회복지급부의 활용 등의 변수가 노숙으로부터의 이탈에 미치는 영향이 검사되었다. 이들도 Cox regression 방법을 활용하였으며 특히 시간에 따라 변화하는 변수(시간 의존적 독립변수)들의 값을 투입하여 분석을 정교화하였다. 이들은 노숙을 벗어나 획득하는 주거의 유형을 4가지로 분류하였고 이 유형이 후속적인 주거생활의 안정성과 관계를 가진다는 점을 발견하였다. 이와 아울러 노숙의 이탈 가능성은 노숙 기간과 부(−)적으로 관련됨을 제시하였다.

그러나 이 조사들은 노숙인들이 노숙에서 다른 생활로 이전하는 것과 관련된 심리사회적 측면에서의 요인을 체계적으로 파악하지는 못하고 있는 단점이 있다. 이는 직접 노숙인을 대상으로 자료를 수집했다기보다는 주로 노숙인 보호시설이나 행정기관의 2차적인 자료에 의존하고 있기 때문에 나타난 결과로 볼 수 있다. 이 연구들에서는 주로 인구학적 요인이나 인적자본의 결핍과 관련된 요인 등과 노숙에서의 이탈 간의 관계를 보고 있다.

Piliavin 등의 연구에서도 가설적 차원에서는 사회적 연계단절이나 문화적 적응, 혹은 심리적 역기능이 노숙에서의 이탈과 관련이 있을 것이라는 점을 제시하고 있어 심리사회적 특성 부분이 노숙으로부터의 이탈에 중요한 역할을 할 것이라고 보고 있다. 그러나 실제 조사에서는 연계단절이나 심리적 역기능을 척도 등을 활용하여 직접 측정하기보다는 과거의 전력과 같은 자료를 통해 분석을 하였다. 심리적 역기능 변수의 경우 과거 정신병원의 입원력이나 치료를 받았던 전력 등으로 측정되었고 사회적 연계단절 관련 요인도 아동기에 위탁보호를 받은 경험이 있는 가 등의 기록을 통해 파악하는 간접적인 방법이 활용되고 있다. 이에 따라 결과가 가설이 기각되는 경우가 많고 주로 개인/가족의 인구학적 특성, 직업활동이나 교육수준 등 인적자본 관련 특성과 보호시설 퇴소와의 관련성이 주로 드러나고 있다.

노숙생활로부터의 이탈이나 역동적 변화과정에 관심을 두고 있는 이들 선행연구들로부터 다음과 같은 중요한 함의를 얻을 수 있다.

첫째로, Piliavin 등이 제시하고 있는 바와 같이 엄밀한 의미에서 노숙생활에서의 이탈은 정상적인 사회경제생활로의 복귀를 의미하기 때문에 노숙생활에서 나타난 심리사회적 특성과 관련되는 제반 요인들은 노숙으로부터의 이탈 가능성에 부정적인 영향을 미치게 될 것으로 예측할 수 있다. 이에 따라 이들은 인적 자본의 취약성 관련 요인 이외에 연계단절, 심리적 역기능(혹은 개인적 장애), 만성화(혹은 문화적 동일시) 등의 요인이 보호시설에서의 이탈 혹은 노숙생활에서의 이탈과 관련을 가질 것으로 보고 있다.

둘째로, 이 연구들에서 노숙으로부터의 이탈과 같은 노숙생활의 역동성에 대해서 노숙인 보호시설에서의 퇴소를 통해 살펴보고 있다. 이는 현실적인 연구의 여건상 길거리 노숙의 과정을 추적해 연구한다는 것이 어렵기 때문이기도 하지만, 많은 노숙인들이 보호시설의 이용을 통해 노숙에서의 이탈이나 재진입 과정이 나타나기 때문이다. 그러나 이처럼 노숙인 보호시설에서의 퇴소로 노숙에서의 이탈을 조작화하여 살펴보면서도 보호시설에서의 이탈 유무뿐만 아니라 이탈의 내용도 여러 가지로 분류되면서 함께 고려되어지고 있다. 이는 보호시설에서의 퇴소가 정규적인 주거를 확보한 데서 비롯됐다면 노숙으로부터의 이탈에 대해 긍정적인 방향으로의 이전이라고 볼 수 있지만, 많은 경우에서 나타나는 바와 같이 보호시설에서의 생활에도 적응하지 못하고 다른 보호시설로 가거나 혹은 다시 길거리 노숙으로 나가는 것이라면 부정적인 방향으로의 이전으로 보아야 하기 때문이다.

3. 보호시설 퇴소에 대한 조사 결과

국내에서는 노숙의 역동성에 대한 체계적인 분석결과가 많지 않다. 기본적으로 노숙에 대한 실증적 연구 자체가 절대적으로 빈약한 상황이다. 더구나 한편으로 노숙에 대한 연구의 역사가 짧아 적어도 시간적으로 준종단적 성격을 가지는 연구가 이루어지기 어려운 여건과 관련된다. 필자가 2000년 노숙인 보호시설 퇴소 양상에 관한 자료를 수집하여 분석한 바 있다. 이를 통해 보호시설 퇴소와 관련된 요인들을 살펴볼 수 있다.

1) 자료의 내용과 분석방법[42]

본 자료는 노숙인 355사례에 대한 분석이다. 일차적으로 심리사회적 특성에 대해

---

42) 이에 대한 구체적 내용은 필자의 박사학위 논문인 "노숙기간에 따른 심리사회적 외상과 보호시설 퇴소"를 참조할 것

쉼터 입소생활자에 대해 1999년에 자료수집이 이루어졌고 이후 조사대상자에 대해 2000년까지 쉼터 퇴소와 그 내용 등 역동성에 대한 추적조사가 이루어졌다.

특히 관심을 가지는 종속변수의 내용은 노숙인 보호시설에서의 퇴소이다. 그러나 노숙인들의 노숙생활 이탈에 관한 관심에서 출발하여 이를 보호시설 입소 노숙인의 보호시설 이탈로 조작화하여 살펴보는 것이므로 단지 보호시설 퇴소의 유무만을 확인하는 것만으로는 충분하지 않다. 노숙인 보호시설에서의 퇴소는 양면성을 가지고 있어 퇴소가 곧 노숙생활에서 이탈과 관련되는 방향의 긍정성과 등치될 수 없기 때문이다. 이러한 점 때문에 노숙인의 보호시설 퇴소를 노숙생활 이탈에 근접해가는 긍정적인 의미의 퇴소와 길거리의 노숙생활로 되돌아가는 등의 만성적 노숙과 같은 부정적 의미의 퇴소로 나누어서도 살펴보았다. 또한 분석에서 퇴소와 관련된 분석은 사건사 분석의 방법을 취하므로 판별분석이나 로짓, 프로빗 모형과는 달리 퇴소유형만이 필요한 것이 아니라 퇴소시점을 통한 보호시설 생활 기간이 통계적 분석과정에 포함되므로 입퇴소 일자를 통한 일(日)단위의 보호시설 생활 기간이 종속변수의 내용에 포함된다.

보호시설 퇴소와 노숙이탈에 영향을 미치는 영향요인, 즉 독립변수로는 먼저 노숙 기간 변수로서 길거리 노숙 기간과 보호시설 이용 기간을 포함한 총 노숙 기간이 분석에 포함되었다. 사회적 관계 관련 변수로는 지각된 사회적 지지, 사회적 관계망의 크기, 관계망의 형태가 관련 척도치를 통해 활용되었다. 심리적 역기능과 관련된 변수로는 자기 효능감, 외적 통제소 성향, 우울, 알코올중독, 노숙생활의 만성적 적응도 등이 분석에 포함되었다. 인구사회학적 통제변수로는 성, 연령, 원가족의 해체 경험, 건강, 교육, 근로유무, 공공근로 참여유무, 직업기술 보유유무, 보호시설의 유무 등을 활용하였다.

분석방법은 사건사 분석(event history analysis)에서 Cox의 비례위험모형(proportional hazards model)을 기법을 활용하여 분석하였다. 사건사 분석기법은 다음과 같은 이유에서 채택하였다.

먼저 본 연구의 퇴소에 관한 분석에서 만약 일반적으로 널리 활용되고 있는 회귀분석을 사용할 경우 종속변수인 퇴소가 고정적인 결과로 나타난다. 즉 일반 회귀분석은

인과관계의 과정이 종결되었음을 가정하고 그 결과로서 나타난 현재 상태를 종속변수
로 이용하는 것이 일반적인 방식이다. 그런데 본 연구에서 종속변수인 노숙인 보호시
설에서의 퇴소는 하나의 사건으로서 시간의 흐름에 따라 변화하는 것이다. 즉 퇴소를
확인한 조사시점에서 퇴소하지 않은 노숙인라고 해서 퇴소를 하지 않은 것이라고 인
과관계를 고정적으로 '결정'할 수는 없다. 조금 더 후의 시점에서 퇴소할 수도 있으므
로 퇴소는 시간과 관련된 가능성 혹은 확률의 문제가 된다. 따라서 종속변수의 특성상
인과관계의 종결을 가정하는 회귀분석은 본 연구와 맞지 않는 점이 있다.

이에 반하여 사건사 분석은 독립변수가 종속변수에 미치는 영향을 시간의 흐름을
고려하여 확률적으로 분석하는 것을 요체로 하기 때문에 본 연구의 목적에 보다 더
부합한다. 사건사 분석은 자료의 단절(censoring)과 시간에 따라 변화하는 변수라는
특성에 의해 다중회귀분석과 같은 일반적인 통계절차로는 사건의 원인이나 설명에 어
려움을 가질 경우에 사용하는 분석절차이다(Allison, 1984). 이 기법에서는 특정한 사
건이 발생할 '위험률(hazard rate)'의 개념을 통해 시간에 따른 특성을 반영한다.

사건사 분석은 초기에는 자료의 단절과 시간의 흐름에 따른 한 변수의 변화를 기술
하거나 도식화하는 것으로부터 출발하였다. 생존표(Life Table)의 활용과 같은 것이
대표적이다. 그러나 이후 회귀적 기법을 도입하여 단지 종속변수의 시간적 변화에 따
른 기술뿐만 아니라 이에 대한 독립변수들의 영향력 설명에 보다 관심을 가지게 되었
고 다양한 모수적 방법이 개발되었다. 즉 종속변수가 시간적 변화와 단절의 특성을 가
지는 상태에서 독립변수들의 영향력을 설명하기 위해서는 특정한 분포를 가정하여
모수적 설명을 시도하는 방법을 활용해야 한다(Blossfeld et al., 1989). 사건사 분석에
서의 모수적 방법은 분포의 가정에 따라 normal distribution, Weibull distribution,
Compertz distribution, exponential distribution 등으로 나눌 수 있다.[43] 그러나 실제로

---

43) 여러 가지 모수적 모형의 핵심적인 구별요소는 '위험률이 시간에 의존하는 방식'이다. 따라서
모수적인 모형을 사용하기 위해서는 먼저 시간에 따른 위험률의 의존성이 없다는
exponential regression model과 다른 모형과의 선택을 하고 이후 시간 의존성이 있다면 그
분포형태가 어느 모형과 가장 근접한가를 확인하여 분포함수를 결정하고 분석모형을 선택해

종속변수의 위험률이 시간에 대해 어떻게 의존하고 있는지를 결정하는 것은 매우 어려우며 이 어려움에 비해 실용적으로 얻어지는 분석결과에서의 차별적 유용성은 별로 없는 것으로 지적되고 있기 때문에(Allison, 1984), 가장 대표적으로 사용되고 있는 방법은 모수적 모형을 일반화한 Cox의 비례위험모형이다. 이 모형은 분포의 특정 형태를 가정한다기보다는 특정 시점의 어떤 두 개체에 있어서 위험의 비율은 일정하다고 보기 때문에 비례위험모형이라고 부르는 것이다.44) 이는 특정 분포함수를 가정하지 않는 회귀적 모형이므로 흔히 준모수적 방법으로 불린다. 종속변수의 시간에 따른 위험의 의존성 자체보다 독립변수의 영향력에 관심이 있는 경우에는 가장 널리 쓰이고 있는 기법이다. 본 연구에서도 노숙인들의 퇴소가 나타나는 시간적 추이보다는 심리사회적 외상이라는 독립변수의 영향력에 보다 관심을 가지고 있으므로 이 방식을 활용한다.45) 사실상 앞 절에서 살펴보았던 선행연구들에서도 같은 이유로 사건사 분석 혹은 그중에서도 Cox의 비례위험모형을 사용하는 경우들이 많다.

t라는 시간에 종속변수에 사건이 발생할 위험률을 h(t)라고 하고 2개의 독립변수를 가정할 경우, 이 Cox의 분석모형을 수식으로 나타내면 다음과 같다.

$$\log h(t) = a(t) + b1x1 + b2x2$$

즉 시간의 변화에 따라 종속변수에서 특정한 사건이 일어날 위험률의 log odds에 각 독립변수가 미치는 영향력을 확인하는 것이다.

야 한다.

44) 사건 i와 j에 있어 시간에 따른 위험률이 $h_i(t)/h_j(t) = c$로써 일정하고 이 c는 시간이 아니라 설명변수의 영향에 의존한다고 보는 것이다. 하지만 Cox 모형에서도 시간의존적인 설명변수가 도입되는 순간에 위험률은 비율적인 특성이 중단된다. 그러나 본 연구에서는 독립변수 중에 시간의존적 변수를 포함하지 않으므로 이는 고려하지 않았다.

45) 그러나 퇴소 전체, 긍정적 퇴소, 부정적 퇴소가 나타나는 시간적 발생 추이는 입소 후 어느 정도의 기간에서 퇴소가 많이 나타나는가 하는 turning point의 유무를 보는 데 용이하므로 이를 확인하기 위해서 생존표를 그래프 방식으로 제시하도록 한다.

또한 종속변수에서 사건, 즉 퇴소의 발생 유무뿐만이 아니라 사건의 유형도 감안하고 있다. 즉 긍정적 퇴소와 부정적 퇴소가 그것이다. 따라서 서로 다른 유형의 사건 발생 위험률에 대해 고려해야 한다. 이 분석을 위해 사건사 분석 기법에서 다양한 종류의 사건(multiple kinds of events)이 있을 경우에 활용하는 competing risks 모형을 활용한다.[46] 이 competing risks 모형은 j라는 유형의 사건이 t와 t+s 사이의 시간에 일어날 확률을 Pj(t, t+s)라 할 때, t시점에서 특정사건이 발생할 위험률을 다음과 같은 수식으로 규정하고 있다.

$$h_j(t) = \lim_{S \to 0} p_j(t, t+s) / s$$

그리고 전체적인 사건의 발생 위험률 h(t)는 모든 유형의 사건이 발생할 위험률들의 합계가 된다. 즉 각 유형의 사건은 고유한 위험률을 가지며 A 유형의 사건이 발생하였다면 그 사례에서 B 유형의 사건은 더 이상 발생할 기회(위험)를 상실하는 것이므로 이를 그 시점에서 B 유형의 사건발생 위험률 추정에서는 절단된 자료(censored data)로 취급하는 것이다. 어느 사례에서 부정적 퇴소가 발생한 경우 그 사례는 긍정적 퇴소가 발생할 수 없게 되므로 긍정적 퇴소 사건의 분석에서 이 사례는 competing risks 추정방식을 활용하면 그 시점(부정적 사건의 발생 시점)에서 자료의 절단으로 파악되는 것이다.

---

46) 이는 종속변수가 3가지 이상의 유형이 있을 때, 일반 로짓분석이 아닌 다항 로짓(multinomial logit) 분석방법을 사용하는 것과 유사하다. 즉 본 연구에서는 분석의 최종대상인 종속변수가 보호시설에서의 퇴소형태이므로 긍정적 퇴소, 부정적 퇴소, 미퇴소라는 3가지 가능성이 있고 이 각각에 미치는 변수들의 영향을 확인하기 위해서 긍정적 퇴소가 발생하는 경우와 그렇지 않은 경우, 부정적 퇴소가 발생하는 경우와 그렇지 않은 경우로 구별된 두 차례의 분석을 실시하게 된다.

2) 분석결과

수집된 자료의 분석결과 먼저 퇴소가 나타난 양상을 살펴보고자 하였다. 특정 입소 기간에 퇴소가 집중적으로 발생한다든가 하는 시점의 유무를 확인할 필요가 있다. 이를 확인하기 위해서 생존표(life table)의 그래프를 활용하였다. 다음의 〈그림 7-1〉〈그림 7-2〉〈그림 7-3〉은 각각 퇴소 전체와 긍정적 퇴소, 부정적 퇴소의 발생 사건에 대한 생존 함수의 그래프이다. 이 그래프에서 종축은 누적 생존율, 즉 '1—사건발생률'의 누적치를 나타내고 있으며 횡축은 입소생활 기간을 나타내고 있다.

〈그림 7-1〉 입소 기간에 따른 생존 함수 그래프(퇴소 전체)

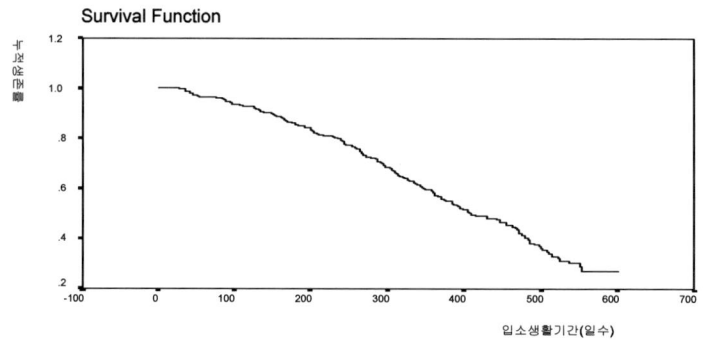

〈그림 7-2〉 입소 기간에 따른 생존 함수 그래프(긍정적 퇴소)

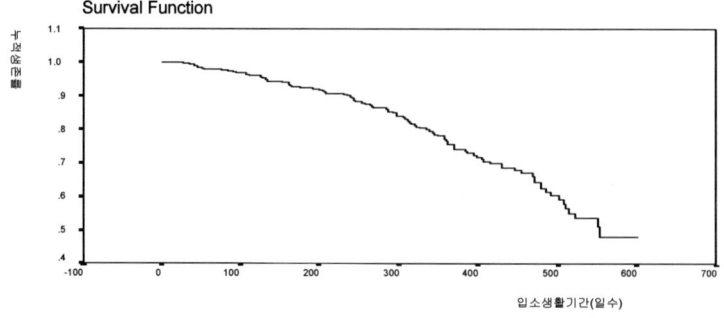

〈그림 7-3〉 입소 기간에 따른 생존 함수 그래프(부정적 퇴소)

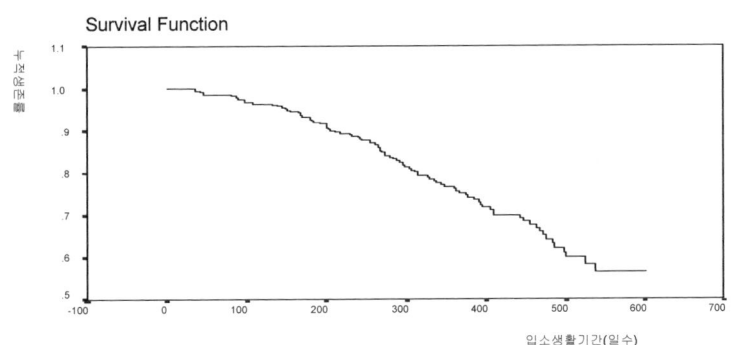

따라서 이 그래프들은 보호시설 입소자들이 입소생활 기간의 각 시점에서 퇴소하지 않고 남아 있을 생존율을 나타내는 것이므로 시점별로 퇴소가 어느 정도 발생했는지를 볼 수 있다. 〈그림 7-1〉은 퇴소 전체에 대해, 〈그림 7-2〉는 긍정적 퇴소에 대해, 〈그림 7-3〉은 부정적 퇴소에 대해 그 생존 함수를 나타낸 것이다.

이 그래프들을 통해서 볼 때, 세 그래프 모두에서 누적 생존율이 완만하게 일정한 감소양상을 나타내고 있으므로 입소생활 기간의 특정 시점에 퇴소가 집중적으로 발생한다고 할 만한 특이점은 발견하기 어렵다. 이는 퇴소 전체나 긍정적 퇴소, 부정적 퇴소에서도 마찬가지인 것으로 볼 수 있다. 다만 550일 이후 생존율이 감소하지 않고 같은 값을 유지하는 것은 완만한 하락률에 비해 예외적인 측면이나 이는 보호시설 개소 당시부터 조사 당시까지 퇴소하지 않은 사례에 의한 것이다. 즉 자료수집 당시는 대부분의 보호시설이 개소한 후 1년 6개월 이하의 기간이 경과한 시점이므로 550일 이상의 입소생활 기간에 따른 퇴소나 혹은 보호시설 잔류의 확률에 대해서는 의미 있는 해석을 내리기 어렵다.

따라서 입소생활 기간의 특정 시점과 퇴소와의 관계는 특징적인 면을 볼 수 없다. 그러나 입소생활 기간이 아닌 계절 등의 시기적 영향이 나타날 수 있다. 이를 위해서는 입소 후 얼마나 시간이 지났는가의 입소 기간이 아닌 실제의 연월일 별로 퇴소 양상이 어떻게 나타나는가를 살펴보아야 한다. 따라서 1차 자료 수집 시점인 1999년 8월부터 자료수집 종결 시점인 2000년 3월까지의 기간 동안 조사대상자 중 퇴소자의 수를 월별로 확인해보았다. 이를 그래프로 나타낸 것이 다음의 〈그림 7-4〉, 〈그림 7-5〉, 〈그림 7-6〉이다. 먼저 〈그림 7-4〉는 월별 전체 퇴소자 수를 나타내고 있다. 이를 보면 퇴소자의 수가 1999년 8월에서 10월까지는 증가하다가 1999년 11월부터 2000년 2월까지의 기간에 급격히 줄어든 점을 볼 수 있다. 3월에는 다시 퇴소자 수가 증가하고 있다. 이는 〈그림 7-5〉에서 나타난 긍정적 퇴소자의 수에서도 유사하다. 1999년 10월까지 증가하던 긍정적 퇴소자의 수가 급격히 줄어들면서 11월부터 2월의 기간 특히 1월에 매우 적은 퇴소자 수를 보였다.

〈그림 7-4〉 월별 전체 퇴소자 추이

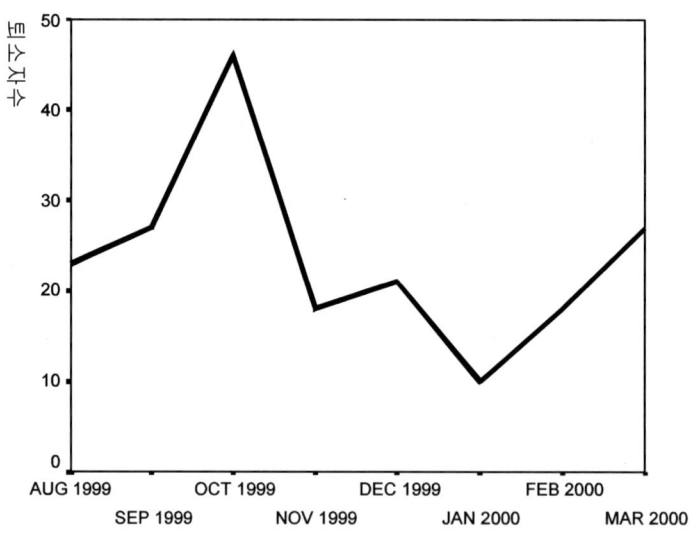

월별

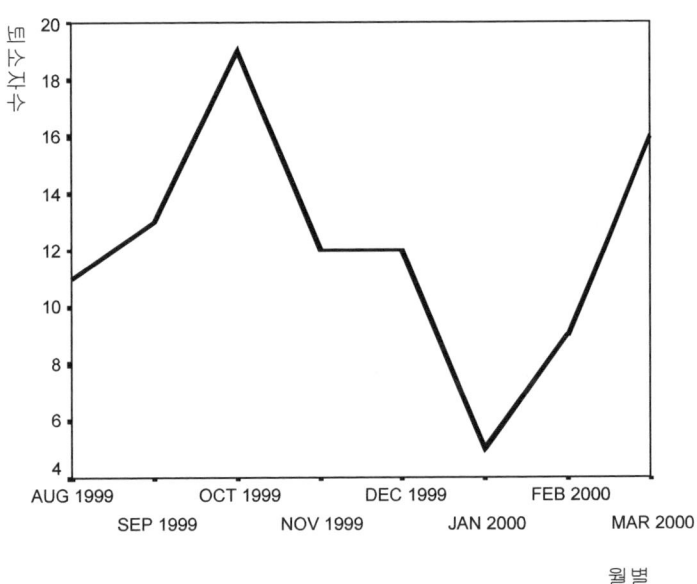

〈그림 7-5〉 월별 긍정적 퇴소자 추이

부정적 퇴소자의 경우에도 마찬가지로 〈그림 7-6〉에 나타난 것처럼 1999년 12월부터 퇴소자의 수가 줄어들었다가 2000년 2월부터 조금씩 완만하게 증가하고 있다. 이러한 양상은 노숙인들이 보호시설에서 퇴소하는 데 계절적 요인이 크게 작용하고 있음을 보여주는 것이다. 즉 12월부터 2월에 이르는 동절기의 경우 퇴소가 잘 나타나지 않는 것이다.

<그림 7-6> 월별 부정적 퇴소자 추이

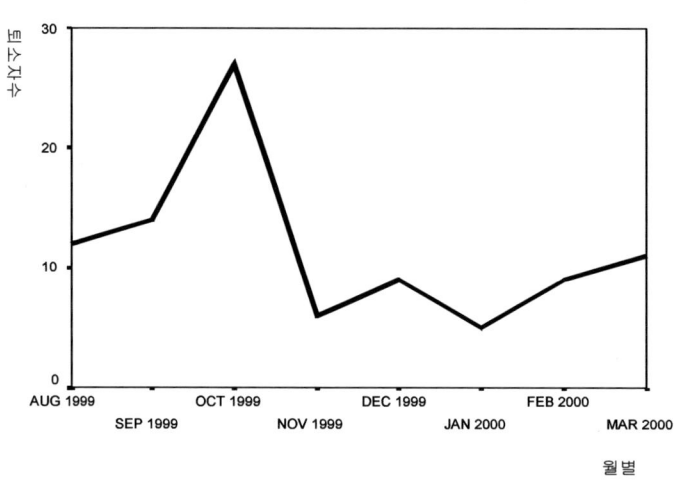

시간에 따른 퇴소만이 아니라 독립변수에 해당하는 제반 심리사회적 외상 특성변수들이 퇴소 유무, 긍정적 퇴소, 부정적 퇴소에 미치는 영향을 분석해보면 다음의 〈표 7-1〉과 같다.

퇴소 유무 자체에는 사회적 연계단절 관련 변수인 사회적 지지총점, 관계망 크기, 관계망에서 노숙인이 차지하는 비율의 영향력이 통계적으로 유의미하였다. 심리적 역기능 관련 변수 중에서는 자기효능감과 알코올중독의 영향력이 유의미하게 나타났다. 그리고 통제변수로 설정된 변수 중에서 공공근로와 일반근로의 유무가 유의미한 영향력을 가지는 것으로 나타났다. 하지만 퇴소 유무 자체에 대한 영향은 그 자체로서 의미를 해석하기에 적절치 않다. 긍정적인 자활지향의 퇴소에 미치는 독립변수의 영향과 부정적인 거리 노숙 지향의 퇴소에 미치는 독립변수의 영향은 서로 전혀 다르게 해석되어야 하기 때문이다.

퇴소 유무 자체에 대해 유의미한 영향력을 보인 변수들을 두 가지 퇴소 형태에 미치는 영향력을 고려해서 살펴본다면 사회적 연계단절 관련 변수 중에서 사회적 지지총점, 관계망의 크기의 요인은 긍정적 형태의 퇴소에 그리고 관계망에서 노숙인 비율은 부정적 형태의 퇴소에 주로 영향을 미쳤던 점을 볼 수 있다. 퇴소 유무에 유의미한 영향을 미쳤던 심리적 역기능 관련 변수 중에서 자기효능감 변수는 긍정적 퇴소에, 그리고 알코올중독 변수는 부정적 퇴소의 방향으로 유의미한 영향을 미치고 있었다. 이는 통계적 유의도와 아울러 계수의 부호를 통한 영향의 방향을 통해 파악될 수 있다.

이를 통해 통제변수였던 공공근로와 일반근로의 영향이 퇴소형태별로는 분명한 영향을 보여주고 있지 못하다는 점을 제외한다면 대부분의 퇴소 유무에 대한 유의미한 영향은 사실상 긍정적인 형태나 부정적인 형태 중 어느 한 형태의 퇴소에 대한 영향이라는 점을 볼 수 있다.

〈표 7-1〉 심리사회적 외상특성이 보호시설 퇴소에 미치는 영향

	퇴소 유무		긍정적 형태의 퇴소		부정적 형태의 퇴소	
	B	EXP(B)	B	EXP(B)	B	EXP(B)
사회적 지지	.0138*	1.0139	.0277**	1.0281	−.0118	.9883
관계망의 크기	.0185**	1.0187	.0118*	1.0118	.0006647	1.0007
관계망 노숙인 비율	3.4655**	31.9915	−1.9580	.1411	3.4425**	31.2645
자기효능감	.0235*	1.0238	.0476**	1.0488	.0150	1.0151
외적 통제소	−.0152	.9849	−.0604**	.9414	.0413*	1.0421
우울	−.0299	.9705	−.0694*	.9329	.0577	1.0594
알코올중독	.6460**	1.9079	.2286	1.2568	.6481**	1.9119
만성적 적응	−.0263	.9740	−.0264	.9740	−.0400	.9608
성	.0585	1.0603	.3152	1.3705	.4994	1.6477
	−.0031	.9969	.0111	1.0112	−.0224	.9778
연령	.4640	1.5904	1.0643	2.8988	−.1625	.8500
원가족 해체 경험	−.000112	.9999	−.0341	.9665	−.0082	.9918
교육연한	−.0801	.9230	−.4613	.6305	.0965	1.1013
건강상태	.2067	1.2296	.3650	1.4405	.2522	1.2869
기술 유무	−.9915**	.3710	−.6608	.5164	−.1695	.8441
공공근로 유무	−.8215**	.4398	−.3074	.7354	−.0633	.9387
일반근로 유무	.3467	1.4144	.2966	1.3452	.1869	1.2055
보호시설 유형						
−2 log(L0/L1)	129.018**		193.644**		211.830**	

* p〈 .05   ** p〈 .01

　이러한 경향은 퇴소유형별로 유의미한 변수들이 서로 다르게 나타난 양상을 통해서도 확인해볼 수 있다. 심리적 역기능 변수 중에서 외적 통제소 성향만이 긍정적 퇴소에는 부적 영향을 그리고 부정적 퇴소에는 정적 영향을 미치는 것으로 확인된 것 이외에는 대부분의 변수들이 어느 한쪽 방향의 퇴소에만 유의한 영향을 미치는 것으로 나타난 것이다. 일견 한쪽 방향의 퇴소에 유의한 영향을 미치는 변수는 다른 쪽 방향의 퇴소에도 반대 방향의 유의한 영향력을 가질 것으로 상정하기 쉬우나 그렇지 않은 경우가 더 많은 것으로 확인되었다. 즉 노숙인의 심리사회적인 특성들 대부분이 그 측정치가 상대적으로 긍정적인 상태이면 긍정적 퇴소의 가능성이 높고, 측정치가 부정적인 상태이면 부정적 퇴소의 가능성이 높아지는 것으로 판단할 수 없는 것이다. 예를 들어 자기효능감이 높을 경우, 긍정적 퇴소의 가능성은 높아지고 반대로 자기효능감이 낮다면 부정적 퇴소의 가능성이 높아진다는 식으로 양방향으로 볼 수 없다는 것이다. 이보다는 오히려 노숙인의 심리사회적 특성 중에서 어떤 요소는 주로 긍정적 형태의 퇴소에 영향을 미치고 어떤 요소는 주로 부정적 형태의 퇴소에 영향을 미치는 것으로 보아야 한다. 자기효능감이 높다는 것은 긍정적 퇴소 가능성을 높이는 데는 주로 영향을 미치지만 부정적 퇴소에는 큰 영향을 미치지 않고, 알코올중독 성향은 부정적 퇴소의 가능성을 높이지만 긍정적 형태의 퇴소에는 유의미한 영향력을 가지지 못한다는 식이다.

　먼저 사회적 연계단절 양상이 심하면 긍정적 퇴소의 가능성은 줄어들고, 부정적 퇴소의 가능성은 높아지는 것으로 가설적으로 생각할 수 있으나 그렇게 단순하지는 않다. 세부적인 해당 변수들의 분석을 통해서 긍정적 퇴소에 영향을 미치는 중요한 요인으로는 지각된 사회적 지지, 사회적 관계망의 크기가 확인되었고, 부정적 형태의 퇴소에는 주로 사회적 관계망 내에서 노숙인이 차지하는 비율이 어느 정도인가가 큰 영향을 미치는 것으로 확인되었다.

　마찬가지로 심리적 역기능이 심하면 긍정적 퇴소의 가능성은 줄어들고 부정적 퇴소의 가능성이 높아진다는 대체적인 경향은 나타나지만, 관련 변수들에 대한 세부적인 분석결과는 다소 복잡하다. 자기효능감, 외적 통제소, 우울 성향이 긍정적 퇴소에 중요한 역할을 하며 반대로 부정적 퇴소에는 외적 통제소 성향과 알코올중독의 유무가 큰 영향을 미치는 것으로 확인되었다.

Grigsby 등의 유형적 분류 논의[47]와 관련지어 볼 때, 사회적 관계망의 측면에서는 isolate 관련 요인인 관계망의 절대적 축소는 주로 긍정적 퇴소의 가능성과 그리고 outsider 관련 요인인 노숙인 중심의 관계망은 주로 부정적 퇴소의 가능성과 관련되었다. 이에 따른다면 학습된 무기력의 심리적 역기능성은 Grigsby의 논의에서는 주로 isolate의 유형과 관련되므로 주로 긍정적 퇴소의 가능성과 관련될 수 있으나 실증적 분석결과는 다르게 나타났다. 즉 부정적 퇴소에서도 외적 통제소 성향은 큰 영향을 미치는 요인인 것으로 나타났다. 따라서 본 연구의 퇴소형태별 영향요인 분석에서는 Grigsby의 노숙인 유형화 논의와 관련된 이론적 내용이 모두 실증적으로 입증되지는 않았다. 그러나 본 연구의 분석은 유형화와 관련된 퇴소요인 분석보다는 심리사회적 외상 변수들이 퇴소형태에 미치는 영향을 분석하기 위한 것이었고 그 결과 긍정적 퇴소와 부정적 퇴소에 영향을 미치는 상이한 변수들을 판별할 수 있었다.

이러한 결과는 단지 퇴소 유무만을 가지고 분석하였을 경우 나타나는 결과인 지각된 사회적 지지, 사회적 관계망의 크기, 관계망에서 노숙인의 비율, 자기효능감, 알코올중독 유무가 보호시설 퇴소가능성에 정(+)적인 영향을 미친다는 내용의 제한성을 넘어서는 것이라고 하겠다.[48]

한편 통제변수 중에서 공공근로사업은 퇴소 자체가 발생하지 않도록 억제하는 효과

---

47) 이는 노숙인의 심리사회적 특성과 노숙인의 유형분류에 대한 별도의 장에서 자세히 소개한다.
48) 본 연구의 자료를 토대로 Piliavin 등의 연구(1993)와 같은 방식으로 보호시설 생활 기간을 종속변수로 설정하고 동일한 변수들을 투입하여 다중회귀분석을 실시한 결과 관계망의 크기, 관계망에서 노숙인이 차지하는 비율, 자기효능감 변수가 보호시설 생활 기간에 부(-)적으로 영향을 미치고 있는 것으로 나타났다. 그리고 통제변수 중에서는 공공근로활동이 보호시설 생활 기간에 정(+)적으로 영향을 미치고 있는 것으로 나타났다. 이러한 결과도 각 변수가 영향을 미치는 방향에 대해서 통일적으로 설명하기에는 어려운 것이므로 본 연구의 방식과 같이 보호시설 퇴소의 방향을 확인하는 것이 필요하다고 하겠다.

를 나타내고 있었다. 물론 긍정적 퇴소나 부정적 퇴소의 어느 유형에 대한 효과는 나타나지 않았지만, 일단 공공근로라는 서비스를 제공하는 것이 노숙인들로 하여금 보호시설을 계속 이용하게 만드는 요인이 되고 있다는 점을 볼 수 있었다.

그리고 보호시설에서의 퇴소에 중요한 영향을 미칠 수 있는 변수인 보호시설의 유형 즉 사회복지관의 보호시설인가 그렇지 않은 일반 종교사회단체의 보호시설인가의 변수가 통계적으로 유의미한 영향을 보이지 못했다. 단 회귀계수의 부호로 본다면 사회복지관에서 운영하는 보호시설의 경우 모든 형태의 퇴소가 상대적으로 더 잘 발생하는 것을 볼 수 있다. 즉 보호시설에서 생활하는 규정이나 관리가 엄격하다는 의미도 될 수 있으나 이는 의미 있는 영향력은 아니었다. 그러나 조사 당시가 보호시설 개소의 초기단계로서 본격적인 심리사회적 접근의 프로그램이 실시되지 못하고 있었다는 점에 유의할 필요가 있다. 다시 말하면 퇴소에 관한 본 조사의 결과에서 보호시설별 차이가 나타나지 않는 부분에 대해서는 그 의미에 주의해야 한다. 즉 보호시설에서 어떠한 서비스를 주고 있느냐는 별로 중요하지 않고 노숙인들이 노숙생활을 통해 심화된 심리사회적 외상이 퇴소에 중요하다는 것이 아니다. 반대로 심리사회적 외상이 중요한 역할을 하는 만큼 심리사회적인 사회복지실천 서비스가 노숙인의 긍정적 퇴소 촉진과 부정적 퇴소 방지에 결정적으로 중요하다는 의미이다. 그리고 본 조사에서 보호시설 간 차이가 나타나지 않는 것은 아직은 차이를 유발할 만큼 심리사회적 개입을 실행하지 못하고 있는 실정이었으므로 이 도입이 필요한 것이다.

이와 같은 필자의 실증분석은 우리 사회 노숙인의 보호시설 퇴소에 어떠한 변수들이 영향을 미치는가를 구체적으로 제시하고 있지만, 이후 후속연구가 많지 않아 그 결과물의 양적 축적이 빈약하다. 때문에 노숙인 문제의 초기에 나타난 이러한 양상이 현재의 거리노숙인과 쉼터노숙인에게도 동일하게 적용될 수 있는지 그렇지 않은 별도의 양상이 나타나고 있는지는 추가적인 자료수집과 분석이 필요할 것이다.

제Ⅱ부

노숙인 복지체계와 복지서비스

"많은 사람들이 노숙의 문제는 해결할 수 없는 것이라 말한다. 하지만 많은 지역사회와 단체들이 쉼터를 만들고, 임시주거 프로그램을 구축하고, 무료급식 등의 프로그램을 통해 노숙인들이 거리 생활의 위험으로부터 조금이라도 벗어나도록 원조하고 있다. 이 프로그램들은 아직 노숙인이 노숙을 종결하도록 하는 데에는 이르지 못하고 즉각적인 욕구만 지원하는 상황이다. 이제 더 이상 노숙문제해결의 꿈에 머무를 것이 아니라 실제로 노숙을 종결시킬 계획을 가져야 할 때이다."

National Alliances to End Homelessness 보고서(2006)

제8장 노숙인과 사회복지

탈빈곤 정책은 조세제도, 적극적 노동시장정책, 사회보험제도, 공공부조제도, 사회서비스 공급정책 등이 유기적으로 연결된 하나의 정책적 구조물이라고 말할 수 있다. 일반적으로 이 제도는 보장(protection)적 성격과 통합(activation)적 성격을 함께 가져야 하는 것으로 알려져 있다.

국민기초생활보장제도 5주년평가심포지엄자료집, 2005

1. 한국의 사회복지체계와 노숙인

우리나라에서 노숙인을 사회복지의 대상범주로 삼아 사회복지서비스가 본격화된 것은 사실상 최근의 일이다. 하지만 노숙인은 기본적인 취약성으로 인해 각종 사회복지체계의 대상자가 될 가능성이 높다. 그리고 한편으로는 통제의 대상으로 여겨져 온 인구집단이기도 하다. 대표적으로 공공부조제도와 빈민을 대상으로 하는 각종 복지정책, 사회복지생활시설 관련의 내용 등이 노숙인과 깊게 관련되는 사회복지정책의 부분이다.[49]

1) 국민기초생활보장제도

우리나라는 공공부조 체계가 상당히 큰 비중을 차지하고 있다. 우리나라의 공공부

---

49) 물론 가장 핵심적으로는 노숙인을 직접적인 표적으로 하는 노숙인 복지사업 자체가 노숙인과 가장 밀접하게 관련되는 내용이다. 하지만 노숙인 보호사업 혹은 노숙인 복지체계 자체의 현황에 대해서는 이하의 여러 장과 특히 3부에서 자세히 다룬다. 본 장에서는 우리나라의 일반 사회복지체계 내에서 노숙인이 차지하는 위치에 대해서만 살펴본다.

조인 국민기초생활보장제도는 법으로 결정한 최저생계비에 미달하는 수급권자에게 부족분만큼의 생계를 위한 현금 및 현물 급여를 국가가 지급해주는 보충급여 방식의 권리성 공공부조이다.

공공부조제도로서는 서구에 비해서도 상당히 발달한 모습을 가지고 있고 이에 투여되는 예산도 적지 않다. 하지만 이는 우리나라의 사회복지가 건실하다는 의미가 아니라 오히려 취약하다는 반증이 된다. 소위 일차적 사회보장제도라고 이야기되는 사회보험이나 수당 등 사회복지체계가 많은 부분을 담당하지 못하여 공공부조제도가 상당히 큰 하중을 짊어지고 있는 셈이다. 때문에 우리나라의 과중한 공공부조 부담은 기형적 사회복지의 전형이라고 이야기하기도 한다.

하지만 노숙인은 그나마 국민기초생활보장제도에 의해 보장받지 못하고 있다. 법제도의 논리로서는 일정 소득과 재산 이하의 자로서 부양을 받을 수 없으면 수급권자가 되어야 한다고 되어 있지만, 사실은 일정한 주소지와 주민등록이 있어야 한다는 '정주'의 조건이 행정적 요건이 되고 있다. 때문에 우리나라의 노숙인은 가장 극단적인 빈곤층이지만 오히려 빈민 대상의 공공부조제도로부터는 배제되고 있다.

최근 들어 노숙인 등에 대해 기초보장번호를 제공하거나 긴급지원 등 보완책이 이루어지고 있다. 그리고 사회복지시설 거주의 경우 시설보호 방식이 활용되기도 한다. 그러나 실제에서는 노숙인 중 기초보장제도의 수급을 정상적으로 받고 있는 사람이 오히려 드문 상황이다.

2) 의료보호 및 건강보장

우리나라는 전 국민의료보장 체계가 법적으로 갖추어져 있다. 하지만 그 보장의 수준 자체가 사회적으로 문제가 되는 경우가 많다. 게다가 노숙인은 사회보험인 국민건강보험의 적용을 받기 어려운 상황이다. 이 경우 공공부조에 해당하는 의료급여를 받아야 한다. 하지만 이 역시 행정적인 '정주'와 관련된 요건 때문에 의료급여를 받지 못하곤 한다.

이에 따라 의료구호 예산에 의한 의료구호서비스를 받는 경우가 많다. 의료구호는 각 지방자치단체의 예산이 소요되는 만큼 서비스 이용에 대해 장벽이 생기는 경우도 있고[50] 대개 의료구호 환자에 대한 서비스 실제에서의 낙인이 심한 편이다.

특히 노숙인은 건강 취약성이 많아 긴급진료 특히, 검진을 통한 건강관리 프로그램의 필요성이 크다. 그리고 우리나라도 민간단체 등의 참여에 의해 어느 정도 노숙인 의료 지원 체계를 만들어가고 있지만 매우 미흡한 상태이다. 연간 400명가량의 노숙인이 사망하고 있는 상황을 감안한다면 노숙인에 대한 의료보장 프로그램 보완이 중요하다.

3) 사회복지시설과 기타 노숙인 복지 서비스

우리나라에서도 노숙인 쉼터 등 사회복지생활시설이 노숙인에게 제공되고 있다. 하지만 장애, 정신질환, 폐질, 요양 등 개별적인 사회복지욕구의 수준에 부응하지 못하고 '노숙인 쉼터'나 '부랑인 복지시설'이 제공됨으로 인해 효과적인 시스템이 되지 못하고 있다.

또한 '노숙인'을 핵심표적으로 하는 사회복지서비스인 노숙인 복지체계도 1990년대 후반부터 개발되어 가동되고 있다. 그리고 우리나라의 노숙인은 사회보험이나 공공부조 등 주류의 일반적 사회보장체계에 잘 편입되지 못하고 대부분이 노숙인 복지체계의 서비스에 의존하고 있는 실정이다. 하지만 현실적으로 우리나라의 노숙인 복지체계는 기존의 일반적 사회복지체계가 허술하여 발생하는 모든 사회복지욕구집단에 대한 응급적 잔여적인 체계를 벗어나지 못하고 있다. 우리나라 노숙인 복지체계의 전개와 특성에 대해서는 다른 장에서 자세히 다룬다.

---

50) 실제로 2004년 서울에서처럼 노숙인 의료구호비가 예산을 초과했다면서 노숙인 의료구호를 중단하는 등이 상황이 발생하는 일도 있고 지방자치단체와 노숙인 옹호단체 간 마찰의 큰 원인이 되기도 했다.

2. 외국 노숙인 복지체계

노숙인 복지의 영역에서 자주 인용되곤 하는 미국과 영국, 그리고 일본의 노숙인 복지체계가 가지는 특성과 우리 사회에 주는 함의에 대해 간략히 살펴본다.

1) 미국의 노숙인 복지

미국은 연간 200만 명 이상이 적어도 1년에 1회 이상 노숙상태를 경험하고 있다고 한다. 이러한 심각한 상황으로 인해 노숙문제에 대한 개입은 그 역사가 상당하며, 그 과정에서 내용적인 면에 있어서도 어느 정도 체계를 갖추고 있는 것으로 파악된다. 미국에서 노숙인 문제는 20세기 중반부터 부각되다가 1970년대 말 1980년대 초반에 도시 지역의 광범위한 문제로 확산되었다. 이때 노숙인의 주된 유형이었던 스키드로우의 SRO(Single Room Occupancy) 등 저렴숙소 거주자인 남성단신생활자 이외에도 여성 노숙인, 모자가족 노숙인, 청년 노숙인들이 거리와 버스정류장, 혹은 공원 등에서 목격되기 시작하였으며, 히스패닉이나 흑인을 포함한 사회의 소수자(minority)가 노숙인의 과반수를 점유하게 되었다. 여기에 탈시설화의 영향으로 정신장애인들이 거리에서 노숙하는 현상도 일반화되었다.

그러나 당시 미연방정부는 이를 일시적인 현상으로 간주, 연방정부와 주정부의 대책으로 충분할 것이라고 판단하여, 응급쉼터의 확보와 식품제공에 한정된 시책만을 전개하였다. 그러나 기본적으로 저렴숙소의 부족(많은 SRO들이 파기되거나 개발을 통해 고급주택으로 개량) 때문에 이러한 응급책 역시 유명무실한 것이 되었다.

이렇듯 욕구의 다양성을 간과한 소극적인 수용대책으로는 노숙인의 수가 줄지 않았다. 1980년대 미국의 복지정책과 주택정책의 축소는 노숙인의 증가를 불러일으키는 주된 원인으로 작용하였다. 1980년대 레이건 공화당 정권의 노숙인 지원대책은 응급쉼터의 확보를 통한 수용위주 대책이 중심으로, 노숙인 문제에 대한 대응은 소극적인 것이었다. 즉, 노숙인의 다양한 요구를 반영하지 못한 채, 쉼터로의 획일적 수용조치가 공식적 수준에서 실행되었던 것이다.

이에 대한 반작용으로 1980년대 중반 노숙인 지원단체들을 중심으로 노숙인 문제에 대한 연방정부의 개입을 요구하게 된다. 결국 연방정부는 1987년 '맥킨니 노숙인 지원법(The Mckinney Homeless Assistance Act)'을 제정하게 되었고, 이후 맥킨니 노숙인 지원 프로그램은 몇 차례의 개정과정을 거쳐 1990년대 들어 구체화되어진다. 이를 통해 미국의 현재 노숙인 복지정책의 특징이 나타나게 된다.

① 맥킨니법과 중앙정부 차원의 조직화

맥킨니법은 법령제정에 공헌한 미 공화당 의원 Stewart B. Mckinney의 이름을 딴 것으로 1987년 수립되었다. 이 법의 주요내용은 ①HUD 책임하의 응급쉼터 및 사회적 지원형 주택 설치, ②FEMA 관할의 응급식료품 및 응급쉼터, ③HHS에 의한 정신질환 홈리스에 대한 조성금, ④퇴역군인을 위한 퇴역군인 홈리스 시설에 대한 조성금, ⑤교육 목적에서의 홈리스 아동 학교 참여 프로그램, ⑥노동성 관할의 직업 훈련, ⑦ 홈리스 문제 연락회의 설치 등이 핵심적인 내용이다. 이는 기본적으로 그전에 주정부 차원의 프로그램들을 집대성하고 또한 각 부처 간 사업들을 연계하려는 것이라 볼 수 있다.

이후 클린턴 대통령 행정부에서 맥킨니법의 기본주체인 ① 홈리스문제연락협의회가 홈리스 상태의 악순환을 끊어 내기 위한 단일한 마스터플랜을 만들어야 한다는 것, ② 그 단일한 계획의 수행을 위해 연방정부 및 입법부의 개입이 필요하다는 것을 강조했다. ③ 단일한 계획에는 주택서비스와 교육서비스가 결합되어야 하며, 지역의 주택서비스 및 지원서비스 제공자의 협력을 촉진하고, 동시에 창조적인 접근과 비용효과적인 지역의 노력을 촉진할 것을 언급하였고, ④ 홈리스문제연락협의회는 주정부와 지방자치단체의 대표, 홈리스 지원자 대표, 현재 홈리스 생활을 하는 혹은 이전에 했던 사람

등이 공동으로 협의회를 구성할 것. ⑤ 동 협의회는 본령이 발표된 후 9개월 이내에 대통령에게 단일한 계획을 제출할 것 등을 발표하였다.

맥킨니법은 몇 차례 개정되지만 그 기본적 의의는 각 지방자치단체나 실행주체별로 흩어져 있던 노숙인 복지사업을 하나의 큰 체계로 엮어 중앙정부 차원에서 연계하였다는 점이다.

② 보호의 연속성

현재 미국의 노숙인 지원대책은 주택도시개발성(HUD: Department of Housing and Urban Development)의 "보호의 연속성(Continuum of Care)"이 주요한 특징이 되고 있다. 이 개념하에 지역사회의 각 부분들이 함께 모여 노숙인 지원체계를 구성하도록 하며, 연방정부, 주(州)정부, 시(市)자치체, 비영리기관 들의 파트너십을 형성, 장기적인 해결책을 모색하고 있다. 이 보호의 연속성은 현재도 미국의 노숙인 복지체계의 중요한 모토가 되고 있다.

미국은 지방자치체가 발달하여 주(州)에 따라 개별적인 서비스 체계를 운영하고 있기 때문에 주정부나 시자치체의 여건에 따라 각기 다른 지원체계를 갖추고 있다. 그러나 대체로 시정부가 연방정부와 주정부로부터 노숙인 지원에 대한 자금의 지원과 평가를 받으며 사업을 운용하고 있다.

1990년대 중반 이후 거리와 쉼터에는 단신 남성 노숙인이 증가했는데, 이는 1990년대 중반 이후 지지적 주거(supportive housing) 감소에 기인한다. 이들 단신 노숙인들은 의료와 정신적인 문제가 훨씬 심각했으며, 거리노숙인의 문제는 훨씬 심각했던 것으로 보인다. 게다가 여성 노숙인도 증가했고, 가족을 표적으로 하는 주택지원프로그램의 감소로 인해 가족 노숙인의 수 역시 1990년대 들어 증가하게 되었다.

또한 당시 주택도시개발성(HUD) 장관인 시스네로스(Henry G. Cisneros)는 연방정부의 노숙인 지원 전략인 '보호의 연속성(Continuum of Care)'에 대하여 다음과 같이 언급하였다.

"1980년대 연방의 노숙인정책은 본질적으로 응급대응책에 초점을 두었기 때문에 현재까지 눈에 보이는 요구에 대응하는 시설프로그램이 전부였다. 따라서 대규모 응급쉼터에 과대한 투자가 이루어진 반면, 노숙인을 위한 영구주택의 투자는 발생하지 않게 되었다.(중략) 현재 미국은 노숙인에 대한 포괄적이고 종합적인 접근을 필요로 한다. 이는 우리의 커뮤니티를 동원하여, 노숙인을 의존상태로부터 자립을 지향하는 시스템으로 초점을 두지 않으면 안 된다는 것을 의미하며, 따라서 우리의 전략은, 노숙인의 다양한 요구를 밝히고 그것에 따라 '보호의 연속성(Continuum of Care)'을 촉진하는 것이다. 이에 현재 시스템은 3가지의 단계, 즉 응급쉼터, 전환주택(transitional housing), 영구주택(permanent housing)의 단계 등 세 단계의 연속적인 시스템으로 치환하지 않으면 안 된다."

1980년대 후반 노숙인의 주요 지원책은 대도시를 중심으로 응급쉼터를 대폭 증가시키는 것이었다. 그런데 정부보조금을 필두로 운영경비의 증가는 주정부와 지방정부 재정에 부담을 가중시켰고, 따라서 '쉼터의 개혁' 방안이 모색되기 시작하였다.[51] 개별적이고 산발적으로 시행되던 맥킨니법의 프로그램은 1990년대에 들어서면서부터 지방정부로부터 구체화되었고, 그 대응에도 다양한 모색이 시도되기에 이른다. 이러한 '지속적인 보호' 전략에 따라 미국의 노숙인 지원대책은 실시되고 있다. 그러나 아직까지도 부처별로 산재되어 있는 노숙인 지원책에 대해 총괄적인 책임소재의 필요성 등 문제점은 지적되고 있다.

---

51) 펜실바니아의 경우 응급쉼터의 확보뿐만 아니라 공공주택에 대한 주택정보와 입주에 대한 정보를 제공하였다. 그러나 응급쉼터는 노숙인을 비롯하여 독립적으로 주거를 확보하기 어려운 저소득층의 응급쉼터 입소에 대한 동기를 증가시켰고, 따라서 응급쉼터에는 적체현상이 발생하였다. 이에 대한 해결책으로 입소자격요건을 엄격히 적용하였으며, 입소자 중 근로소득이 발생하는 경우 60%를 저축하게 하는 방안이나 일정 정도 실비를 지불하게 하는 방안이 모색되었다. 그 결과 필라델피아의 응급쉼터의 침상수는 1988년부터 1990년 2년간 5,400개에서 2,800개로 감소했다. 응급쉼터의 정비작업과 더불어 보다 전문적인 서비스를 제공할 수 있는 쉼터의 필요성을 자각, 전문쉼터가 마련되기도 하였다.

③ 노숙의 악순환 단절

이에 클린턴 대통령은 1993년에 "노숙인상태의 악순환을 단절하는 연방계획"을 발표하였고, 연방정부를 비롯한 주정부, 지방정부, 그리고 노숙인 지원과 관련된 제 단체의 대표와 과거 노숙인이었거나 현재 노숙인인 사람들의 협력을 촉구하였다.

이는 민간단체들에서도 마찬가지로 여겨졌다. 대부분의 관련 조직은 쉼터, 주거지원, 긴급 생활지원, 건강지원 등 여러 가지 프로그램과 전략이 노숙인의 즉각적 생활욕구 충족을 위해 활용되어 왔지만 사실상 이러한 고전적 사회복지 전략이 노숙을 감소시키는 데에는 이르지 못했다고 평가했다. 미국의 노숙종결을 위한 전국연합(National Alliance to End Homelessness)에서는 2000년에 노숙현상을 10년 내 '종결'시키는 방법에 대한 계획을 발표하였다. 물론 이는 완전한 종결이나 해결이라기보다는 선언적 의미와 전략의 방향을 밝힌 것이라고 해석해야 할 수도 있다. 하지만 이 비전은 적절한 주거의 제공과 서비스의 연계, 일차적 현장에서 노숙예방을 위한 활동을 주요전략으로 포함시키면서 단계적 문제 '해결'의 방법을 선언하고 있다.

이 전략에는 자료의 구축, 노숙예방, 아웃리치, 노숙 기간의 단축, '주류 서비스'로의 연계라는 내용이 포함된다. 노숙종결을 위한 노력에는 지방정부의 참여도 필요하지만 연방정부의 노력이 보다 중요하다. 이는 특히 적절한 주거, 공공부조 프로그램(TANF), 의료부조(Medicaid), 근로소득보전세제(EITC), 정신건강서비스 등 주류 사회복지서비스의 조정이 필요하기 때문이다.

여기서는 노숙의 악순환을 종결시키기 위한 10개년 동안 지역사회가 수행해야 할 4개의 핵심 전략으로 성과를 확인할 수 있는 구체적 계획, 노숙으로의 유입구 차단, 노숙에서 탈출할 수 있는 배출구 확보, 주거와 서비스의 인프라 구조 구축을 제시하고 있다.

2) 영국의 노숙인 복지정책[52]

영국은 노숙이라는 사회현상이 중요한 정치적, 사회적 이슈가 되어 그 원인과 정책을 둘러싸고 심각한 논쟁이 벌어졌던 대표적인 나라이다. 정부지원책의 역사 또한 오래되었다. 영국 노숙인의 수는 1980년대와 1990년대 초반까지 증가하다가 1990년대 중반 이후 차차 감소하고 있다. 이러한 추이를 둘러싸고 노숙인 지원정책을 중심으로 많은 논의가 이루어졌다.

① '주택법'에 의한 주거권 보장

영국의 노숙인 문제 해결책은 1970년대 중반까지만 해도 주택정책으로 포괄되지 않았다. 구빈법 전통에 머무르는 인식이었지만 1977년의 주택법(Housing Act)을 계기로 "노숙인 문제는 주거권 일반의 문제"라는 획기적인 인식전환을 갖게 된다.

이러한 상황에서 BBC가 다큐멘터리 드라마인 "캐시, 컴 홈"을 통해 보여주면서 노숙인에 대한 전 국민적 공감이 모아지게 되었다. 1960년대와 1970년대 합법적 공유지 점유 운동(squatter movement), 1970년 'Dennis Nilson 살해자들', 1975년 영화 "조니 집으로 가다" 등이 당시 사회적 이목을 노숙인에게 집중시키기에 충분한 사건들이 되었다.

이후 정치적인 압력이 높아지면서 노숙인 문제의 원인이 주택부족에 있다고 하는 많은 연구보고서가 정부기관이나 연구자로부터 나왔으며, 이와 같은 상황이 노동당 정권의 등장과 맞물려 1977년 주택법이 제정되기에 이른 것이다. 주택법의 의의는 첫째, 노숙인 상태를 정의했다는 점, 둘째, 노숙인 문제의 책임소재를 지방자치단체의 주택부서로 정했다는 점, 셋째, 노숙인 지원의 일환으로 영구적인 주택을 제공하도록 했다는 점, 넷째, 노숙인 지원기준을 정했다는 점(적정성, 우선조건, 자의성, 지역과의 연계성)을 들 수 있다. 향후 영국의 노숙인 지원책은 이를 바탕으로 하여 전개되기 시작하

---

52) 영국과 일본의 정책사례는 정원오 외(2005), 〈노숙인 인권상황 실태조사〉 보고서 중 김선미 공동연구원의 작성 부분을 요약 정리한 것이다.

였다.

이 법은 노숙인에 대한 공공임대주택 제공을 규정함에 따라 노숙인에 대한 판단기준을 엄격하게 적용할 필요성을 갖게 되었다. 따라서 노숙인이 아닌 사람들이 공공임대주택을 우선적으로 배분받는 것을 방지하기 위해 자격이 있는 노숙인(deserving)과 자격이 없는 노숙인(undeserving)을 엄격하게 구분하도록 했다. 여기에는 자녀가 있는 가족 노숙인, 임산부, 질병이 있는 단신 노숙인이 포함되었으며, 그 중심에는 가족 노숙인이 위치하게 되었다.

② 거리 노숙 근절을 위한 노숙인 지원책 시작

1980년 중반 이후 노숙인을 둘러싼 몇 가지 상황변화로 방향수정의 필요성을 요구받게 되었다. 첫째, 노숙인의 특성이 변화했다는 점이었다. 즉 노숙인의 대다수가 젊은 단신자로 바뀌었다는 점이다. 그간 노숙인은 가족 노숙인이 중심이라고 생각되어 시책 역시 가족을 중심으로 전개해 온 것이 사실이었다. 그런데 산업구조의 변화로 지식과 기술을 습득하지 못한 채 취업에서 밀려나는 젊은이들은 결국 노숙인에 이르렀고, 거리노숙인 중에서 단신 노숙인의 비율이 현저히 증가하기에 이르렀다.

둘째, 노숙인의 문제가 '단기적 문제'에서 '장기적 문제'로 변화했다는 점이다. 노숙인 발생 초기에는 그 원인이 슬럼철거 등에 따른 주택부족의 문제라고 생각했다. 따라서 단순하게 주택이 건설되고, 주택호수가 증가하면 문제는 해결될 것이라 생각되었다. 그러나 취업의 문제가 주거유지 혹은 주거안정성에 큰 영향을 미친다는 점이 드러나게 되면서, 주택의 확보가 곧 노숙상태의 해소로 이어지지 않는다는 점을 보여주었고, 주거의 유지를 위한 보다 장기적인 접근을 필요로 하게 되었다.

셋째, 앞서 언급했던 것과 같은 맥락에서, 노숙문제가 '단순한 문제'가 아니라 '복잡한 문제'라는 점이다. 즉 주택부족만이 아니라, 생활유지를 위한 수단의 부재(고용 등), 정신적인 문제나, 알코올, 약물 의존에 의해서도 노숙인 상황이 초래되며, 이는 교육, 복지, 의료 등의 다차원적인 분야의 연계 혹은 제휴가 없다면 해결되지 못하는 것으로 인식되었다. 이러한 문제에 대처하기 위해서는 다양한 분야의 전문가들이 필요하다는 것을 절감하게 되었던 것이다.

넷째, 노숙인 대책의 자원이 점차 감소하고 있다는 점이다. 여기에서는 특히 대처 정권 이래 정책변화의 배경이 중요한데, 공적주택의 불하(Right to Buy), 쉘터나 호스텔의 폐쇄, 각종 급여의 삭감 등이 그것이다. 이는 1980년대 이후 차례대로 실시되었던 것들이다. 그 결과 사회적 안전망이 축소되고 런던을 중심으로 노숙인이 급격히 발생하게 되었다. 더구나 종래의 공영주택은 가족만을 대상으로 배분되어, 단신자들에게는 적합한 주택이 양적으로 부족했다. 그러나 노숙인 중 단신자의 비율이 늘어나면서 노숙인의 욕구와 대응책 사이에 점차 간극이 벌어지기 시작했다.

젊은 단신 노숙인의 증가, 노숙문제 해결의 장기화, 노숙문제 해결의 다면적 접근 필요성 인식, 노숙인 대책의 자원 감소는 기존 노숙인 지원대책 방향을 수정하도록 요구했다. 이에 직업능력을 결여한 젊은 노숙인에게는 직업훈련의 기회를 제공하거나 우선지원 노숙인의 연령을 낮추는 방식이 도입되었고, 다분야를 관할하는 멀티에이전시(multi agency)를 설치하고, 노숙인 포럼을 구축했으며, 코디네이터의 역할 담당자를 배치하는 대책안들이 이어졌다.

이러한 과정에서 1990년 거리노숙인(rough sleeper)을 근절하고자 "거리노숙인대책(Rough Sleepers Initiative)"이 3개년 계획으로 구상, 시행되었고 이후 8년 동안 지속되었다. 이 대책은 아웃리치 서비스(Outreach service)를 확대하고, 호스텔의 확대와 호스텔에서 민간임대 이행에서의 중간과정으로서 주거의 확대를 위한 재정지원을 골자로 하는 것이었다. 또한 거리노숙인의 문제만을 직접적으로 다루게 된 '거리노숙인대책반(the Rough Sleepers Unit)'이 설립되었다. 이 조직은 노숙인을 위해 사용하는 각종 정부 재원을 조정하고, 민간 자선단체를 통해 제공되는 서비스들을 통합하는 역할을 담당하였다. 이 조직을 통해 영국 전역에 존재하는 노숙인의 규모를 2002년까지 2/3 정도 감소시키겠다는 구체적인 목표가 설정되어 서비스 활동이 전개되었다.

그리고 이 기간 동안 정부와 학계, 그리고 민간 자원 조직에 의해 조사연구가 수행되었다. 노숙인이 되는 원인, 거리 생활에서 벗어나는 방법 그리고 주택생활로 접근하도록 유인하는 방법, 재활 과정, 노숙의 악순환을 의미하는 '회전문'(revolving door) 신드롬, 특정시설에 계속 머무르게 되는 '퇴적'(silting up) 효과, 각종 대책이 전혀 영향을 미치지 못하는 것처럼 보이는 장기 노숙인(핵심 노숙인)들을 어떻게 지원할 것인가? 하는 영역들이 연구의 주제로 다루어졌다.

③ 노숙의 고리를 끊어내기 위한 포괄적 지원책 구상

노동당 2기가 시작되면서 영국정부는, 사회적 배제의 문제에 대해 적극적인 대책을 마련하기 시작하였으며, 노숙의 문제 역시 같은 맥락으로 접근하였다. 사실상 이는 유럽대륙에서는 매우 일반적인 방향이라 할 수 있다. 이에 1997년 12월에 설립된 사회적 배제국(Social Exclusion Unit)은 사회적 배제를 공략하기 위한 최우선 과제 중의 하나로 노숙인 문제를 설정했고, 노숙인이 '사회에서 가장 배제된 계층'의 일부로서 '사회적 배제의 극단'에 위치한 것으로 인식했다. 사회적 배제국은 기존 노숙인 대책의 문제점에 대해 첫째, 기존의 대책들은 제도(법)가 파편적으로 흩어져 있으며, 둘째 노숙인 지원의 책임소재가 서로 다른 중앙정부의 부서와 지방정부, 그리고 기타의 기관들로 분리되어 있으며, 셋째 일관되고 통합적인 정책이 부재하고, 넷째 숙소(침상)가 절대적으로 부족하고, 안정된 주거공간으로의 이동이 불충분하며, 다섯째 음주, 약물, 혹은 정신질환 문제에 대한 도움이 충분하지 못하다는 것을 지적하였고, 따라서 이런 문제점들을 보완하는 방향으로 정책을 구축하기에 이른다.

이러한 시책을 통해 정부당국은 거리노숙인의 수가 감소했다고 평가했으나, 실제로 법정 노숙인 수가 2000년 11만 1,550가구에서 2001년 4/4분기에는 11만 8,700가구로 증가추세에 있으며, 일시적인 숙박시설인 호스텔이나 B&B에 거주하고 있는 가구가 약 30%를 차지하는 등 노숙의 문제는 여전히 유지되고 있음이 확인되었다.

이에 정부는 2002년 3월 이후, "노숙인 위원회(Homeless Directorate)"를 새롭게 창설, 기존의 RSU와 B&B 대책실을 노숙인위원회로 재편하고, 동 위원회가 2002년 '홈리스법(Homelessness Act 2002)'을 전망한 "More than a Roof"라는 새로운 전략을 발표했다. 그 내용은 첫째, 현재 노숙상태에 있는 자, 또는 노숙상태가 될 위험에 노출되어 있는 자에 대한 지원을 강화하는 것, 둘째, 노숙상태를 해결하기 위하여 보다 많은 전략적 접근방법을 개발하는 것, 셋째, 노숙문제를 해결하기 위한 새로운 방식들을 장려하는 것, 넷째, B&B에 거주하는 아동을 포함한 가족 노숙인의 감소를 꾀하는 것, 다섯째, 감소한 노숙인 수의 수준을 계속 유지하는 것, 여섯째, 모든 사람들에게 적절한 주거의 접근 기회를 보장하는 것 등이었다.

이를 위해서 노숙인 지원서비스가 정부나 단일 부문에 의해 직접적으로 공급되는 것이 아니라, 다분야, 다부문이 제휴하는 노숙인 지원책 구축에 박차를 가하게 된다. 2002년 4월까지 거리노숙인의 수 2/3 감소의 목표를 달성하기 위해 정부는 몇 가지 전략을 수립하였다. 첫째, 전문가들로 구성된 아웃리치팀을 구성하고, 둘째, 거리노숙인이 이용 가능한 쉼터를 늘리며, 셋째, 거리노숙인과 쉼터노숙인에게 안정적인 주택을 공급하고, 넷째, 재정착을 유지할 수 있도록 도우며, 다섯째, 주거의 유지를 위해 안정적인 고용을 유지하고, 직업훈련을 더 받을 수 있도록 한다. 여섯째 거리 노숙에 대한 예방책을 강구한다는 것이 그 내용이다.

이러한 맥락에서 2005년 8월 현재 ODPM[53]에서는 "서포팅 피플 프로그램(Supporting People Program)"을 운영 중에 있다. 서포팅 피플 프로그램은 2003년 4월 1일 발족했다. ODPM에서는 해당 프로그램의 성공적인 정착을 위해 2003년 4월 1일 시행 전부터 긴 준비 기간을 가졌다. 당초 시도되는 새로운 프로그램이 낯설다는 이유로 지방행정으로부터의 협조를 얻어 내기 어려웠지만, 중앙부서의 노숙담당자가 지방행정의 담당자를 직접 만나 설득하는 과정을 거쳐 협력을 이루어 갔다. 이러한 과정은 중앙정부와 지방정부 차

---

53) 1999년에 설립된 ODPM(Office of the Deputy Prime Minister 부수상실)은 거리생활자의 수를 1/3로 감소할 것을 목표로 20억 파운드의 예산을 책정했다. ODPM은 중앙정부와 지방정부의 갈등을 조정하고, 노숙인 문제에 대한 이해를 높이기 위해 노숙인 실태조사 등의 결과를 가지고 지방정부의 담당자를 찾아가 사업에 대한 설명과 설득작업을 벌이고, 의견을 조율하며, 민간단체와의 미팅을 통해 사업수행방식을 의논하는 등의 일을 담당하고 있다.

원에서의 전략개발에 있어서도 매우 큰 역할을 했다고 한다.

서포팅 피플 프로그램(Supporting People Program)을 간단히 소개하면 다음과 같다.

첫째, 지원대상은 ▲노숙에 처한 사람 혹은 거리노숙인, ▲출소하거나 감옥에 입소한 사람, ▲가정폭력 위험에 처한 사람, ▲알코올과 약물 문제를 가진 사람, ▲10대 부모, ▲노인, ▲위험에 처한 청년, ▲HIV와 AIDS환자, ▲학습장애가 있는 사람, ▲지원에 대한 욕구가 있는 가족 노숙인 등 광범위한 사회취약계층이 포괄되어 있다.

둘째, 이들 사회적 취약계층이 독립적이고 그들의 주거(임차)를 유지할 수 있도록 지원하는 것을 최종목적으로 하는데, 예를 들자면 퇴원을 하거나 시설보호에서 탈피한 이후 독립주거공간으로 이행하고, 이후 순차적으로 생활을 유지해 가도록 도움을 주고, 이후 노숙으로 전락하지 않도록 예방하는 것이 포함된다. 구체적인 목적은 ▲삶의 질을 보장하고 독립생활을 촉진할 것, ▲자율적이고 질 높은 케어서비스를 제공할 것, ▲욕구에 부응하는 서비스의 개발 및 계획을 추진하고, ▲지방정부와의 파트너십에 대해 검증하며, ▲민간단체, 주택조합 등의 위탁체와 서비스 이용자에 대한 포괄적인 지지를 수행할 것 등이다.

셋째, 이 프로그램은 ODPM에서 총괄책임을 담당하고 있으며, 이곳에서 교부금(grant)을 분배하게 된다. 행정당국은(중앙정부와 지방정부의 두 차원에서) 지방수준의 프로그램 운영방식을 책임지고, 서비스 제공을 위해 민간단체 등과의 계약을 맺게 된다. 또한 위탁체는 행정당국과 함께 프로그램의 전략을 개발하는 데 주요한 역할을 하고 있다.

서포팅 피플 프로그램은 120만 명의 취약 계층에게 주거 관련 지원서비스를 제공하고 있다. 150개의 행정기관에 의해서 지역적으로 제공되고 있으며, 6,000개 이상의 주거 관련 서비스 공급 주체와 연계를 맺고, 약 37,000개 이상의 개별 사업을 위한 계약이 체결되어 있다. 정부는 이 프로그램을 통해 여러 단위의 수행기관들 사이에 협력이 고무되었고, 지방행정당국의 역량 또한 제고되었다고 평가하고 있다.

3) 일본의 노숙인 복지정책

일본의 노숙인 대책은 서구에 비해서는 상당히 늦은 편이다. 그리고 그 양상도 상당히 독특한 측면이 있다. 당사자 활동의 운동성이 강하며 공공의 대책은 짧은 시기 동안 매우 역동적인 변화를 경험하고 있다.

① 노숙문제의 출현과 초기 대응

일본 노숙인의 다수는 본래 혹은 현역의 일용노동자이다. 그러나 이 역시 각지에서의 조사로부터 명백하게 밝혀지고 있다시피 현재 노숙인 중에는 노숙에 이르기 직전까지 상용 고용 상태에 있었던 사람이 다수 포함되어 있었다. 그리고 이들은 빈약한 사회보장 시스템 아래에 있어도 경제성장이 계속되어 정규직 종업원으로서 고용되어 있는 한은 잘 구축된 기업복지로 인해 거리를 배회하거나 거리에서 숙박하거나 하는 것 등은 생각할 수조차 없었다.

1990년대 들어 일본 경제의 거품이 사라짐과 동시에 풍요로운 일본 사회에 존재하는 새로운 빈곤문제가 부각되었다. 대도시 역주변에서 노숙하고 있는 이들과 민간임대 주택으로부터 강제 퇴거당하는 사람들, 그리고 병원을 나와 돌아갈 집이 없는 사람들의 문제가 점차적으로 확대되었던 것이다. 이러한 문제가 재차 사회적인 관심을 크게 모으게 된 것은 신주쿠역(新宿驛) 지하도에 거주하고 있던 노숙인 당사자들과 도쿄도(東京都) 간의 공방이 첨예해지면서부터였다.

1992년 말경부터 도쿄도청사에 가까운 신주쿠역 서쪽출구 지하통로에 300호 정도의 '상자집(단보루하우스 段ボールハウス) 마을'이 눈 깜작할 사이에 만들어진 것이다. 지하기둥을 교묘하게 이용해 상자와 비닐 등을 이용하여 만든 것으로 본격적인 집 모양을 하고 있는 것도 있었다. 그러나 이들에 대해 도쿄도는 1994년에 한 곳의 통로를 펜스로 폐쇄하여 노숙인를 쫓아내고, 1996년에는 보다 강경하게 '강제철거작업'을 실시하여 그 결과 일부 노숙인들은 서쪽출구 지하광장으로 이동할 수밖에 없었고 더욱 '과밀

한' 상태의 상자집 마을이 다시 생겼다. 그러나 이 마을 역시 1998년 2월 화재로 인해 4명의 희생자를 낸 채 사라져버렸다. 그리고 이들 상자집 마을의 해체와 더불어 역 주변의 공원에서 텐트와 간이오두막 등이 급속하게 증가하기 시작했다.

한편 주택정책을 통해 살펴보자면, 정부는 '오랫동안 주택건설을 경기 부양책과 견인차로서만' 파악해 왔기 때문에 시장 메커니즘의 결손을 보완하고 '주택곤궁자에게 적절한 주택을 제공한다'는 주택정책 본래의 목표를 등한시 해 왔다. 그 결과 한편에서는 대량의 공가 주택이 존재함에도 불구하고, 다른 한편에서는 부득이하게 노숙에 처하는 사람들이 증가하는 것이다.

이에 대해 일본정부는 노숙상태를 빈곤이라는 사회문제로서 파악하지 않고, 일반적인 시책과 제도와는 다른 특별한 법률과 틀에 의해 대처하고자 하고 있다.

② 노숙인 자립지원을 위한 특별 조치법의 성립

일본은 2002년 8월 7일 '노숙인 자립지원을 위한 특별 조치법'(이하 '노숙인 자립지원법')이 10년간의 한시적 입법(시행 5년 후 재검토)으로 국회에서 통과되어 공포, 시행되었다. 이 법률은 "국가나 지방공공단체가 적절한 주거를 포함한 최저생활보장 의무를 실시하지 않음으로 인해, 공원이나 거리 등 인간이 거주하기에 적절하지 않은 장소에서 노숙인이 부득이하게 기거하고 있다는 반성으로부터 국가 등이 지원을 수행해야 할 책무가 있다"는 것을 밝히는 것으로부터 시작된다('노숙인 자립지원법' 제1조, 제2조).

이 법이 기존의 저소득층의 최저생활보장을 수행하는 생활보호법과 다른 점은 '안정된 고용의 장 확보'(3조 1항 ①호) 등 생활보호법에서는 수행할 수 없는 시책의 실시를 국가, 지방공공단체에 의무 지우고 있다는 점으로서, 그러한 의미에서 생활보호법의 최저생활보장을 한 단계 끌어올린 것이라고 할 수 있다. '자립지원법'에 의한 자립지원책에는 크게 나누어 "주거의 보장"과 "취로의 보장"을 시책의 목표로서 제시하고 있다(동(同)법 제3조). 자립지원법이 최저생활보장의 일반법인 생활보호법에 대해 특별법으로서의 성격을 갖고 있지만 자립지원법에는 자립지원책의 일환으로서 생활보호법의 적용이 포함되어 있어 생활보호에 대해 자립지원책이 우선되어야 할 법적인 근거는 없는 것이다. 오히려 노숙인의 욕구와 본인의 희망에 따라 생활보호, 자립지원책, 혹은 그 병용의 방식이 결정되어야 하는 것이다. 동(同)법에서는 "주거가 없거나 일을 통해 생계를 영위할 능력(稼動能力)이 있다고 판단되어 위법적으로 생활보호로부터 배제되어온 노숙인에게도 생활보호를 받을 권리가 있다"는 점을 명확히 밝히고 있으며, 또한 적절하게 보호를 적용해야 한다고 규정하고 있다(동법 제3조 제1항 ③호, '운용에 관한 건' 6 참고).

이와 같은 노숙인 자립지원법이 국회에서 통과하기까지는 다양한 노숙인 지원단체의 사회적인 캠페인, 국회 요구와 정당에 대한 로비활동, 그리고 관련 전문가의 동원 등 과정이 있어 왔기 때문에 가능할 수 있었다.

③ 2003년 이후: 노숙인 전국실태조사 실시와 기본방침 공표

노숙인 자립지원법에서는 국가의 '기본방침' 설정과 이에 근거한 광역자치체(都道府縣) 및 기초자치단체(市町村)가 '실시계획'을 책정할 의무 등이 규정되어 있다. 또한 이를 위해 국가는 지방자치단체의 협력을 얻어 '전국실태조사'를 실시하도록 규정되어 있다(제14조). 이에 따라 2003년 1~2월에 전국실태조사가 실시되어 「노숙인 실태에 관한 전국조사보고서」(2003년 3월)가 발표되었다. 동법에서도 밝히고 있는 바와 같이 본 조사의 목적은 '노숙인의 자립지원에 관한 시책의 책정 및 실시에 이바지하기 위한 것'(제14조)으로 되어 있다. 실시된 조사의 종류는 크게 두 가지로 노숙인 수(槪數)조사와 생활실태조사로 나누어진다. 전자는 전국의 모든 기초자치단체를 포괄하여 실시되었고, 후자는 도쿄도 내 23개 특별구와 정령(政令)지정도시, 그리고 2001년 조사 결과에서 노숙인 수 100명 이상의 보고가 있었던 시에 대해 실시되었다. 이와 같은 전국조사는 2004년 말 3회의 실시경험이 있다.

이와 같은 실태에 기반을 두고 2003년 7월 31일에는 국토교통성과 후생노동성이 공동 작성한 기본방침이 공표되었다. 이는 기본적으로 노숙인 문제가 사회복지의 대상영역으로만 한정되는 것이 아니라 주택정책 등 그 대응을 요하는 현안에 대하여 정부 부처 간 협력이 필요하다는 인식을 보여주는 것이라 하겠다. 기본방침에서는 전국조사를 통해 밝혀진 노숙인 생활실태와 대책의 현황에 대해 소개를 한 후 노숙인 대책의 추진 방책에 대해서 밝히고 있다. 추진방책의 기본적인 지향은 노숙인 스스로 안정적인 생활을 영위할 수 있도록 지원하는 것으로서 이를 위해 무엇보다도 '취로기회의 확보'와 '거주 장소의 확보' 등이 중요하다고 밝히고 있다.

현재 '노숙인의 자립 지원 등에 관한 특별조치법'의 구체화를 꾀할 목적으로 정부가 발표한 '노숙인의 자립 지원 등에 관한 기본방침'(2003년 7월)은 노숙인을 세 가지 유형으로 구분하고 있다. 즉 첫째, '근로의욕은 있으나 일거리가 없어 실업상태에 있는 자', 둘째, '의료와 복지 등으로부터의 원조가 필요한 자', 셋째, '일반사회생활로부터 도피하고 있는 자' 등 세 종류이다. '기본방침'은 이들 세 가지 유형에 따라 시책을 구분할 필요성을 제시하고 있다.

3. 노숙인과 사회복지

우리나라의 사회복지체계와 여기서 노숙인의 위치, 그리고 외국의 노숙인 복지체계에 대해 살펴보았다. 이 과정에서 우리나라의 사회복지체계가 노숙인 문제에 적절히 대응하기 위해 염두에 두어야 할 몇 가지 특징적인 테제를 유추해 볼 수 있다.

첫째, '보호의 연속성' 개념이다. 서구에서 노숙인 문제에 대한 접근의 원칙으로 강조되고 있는 이 개념은 우리나라에서도 응급구호적 사업 이상의 효과적 노숙인 복지를 도모한다면 반드시 검토해야 할 것이다. 특히 이 개념이 주거정책과 지역사회복귀로의 연장선을 도모하며 도출되었음은 우리 사회에도 큰 함의를 가진다.

둘째, 노숙문제의 해결을 위한 마스터 플랜이 필요하다. 우리나라는 2006년부터 지역사회복지협의체가 활동하면서 지역사회복지계획을 수립하고 있으나 중앙정부와 지자체 어디서도 노숙문제에 대한 중장기적 계획을 입안하지 못하고 있다. 이는 노숙인 복지사업이 정치적 상황에 따라 혹은 선정적인 사회문제 이슈로서만 다루어지는 결과를 낳고 있다.

셋째, 정부—민간의 역할 설정 이슈이다. 원래 우리나라의 노숙인 대책은 1990년대 후반 적극적인 민관의 협의에 의해 만들어졌다. 그러나 그 후 10년가량이 경과하면서 민과 관 사이의 적절한 협의가 이루어지지 못하고 있다. 특히 일부 지자체에서는 특정 시설이나 민간단체가 사업의 주도권을 부적절하게 독점하면서 다른 민간단체들과의 갈등을 유발하는 경우도 적지 않다. 정부와 민간의 역할을 변화된 상황에 맞게 재모색하여 정립해야 한다.

넷째, 중앙정부의 주도적 역할이 중요하다. 미국 등에서는 노숙인 문제에 대해 각 지역별로의 대책이 가지는 단점 때문에 중앙정부 수준에서의 연계를 강조하는 독립법안을 만들면서 노숙인 복지의 새 전기를 모색하였다. 그런데 우리나라는 정반대로 노숙인 복지가 정착되는 시점에 지방사업으로 이양하는 정반대의 행보를 나타내었다. 그리고 노숙인 복지 지방이양에 대한 평가는 지금까지는 분명히 긍정적이지 못하다. 더구나 관련 사업으로서 서비스 통합을 이루어야 할 부랑인 복지가 중앙정부 국고보조 사업으로 남아 있고 노숙인 복지사업만 지방으로 이양되어 두 체계의 서비스 통합은 전혀 진전이 이루어지지 못하는 모순이 발생하고 있다.

다섯째, 노숙인의 사회적 배제에 대항하는 주류 복지대책 혹은 사회적 포섭(social inclusion)의 하나로 노숙인 복지체계와 서비스가 이루어져야 한다. '노숙인 복지'라는 별도의 독특한 서비스 체계가 강조되는 것보다는 주류 복지정책과 제도(예를 들어 공공부조나 EITC, 주택정책 등)에 노숙인들의 사회복지욕구가 일차적으로 연결되어야 한다.

제9장 노숙인 쉼터와 생활시설

지난 몇 년간 쉼터는 갈 곳 없는 노숙인에게 중요한 공간으로서 역할을 해 왔다. 그들의 의지를 북돋우고 내일의 희망을 키워주는 공동체의 역할을 해 왔다. 하지만 정원은 자의적으로 책정되어 왔고 최소한의 물리적 시설기준에 미치지 못하는 곳도 많다.

정은일, Homeless, 25호

1. 노숙인과 사회복지생활시설

우리나라의 사회복지서비스는 사회복지시설을 중심으로 운영되고 있다. 이러한 사실에 대한 부정적 평가도 적지 않지만 사회복지실천의 현장으로서 사회복지시설이 가지는 중요성을 부인하기는 어렵다. 노숙인 복지에서도 마찬가지이다. 최근 다양한 모색이 나타나고는 있지만 '노숙인 쉼터'[54]라는 단기 생활시설을 중심으로 노숙인 복지사업들이 편제되어 시작된 바 있다.

사회복지시설은 법적으로 사회복지사업법에 의해 규정되어 있다. 다음에서 보는 바처럼 이 법 제2조에서 사회복지사업법과 사회복지시설을 규정하고 있다.

---

54) 노숙인 쉼터는 우리나라에서 생활시설로서 기능하고 있지만 정부의 지침에서는 이용시설로 분류되고 있다. 이는 사실상 예산지원을 줄이기 위한 편법적 조치라 할 수 있다.

【사회복지사업법】

제2조(정의) 이 법에서 사용하는 용어의 정의는 다음과 같다.

1. "사회복지사업"이라 함은 다음 각 목의 법률에 의한 보호·선도 또는 복지에
   관한 사업과 사회복지상담·부랑인 및 노숙인보호·직업보도·무료숙박·지역
   사회복지·의료복지·재가복지·사회복지관운영·정신질환자 및 한센병력자
   사회복귀에 관한 사업 등 각종 복지사업과 이와 관련된 자원봉사활동 및 복
   지시설의 운영 또는 지원을 목적으로 하는 사업을 말한다.

   가. 국민기초생활보장법
   나. 아동복지법
   다. 노인복지법
   라. 장애인복지법
   마. 모부자복지법
   바. 영유아보육법
   사. 윤락행위등방지법
   아. 정신보건법
   자. 성폭력범죄의처벌및피해자보호등에관한법률
   차. 입양촉진및절차에관한특례법
   카. 일제하일본군위안부피해자에대한생활안정지원및기념사업등에관한법률
   타. 사회복지공동모금회법
   파. 장애인·노인·임산부등의편의증진보장에관한법률
   하. 가정폭력방지및피해자보호등에관한법률
   거. 농어촌주민의복지증진을위한특별법
   너. 식품기부활성화에관한법률

> 2. "사회복지법인"이라 함은 사회복지사업을 행할 목적으로 설립된 법인을 말한다.
>
> 3. "사회복지시설"이라 함은 사회복지사업을 행할 목적으로 설치된 시설을 말한다.
>
> 4. "사회복지서비스"라 함은 국가·지방자치단체 및 민간부문의 도움을 필요로 하는 모든 국민에게 상담·재활·직업소개 및 지도, 사회복지시설의 이용 등을 제공하여 정상적인 사회생활이 가능하도록 제도적으로 지원하는 것을 말한다.

사회복지시설은 대상자의 숙소로서의 입소 유무에 따라 생활시설과 이용시설로 크게 구분된다. 그리고 각기 대상자의 사회복지적 욕구 특성, 즉 실제적인 측면에서는 대상자의 인구학적 특성에 따라 아동, 노인, 장애인, 정신보건 등 영역의 시설로 구분되고 있다. 이는 개별 법령에 의한 것으로 구분되고 있는 것과 마찬가지이다. 사회복지시설의 종류는 〈표 9-1〉에서 보는 바와 같다.

〈표 9-1〉 사회복지시설의 종류

관련법	시설종류	세부종류		소관부서
		생활시설	이용시설	
사회복지사업법	종합사회복지관 부랑인·노숙인시설 결핵·한센시설	○ 부랑인시설 ○ 결핵·한센시설	○ 종합사회복지관 ○ 노숙인쉼터 ○ 상담보호센터	보건복지부
노인복지법	노인복지시설	○ 노인주거복지시설 ○ 노인의료복지시설	○ 재가노인복지시설 ○ 노인여가복지시설 ○ 노인보호전문기관	
아동복지법	아동복지시설	○ 아동양육시설 ○ 아동일시보호시설 ○ 아동보호치료시설 ○ 아동직업훈련시설 ○ 자립지원시설 ○ 아동단기보호시설 ○ 공동생활가정	○ 아동상담소 ○ 아동전용시설 ○ 아동복지관 ○ 지역아동센터 ※ 2개 이상 아동시설이 혼합되어 있는 종합시설 설치 가능	

관련법	시설종류	세부종류		소관부서
		생활시설	이용시설	
장애인복지법	장애인복지시설	○ 장애인생활시설 ○ 장애인유료복지시설 중 생활시설	○ 장애인지역사회재활시설 중 이용시설 ○ 장애인직업재활시설 ○ 장애인유료복지시설 중 이용시설	보건복지부
정신보건법	정신보건시설	○ 정신요양시설 ○ 사회복귀시설 중 생활(주거)시설	○ 사회복귀시설 중 이용시설	
국민기초생활보장법	자활후견기관		○ 자활후견기관	
농어촌주민의보건복지증진을위한특별법	복합노인복지시설	○ 농어촌지역에 한해 노인복지시설 중 "노인보호전문기관"을 제외한 2종류 이상의 노인복지시설을 동일 또는 인접 건물에 설치가능		
모부자복지법	모부자복지시설	○ 모(부)자보호시설 ○ 모(부)자자립시설, ○ 미혼모시설, ○ 일시보호시설	○ 여성복지관 ○ 모·부자 가정상담소	여성가족부
영유아보육법	보육시설		○ 보육시설	
성매매방지및피해자보호등에관한법률	성매매피해지원시설	○ 일반지원시설 ○ 청소년지원시설 ○ 외국인여성지원시설	○ 자활지원센터	
성폭력범죄의처벌및피해자보호등에 관한 법률	성폭력피해보호시설	○ 성폭력 피해자보호시설	○ 성폭력피해상담소	
가정폭력방지및피해자보호등에관한법률	가정폭력보호시설	○ 가정폭력 피해자보호시설	○ 가정폭력상담소	

부랑인시설은 생활시설에, 노숙인 쉼터는 이용시설에 포함되어 구분되는 점이 특이하게 나타나고 있다.

2007년 2월 현재 사회복지시설의 소관부처는 보건복지부와 여성가족부가 다수를 차지하고 있다. 과거 대부분 보건복지부에서 관장하던 때에 비해서는 다소 이원화되어 통일성이 결여된 모습을 보이기도 한다.

한편 사회복지사업법에서 사회복지시설은 법적으로 "사회복지사업을 행할 목적"으

로 설치된 시설을 의미한다. 그런데 이는 사실상 사회복지사업을 수행하고 있는 시설
이 아니라 실제 사회복지사업을 행하고 있으면서도 사회복지시설에 해당하지 않는 미
인가시설을 만드는 요인이 되기도 했다. 사회복지사업법 제2조의 사회복지사업에 해당
하지 않은 사회복지사업, 선교·포교 등 종교행위 등을 수행하는 시설은 사회복지시설
이 아닌 것이 되기 때문이다. 따라서 일부 시설에서는 욕구가 있는 대상자를 모아 사
실상의 사회복지사업을 수행하면서도 인적, 물적 조건이나 규제를 지키기 싫을 경우에
는 '종교시설' 등으로 성격을 바꿀 수 있는 여지를 남겨 준 문제가 있다.[55]

이러한 문제들로 우리나라에 그간 많은 미신고 시설이 발생하였다. 2004년의 통계를
보면 생활시설을 기준으로 신고 시설과 미신고 시설이 각 1,000개소로 비슷한 규모로
나타난다. 하지만 그 이후 몇 년에 걸친 미신고 시설의 양성화와 정리방침에 따라 많은
미신고 시설이 신고 시설로 전환되기 위한 과정을 거쳤다. 이 과정에서 2007년까지
3,000개소 이상의 사회복지생활시설이 신고시설로 공식적 집계에 포함되기에 이르렀다.

그런데 노숙인 쉼터는 이 과정에서 '5년의 유예 기간'을 거치고 있으나 생활시설의
조건을 충족하기 위한 기능보강 등의 계획이 미흡한 상황이라 정규 사회복지 생활시
설로서 안착되기까지는 아직도 많은 과제가 남아 있는 상황이다.

사회복지 생활시설의 발달에 대해서는 다음 〈표 9-2〉와 같은 세 가지 단계로 표현
하곤 한다(박태영, 2000). 우리나라의 사회복지 생활시설 발달단계의 특징은 전반적 낙
후성과 아울러 세 가지 수준의 시설이 동일한 지역사회 내에 복합적으로 존재하면서
생기는 난맥상이다.

〈표 9-2〉 사회복지 생활시설의 발전단계 이념형

구 분	보호수준	보호목표	보호형태	지역사회관계
사회방위적 단계	열등처우	사회적 방위	격리	단절
사회보장적 단계	최저생활	발달가능성	수용	수동적·일방적
사회복지적 단계	최적생활	정상화	생활 및 발달	능동적·상호적

---

55) 이러한 점들 때문에 최근의 사회복지사업법 개정안 등에는 사회복지시설의 정의를 '사회복지
사업을 행할 목적'이 아니라 '사회복지사업을 행하는' 시설로 변경하고자 하고 있다.

특히 노숙인 쉼터는 단기의 생활시설인 만큼 사회복지적 단계에 해당하는 프로그램과 전문적 실천을 구비한 시스템이어야 하지만 그렇지 못하다. 다른 생활시설에 비해 오히려 열악한 여건과 전문성이 낮게 편재되어 있는 것도 사실이다.

최근 들어 사회복지 생활시설에서의 실천도 조금씩 변화의 모습을 나타내고 있다. 특히 최근 사회복지시설평가의 도입 등은 사회복지사 자격을 지닌 전문인력의 채용을 높이고 프로그램의 중요성을 높게 인식시키는 계기가 되었다. 또한 과거에 비해 시설의 소규모화를 지향하고 지역사회접근성과 재활 및 자활을 도모하는 모습이 나타나고 있다. 하지만 전체적으로는 사회복지적 단계가 되기에는 모자란 상황이고 특히 아직도 미신고 시설의 인권 등 낮은 서비스 수준은 개선과제이다. 노숙인 쉼터의 경우도 생활시설의 신고와 물리적 조건 구비 등이 필요한 상황이다.

2. 노숙인 쉼터와 원조환경(helping environment)

쉼터나 사회복지시설은 생활의 보편적인 형태인 의식주를 해결하는 공간이므로, 일상적인 생활 활동이 전반적으로 진행되는 공간이다. 이러한 환경에서 전문적인 활동은 자칫 일상생활의 맥락 속에 파묻히게 되어 그 정체성과 효과성을 찾기 어려울 수 있다. 그러나 사회복지 개입의 궁극적인 목표가 '인간과 환경의 변화'라 할 때 일상생활이 주로 진행되는 쉼터에서의 전문적인 개입은 대상자의 변화를 이끌어낼 수 있는 적절한 환경이라고 역설적으로 볼 수 있겠다. 즉 낙인, 사회적 차별, 사생활 보장의 부재 등과 같은 쉼터가 갖는 문제점에도 불구하고 노숙인의 쉼터 이용이 불가피할 경우, 쉼터는 이용자들의 사회적 기능 향상을 위한 원조환경(helping environment)으로서 작용해야 한다(김혜성, 2000).

노숙인 문제에 대처하기 위한 시스템으로서 쉼터(shelter)의 활용이 많이 이루어지고 있는 미국의 경우 HUD의 ESG(Emergency Shelter Grant) 프로그램에 의해 많은 쉼터가 지원받고 있다. 미국에서 응급 쉼터 혹은 위기 쉼터는 단지 임시변통적인 것만이 아니라 매우 다양하고 폭넓은 홈리스 서비스로의 연계가 시작되는 자원으로 보아야 한다(Feins & Folsburg, 1998). 단지 3끼의 식사와 한 번의 잠자리 이상의 의미가 있는 것이다. ESG 프로그램에 의한 쉼터들의 현황은 대략 다음 〈표 9-3〉과 같다.

〈표 9-3〉 쉼터 유형에 따른 ESG 쉼터의 특성

구 분	낮쉼터수	밤쉼터수	종일쉼터수	전체쉼터수
임시쉼터	8(11.1%)	136(67.8%)	873(50.5%)	1018(50.6)
단기(90일 이하)	0	119(59.3%)	1436(83%)	1555(77.3%)
장기, 전환	6(7.2%)	57(28.3%)	869(50.2%)	932(46.4%)
특정이용자를 위한 기간 제한 없는 쉼터	20(23.8%)	53(26.6%)	521(30.1%)	594(29.5%)

이 쉼터들에서 제공되는 서비스의 현황을 살펴보면 다음 〈표 9-4〉와 같다. 먼저 구체적 서비스라고도 할 수 있는 핵심적 서비스는 숙식 제공과 관련된 것으로 90%에서 잠자리를, 80%에서 아침식사, 점심은 70%, 저녁은 80%에서 제공된다.

〈표 9-4〉 ESG 쉼터에서 제공되고 있는 서비스

구 분		서비스 제공 비율
핵심 서비스	침상공간	89.2
	아침	79.3
	점심	69.3
	저녁	79.6
기본 서비스 (essential)	소득지원	94.2
	영구주거지원	92.2
	생활기술지원	86.2
	교통비 (transportation)	79.1
	기타 기본기술 (금전관리 등)	32.0
	직업상담	50.6
	직업훈련	28.1
	소수언어자 영어학습	20.3

** 자료: Feins & Folsburg, 1998

핵심서비스 외의 기본적 서비스에 해당하는 내용들은 지원서비스, 기술개발서비스, 치료서비스 등으로 살펴볼 수 있다. 먼저 지원서비스는 90% 이상이 의복을 포함하여 소득과 영구주거 알선, 상당수가 일상생활훈련, 교통수단 이용훈련, 지원그룹, 직업알선을 하며 실질적 필요에 따라 영양 상담, 육아와 바느질을 가르치기도 한다. 기술개발서비스는 일상생활기술지원, 직업상담, 직업훈련 등이다. 개입과 치료 서비스는 약물 남용상담, 정신과 상담, 의료, 해독과 여타의 약물중독 처치 등으로 약 4분의 1이 제공하고 있다.

쉼터와 쉼터에서의 서비스는 보호 연속성(continuum)의 첫 관문으로 응급쉼터의 이용자들은 이를 통해 독립생활의 도전을 시작하게 된다. 즉 쉼터를 포함한 원조환경은 전환주거(transitional housing) 서비스의 부분으로서 좀 더 영구적인 주거환경을 마련하기 이전까지 지지적이고 임시적인 주거로 제공되는 것이다(Feins & Folsburg, 1998).

미국의 COA[56]에서도 노숙인 쉼터가 단지 노숙인이 시설에서 생활하기에 적절한 생활유지만을 제공하는 것이 아니라 "취약한 상태에 있는 사람들의 즉각적인 생존욕구를 충족시키며, 이들의 대처능력과 의사결정 능력을 향상시키고, 지역사회 내로의 재통합을 위한 계획과정을 지원하는 통합된 프로그램 요소들을 갖추어야 한다."고 보고 있다. 이 역시 '사회복지적 단계'의 시설로서 지역사회로의 복귀 지원을 위해 노숙인 쉼터 서비스의 특성을 강조하는 것이라 할 수 있다.

노숙인 쉼터 서비스가 보호환경으로서의 속성을 적절히 견지하기 위해서는 반드시 견지해야 할 몇 가지 환경요인들이 있다.

① 사생활의 보장

쉼터는 사회복지 생활시설이고 불가피하게 집단적 생활의 측면이 나타날 수 있다. 하지만 거리노숙인 중 쉼터 입소를 거부하는 상당수의 노숙인이 집단생활에 따른 개

---

56) Council on Accreditation에서는 쉼터를 포함한 사회복지생활시설에서 갖추어야 할 서비스 기준을 제시하고 있다. Council on Accreditation of Services for Families and Children (1992), Manual for Agency Accreditation, Service Standards, Vol. 2. 참조

인적 자유의 침해를 주된 거부사유로 들고 있다는 점을 감안해야 한다. 쉼터가 최대한 사생활을 보장하고 프라이버시를 지켜줄 수 있어야 한다. 개인마다의 독립된 '방'을 제공하지 못하더라도 소수 인원이 사용하는 방과 같은 구조를 만들어 대규모 병영 내무실과 같은 구조는 지양해야 한다.

② 적절한 수준의 생활유지 서비스 제공

노숙생활은 개인의 청결이나 건강을 해친다. 이는 단기간의 손상으로 그치는 것이 아니라 성인의 경우 이후 취업에 불리한 요인으로 작용하는 등 노숙인의 사회복귀를 저해하는 악화된 상황을 지속시키는 요인이 되기도 한다. 청결하고 적절한 수준의 의식주를 제공하는 것은 노숙인에게 안정감을 주는 보호요인이 된다.

③ 안전성

쉼터는 각종 안전사고에 대하여 안전한 주거환경이 보장되어야 할 것이다. 이는 외부적인 것과 내부적인 것으로 나누어 볼 수 있다. 외부적인 것은 화재나 재난과 같이 시설 외적인 물리적 안전성이라면 내적인 것은 폭력이나 물건 분실과 같이 쉼터 내에서의 노숙인의 생활안전성을 의미한다.

④ 지역사회 통합성

쉼터는 지역사회 내에 존재해야 한다. 통상 노숙인 쉼터는 지역사회 내의 NIMBY 현상을 불러오는 것이 일반적인 추세이다. 미국의 COA에서 제시한 쉼터 평가지표에서는 지역사회 내의 거주를 접근성 부문의 중요한 지표로 설정하고 있는데 이는 누적 척도화되어 우리나라의 생활시설 평가에서와 비슷하게 적용되고 있다.57) 특히 노숙인

---

57) 이 척도에서 가장 높은 4점은 "기관은 대중교통수단으로 쉽게 접근할 수 있으며 (지역사회) 인근에 위치하며 쉽게 찾을 수 있고 지역주민들에 의해 지역사회자원으로 간주된다", 3점은 "서비스는 대체적으로 표적집단이 접근할 수 있지만 직접적인 접근은 지역사회 내의 몇몇

쉼터는 응급적 단기적 생활시설의 속성을 가지는 것으로 조속한 지역사회 복귀를 촉진하는 시설로서는 이 같은 통합성이 더욱 중요한 의미를 가질 것이다.

⑤ 노숙인의 권익을 옹호하는 정서적 환경

이 역시 미국 COA의 기준[58]에서 나타나고 있는데 노숙인이 쉼터에서 경험하는 정서적 환경이 스스로에게 긍정적이고 지지적인 것이 될 수 있어야 한다는 것이다. 이는 쉼터의 생활이 이상적으로는 과거의 노숙생활에서의 부정적인 경험을 치유·회복시킬 수 있어야 함을 의미한다.

⑥ 사례관리

노숙인이 다양한 사회복지적 욕구를 가지고 있으며 이에 따라 지지적 서비스 제공자들의 네트워크가 쉼터와 연계되어 쉼터에서 이를 적절히 연계, 조정할 필요에 근거하여 사례관리가 부각되고 있다. 사례관리의 중요성은 노숙인이 겪는 극심한 어려움을 이해하는 것에서 시작해야 한다. 복합적인 문제를 정돈하고, 다양한 기금자원과 다른 기관들로 인하여 성장해 온 지지적 서비스 체계를 확산시킬 필요가 있는 것이다. 자주 사용되는 사례관리의 정의는 서비스 필요의 사정, 서비스 계획의 발전, 서비스의 연계, 서비스 공급의 점검(monitor), 요구에 대한 지원의 최대화, 이용자 옹호 등이다.

구성원에게 제한되어 있다. 그런 경우, 쉼터까지의 교통편이 제공된다", 2점은 "서비스에 접근하기가 다소 어렵고 지역사회에 친숙하지 않은 사람들은 이러한 서비스가 있는지 잘 모른다", 1점은 "기관은 그 표적집단의 대두수가 접근하기 어려운 곳에 있다"로 되어 있다. 한편으로 같은 지표의 내용 안에 쉼터가 지역사회 내 위치하는 것만이 아니라 지역사회구성원들의 평가 및 인식까지 포함하고 있어 쉼터의 기능을 지역사회 자원으로 설정하고 있음을 볼 수 있다(김혜성, 2000).

58) 최소한 한 사람 이상의 직원에 의한 노숙인 직접 면접, 전화상담을 통해 지속적으로 접수와 배치를 하고 있는지 등이 척도가 되고 있다. 또한 노숙인 권익보호를 위해 서비스 제공 전 과정에서 노숙인의 권리가 존중되는 체계를 갖추고 있는지도 주요한 평가기준이 된다.

3. 노숙인 쉼터와 사회복지실천

서구, 특히 미국에서는 최근 보호의 연속성이 강조되면서 쉼터 프로그램도 다양한 주거지원 프로그램의 하나로서 전환주거 성격으로 파악되고 있다. 따라서 쉼터만을 주거지원서비스에서 떼어서 독립적으로 그 역할과 사회복지실천에 대해 살펴보는 것에는 논리적인 무리가 있을 수 있다. 또한 바람직하지 않을 수도 있다. 보호의 연속성은 우리 사회의 현황에서도 그 의미가 특히 부각되는 개념이기 때문이다.

하지만 현실적으로 우리나라에서 노숙인 쉼터는 여타의 지역사회체계와는 별도의 의미로 부각되고 있다. 또한 가장 대표적인 노숙인 보호체계로 여겨지고 있다. 사회복지 생활시설로서의 의미가 강하여 노숙인에 대한 주거지원 연속선상의 위치보다는 좀 다른 의미가 강하다. 물론 이는 사회복지서비스에서 사회복지생활시설 중심의 성격이 강한 우리나라 사회복지체계의 특성일 수도 있다.

따라서 노숙인 쉼터에서의 사회복지실천이나 서비스에서 고려되어야 할 점들에 대해서는 독립적으로 살펴보는 것도 의미가 있다 하겠다.

노숙인 쉼터는 그 운영과 이용대상의 특성에 따라 다양한 프로그램과 실천을 통합하고 있는데 이 중 상당 부분은 재활프로그램과 같은 영역에서 독립적으로 다루어져야 할 부분이다. 따라서 여기서는 노숙인 쉼터가 단기 응급생활시설로써 그 기본적 운영상에서 보호환경으로서 지녀야 할 사회복지실천 의미에 대해서 살펴본다.[59]

1) 정상화의 생활리듬

노숙인의 경우 사회로부터 주변화된 인구층이다. 따라서 생애주기별로 일반적으로

---

59) 이 부분은 김혜성(2000), "노숙인 쉼터의 원조환경요소에 관한 연구" 및 해당 참고문헌 중에서 발췌하여 재정리한 것이다.

경험하게 되는 생활패턴과 리듬에서 소외될 수 있다. 이러한 주변화를 지속적으로 경험하게 되면 사회복귀와 독립생활의 성취가 어려워지고 노숙의 악순환에 빠지기 쉽다. 따라서 현재 생애주기에 따른 일반적인 생활유형을 지속적으로 따를 수 있도록 쉼터의 생활 유형이 계획되어야 하며 이를 실제적으로 지원할 수 있어야 한다. 이는 장애인 복지 영역 등에서 정상화(normalization)가 부각되는 것과 마찬가지이다.

이를 위하여 일상생활기술의 습득과 아울러 일상생활의 리듬을 적극적으로 고려하여야 한다.

① 일일리듬(daily rhythm)

보편적으로 성인의 경우 하루 일과가 일반적으로 자신의 직업과 관련되어 진행된다. 그러나 노숙인의 생활은 쉼터 시간, 무료 급식소 등의 시간표에 의하여 하루 일과가 진행되고 있는 경우가 많다. 이 같은 생활이 반복되고 지속되면 일상생활의 리듬으로 회복하는 것이 어려워지는 것이 자연스러운 현상이다.

따라서 노숙인 쉼터 운영의 기본 출발은 노숙인에게 기본적인 의식주를 제공하면서 이것이 일상생활 리듬을 따라갈 수 있도록 조정하고 이 일상리듬을 유지하게 지원하는 것이 우선과제가 되어야 할 것이다.

② 주간리듬(weekly rhythm)

일반 가정에서 지내는 사람들의 경우 주중의 일정과 주말의 일정은 다소 상이하다. 주말은 가족 단위의 휴식이나 개인 여가 등으로 구성된다. 노숙인 쉼터의 경우 취업을 한 상태인 경우는 주말은 휴식을 취할 수 있는 기간이 되겠으나 주중에 취업이나 사회적 활동이 없을 경우 주말의 일정이 주중과 유사하게 진행될 수 있다. 시설에서 주말을 겨냥한 운동이나 오락활동과 같은 event를 제공한다든가 아니면 반대로 주중에는 일과의 프로그램과 교육을 운영하고 주말에 여가를 편성하는 식으로 주간리듬을 살려야 한다.

③ 장기적 연간리듬(yearly rhythm)

일년 일정에서는 계절의 변화와 명절 등의 사회적 이벤트를 중심으로 볼 수 있다. 예를 들어 추석과 설에 공동차례를 지내고, 계절별로 단합회나 수련회 및 휴가를 가져 야외에서의 계절의 변화를 직접 경험하는 등의 행사가 바로 연간리듬을 고려한 것이라 하겠다. 이러한 행사는 동시대 사회구성원이 경험하는 관습과 사회적 문화를 공유한다는 의미에서도 의의를 가질 수 있다.

2) 쉼터 내 의사소통

쉼터는 앞서 언급한 바와 같이 일상생활이 진행되는 공간이다. 따라서 사회복지 실천을 위한 전문 기관에서의 상담과 의사소통의 방식 및 내용이 다르다. 예를 들어 식사 안부라든지, 하루 일과에 대한 안부 등을 규칙적으로 물어보는 것은 일반적으로 전문 상담에서 이야기하는 상담 초기의 도입과는 다른 성격이다. 쉼터에서 노숙인들에게 일상적인 안부를 물어보는 것은 이들로 하여금 규칙적이고 일반적인 생활리듬에 대한 환기를 시킬 수 있을 뿐 아니라 타인의 관심(great care & attention)을 받고 있다는 암시를 줄 수 있다.

클라이언트와의 의사소통에서 자칫 전문가들은 대화내용이 재활과 같은 전문가적 관심에 치우칠 수 있다. 그러나 상담이 아닌 쉼터의 일상생활에서 전개되는 의사소통은 관심을 공유할 수 있는 일상적인 주제가 적절하다. 예를 들어 성인의 경우 영화, 스포츠, 뉴스와 같은 내용이라면 무리가 없을 것이다. Blankertz 등(1990)은 이 같은 일상적인 대화내용의 필요성을 지적하였다.

의사소통의 내용도 중요하게 고려되어야 한다. 노숙인이 처해 있는 일상생활이나 생애주기에 적절한 내용이어야 한다. 여기에서 노숙인의 의견이나 감정이 충분히 존중되고 있다는 것을 보여주어야 한다. 노숙인 대부분이 노숙생활로 인한 좌절감이나 낮은 자존감에 시달리게 되므로 자신의 의견이나 감정이 존중되는 경험이 필요하다. 이를 위하여 쉼터 실천가는 일상생활의 의사소통에서 주의해야 한다. 호칭에서부터 주의가 필요해지는데 연령과 지위를 고려하여 일반적으로 칭하며 존엄성과 존중하고 있음을 호칭에서부터 전달한다. 단 라포르(rapport) 형성 후 개별적으로 원하는 호칭으로 부르는 것도 바람직하다. 이것도 노숙인의 욕구에 기반을 둔 것이어야 한다.

쉼터에서 좋은 의사소통이 이루어지기 어려운 몇 가지 요인이 있다. 첫째, 좋은 의사소통에는 시간이 소요되어야 하나, 실무자 대부분이 업무상의 이유로 혹은 일상적 대화의 중요성에 대한 인식이 낮아 그 기회를 충분히 살리지 못한다. 둘째, 실천가와 클라이언트 간의 의사소통은 주로 실천가가 화제선정, 대화의 시작과 종결 등에 대해 통제권을 행사한다. 셋째, 클라이언트가 가지고 있는 개별적인 문제나 특성(예를 들어 정신질환, 장애, 물질남용) 등으로 인해 의사소통의 어려움이 발생한다.

이 중 세 번째 요인에 대해서는 별도의 조치가 필요할 것이다. 하지만 처음 두 가지의 요인에 대해서는 적절한 의사소통이 가지는 '사회복지실천'적 의미가 실무자들에게 공유됨으로써 극복이 가능할 것이다. 적절한 방법으로 수행되는 일상적 대화의 치료적 효과는 매우 큰 것이다.

쉼터의 정서적 환경은 쉼터 내 상담사나 사회복지사와 같은 전문 인력만이 역할을 담당하는 것이 아니라 쉼터 인력 전반에 해당되는 것이다. 인력 전원이 쉼터의 정서적 환경을 형성하는 인적 자원이 되어야 하므로 쉼터에 종사하는 인력 모두에게 입소 노숙인과의 의사소통에 대한 교육훈련과 지속적인 관리감독(supervision)이 요구된다.

특히 의사소통이 잘 이루어지기 위해서는 감정이입기술(empathy skills)이 중요하다. 노숙인의 경우 낮은 자존감과 좌절감으로 시달리고 있기 때문에 이들에게는 무엇보다 수용과 이해를 경험할 수 있는 감정이입이 필요하다.

3) 모델링(Modeling)

쉼터 환경은 가족공동체와는 다른 타인과의 집단생활이 이루어지는 곳이다. 인간은

일생을 통하여 어떤 형태로든 집단생활을 경험하고 살아가지만 노숙인 쉼터의 경우 주
거해결 능력 부재자라는 사회적 낙인을 안고 집단생활을 하게 되는 특수성이 있으며
대부분이 극빈곤층으로 빈곤문화 형성이 용이한 집단이다. 따라서 이들 집단의 경우 부
정적인 집단생활 경험의 위험에 놓여 있다. 그러나 쉼터는 전문 인력의 개입이 제공되
는 환경이므로 집단생활을 긍정적으로 이끌어갈 수 있는 조건에 놓여 있기도 하다.

쉼터의 집단생활은 개인의 사생활이 침해받는다는 측면에서는 부정적인 면도 있지
만 타인에 대한 이해와 적응능력을 향상시킬 수 있다는 측면에서는 긍정성 또한 가지
고 있다. 집단생활에서 타인에 대한 영향은 모델링을 통하여 나타나는데 이는 타인의
행동이나 사고양식을 자신의 것으로 수용하는 과정이다.

따라서 쉼터의 집단생활 문화가 어떻게 형성되고 있는가에 따라 입소한 클라이언트
들의 모델링 방향이 결정된다 하겠다. 집단생활에서 긍정적인 modeling 과정이 이루어
지기 위하여 바람직한 집단생활의 구성요소가 갖추어져야 한다.

사회복지실천에서는 좋은 모델링이 일어날 수 있는 건전한 집단생활의 구성요소를
보통 다음과 같이 말하곤 한다.

· 동료와의 동일시
· 한 사람 이상의 사람과 함께 소속되어 있다는 안정감
· 자기표현의 자유와 다른 사람과 다르게 할 수 있는 자유
· 친숙한 관계가 형성되어 있지 않은 사람이라도 필요에 따라서는 받아들여야 하는
  책임, 자기가 선호하는 사람을 친구로 선택할 수 있는 자유
· 자기의 개성을 발휘할 수 있고 타인의 특수성을 인정하며 즐길 수 있는 기회
· 독립을 실천하고 필요에 따라 다시 의존적인 상태로 돌아갈 수 있는 기회
· 타인과 대화를 주고받을 수 있는 기회
· 개인 또는 집단이 자기 자신의 운명에 영향을 줄 수 있는 힘을 가지고 있음을 느
  낄 수 있는 기회

집단생활에서 바람직한 모델링이 나타나기 위해서는 이전의 부정적인 행동방식에

대한 통찰력이 필요하다. 이는 타인의 행동에 대한 관찰에서 나타난다. 쉼터의 사회복지 전문가와 실무자는 주도적으로 모델을 제시하는 역할과 아울러 바람직한 행동의 당사자를 격려하는 역할을 담당해야 한다. 또한 변화하고자 하는 시도에 대해서는 정도와 관계없이 작은 성취나 변화에 대해서도 인정하고 격려해야 한다.

4) 프로그램의 환경

노숙인 쉼터는 양질의 안전과 보호 외에 적절한 전문 실천 개입의 환경을 갖추어야 한다. 이에 따라 COA에서는 쉼터의 서비스 부문 평가기준과 지표를 제시하고 있다. 즉 긴급 쉼터 서비스 프로그램은 취약한 상태에 있는 사람의 즉각적인 생존욕구를 충족시키며, 이들의 대처능력과 의사결정 능력을 향상시키고, 지역사회 내로의 재통합을 위한 계획과정을 지원하는 통합된 프로그램 요소들로 이루어져야 한다는 것이다.

세부기준별 평가지표는 다음과 같은 4가지의 누적척도를 통해 어느 정도의 수준에 해당하는지를 평가하여 이후의 지원에 반영하는 체계를 구성한다.

---

① 클라이언트의 영양, 주거요건, 의복에 대한 기본적인 욕구를 충족시키는 이외에도 쉼터 프로그램은 구조화 및 비구조화된 사회·교육활동과 여가활동을 모두 포함하고 있다.

② 기본적 욕구는 충족되고 있으며, 다른 프로그램은 지속적으로 제공되고 있다.

③ 대부분의 기본욕구는 충족되고 있다. 그러나 활동 프로그램은 쉼터 서비스 프로그램의 필수적인 요소가 아니거나 또는 참여율이 낮다. 왜냐하면 프로그램이 이용하기에 편한 시간에 제공되는 것이 아니거나 서비스 대상 집단의 욕구와 관심에 비해 적절하지 않기 때문이다.

④ 기본적인 욕구가 항상 충족되는 것은 아니다. 그리고 또는 활동 프로그램이 미미하며 서비스 대상 집단의 욕구에 적합하지 않다.

이를 통해 쉼터의 서비스와 프로그램이 어떠한 구조를 갖추는 것에 대해 이상적이라 판단하고 있는지 HUD의 견해를 엿볼 수 있다.

쉼터의 프로그램은 무엇보다 이용자의 특성과 욕구에 기반을 두어야 한다. 노숙인을 위한 프로그램으로 자주 언급되는 것은 사회기술(social skill), 갈등해결(conflict resolution), 약물의존에 대한 개입(substance abuse intervention), 금전관리(monetary management), 가족기능강화(family strengthen) 등의 내용이다.

5) 쉼터 및 프로그램 운영 규칙

쉼터나 프로그램에는 규칙이 있기 마련이다. 그런데 이 규칙이 경직되고 운영자의 일방적인 편의에 의해 만들어지는 경우 노숙인의 반발을 사게 되는 것은 당연하다. 그리고 현실에서 이 때문에 쉼터 입소를 거부하는 노숙인도 많다.

가급적 쉼터와 프로그램의 규칙은 쉼터 운영 실무자 혹은 사회복지 전문가와 클라이언트의 상호동의에 따라 설정하는 것이 좋다.[60] 예를 들어 식사시간, 야간통금 규칙, 규범적인 행동, 이벤트 행사, 부적절한 행동에 대한 규제 등을 함께 논의하고 결정할 수 있다.

여기서 유의할 점은 규칙에는 노숙인에 대한 제재나 의무만이 아니라 권리와 긍정적 보장의 측면에서 대해서도 함께 기술되어야 한다. 혹은 쉼터 운영진이나 사회복지사 및 실무진의 의무와 책임도 명시되는 것이 좋다.

노숙인 쉼터에서 노숙인의 권리나 보장되는 부분에 대해 합의하고 게시하는 노력 등은 인권보장과 투명성에 대한 강조만이 아니라 노숙인의 통제력을 고양시킨다는 사회복지실천의 임상적 의미도 함께 가지는 것이다.

---

60) 사회복지생활시설 일반에서 사용되는 것처럼 쉽고 명확하게 작성된 계약서를 활용하는 것도 방안이 될 수 있다.

  기본적으로 노숙인 쉼터 내에서 발생하는 일상적 활동이나 사건이 단지 우연한 해프닝이 아니라 노숙인에 대한 사회복지실천 개입효과를 가지도록 설계되어야 한다. 노숙생활로 인한 사회적 고립과 좌절의 경험이 치유되어 일상생활을 유지할 수 있는 수준까지 사회가 장기적으로 안정된 체제 내에서 지원해야 하고 가장 중요한 이 단계가 쉼터에서 이루어진다. 쉼터의 역할이 어떻게 수행되는가에 따라 노숙인이 이후 독립생활로부터 쉼터 장기거주, 거리와 쉼터의 반복 거주 등 서로 다른 결과가 전개될 수 있다는 예상하에 쉼터 사회복지실천이 계획되어야 할 것이다.

제10장 현장접근(Outreach) 활동과 지역사회

한 쉼터에 거주하는 사람은 거리에서 생활하는 노숙인을 게으르고 의욕이 없어 자신과
다른 사람이라고 했다. 하지만 다른 노숙인은 거리에서 생활하는 노숙인에 대해 동료라
고 했다. 이런 생각의 차이는 어디에서 오는 것일까?

도시와 빈곤, 49호, 편집자의 글

1. 노숙인과 현장접근(outreach)

노숙인 중 상당수는 노숙인 쉼터나 이용시설 등이 아닌 거리나 공공장소 등에 거주
하고 있다. 이들을 보통 거리노숙인(street homeless 혹은 street people)으로 부른다.
그리고 이들에 대해서는 현장에서의 적극적인 접근이 중요하다. 사회복지실천에서는
이전부터 현장접근(outreach)[61]을 강조해오고 있다. 이는 사회복지서비스가 공급자
중심의 활동이 아니라 클라이언트의 욕구에 적극적으로 부응하도록 하기 위한 것이다.
서비스 공급의 거점인 시설이나 기관을 탈피하여 클라이언트에게 가까이 가도록 하기
위한 '적극성'의 강조이다. 그러나 노숙인 서비스에서는 단지 '적극적인' 서비스로서가
아니라 본질적인 속성이라 할 수 있다. 노숙인 중에서도 가장 사회복지 욕구가 큰 집
단인 거리노숙인에게 접근하기 위해서는 아웃리치 프로그램이 기본방법이 되는 것이
다. 즉 다른 대상과 달리 노숙인 복지실천에서는 아웃리치가 적극성의 선택 문제가 아
니라 서비스가 가져야 할 필수요소인 것이다.

---

61) 아웃리치는 현장접근으로 번역될 수도 있지만 외래어임에도 불구하고 실천이나 연구의 논의
모두에서 아웃리치라는 용어를 그대로 사용하는 경우가 더 일반적이다. 따라서 이하에서는
아웃리치라는 용어를 그대로 사용한다.

따라서 자연스럽게 아웃리치 프로그램의 일차적인 대상은 쉼터가 아닌 거리에서 생활하고 있는 노숙인이 된다. 아웃리치 프로그램이 필수적 본질이 되고 또 거리노숙인이 일차적 대상이 되는 이유는 아무래도 거리노숙인이 처해 있는 생활의 위기와 취약한 상태 때문이다. 이것이 긴급한 사회복지욕구와 연결되는 것이다.

가장 기본적으로 거리노숙인은 의식주의 해결 자체가 불안정하다. 이에 따라 건강 관련 문제가 매우 심각하다. 외국이나 우리나라의 많은 연구(Balazs, 1993: 인도주의실천의사협의회, 1998: 신원우, 2000 등)에서 거리노숙인은 호흡기 질환, 결핵, 우울증, 불안 같은 정신장애, 피부병, 감기, 알코올 및 약물중독, 치과 문제, 영양실조, 고혈압, 당뇨병 같은 만성 질환 등의 문제를 언급하였고 정신건강의 영역에서도 마찬가지이다. 또한 거리노숙인의 약물 남용 문제가 심각해지고 있으며 높은 AIDS 감염의 위험도 지적하는 연구도 있다.

이러한 거리노숙인의 취약성은 일반 비노숙인과의 비교에서만이 아니라 쉼터노숙인(sheltered homeless)과의 비교에서도 두드러지게 나타난다. 때문에 노숙 자체의 위험보다 거리 노숙의 위험성이 더 강조되어야 함을 지적하는 연구(남기철, 2000a)도 있다. 거리노숙인 집단과 쉼터에서 생활하고 있는 노숙인 집단의 차이는 개인적 변수와 환경적 변수 등 2가지로 설명할 수 있다(신원우, 2000). 첫째, 개인적 변수로서 거리노숙인 집단 중 신체적으로 건강하고 심리사회적으로 문제가 없다고 판단된 노숙인들이 보통 쉼터에 입소하게 된 결과로 추측할 수 있다. 즉 우리나라의 경우에서도 쉼터 입소의 자격과 절차에서 비교적 노숙 기간이 짧고 주민등록증을 소지하고 입소 시 건강상태 검진 결과 건강한 사람만이 입소하게 되어 쉼터에서 생활하고 있는 노숙인들이 신체적·정신적으로 건강한 상태를 이루고 있다고 추론할 수 있다. 물론 일부의 문제일 수도 있지만 복지서비스 주체의 이러한 크리밍(creaming) 현상도 드물지 않다. 둘째, 환경적 변수로서 거리와 쉼터라는 환경의 차이가 노숙인에게 미치는 영향이 커서 거리노숙인과 쉼터에서 생활하고 있는 노숙인 집단 간의 신체적 및 정신적 차이가 나는 것으로 추측할 수 있다. 즉 거리 노숙 기간이 길어질수록 신체적 및 정신적 건강

상태가 악화되고 거리라는 환경 자체로 인해 적절한 시기에 치료를 받을 수 없기 때문에 증상이 더 악화되는 악순환이 계속되는 결과라는 것이다. 이러한 설명 등으로 거리노숙인의 경우 쉼터에서 생활하고 있는 노숙인 집단보다 신체적 및 정신적 건강 상태가 더 좋지 않은 것으로 설명할 수 있다. 또한 쉼터의 경우 긴급한 의식주 문제의 해결과 사회복지사에 의한 지속적인 관리, 적절한 의료적 및 심리사회적 문제의 대처로 인해 문제가 발생할 경우에도 쉽게 대처하고 치료를 받을 수 있다는 장점을 가지고 있어서 거리와 쉼터 노숙인의 차이가 나는 것으로 설명할 수도 있다.

그런데 거리노숙인이 더 많은 사회복지서비스 욕구가 있지만 사회복지서비스에 접근하는 데 상대적으로 더 큰 제약을 가지고 있다. 우선 거리 노숙으로 인한 심리사회적인 손상과 사회관계망 단절의 문제가 하나의 이유가 될 수 있다. 기본적 욕구와 안전을 보장하지 못하고 노숙의 고립과 소외로 인한 실패와 스트레스가 축적되면서 노숙인 개인의 자존감이 떨어지게 된다. 낮은 자존감이 주는 무가치감은 개인으로 하여금 직업적, 사회적, 여가 활동을 성공적으로 수행하지 못하게 된다. 또한 취업, 주거, 기타 필수적인 욕구를 해결하고자 하는 동기를 저해하며, 이러한 만성적 실패는 알코올과 약물 문제로 이어지게 되는 악순환에 처하게 된다. 노숙인이 사회적 관계에서의 대처능력에 상대적 취약성을 가지고 있음은 주지의 사실이다. 이러한 개인적 제약으로 인해 거리노숙인들은 필요한 서비스를 잘 찾지 못하는 것으로 알려져 있다. 우선 사람들과의 접촉을 피하기 때문에 자신이 필요로 하는 정보를 수집하지 못하며 따라서 서비스를 제공하는 기관에 접근하지 못하게 된다.

노숙인이 서비스에 쉽게 접근하지 못하는 요인은 개인적 요인만 있는 것은 아니다. 우선 사회환경적 요인으로 노숙인에 대한 일반인의 시각이 거리노숙인들의 서비스 접근을 더욱 저해하고 있다. 또한 사회복지서비스를 제공하는 기관 중 거리노숙인에 대한 서비스 경험이 많지 않은 경우에는 어느 정도 거리노숙인에 대한 거부감을 가지고 있다. 의료 서비스의 경우 노숙인 치료의 어려움과 장기입원, 노숙인의 치료거부 등으로 인한 의료기관의 부담으로 인해 노숙인 치료가 효과적으로 이루어지고 있지 않는다는 지적(Shever et al., 1991 ; Balazs, 1993 등)도 많다.

이러한 개인적 및 환경적 문제로 인하여 거리노숙인들은 자신이 원하는 서비스에 쉽게 접근하지 못한다. 그 결과 서비스 제공자의 욕구에 의하여 거리노숙인에게 적절하지 않은 사정과 서비스가 제공될 수 있다. 이러한 문제를 해결하기 위해서는 자연적 생활상태에서의 노숙인에게 적극적으로 접근하고 사정하여 그들이 필요로 하는 욕구를 충족하도록 돕는 사회복지사의 실천역할이 중요하다. 따라서 거리노숙인의 자존감을 유지하고 적절하게 사정하고 서비스를 제공하기 위해서 아웃리치 프로그램이 활성화될 필요가 있다.

2. 노숙인 아웃리치 프로그램의 구성

1) 노숙인 아웃리치의 개념과 관여

노숙인 아웃리치는 노숙인에게 필요한 의료, 정신건강, 요양, 사회복지급여, 주택 서비스를 제공하기 위한 최초의 결정적인 단계이다. 이 단계는 서비스를 이용하지 않거나 서비스에 대한 정보가 없는 노숙인, 서비스로부터 배제된 노숙인을 찾는 것으로부터 시작된다. 결과물이라기보다는 과정으로 보아야 한다. 친근감을 형성하고 그들에게 필요하고 그들이 받아들일 수 있는 서비스와 연계하는 데 초점을 둔다. 아웃리치는 관계 형성의 첫 과정이다.

노숙인 아웃리치에서는 관여(engagement)가 핵심적인 중요성을 가진다. 우리나라에서는 그간 상담보호센터나 공무원들에 의한 노숙인 아웃리치가 클라이언트 입장에서는 접근성이나 의미가 약한 것으로 평가되어 오곤 했다(정원오 외, 2005 등 참조). 반면 '실천단' 등 당사자 옹호모임을 포함한 경우의 아웃리치 팀과의 접근성이 긍정적으로 받아들여지는 경우가 많다. 이 차이는 기본적으로 관여가 얼마나 잘 이루어졌는가와 관련되는 것이다.

관여는 성공적인 아웃리치를 위해 가장 중요한 과정이며, 신뢰관계의 형성과정으로 흔히 묘사된다. 욕구를 사정하고, 서비스 목표를 정하고 서비스 전달 계획에 대한 동의를 포함하는 과정을 담고 있다. 몇몇 노숙인은 보다 점진적이고 조심스런 접근을 요하며, 관여 기간은 몇 시간에서 몇 년까지도 길어질 수 있다. 효과적인 사회복지사는 "활력적이고 존중받는 삶으로 돌아오게 할 강한 동기를 제공하는 대인관계를 수립"할 수 있다. 이것이 노숙인 아웃리치가 표방하는 클라이언트와의 관계이며 관여의 요체이다.

2) 노숙인 아웃리치 활동의 목표

노숙인 아웃리치 활동의 목표에 대해 신원우는 Erickson과 Page(1998)의 견해를 참조하여 다음과 같은 4가지를 중요하게 제시하고 있다(신원우, 2000).

첫째, 클라이언트의 긴급한 욕구에 대한 보호를 현장에서 제공한다. 거리에서 생활하는 클라이언트는 다양한 욕구를 가진다. 그러나 거리에서는 해결할 수 없는 것들이 대부분이다. 특히 의식주와 의료와 관련한 욕구는 기본적인 욕구이기 때문에 이에 대한 아웃리치 프로그램의 적절한 접근이 필요하다. 우선적으로 클라이언트가 해결하고자 하는 문제와 욕구가 무엇인지 파악하고 실질적인 도움이 되도록 노력하는 것이 필요하다.

둘째, 아웃리치 팀과 클라이언트 간의 신뢰 있는 관계를 개발한다. 많은 연구에서 거리노숙인과 아웃리치 팀의 신뢰를 아웃리치 프로그램의 성패를 좌우할 수 있는 가장 중요한 요소로 지적하고 있다. 우선적으로 신뢰를 형성할 수 있는 방법으로는 정해진 시간에 일정한 장소에 변하지 않게 아웃리치 팀이 방문하여 노숙인에게 서비스를 제공하는 것이다. 이는 당장 필요를 느끼지 못하는 노숙인으로 하여금 예측가능하고 기대할 수 있는 단서를 제공함으로써 위기에 처했을 때 일정한 시간과 장소에서 아웃리치 팀을 기다리고 적절한 서비스를 받으려고 하기 때문이다. 효과적인 상담과 사례관리, 적절한 서비스를 제공하기 위하여 신뢰 있는 관계를 개발하는 것이 수단일 수 있다. 또한 그 자체로도 중요한 목표가 되며 많은 효과를 기대할 수 있다.

셋째, 클라이언트가 필요로 하는 서비스와 자원을 직접 제공한다. 노숙인에게 필요한 서비스와 자원을 제공하는 것은 가장 실질적인 아웃리치의 목표라 할 수 있다. 이를 위해서 필요한 시간에 적절한 만큼의 서비스를 제공하는 것이 중요하다. 서비스와 자원은 매우 다양하며 그 시기와 방법은 나름대로 아웃리치 팀에서 결정해야 한다.

넷째, 클라이언트를 주요 서비스에 의뢰하고 연결한다. 거리에서 생활하다 보면 거짓된 정보와 소문을 접하게 되어 노숙인의 행동과 생각을 제한할 수 있다. 따라서 아웃리치 팀은 클라이언트가 잘 모르거나 잘못 알고 있는 서비스에 대하여 정확하고 분명한 정보를 제공하고 그러한 서비스를 직접 제공하지 못하더라도 관련 기관에 의뢰해야 하는 것이다. 서비스를 제공하는 기관이 충분히 준비되어 있고 아웃리치 프로그램이 제한적이라면 아웃리치 팀의 의뢰 활동이 매우 중요하다고 할 수 있다.

한편 노숙인 아웃리치 팀에서 자주 이슈가 되는 알코올의존 및 약물 남용 노숙인을 대상으로 하는 아웃리치 프로그램의 목표는 좀 더 구체적일 수 있다(Freimanis, 1993). 첫째, 서비스 제공의 일관된 연계를 구축하기 위하여 알코올과 노숙 분야에서 일하는 기관과 전문가들과 접촉하는 것이다. 이러한 목표는 아웃리치 프로그램의 효과성을 위하여 정보 제공과 의뢰 서비스를 위하여 사전에 관련된 기관과 전문가들을 접촉하고 연계하는 활동을 포함한다. 둘째, 노숙인이면서 알코올의존 문제를 가진 사람들에게 직접적으로 "현장 서비스(street service)"를 제공하는 것이다. 이는 아웃리치 프로그램의 1차적인 표적 대상을 설정하고 현장 서비스의 중요성을 강조하는 것이라 할 수 있다. 셋째, 거리 지역사회(street community)를 설정하고 존경과 신뢰를 상호 작용할 수 있는 분위기를 만드는 것이다. 거리노숙인들은 쉽게 주류 사회에 편입하기도 힘들 뿐더러 쉽게 쉼터에 입소할 수 있는 클라이언트가 아니다. 또한 자신들에게 구체적 서비스를 제공하는 사람들에게도 호의적이지 않을 정도로 사회적 관계는 오랫동안 단절되어 있다. 따라서 아웃리치 팀은 노숙인이 익숙해 있는 현장에서 사회복지 실천을 제공해야 한다. 중요한 것은 동정이나 무관심이 아니라 적절한 공감이다(Fuhr,

1996). 아웃리치 팀이 제공하는 공감은 역량강화(empowerment)를 촉진하고, 클라이언트로 하여금 자신의 환경에서 좀 더 잘 적응할 수 있도록 변화를 가능하게 한다. 넷째, 특정 클라이언트에게 적절한 서비스를 제공하는 적절한 기관을 찾고 의뢰하는 것이다. 예를 들어 클라이언트가 알코올의존 문제를 가지고 있어서 해독 치료와 일정 기간 회복 프로그램 참가가 필요하다면 이러한 치료와 프로그램을 제공하고 있는 알코올 전문 쉼터나 병원을 찾고 의뢰할 수 있어야 한다. 다섯째, 개인이나 기관의 태도와 선입견이 노숙인이면서 알코올의존 문제를 가지고 있는 클라이언트에게 수치심(stigma)을 준다는 점에서 개인과 기관이 가지고 있는 잘못된 태도나 선입견에 도전하고 직면한다. 이러한 목표는 노숙인에게 제공되는 자원에 대한 후원과 자원봉사 인력을 확보하고, 지속적이고 전문적인 아웃리치 프로그램을 실시하기 위하여 실태 조사와 욕구 파악을 통하여 이룰 수 있다.

3) 노숙인 아웃리치의 가치

Erickson과 Page(1998)는 노숙인 아웃리치에서 핵심적으로 견지되어야 할 가치적 요소를 다음과 같이 제시하였다. 이는 사회복지실천 일반에서 견지되는 가치적 요소와 부합한다.

① 인간지향: 모범적인 아웃리치는 노숙인의 인권을 회복하고 노숙인을 인간으로 대한다.

② 클라이언트의 능력, 개별성, 생존 기술을 인정한다.

③ 역량강화(Empowerment)와 자기결정권을 존중한다.

④ 회복 과정에 대한 존중: 행동 수정은 연속적인 과정이다. 보다 안전하고 건강한 활동으로의 진전은 성공적인 것으로 본다.

⑤ 클라이언트 중심의 목표 설정: 서비스 개입 전략은 클라이언트 개인의 욕구와 특성에 부합되어야 한다.

⑥ 존경: 클라이언트를 존중하고 그들의 영역과 문화를 받아들여야 한다. 워커 자신은 손님이며 초대받았다고 본다. 상대의 생활방식을 방해해서는 안 된다. 즉 거리에 혼자 조용히 있고 싶어 하는 권리도 함부로 박탈해서는 안 된다.

⑦ 희망: 워커는 클라이언트를 돕는 데 있어 긍정적이고 현실적인 기대를 유지하면서 희망이 있다고 여긴다. 비현실적인 기대는 좌절과 절망, 무기력, 워커에 대한 분노를 가져온다.

⑧ 친절: 사람들은 따뜻함, 동정, 긍정적인 관심에 의해 치유된다.

⑨ 옹호: 아웃리치를 수행하는 사회복지사는 사회정의를 옹호한다.

4) 아웃리치의 모형

아웃리치에서는 전통적으로 세 가지 모형의 논의가 주를 이루고 있다(Erickson & Page, 1998).

① 연계모형 대 관계지속모형(Linkage vs. Continuous Relationship Model)

연계모형은 주로 클라이언트를 사회복지시설이나 정신건강기관 등과 같은 다른 안정적 서비스 제공자에게 의뢰하는 것을 주로 하는 유형이다. 이 모델은 다소 비효과적인 것으로 드러났는데 연계만을 위주로 하는 서비스는 서비스에 대한 장벽을 만들어 궁극적으로 클라이언트를 놓칠 수 있다. 이를 개선하기 위해서는 사전에 서비스 제공자의 수준과 클라이언트의 기대수준을 맞추어야 하고, 의뢰 과정에서 관계를 지속해야 하고, 정서적 지지를 제공하고, 중간 직원과 함께 일하고, 클라이언트의 욕구와 특성을 공유하고, 필요한 follow-up을 제공해야 한다.

반면 관계지속모형은 워커가 아웃리치를 수행하면서 사례관리자로서의 역할을 계속하는 것이다. 정신질환자로서 욕구를 가진 클라이언트에게 적합하다. 두 가지 이유에

270

서 아웃리치와 사례관리를 구분하기 힘들다. 첫째, 정신질환자들에게 접근하여 치료국면으로 전환시키기 위해서는 신뢰와 지속적인 보호가 필요하기 때문이다. 둘째, 사례관리를 의뢰할 적당한 사례관리 서비스 자원이 부족하다. 비현실적일 수는 있지만, 이 접근이 클라이언트와의 관계형성이나 주거 유지에 효과적이기 위해서는 사례부담(caseload)이 10:1 정도가 적절한 것으로 이야기하고 있다.

② 이동형 아웃리치모형 대 고정형 아웃리치모형(Mobile vs. Fixed)

아웃리치는 대상 집단의 욕구에 따라 유동적일 수도 고정적일 수도 있다. 이는 거리에서, 쉼터에서, 상담보호센터에서, 병원에서, 심지어는 교도소에서도 진행된다. 이동형 모형은 기관의 차량, 직원의 차량, 핸드폰, 무전기 같은 "무거운 장비"를 요한다. 드롭인 센터나 정신질환자를 위한 주간 프로그램, 노숙 밀집지역에서 고정된 아웃리치 프로그램은 많은 수의 클라이언트를 쉽게 접할 수 있고, 직원의 효율성을 높이고, 다른 동기부여 서비스를 제공할 수도 있다.

③ 연속형 모형(continuum)

사례 관리, 적극적인 공동사회 치료, 상담보호센터, 쉼터에서 제공하는 프로그램, 값싸고 안전한 숙소 제공, 주거와 노동지원 프로그램 및 지역사회 연계 등이 연속적으로 포함되는 유형이다. 현실적으로 어렵고 이상적인 측면이 있다.

3. 노숙인 아웃리치의 구체적 활동

노숙인 아웃리치가 현실적으로 작동하기 위해서는 다음과 같은 활동들이 원활하게 실행되어야 한다.

1) 아웃리치 팀의 구성

아웃리치 팀은 다학문적인 전문가의 혼합팀이 이상적이다(신원우, 2000). 우선 아웃리치 팀의 운영과 적절한 자원의 배분과 정보 제공, 전문적인 상담 등을 할 수 있는 사회복지사가 그 핵심 역할을 맡게 된다. 또한 적절한 건강 검진과 진료, 투약을 위하여 의사, 간호사, 약사 등이 중요한 역할을 할 수 있다. 또한 노숙인의 심리 상태의 사정을 위한 임상심리사, 적절한 영양을 측정하고 제공되는 음식물에 대한 검토를 위한 영양사, 이동 차량 운전사 등이 필요하다. 만일 아웃리치 프로그램이 어느 특정한 클라이언트를 표적 대상으로 하고 있다면 좀 더 전문적인 인력을 확보해야 한다. 예를 들어 알코올 및 약물 남용 노숙인을 대상으로 한다면 이러한 클라이언트의 개입에 경험과 지식이 있는 전문가가 현장에서 서비스를 제공할 수 있도록 전문가를 확보해야 하는 것이다.

한편 비전문가들이 아웃리치 팀에 합류할 수 있다(Freimanis, 1993). 비전문가들은 주로 자원봉사로 활동할 수 있는데, 성직자, AA 멤버, 이미용사, 특정 직종 종사자 등을 포함할 수 있다. 예를 들어 알코올 및 약물 남용 노숙인을 대상으로 하는 아웃리치 팀의 경우 이전에 알코올의존을 경험했지만 지금은 단주를 통하여 회복 중에 있는 AA 멤버를 포함시킬 수 있다. 또는 대부분의 클라이언트들이 건설 일용 노동직에 취업하기를 원한다면 다른 직종보다도 이전에 건설업에 종사했던 사람을 아웃리치 팀에 포함시켜 클라이언트가 원하는 정보와 의뢰를 제공할 수 있도록 한다. 또한 이미용 서비스를 위하여 이용사나 미용사 등의 자원봉사자를 포함할 수 있다.

아웃리치 사회복지사 또는 상담원들에 대한 인구학적 기준은 따로 없지만, 아웃리치 팀의 안전과 효과를 위하여 2인 1조로 구성하며, 밤 시간대에는 되도록 여성을 포함시키지 않는 것이 유용한 것으로 알려져 있다(Freimanis, 1993).

2) 대상의 확인과 접촉

모든 잠재적 클라이언트를 다 대상으로 할 수는 없다. 목적과 대상을 분명히 정의해야 한다. 지역적인 한계가 대상 집단을 결정하는 요인이라면 지역의 크기는 반복적인 접촉을 결정한다. 물론 경우에 따라서 사회복지사는 지역을 떠나 잠재적인 클라이언트를 찾는 유연성도 가져야 한다.

아웃리치 사회복지사는 노숙인이 어디에 많이 모여 있는지 사전에 알고 있어야 하며 그곳으로 이동하여 노숙인을 접촉하는 것이 첫 번째 활동이다. 새로운 세팅을 개발하기보다는, 이동 아웃리치 프로그램을 개발하는 것이 더 가능하고 바람직하다. 초기 신뢰는 노숙인들이 이미 신뢰하고 있는 제공자(예, 쉼터 직원)와 연계함으로써 또는 친숙함과 안전감을 만들기 위하여 노숙인과 공격적이지 않은 방식으로 공간을 공유함으로써 형성될 수 있다.

한편으로 정신건강이나 알코올중독, 의료적 문제 등 특정한 욕구를 가진 사람들을 확인하는 활동이 필요하다. 많은 노숙인들은 공식적 정신치료 평가에 참여하기가 불가능하거나 원하지 않기 때문에, 처음에는 아웃리치 사회복지사가 비공식적이고 덜 전통적인 절차로 심각한 정신과적 문제 등 특정한 문제를 가진 사람들을 확인하는 것이 필요하다. 일단 신뢰가 생기면, 아웃리치 사회복지사는 현재 문제나 치료 경력에 대하여 직접적으로 물어볼 수도 있다.

동료 노숙인과 함께 하는 아웃리치는 클라이언트를 찾고 접촉하고 욕구를 사정하는 데 효과적이다. 예를 들어 노숙 청소년을 위한 아웃리치에 참가하는 청소년은 노숙으로 이끌게 된 요인을 이해할 수 있게 하고, 자원에 대한 정보를 공유하고, 안전을 가르치고, 거리의 생활과 처음에는 믿지 않았던 전문적인 어른들의 세계를 연결하는 데 도움을 준다.

3) 관 여

노숙인에게 접근하고 관여하는 기법은 여러 가지가 사용될 수 있다. 잠재적 클라이언트에 대하여 어떻게 사정하고 그것을 수용하게 할 것인가가 중요하다. 많은 노숙인들이 우리 사회에서 시설과 사회적 통제에 대한 부정적 경험을 가지고 있으며 아웃리치 사회복지사가 단순히 그들의 정신건강에 문제가 있다는 것을 이야기하고 정신건강 문제로 사람들을 이끄는 직접적 접근에 대해서 수용적이지 않을 수 있다. 이 과정은 사실상 많은 인내가 필요한 과정이다. Erickson과 Page(1998)에 따르면 5개의 뉴욕 아웃리치 프로그램에서 노숙인과의 관여과정을 수행하는 데 평균 3.9개월이 소요되었다고 밝히고 있다.

Morse(1991)는 이 과정을 '노숙인과 함께 춤을 추는 것'에 비유하며 4단계로 구분하고 있다. 첫째는 '무대세팅'의 과정이다. 클라이언트와 안면을 트고, 초기의 신뢰관계를 형성하는 국면이다. 두 번째는 초기 관여를 위한 전술의 국면이다. 위협적이지 않은 짧은 대화로 접근을 시도함으로써 문제와 상호관계의 영향을 사정한다. 이때 음식, 음료수, 콘돔, 담배, 비타민, 화장품 등 보상물(incentive items)을 제공할 수도 있다. 세 번째는 관여 전술의 진전 국면이다. 클라이언트에게 몸을 내밀고 공동의 관심사를 만들기 시작한다. 클라이언트가 보다 편안해야 필요한 서비스에 접근할 수 있다. 의료 서비스를 받게 하는 등 클라이언트의 욕구에 따른 보상적인 서비스를 제공한다. 마지막으로 네 번째는 아웃리치를 지속하며 관계의 지속성을 추구하는 국면이다. 신뢰관계가 형성되면, 보다 세부적인 서비스 목적과 활동으로 클라이언트를 도울 수 있게 된다. 클라이언트와 동행하여 주거지 찾기, 소득, 의료 등 다가올 상황에 대처하고 서비스를 보다 잘 받을 수 있도록 한다.

다음은 호놀룰루의 건강 보호 프로젝트에서 사용한 성공적인 관여 전략이다(Erickson & Page, 1998).

1. 긍정적인 측면으로 사람들을 대하기

   만나서 돕는 것을 기뻐하는 모습을 보이고, 이전의 만남을 기억해서 이야기하고, 정직하고 겸손하며 정보를 공유한다.

2. 인지된 욕구에 대처하기

3. 긍정적인 강화물(incentive item)을 제공

4. 가능하면 클라이언트의 보조에 맞추기

5. 효과적으로 의사소통하기

   클라이언트와 같은 자세를 취해 눈높이를 맞고 클라이언트가 사용하는 용어, 말의 속도에 맞춘다.

6. 창의적으로 행동하기

   개와 같은 애완동물을 가져가면 전혀 접촉하기 어려웠던 클라이언트와 개를 통해 접촉이 가능하다.

4) 서비스 계획과 사정

욕구 충족을 위한 연계 작업에 앞서 사정작업이 필요하다. 초기에는 직접적인 질문보다는 추측에 의한 사정을 하고 관계가 형성된 후에 직접적인 질문을 한다. 생명의 위협을 주는 욕구에 문제가 있을 때는 즉시 개입을 하여야 한다. 인권과 자기결정을 침해하지 않고 해를 끼치지 않는 범위에서의 개입에 대해 팀과 조직적 방침이 있어야 한다.

아웃리치 클라이언트에 대한 지속적인 서비스는 (a) 클라이언트 욕구, 선호, 목표, (b) 목표에 상응하는 자원과 서비스(클라이언트의 강점과 현존지지 체계를 활용하는 것을 포함)를 확인하는 서비스 계획에 의해 진행되어야 한다(신원우, 2000). 가장 좋은 사정은 명확한 문제(주택과 정신과적 증상)뿐만 아니라 좀 더 미묘한 문제(외로움과 낮은 자존감, 의미 있는 행동에 대한 욕구)를 고려하는 것이다.

과정이 비공식적이고 관여 관계에서 나오기 시작할 때, 사정 절차는 매우 효과적이다. 특히 아웃리치 사회복지사는 현장 관찰, 클라이언트와의 토론에 기반을 둔 초기 사정을 공식화해야 한다. 좀 더 공식적이고, 특정화된 사정(의료적 또는 정신과적)은 궁극적으로 필요한 것이지만, 신뢰 있는 관계가 세워지기 전에는 가능하지 않다.

5) 서비스 활동

아웃리치 프로그램을 통하여 클라이언트인 노숙인이 직접 제공받을 수 있는 서비스는 구체적으로 무엇인가? 여러 연구들을 종합하여 다음과 같이 정리할 수 있다(신원우, 2000). 첫째, 아웃리치 프로그램에서는 노숙인에게 긴급한 필요를 제공하는 것이다. 의식주를 비롯하여 의료 서비스 등이 포함된다. 둘째, 아웃리치 프로그램의 중요한 서비스로서 정보 제공과 서비스 기관 연계가 있다. 신체적 및 정신적 건강 문제의 해결, 쉼터, 취업 등을 필요로 하는 노숙인에게 아웃리치 프로그램 팀이 직접적으로 제공하지 못할 경우 이러한 서비스를 제공하는 기관과 프로그램에 의뢰하고 노숙인으로 하여금 적절한 서비스를 받을 수 있도록 사정하고 연락한다. 셋째, 아웃리치 프로그램은 현장 상담, 재활프로그램 실시, 사례관리 등 대면적 상담 서비스를 제공할 수 있다. 거리라는 환경이 사생활을 보장할 수 있는 상담실이 따로 있지 않기 때문에 현장 상담이나 재활프로그램 실시 등은 매우 어려운 여건이다. 그러나 사회복지사와 클라이언트 간의 신뢰를 바탕으로 접근한다면 현장 상담은 기존 시설에 거부감을 가지고 있는 노숙인에게는 가장 효과적인 원조 서비스라고 할 수 있다. 넷째, 부가적인 아웃리치 프로그램의 서비스로서 거리노숙인 집단을 대상으로 하는 정기적인 조사가 있다. 이는 시기(계절)에 따른 욕구 파악과 Follow-up 조사 등을 포함한다. 특히 알코올 및 약물 프로그램, 정신질환 연계 서비스 등을 제공한 후에 거리에서 정상적인 생활을 유지하고 있는지에 대한 follow-up 조사는 아웃리치 프로그램 팀의 협조하에 가능한 것이 된다(Freimanis, 1993; Morse et al, 1996). 다섯째, 아웃리치 프로그램에서 제공되는 기타 구체적 서비스로서 전화, 교통, 이미용 서비스, 목욕 서비스, 세탁 서비스 등을 포함할 수 있다. 이러한 서비스는 노숙인이 의뢰된 기관으로 이동 또는 연락하는 데 유용하다. 때로는 거리에서 위생을 유지하기 위하여 면도기, 칫솔, 비누 등을 담은 생필품 키트를 나누어주기도 한다(Tommasllo et al., 1990). 마지막으로 아웃리치 프로그램은 노숙인 권리를 위한 홍보 및 옹호, 캠페인을 포함한다. 앞서 서술했듯이 거리노숙인의 경우 청결을 유지하지 못하고 일부 노숙인의 경우 거리에서 술을 마시는 것이 관찰되기 때문에 선입견과 수치심 및 낙인으로 인해 서비스 체계에 쉽게 접근하지 못한다. 그러나 아웃리치 프로그램을 통하여 거리노숙인의 실태를 파악하고 일반인에게 원조에 대한 필요성을 알리고 지속적인 프로그램이 진행되도록 노력한다. 또한 거리노숙인으로 하여금 자신들을 위한 역량강화(empowerment)를 목표로 자조집단, 캠페인 등의 활동을 통하여 나름대로의 공동체를 만들도록 원조하는 것도 아웃리치 프로그램의 중요한 활동이라 할 수 있다(Fuhr, 1996).

① 서비스 연계

많은 노숙인들은 어떤 서비스가 어떻게 이용 가능한지를 모른다. 워커는 이용 가능한 자원을 알아야 하고 서비스 제공자들과의 관계를 돈독히 해야 한다. 또한 노숙인 지원체계를 넘어서는 지원에 대해서도 연계가 가능해야 한다. 노숙인에게 우호적이지 않은 전반적 사회보장체계나 여타 영역의 주민생활지원의 공공/민간 체계 등이 해당한다. 이와의 연계를 원활하게 하는 것은 아웃리치 사회복지사의 책임이다.

아웃리치 사회복지사의 주요 과업은 클라이언트를 필요한 서비스와 자원에 연결시키는 것이다. 필요한 자원은 아웃리치 팀이 직접적으로 제공하지 못하거나 조절하지 못하는 것이 많을 수 있다(예: 사회보장제도, 바우처 제도 등). 따라서 연계 활동은 클라이언트가 필요한 자원을 받도록 확신하는 것이 필요하다. 클라이언트나 시설에 대한 간단한 언어적 의뢰만으로 충분하지 않다. 예를 들어 어떤 클라이언트는 특히 그들이 단독으로 행동하기를 좋아한다면, 시설과의 상호작용에 거부적일 수 있다. 또는 스스로 협상할 수 있는 능력에 심각하게 해를 끼치는 지적 및 사회기술 손상을 가질 수 있다. 어떤 클라이언트는 기관 소재지에 도달하는 교통편이 없을 수 있다.

서비스 연계에 대한 중요한 시설의 장애물이 있다. 그것들은 신청 절차(긴 시간과 요구), 거칠고 단념하는 노숙인 클라이언트에 대한 직원의 태도, 신청이 지연되거나 상실하게 되는 관료적 비효율성, 장기 대기 리스트와 클라이언트 욕구의 수준을 충족시키는 충분한 자원의 부재 등이다. 결과적으로 아웃리치 사회복지사는 성공적으로 연계시키는 다양한 활동을 취해야 한다. 이러한 활동들은 언어적 의뢰, 교통편 제공, 클라이언트 동행, 신청과 인터뷰 완성 원조, 클라이언트 욕구의 문서화 제공, 특정한 클라이언트 대신 사례 옹호 수행을 포함한다.

행정적 수준에서의 계급 옹호는 클라이언트를 위한 서비스 접근에 도움이 될 수 있다. 아웃리치 프로그램이 중요한 자원을 조절할 수 있다면 더 효과적이다. 예를 들어 좀 더 포괄적인 평가를 수행하고 치료를 제공하는 데 유용한 심리치료사가 있는 것(비록 파트타임이라도)은 공공 정신 건강 클리닉의 정신과 의사를 만나도록 조정하는 노력보다 더 효과적일 수 있다. 후자의 경우, 많은 문제가 발생할 수 있다. 클라이언트가 공식적 정신건강 센터에 가는 것을 거부하거나 두려워하는 것, 약속시간을 잡기 전에 긴 시간 대기해야 함, 거주 요건, 광범위한 신청, 인터뷰 절차 등 기관 정책을 포함한다.

적어도 음식, 의복, 쉼터, 샤워, 세탁, 기본적 의료 등 기본적인 욕구는 노숙인이 원할 경우 채워질 수 있도록 아웃리치 팀에서 대안을 반드시 준비하도록 한다. 어디서 욕구를 채울 수 있는지 모르는 클라이언트나 아직은 채울 의사가 없는 클라이언트에게는 어디서 어떻게 서비스를 제공받을 수 있는지를 알려 주거나 직접 데려가 준다.

② 상담 활동

상담 활동은 아웃리치 사회복지사와 클라이언트 간의 관계에서 발생한다. 이러한 상담 활동은 클라이언트로 하여금 자기 자신과 환경을 더 잘 이해하고, 상황에 대처하는 새로운 기술과 태도를 학습하고, 다른 생활을 선택하도록 돕는다. 아웃리치 사회복지사는 상담 스타일에 유연할 필요가 있다. "상담 회기"의 길이, 공간, 위치는 매우 다를 수 있다. 아웃리치 사회복지사는 자주 "자동차 치료(car therapy)"—클라이언트의 감정과 적응 전략을 토론하는 필요한 자원을 얻기 위하여 차로 운전해 주는 기회를 사용함—를 수행할 수 있다. 유사하게, 지시적이거나 비지시적인 접근은 내용과 주어진 문제의 긴급성에 따라 혼합될 수 있다. 예를 들어 아웃리치 사회복지사는 자주 클라이언트에 대한 긍정적인 존경을 이야기하면서 부정적인 자아상을 변화시킬 수 있는 클라이언트 중심의 접근을 사용한다. 한편 아웃리치 사회복지사는 어떤 행동과 경험을 정신과적 의약으로 도움 받을 수 있는 정신과적 증상으로 확인하고 명명하는 직접적이고 정신교육적인 접근을 사용할 수 있다. 마지막으로 상담 회기는 복잡하고 미묘한 이슈를 해결할 수 있다. 예를 들어 상담을 통하여, 한 클라이언트는 자신이 상처받고 분노를 느낄 때 자기 손상의 에피소드가 반복해서 발생한다는 것을 알 수 있다. 그 다음에, 사회복지사는 적절하고 언어적으로 자신의 감정을 표현하는 방법을 찾도록 돕는다.

③ 관계 유지와 지지

초기의 관여 활동은 클라이언트에 접근하고 신뢰를 개발하고 활동 연합을 개발하기에 유용하다. 하지만 이러한 유용성은 사실 잘 나타나지 않으며, 관여는 지속적인 과정이 될 필요가 있다. 연계 서비스와 상담 활동을 제공하면서, 클라이언트와 치료적 활동 연합을 유지하는 것이 중요하다. 아웃리치 사회복지사는 클라이언트와의 만남에서 지속적으로 보호적이고 공감적이어야 하며, 기꺼이 그들 자신의 영역에서 클라이언트를 지속적으로 만나는 것이 필요하다. 서비스 체계 문제와 클라이언트 이슈 때문에 과정은 느릴 수 있으며, 평탄하지 않을 수 있다. 정신질환 노숙인은 위기에 취약하며, 서비스 목표와 아웃리치 사회복지사와의 관계의 유지에 대하여 혼란스러울 수 있다. 직원은 몇몇 "접근과 회피" 행동을 예상하고 용인해야 하는데, 이것들은 목표가 외부로 나타나는 것을 지연시키고 사회복지사의 수용과 경계를 테스트할 수 있다.

④ 옹 호

권리를 박탈당하거나 차별받는 클라이언트에 대한 옹호가 필요하다. 많은 지역사회
에서는 노숙인을 범죄자와 동일시하는 경향이 있다. 강제침입, 거리 배회 등으로 체포
되고, 법률은 노숙을 금하는 장치로 이용되고, 이는 노숙인들을 압도하며 아웃리치에
역효과적이다.

아웃리치 팀은 전문성과 객관성도 필요하지만 기본적으로 거리노숙인을 옹호하고 지
지하는 일에 대한 사회적 책임을 승인 받은 것이므로 이들에 대한 옹호와 홍보, 지역사
회에 대한 교육과 편견 감소를 위한 활동에 기본적으로 초점을 두어야 한다.

4. 과제와 제언

아웃리치는 사회복지실천의 다른 영역보다도 노숙인 복지의 경우에 훨씬 더 중요하
다. 그리고 우리나라의 노숙인 보호사업에서도 그 초기부터 수행되고 있다. 초기의 단
순 단속과 귀향유도 조치에 비해서는 현재의 현장접근 활동은 많이 개선되었고 사회
복지실천으로서의 기능도 보완되었다. 하지만 아직도 아웃리치 프로그램으로서는 부적
절한 요소들이 많이 포함되어 있어 개선의 여지들을 낳고 있다.

가장 대표적인 것은 공무원들에 의한 노숙인 현장접근의 형식성과 부적절성이다.
실제에서는 노숙인의 욕구가 아니라 공무원들이 거리의 노숙인을 다른 곳으로 보내거
나 입소를 유인하기 위한 방책으로 활용되고 있다. 때문에 기본적인 상담이나 사회복
지실천 대면활동의 원칙마저 전혀 견지되지 않는 주먹구구식의 '설득과 유도' 혹은 '어
르기(?)'가 노숙 현장에서 난무하는 상황이 발생하기도 한다.

서구의 경우 노숙인에 대한 사회복지서비스의 아웃리치 활동의 주요한 현장이 노숙
인 긴급쉼터가 된다. 이는 노숙인이 쉽게 활용하고 있는 긴급쉼터를 대상으로 사회복지

나 보건 자원들이 현장접근을 전개한다는 것이다. 우리의 상황에서는 쉼터로 이전시키는 것이 현장접근의 기본임무처럼 인식되고 있다. 쉼터가 아웃리치의 주 대상이 된다는 말은 우리나라의 현장에서는 좀 생소하게 들리는 말이 된다. 이는 우리나라 노숙인 복지체계 전반의 왜곡이 아웃리치 서비스의 비전형적 양상을 유발하고 있는 상황인 것이다. 노숙인 복지와 다른 영역 전문 서비스 간의 서비스 통합성이 취약하다.

노숙인 아웃리치와 관련된 업무를 진행해 본 실무자라면 그 일의 어려움을 잘 알고 있을 것이다. 결코 쉽게 달성될 수 없는 과제이다. 특히 핵심적으로 중요한 관여 (engagement)가 제대로 이루어지려면 상당한 시간과 노력이 투입되어야 한다. 때문에 이 어려움에 압도된 나머지 아웃리치를 형식적인 서비스 정보 안내나 소극적 활동으로 국한시키는 경우가 나타나기도 한다.

하지만 ACCESS와 같은 노숙인 아웃리치 프로그램이나 패트롤 같은 당사자 중심의 현장접근, 우리나라에서 민간 당사자옹호단체에 의한 실천단 아웃리치 활동과 같이 상당한 평가를 받는 프로그램과 활동도 많다.

Erickson과 Page(1998)는 성공적인 아웃리치를 수행하는 사회복지사의 자세와 특성을 다음과 같이 묘사하고 있다.

○ 건전한 판단, 직관, 거리(street) 감각: 자신과 클라이언트의 안전을 보살피며, 건전한 상식을 활용한다. 이를 위해 동료와 동행하고, 폐쇄되거나 외딴 지역, 위험한 지역을 피하고, 경찰과 관계를 형성하고, 전화를 휴대하고, 적당한 복장을 하고, 행동하기 이전에 상황을 먼저 파악한다.

○ 비심판적 태도: 워커의 개인적인 믿음에도 불구하고, 클라이언트의 행동이 도덕적으로 판단되어서는 안 된다.

○ 협동적인 활동: 거리에서 이차적인 견해가 필요할 때 언제 도움을 요청해야 할지 알아야 하며, "팀"을 통한 서비스를 전달한다.

○ 유연성: 일의 우선순위, 스케줄, 치료 계획 과정과 내용에 유연성을 가진다.

○ 현실적인 기대: "결과 없음에 대한 기대"를 가진다. 클라이언트를 '치료'하거나 '구제하지' 못할 수도 있음을 이해한다. 동시에 끊임없이 노력한다.

○ 약속에 대한 책임(Commitment): 언행이 일치되고 끈질겨야 한다. 자기가 하기로 말한 바를 행하고 행할 수 있는 약속만 한다.

○ 적은 것이 많은 것이다. 강렬하고 비용이 많이 드는 치료, 직업적인 거리감, 완고함, 주제넘은 개입, 지시적인 태도는 적을수록 좋다.

○ 이타심: 아웃리치 활동 자체에서 보람을 느낀다: 정신적인 만족감, 학문적인 관심의 심화 등

○ 유머 감각: 어려운 상황에서도 유머를 발휘하는 것이 중요하다.

○ 창의성과 재치

○ 문화적 초월성: 인종, 성(性), 트랜스젠더, 생활양식, 연령 등을 초월한다.

○ 쾌활성: 쾌활하고 무던하다. 클라이언트 추적, 스트레스, 희소한 자원, 변하지 않는 클라이언트와 같은 환경 속에서도 일을 지속하기 위해서는 이런 문제를 자신의 문제로 보지 않고 극복한다.

개별 기관의 수준에서는 아웃리치 직원에 대한 면밀한 준비와 교육에 신경 써야 한다. 그리고 아웃리치 직원에 대한 지지, 옹호 체계를 구축해야 하며 지속되는 토의와 윤리적 이슈에 대한 검토기회를 제공해야 한다.

지역사회의 수준에서는 산재한 자원을 이용하기 위해 "아웃리치 연합"을 형성하여 시작하는 것이 좋다. 한편으론 성공적인 스토리를 공유한다. 이를 통해 사회복지사를 고무시키고, 클라이언트에 희망을 주기도 한다. 후원자, 정치가, 정책 입안자에게 필수적이다.

특히 공공 혹은 공식 기관과 민간부문 혹은 비공식 체계나 당사자 옹호조직 등의 동반자 관계 형성이 중요하다. 아웃리치 서비스에서의 협력관계는 특히 그 폭이 넓게 구축되어야 한다. 이를 지역사회 동반자 관계로 표현할 수 있다. 경찰, 주택관리사, 서

비스 제공자, 종교인, 교육계, 행정조직체 등 다양한 연계가 중요하다.

우리 사회 노숙인 복지의 실태를 감안할 때 노숙인이 필요로 하는 서비스를 효과적으로 제공하기 위해서는 아웃리치 서비스의 다음과 같은 조건을 고려해야 한다고 지적하고 있다(신원우, 2000).

첫째, 기본적으로 노숙인에게 제공될 수 있는 아웃리치 서비스와 프로그램이 준비되어야 한다. 예를 들어 알코올의존 노숙인을 거리에서 접촉하게 된다면 그 사람을 해독하고 알코올의존에서 회복할 수 있는 프로그램이 있는 전문 쉼터 또는 병원에 의뢰해야 하지만 아직까지 이것이 원활하지 않은 채 만나기만 하는 경우가 많다. 따라서 아웃리치 팀에는 의식주뿐만 아니라 다양한 서비스를 제공할 수 있는 쉼터와 기관, 특히 상담보호센터 및 지역사회의 일반 사회복지체계가 뒷받침되어야 한다.

둘째, 아웃리치 프로그램의 중요성을 인식하고 이를 위한 지속적인 활동과 인내가 필요하다. 어느 한 시기에 끝나는 프로그램이 아니라 지속적으로 거리에서 만나는 노숙인의 이름과 안면을 알 수 있어 충분한 신뢰관계를 맺는 것이 효과적인 아웃리치 프로그램이라 할 수 있다. 아웃리치 프로그램에서 가장 중요한 것은 정기적이고 일정한 프로그램을 통하여 신뢰를 구축하는 것이다.

셋째, 아웃리치 프로그램을 위한 다양한 전문가들을 아웃리치 팀에 주요 구성 인력으로 포함시키고 일관된 미션과 구체적인 프로그램을 개발하고 공유할 수 있는 교육이 제공되어야 한다. 사회복지사, 의사, 간호사, 심리치료사, 영양사, 취업 상담 전문가 등 다양한 전문가가 한 팀이 되어 중복되지 않고 적절한 수준의 서비스를 제공할 수 있도록 하는 연계가 필요하며, 이에 따라 전문적인 교육이 필요하다. 경우에 따라서 특정 클라이언트를 위한 소규모 아웃리치 프로그램이 있을 수 있다. 그러나 이러한 프로그램이 너무 비체계적으로 실시될 경우 전문성이 떨어지고 클라이언트에게 중복된 서비스를 제공함으로써 낭비를 초래할 수 있다. 따라서 한 지역에서 프로그램하고 있는 아웃리치 팀 간의 정보 및 인력 교환이 가능한 연계 시스템이 구축되고 다양한 전문가들이 참가하고 적절한 역할을 할 수 있도록 해야 한다.

마지막으로 거리노숙인에 대한 지속적인 관심과 지원이 필요하다. 거리노숙인은 노숙인 중에서도 가장 취약하고 위기 상태에 있는 집단이라 할 수 있다. 그러나 거리노숙인에 대한 지속적인 관심을 통하여 아웃리치 프로그램이 활성화된다면 거리노숙인의 많은 문제들이 경감될 수 있다.

거리노숙인의 수를 감소시키기 위한 아웃리치가 아니라 원론에 충실한 아웃리치 활동의 중장기적 결과로 거리노숙인의 위기량과 수가 감소되도록 해야 할 것이다.

Fuhr(1996)는 아웃리치 프로그램에서 활동하는 사회복지사를 위한 교육책자에서 노숙인 자체의 역량강화(empowerment)를 위한 공동체(community) 형성을 제안하고 있다. 구체적 방법으로 알코올 및 약물 의존에 대한 자조집단 형성, 예술 치료와 작품 발표, 훈련과 격려를 통한 공동 지도자(peer leadership) 개발 등을 지적하였다. 결국 이러한 서비스는 아웃리치 프로그램에도 단계가 있음을 나타내고 있다. 즉 단순한 말벗에서 구체적 서비스의 전달, 서비스 체계로의 의뢰와 연계, 그리고 의존감과 수치심을 버리고 지역사회에서 통합할 수 있도록 공동체 형성을 통한 역량강화 서비스까지 클라이언트에게 미치는 영향과 실질적인 서비스의 질에 따라 발전될 수 있음을 시사하고 있다. 이러한 활동 속에서 가장 중요한 요소는 바로 사회복지사와 클라이언트 간의 신뢰 관계의 구축이라는 것을 많은 연구에서 강조하고 있다.

제11장 노숙인과 노동·자활

가난한 사람이 즐거운 일과 여가(레저)를 가질 수 있다는 생각은 부자들에게는 늘 충격
적인 것이었다.

버트란드 러셀, 1935

1. 노숙인과 자활지원

어느 나라나 마찬가지겠지만 우리나라에서도 노숙인에 대한 가장 큰 편견 중의 하
나가 일하려 들지 않는다는 것이다. 하지만 이는 사실과 다르다. 그리고 노숙인을 적
절한 근로활동에 연계시키고 이것이 자활의 과정으로 이어지도록 하는 것은 노숙인
복지사업의 궁극적인 지향이 된다. 물론 이는 다른 사회복지서비스의 영역에서도 마찬
가지로 선언되고 있으나 특히 노숙인은 다른 서비스 대상자들보다는 사회적 기능수준
이 높은 편이므로 자활지원 서비스는 특히 중요한 의미를 가진다.

노숙인의 노동과 관련되어 '자활'이라는 용어가 사용되곤 한다. 원래 자활을 보다
넓은 의미로 사용할 때는 경제적 의미나 노동의 영역에 국한된 것은 아니지만, 좁은
의미로 '자활프로그램'은 경제적 혹은 노동연계와 관련된 활동을 의미하곤 한다.[62] 이
와 대비되어 노숙생활과 관련된 심리사회적 적응의 문제에 대해 이야기할 때는 '재활'
이라는 용어를 흔히 사용해 왔다.

노숙생활을 통해서 노숙인이 심리사회적으로 취약한 특성을 가지게 되는 점은 분명

---

62) 이에는 우리나라의 공공부조인 국민생활기초제도와의 관련성도 있다. 국민기초생활보장제도
의 급여 중 '자활' 급여가 주로 수급권자에 대한 근로연계와 관련되고 있기 때문이다.

하다고 하겠다. 노숙인의 이러한 특성 요인은 노숙인의 재활과 자활에 저해요인으로 작용하고 있다. 지금까지의 노숙인 자활사업에서의 경험을 통해 살펴보면, 동일한 자활사업에 노숙인과 노숙을 하지 않는 빈곤층이 같이 프로그램에 참여할 경우 노숙인들이 상대적으로 사업에서 이탈하고 프로그램 효과성이 낮게 나타나고 있었다. 노숙생활에 이르기까지의 과정에서 나타낸 대처기술(coping skill)이나 생활 패턴 혹은 노숙생활에서 얻게 된 대처기술이나 생활패턴으로는 정상적인 사회경제생활을 하기가 어렵다고 볼 수 있다.

보통 재활과 구별하여 자활을 이야기할 때, 자활은 주로 경제적인 활동 측면에만 초점을 두어 이해하기 쉽다. 그러나 노숙인의 '자활'이라고 말하는 가운데는 몇 가지 의미가 동시에 담겨 있다. 그리고 현실적으로 재활과 자활을 완전히 분리하여 논의하기 어렵다는 사실 때문에 우리나라의 노숙인 보호사업 초창기부터 이 연계에 대한 논의는 많이 이루어져 왔다. 먼저 육체적·정신적으로 노동능력과 의지를 상실한 사람들의 노동의욕을 고취하는 '재활형 자활'의 의미가 있다. 다음으로는 실직상태이거나 극히 불안정한 생계수단을 가진 사람들에게 취업 내지 창업 기회를 제공하거나 이에 필요한 능력을 갖추도록 지원하는 과정이다. 이것은 일반적인 의미의 '자활'로써, (장기적인) 실직상태로부터의 탈출을 목표로 한다고 볼 수 있다. 마지막으로 불안정하게나마 생계수단을 가진 사람들이 보다 안정적인 고용 및 생업 환경을 조성하여 독립적인 생활이 가능하도록 하는 것을 '자립형 자활'이라고 한다(정은일·김수현, 2000).

일반적으로 자활이란 '재활 → 자활 → 자립'의 과정을 거친다고 할 수 있다. 그러나 노숙인에게 있어서는 이 중 재활의 단계가 다른 사람들과 비교하여 길 수밖에 없다. 이미 오랫동안의 노숙생활을 통해 앞서 언급했던 바와 같은 특성이 나타나 심신이 무기력해진 경우가 많기 때문이다. 더구나 노숙에 이르기 전의 궁핍한 생활과 가족해체 등으로 인해, '일' 이전에 심리적 안정과 근로의지를 다지는 것이 더 중요할 수 있다. 따라서 노숙인 자활프로그램에서는 이와 같은 재활, (좁은 의미의) 자활, 자립의 요소를 모두 고려한, 장기적이면서 단계적인 접근이 필요하다. 노숙인에 대한 노동연계 혹은 관련 프로그램에는 이러한 점이 감안되고 있어야 한다는 것이다.

위에서 살펴본 바와 같이 노숙인 자활지원은 '재활', '(좁은 의미의) 자활', '자립'의 세 가지 요소를 포함하고 있다. 따라서 노숙인 자활지원의 내용 역시 이들 세 요소를 적절히 조합하는 것이어야 한다. 노숙인 자활지원의 구성요소를 정리해보면 다음과 같다(정은일·김수현, 2000).

우선 노숙인들이 스스로 자립해야겠다는 의욕을 고취하는 것이다. 노숙인들은 오랜 불안정 생활로 자포자기에 빠지거나, 일부 번 돈도 계획적으로 관리하기보다 곧장 소비하는 경향이 강하다. 따라서 상담 등을 통해 자립하고자 하는 욕구를 불러일으키는 것이 일차적으로 필요한 단계라고 할 수 있다. 아울러 시간이나 비용을 효율적으로 활용할 수 있는 자기관리 훈련 등도 병행되어야 할 것이다. 물론 이는 자활이 아닌 심리사회적 재활프로그램으로 논의될 수도 있으나, 자활공동체 사업을 포함한 노숙인 자활사업은 이를 포괄하는 수준에서 추진되어야 한다.

두 번째는 규칙적인 '일'에 적응하면서 체계적으로 준비하는 과정이다. 작더라도 쉽게 성취감을 느낄 수 있도록 각자에게 맞는 과제와 일을 부여함으로써, 더 높은 단계의 '일'에 적응할 수 있는 준비를 하는 것이다. 자동차운전교육, 영농교육, 창업정보 수집 및 훈련 등을 통해 새로운 분야를 접하는 가운데 보람을 느낄 수 있도록 유도한다. 아울러 자신들이 원하는 분야가 있다면, 그에 대한 시장조사 및 필요한 기능습득 과정도 포함된다. 이 단계에서는 규칙적인 출퇴근이나 시간관리, 목표달성 등을 점검하는 과정이 필요하다.

세 번째는 각 개인의 직업경력이나 욕구, 재정준비 정도를 감안하여 적합한 창업 및 취업처를 알선하는 것이다. 필요하다면 전문적인 직업훈련을 이수할 수 있도록 알선하며 자금지원도 알선한다. 각 쉼터가 가진 정보나 노하우만으로 이 같은 지원이 어려운 경우가 많기 때문에, 고용안정센터, 근로복지공단, 소상공인지원센터 등을 통해 필요한 지원을 받을 수 있도록 유의한다.

네 번째는 후속관리 및 지원이다. 취업이나 창업에 성공했다 하더라도 해당 쉼터는 노숙인에 대한 지속적인 연계를 통해 안정적인 근로참여가 가능하도록 유의한다. 특히 공동체 창업의 경우에는 쉼터 종사자와 구성원, 그리고 구성원들 간의 인간관계 조정 등에 주의해야 할 것이다.

2. 노숙인 노동연계지원의 유형

현재까지 우리 사회에서 노숙인 노동지원 프로그램 혹은 자활지원사업 등에서 노숙인에게 근로기회를 주고 이를 프로그램화하여 지원한 유형은 자활공동체 사업, 일자리 지원사업, 공공근로 사업 등 몇 가지가 있다.

1) 노숙인 자활공동체 사업

이는 우리 사회에서 기존에 이루어져 오던 자활사업, 특히 국민기초생활보장제도 이후 제도화된 자활공동체 사업들을 노숙인 대상으로 운영하는 시도이다.

노숙인 자활공동체 사업은 경제적인 자립의 의미가 중요하지만 동시에 과거에 혹은 현재까지 지녀왔던 생활패턴과 그로 인한 심신의 상처로부터 벗어나는 것이 동시에 관철되어야 한다. 즉 노숙인 자활공동체 사업은 '노숙인이 즉각적으로 경쟁적인 시장 경제활동에 참여하기 어려운 상황에서 보호적이고 교육적인 성격의 직업활동을 통해 정규적인 사회활동에 참여할 수 있는 심신의 능력과 기반을 마련하고자 하는 집단적 형태의 프로그램'이다.

사실상 현재와 같은 경제 여건에서 특정 자활공동체 사업내용이 '벤처기업'처럼 획기적 수익구조와 자립자금 마련으로 이어지기를 기대하기는 어렵다. 따라서 즉각적인 수익성 창출(물론 이것도 대단히 중요한 목표에 해당하지만)보다는 참여 성원의 생활과 직업활동 패턴에 대한 교육적 효과에도 큰 비중을 두어야 한다.

　우리나라에서 노숙인 자활공동체 사업 프로그램은 노숙인 재활프로그램과 함께 1999년 동절기부터의 '노숙인 자활사업 지원'의 일환으로 수행되었다. 이는 각 노숙인 쉼터에서 입소노숙인을 대상으로 진행하고자 하는 프로그램을 공모양식에 따라 신청하면 그 적절성이나 현실성에 따라 지원 여부가 결정되고 지원예산의 규모가 결정되는 방식이었다. 따라서 얼마 전까지 자활사업 진행 경험이나 지역사회의 자원과 정보를 확보한 곳(예를 들어 자활후견기관 등)에서 주관한다기보다는 특정한 1개 쉼터 내의 입소자 대상 프로그램의 모습을 갖추는 경우가 많다. 이는 사업이 일반 자활공동체 사업에 비교해서도 태생적으로 소규모, 영세성, 비전문성 등의 양상을 나타내는 중요한 이유가 되었다. 즉 자활사업의 연장선상에서보다는 입소 보호 프로그램의 연장선에서 이루어지는 양상이었던 것이다. 초기의 업종 등을 살펴보면 노상판매 관련, 재활용 사업, 건축물 개보수 등 건설노동 관련, 사육과 재배 등 농업 관련, 봉제·유리 등의 작업장 형태, 음식점·수선점 등의 창업 등이 주된 것으로 나타나고 있었다. 자활후견기관 등 지역사회 내의 자활사업 관련 자원과 연결되지 않은 쉼터의 경우에는 특히 노상판매나 입소 노숙인 개인 혹은 2-3인의 적은 인원에 맞추어진 '비공식 부문 창업 지원'의 형태를 띠는 경향이 있다.

　이러한 상황에 대해 노숙인 자활공동체 사업은 많은 한계를 안고 있으며 많은 기관의 평가와 분석에서 다음과 같은 부족한 공통적인 요소들이 발견되었다(정은일·김수현, 2001).

　첫째, 치밀한 계획의 부족과 이에 따른 프로그램의 운용 문제이다. 자활공동체라고 하지만 진정한 의미의 자활공동체라고 할 수 있는 곳은 많지 않다는 것이 현재까지의 평가이다. 소수의 의견에 따른 즉흥적인 아이템이 사업화되어 실패를 전제로 하고 있다고 볼 수 있으며, 이 경우 예산 낭비의 원인이 되기도 한다. 노숙인 자활이 말처럼 쉽지 않은 것처럼 보다 정밀한 분석과 이에 따르는 장기적인 계획, 그리고 대상자와의 꾸준한 관계 유지가 필수적임에도 불구하고 이런 요소들이 간과되고 있는 것이 문제로 나타나고 있다.

둘째, 사업의 주체가 불명확하다는 점이다. 사업의 주체가 기관인지, 개인인지 불명확한 계획들이 있다. 자활사업에 따른 예산지원의 한계가 분명한 상황에서 충분한 준비와 조사 그리고 미래를 예측하는 전문성이 떨어지기 때문에 지원되는 예산만으로 자활사업을 진행하기에는 한계가 있다. 기관의 적극적인 개입과 이에 따르는 입소자의 책임성이 요구되지만 프로그램을 진행하는 사람들을 위한 프로그램이 될 수밖에 없는 소지를 안고 있다.

셋째, 전문성의 부족이다. 전문성의 부족은 여러 가지 요소로 나눌 수 있다. 실무인력의 부족과 전문인력의 지속적인 관심을 위한 예산의 부족, 사례관리 여력부족, 개인이 노력을 강제할 수 없다는 면 등으로 볼 수 있을 것이다. 그러나 예산의 지원이 기관의 책임성을 떨어뜨리는 경우가 있기도 하다. 따라서 이의 극복을 위한 기관과 개인의 자생력 강화도 요구된다고 하겠다.

넷째, 참여 인력의 이동에 따른 지속적인 사업 진행의 어려움이 가중되고 있으며, 이는 사업 실패의 가장 큰 요인으로 작용하고 있다는 점이다. 많은 기관의 프로그램이 소수를 위한 사업으로 전락하고 있으며, 이는 예산의 비효율성 논쟁을 불러일으키고 있다. 요컨대 입소자의 이동이 잦은 기관의 자활사업을 애초부터 실패를 안고 시작한다고 할 수 있다.

다섯째, 임금보전 문제, 사업의 연속성 문제이다. 자활사업이 궤도에 오를 가능성—일정한 수입이 보장되고 자신의 직업으로 정착될 수 있기까지—이 있다 하더라도, 그 과정과 일에 참여하지만 수입이 보장되지 않는 것이 자활사업의 지속적인 추진을 어렵게 하고 있다. 사업의 연속성이 부족하다는 것은 두 가지로 볼 수 있는데, 입소자(사업 참여자)의 교체와 지원의 지속성 문제이다. 매번 지적되는 문제이지만 1/4분기 예산 지원의 어려움이 계획의 변경을 가져오고 사업진행을 어렵게 하는 요소로 작용하고 있다는 점이다.

때문에 상당히 여러 종류의 자활공동체 프로그램이 쉼터 기반으로 이루어졌지만 중장기적으로 안정된 성과를 가지고 유지되는 프로그램은 찾기 어렵다. 몇 해간의 경험을 거치면서 노숙인 자활사업이 자활에 관한 노하우를 가지고 있는 자활후견기관 등 지역사회자원과 결합이 필요함이 인지되었다. 이후 각 쉼터별 노숙인 자활공동체 사업 프로그램은 그 양은 줄어들면서 대신 지역사회 사회복지자원과 결합된 자활공동체 사업으로 재편이 이루어지고 있다.[63]

노숙인과 관련된 자활공동체 사업으로 비교적 지역사회에 정착되어 안정적 사업 형태를 견지하고 있는 한 사업의 사례를 살펴보면 다음과 같다. 이는 경기 지역의 '짜로 사랑'의 사례이다.

---

63) 정은일(2001)은 초기 노숙인 자활공동체 사업에 대한 평가를 통해 자활후견기관 등과의 연계 이슈에 대해 다음과 같이 제기하였다. "노숙자 자활공동체 사업은 '노숙자' 관련 사업 영역과 '자활공동체' 관련 사업 영역의 결합이다. 그리고 사실상 이 두 영역이 사업이 항상 밀접하게 연관되어 있지는 않았다. 그러므로 자활후견기관 등에서 노숙인을 자활공동체 사업의 참여 대상으로 포괄하기 위해서는 노숙인의 특성 부분, 그리고 '재활'의 성격에 대한 이해가 필요하다. 그러나 더욱 중요하게는, 지금까지 많은 경우가 그랬듯이 쉼터에서 자활공동체 사업을 추진할 경우, 자활후견기관 등 자활공동체사업에 대한 지식과 정보가 축적된 곳과 긴밀히 연계를 가져야 하며 자활공동체 사업의 원칙과 내용에 대한 이해가 매우 중요한 과제가 될 것이다(정은일, 2001)."

사회적 기업을 지향하고 있는 짜로사랑

2002년 4월에 수원의 노숙인 쉼터인 '해뜨는 집'과 수원희망자활후견기관의 연계를 통해, 수원시 장안구 송죽동에 10평 남짓한 '우리콩두레 두부사업단'이 발족하였다. 수원 지역 노숙인과 지역 수급자들이 자활, 자립할 수 있는 사업의 일환으로 만들어진 것이었다. 쉼터에 입소해 있는 노숙인의 개인적 이력과 능력에 기초하여 만들어 졌고 초기에 어려움도 많이 겪었으나 실무자와 공동체 참여자의 헌신적인 노력으로 2003년 8월, 25평 되는 곳으로 공장이전을 하면서 부족했던 기계와 장비들을 갖추고, 주위로부터 두부의 품질 또한 인정을 받기 시작했다. 이후 수원, 서울우리농촌살리기운동본부의 적극적인 지원 아래 우리콩두레 두부가 전량 공급계약을 맺으면서 우리콩두레는 한발 두발 자활공동체로 정착할 수 있는 기틀을 만들었다.
우리콩두레의 공급현황을 보면 우리농촌살리기운동본부(수원, 서울, 청주, 인천 지역 학교급식), 영통유기농(안양, 평촌, 수지), 희망자활 해냄유통사업단(수원 지역, 안양, 산본, 안산, 양지) 등이다.
이후 우리콩두레 사업단이 성장하면서 사회적 기업으로의 전망을 지향하여 2004년 7월 짜로사랑회로 창단결의를 가지게 되었다. 짜로사랑회는 창단 시 2020년까지의 중장기 계획과 참여자의 '노후준비'와의 연계 등을 수립하였다.

짜로사랑회의 창립목적을 다음과 같이 밝히고 있다(http://cafe.daum.net/jjarolove).

♣ 자활자립을 위한 일자리 창출
─사회에서 소외된 수급(생활보호자), 노숙인들에게 자활, 자립을 할 수 있는 일자리를 제공함으로써 자신의 능력과 창의력을 발휘하여 자신의 삶을 개척해 나갈 수 있도록 한다.

♣ 자활공동체 성공 및 수급, 노숙 탈피
─자활공동체를 통해 수급, 노숙에서 탈피하고, 인간의 존엄성 회복 및 인간다운 삶을 영위해 나갈 수 있도록 한다.

♣ 삶의 질 향상 및 행복한 삶 추구
─정신적 빈곤에서 벗어나 아름다운 선의 양식을 마음에 채워 삶의 기쁨을 느끼며, 삶의 의미를 깨우쳐 행복한 삶을 추구할 수 있도록 한다.

현재도 자활공동체 형태의 공동체 창업이 노숙인 '자활'에서 지속적으로 시도되고 있다. 과거보다는 쉼터에서 임의적으로 사업을 전개하지 않고[64] 지역사회 자원과의

---

64) 한편으로는 정부의 예산 지원도, 지방이양과 맞물려, 쉼터별 노숙인 자활프로그램에 대한 부

결합 등을 모색하고 있다.

공동체 창업에서 유의해야 할 몇 가지 요소를 정리하면 다음과 같다(정은일·김수현, 2000). 첫째, 기관이나 쉼터의 지원능력과 사업 참여자의 의지와 능력을 점검하는 것이다. 간혹 기관의 의욕이 앞서 참여자의 능력이 충분히 고려되지 않고 추진되는 경우에 많은 탈락자들이 발생하는 경우가 있으며 이는 사업 자체의 실패로 이어지기 쉽다. 무엇보다도 사업 참여자의 의견이 충분히 반영되는 사업의 선정과 실무선의 의지 확인이 중요하다.

둘째, 계획이 지나치게 무리하게 짜여 사업포기로 이어지는 경우도 많다. 사업 참여자에게 자립과 자활의 희망을 갖도록 하는 것이 노숙인 자활사업에서의 기본원칙이 되겠지만 무리한 계획은 오히려 반복적 실패를 경험하도록 하기 쉽다. 예를 들어 철저한 시장조사를 통한 수익방안과 분배원칙이 지켜지지 않을 경우 기대 수준의 미충족으로 인한 의욕상실로 이어질 수 있다. 결과적으로 노숙인 자활이라는 목표의 붕괴와 노숙인 개인의 상처로 이어질 수 있다.

셋째, 지속적인 팀워크의 유지를 위한 점검이 정기적으로 이루어져야 한다. 일을 통한 자활의 방법은 끊임없는 시행착오를 겪을 수 있기 때문에 이는 매우 중요하게 고려되어야 한다. 공동체의 협력을 통한 정당한 노동이 건강한 가치관을 정립할 수 있으며, 이는 또 다른 방식의 재활프로그램이라 볼 수도 있는 것이다.

넷째, 수익의 공개와 적정한 분배의 원칙이 이루어져야 한다. 또한 손실이 발생할 경우에도 공동체가 감수할 수 있는 대책이 마련되어야 한다. 이러한 변수를 감안한 사전대책이 마련되어야 하고 특히 개방적으로 공지되어야 한다.

분이 자연스럽게 축소되었다. 이도 역시 쉼터 기반의 자활프로그램이 양적으로 축소되는 원인이 되었다.

2) 일자리 지원사업

'실직' 노숙인에 대한 관심의 고조 이후 노숙인에 대해 일자리를 제공하는 프로그램도 여러 가지가 진행된 바 있다. 1998년 이후 노숙인 대상의 공공근로 활동이 여러 가지로 진행되었고, 산림청의 숲 가꾸기 사업 등에도 노숙인이 다수 참여하였다. 이러한 프로그램의 특징은 노숙인이 비교적 높은 노동능력을 가지고 있다는 점에 기초하여 정부나 지자체의 예산을 통해 혹은 특정 사업에 대한 주도권을 통해 노숙인에게 일정량의 일자리 배정을 할당하는 방식이다.

최근 가장 대표적인 사례로는 서울시의 '노숙인일자리갖기사업'으로 볼 수 있다. 이는 2006년 이명박 서울 시장의 기획에 의해 전격적으로 시행된 프로그램이라 할 수 있다. 때문에 그 정치적 성격에 대한 논란이 일기도 했다. 노동능력이 있는 서울시내의 노숙인들에 대해 기초교육과 건강검진 등을 거친 후 뉴타운 개발사업 현장 등과 같은 일자리에 배치하여 일할 수 있도록 한 것이다.

2006년 1월 20일 서울시가 일선 노숙인 쉼터와 상담보호센터에 '노숙인일자리갖기'에 참여를 희망하는 노숙인 명단을 작성하여 보고하도록 한 뒤 1월 25일 건강검진을 하고 설 연휴가 끝나자 31일 합격자를 발표했다. 2월 1일부터 3일까지 교육시키고 바로 2월 6일 현장에 투입했다. 당시 선발기준이나 계획에 대한 분명한 지침이 없었고 상당한 혼란이 나타나기도 하였다.

1차로 2월 6일에 600명, 2차는 3월 13일 500명, 3차로 5월 8일 300명 배치 등 지속적인 사업진행을 나타내었다. 서울시에서는 이후에도 노숙인 일자리 갖기와 자활근로 사업, 산림청의 자활영림단 사업 등 일자리 제공 프로젝트에 대해서는 2007년 이후에도 지속적으로 추진할 계획을 나타내고 있다.

○ 노숙인 일자리 갖기 프로젝트 추진
—일 자 리: 지하철 공사장 외 시산하 건설현장 및 공공시설 청소 등
—임　　금: 2~5만 원/일(시비 50% 지원)
—참여인원: 600명
○ 노숙인 자활근로사업
—근로능력이 미약한 노숙인들의 근로능력 회복을 위한 경노무 사업
—참여인원 및 임금: 동절기 800명/하절기 400명, 2만 원/일
○ 숲 가꾸기 자활영림단 운영
—산림청 국유림 조성사업에 참여시켜 심신을 단련하고 자활을 유도
—참여인원 및 임금: 100명(강원, 경북 지역 5개소), 6-9만 원/일

사업내용별	구 분	연차별 계획			
		'07	'08	'09	'10
노숙인 일자리 갖기사업	계획	600명	600명	500명	400명
	예산	5,187,000	5,446,000	4,770,000	4,007,000
노숙인 자활근로사업	계획	동절기 800명 하절기 400명	동절기 850명 하절기 450명	동절기 900명 하절기 500명	동절기 950명 하절기 550명
	예산	20/일	20/일	20/일	20/일
숲가꾸기 자활영림단	계획	100명	120명	140명	160명
	예산	6-9/일	6-9/일	6-9/일	6-9/일

** 자료: 서울시 내부자료(2007)

　　서울시의 노숙인일자리갖기사업에 대한 평가는 매우 상반된 견해들이 존재한다. 기본적으로 서울시와 사업 일부 관련자들은 보도자료 등을 통해서 볼 때 사업의 성과에 대해 매우 긍정적으로 평가하고 있다.

　　서울시가 추진하고 있는 '노숙인일자리갖기'사업이 중간 평가에서 합격점을 받았다. 서울시는 지난 2월부터 시작한 노숙인 일자리 갖기 사업이 시행 7개월이 지난 현재 60%의 성공률을 보이고 있다고 25일 밝혔다. 시에 따르면 사업에 참여한 노숙인은 모두 1400명으로 이 가운데 600명(43%)이 중도포기하지 않고 지속적으로 참여하고 있다. 또 230명(16%)은 성실한 근무태도를 인정받아 정직원으로 채용되는 등 재취업에 성공했다.

시 관계자는 "사업 초기에는 30% 정도만 자립 기틀을 마련해도 성공이라는 비관적 전망이 많았던 만큼 60%의 참여율은 성공적인 수준"이라고 말했다. 시는 산하 건설안전본부, 지하철건설본부, 상수도사업본부, SH공사의 건설현장에 노숙인들을 파견해 현장경비, 청소, 자재정비, 안전관리 등의 업무를 맡겨 왔다. 임금은 월 평균 100만 원 정도로 노숙인들이 자립할 수 있도록 고려했다. 그 결과 7개월 동안 300만 원 이상을 저축한 노숙인이 100여 명에 이르는 것으로 알려졌다. 시는 건설현장 일거리가 줄어드는 동절기에는 사회복지시설에 일자리를 마련해 사업을 지속할 방침이다.

서울신문 2006년 9월 26일

분명 1,400명에 달하는 노숙인이 일자리를 가지게 된 것은 두말 할 나위 없는 성과이다. 그리고 그중 경제적으로 안정적인 상황으로 근접해가는 취업자가 있다는 것도 고무적이다. 한편으로는 거리노숙인의 감소에 대해서도 서울시는 긍정적인 사업의 효과로 보고 있다.

노숙인일자리갖기사업이 추진되면서 거리노숙인이 크게 줄어든 것으로 나타났다. 서울시는 지난 2월부터 노숙인들에게 일자리를 제공하면서 서울역과 영등포역 등에서 노숙하는 사람들이 지난해 말에 비해 32%가 줄어든 480명으로 파악됐다고 밝혔다. 또 그동안 노숙인 960명에게 일자리를 제공했고 이 가운데 70%가 현장에 잘 적응하고 있는 것으로 조사되었다.

YTN 2006년 4월 19일

그러나 이에 대한 다른 측면의 평가도 적지 않다. 노숙인 옹호단체인 노실사(노숙인복지와인권을실천하는사람들)에서 2006년 6월 약 100명의 노숙인일자리갖기사업 참여자에 대한 설문조사 결과를 통해 서울시의 노숙인일자리갖기사업의 성과를 비판적으로 검토하였다.

먼저 서울시에서 진행하는 '노숙인일자리갖기사업'은 주로 건설현장에 참여자를 배치하였다. 그러나 참여자들 중 노숙 이전에 이와 관련한 직종(건설일용 등)에 종사했었다는 응답은 전체 93명 중 11명에 불과하다. 사업 참여자(노숙인)의 보유전문기술, 능력, 숙련도 등에 적합한 일자리창출은 배제된 채 건설현장 중심의 건설일용만이 강요되었다는 것이다. 이는 이후 노숙인의 안정적인 일자리 확보를 위해서도 긍정적이지 못한 양상이다.

노숙인은 일자리갖기사업에 참여를 하지 않는 이유와 현재 참여하고 있으나 도중에 중단을 경험했던 이유에 대해 많은 수(26.4%)가 애초 서울시가 제시했던 근무조건과 현장 근무조건 간의 불일치를 응답했다. '노숙인'이라는 낙인과 현장에서 느껴지는 차별적인 대우(20.8%)도 참여를 포기하게 하는 요인으로 작용했다. 임시적, 불안정한, 저급한 노동조건 등의 이유로 사업 참여를 지속할 수 없는 정당한 이유가 있는 경우에도 이를 자활의지 부족 등 노숙인 개인의 문제로 전가시키는 경우도 있다. 마치 노숙을 하는 '주제'에 일을 고른다는 식의 인식이다.

참여자의 만족 여부에 대해서도 노실사의 조사결과는 서울시의 발표와는 다르게 나타났다. '노숙인일자리갖기사업' 1, 2차 사업에 현재 참여하고 있거나, 참여 경험이 있는 93명 중 23.7%가 사업에 만족하고 있는 것으로 나타났다. 이는 노동조건, 노동환경 등 노숙인일자리갖기사업과 관련한 전반적인 만족이라기보다는 일할 수 있게 되었다는 사실에 만족하는 것이라고 노실사는 분석하고 있다. 불합리한 노동조건 등에 불만을 표현하는 응답자도 있었지만, 약자이니 불합리한 처우를 감수한다는 반응도 상당수 존재하였다. 사업의 만족도에 '보통'이라는 응답은 36.6%, '만족하지 못한다'는 응답은 39.8%로 나타나 만족한 응답자를 넘어서고 있다.

서울시의 노숙인일자리갖기사업은 서울시가 임금의 50%를 지원하고, 현장주체가 임금의 50%를 부담하고 있다. 현장 주체는 저렴한 비용을 부담하며 서울시에서 지원하는 인력을 활용하고 있다. 그런데 일선 현장에서 노숙인에게는 별도의 일을 맡기거나 따로 분리하는 등 낙인화의 현상이 나타나는 경우도 많았고 현장 사업체에서도 '억지로' 떠맡는 것이라는 평가가 나타나기도 하였다.

전반적으로 보아 노숙인일자리갖기사업을 비롯한 일자리 지원은 분명 노숙인에게 근로의 기회를 제공하고 또 이를 통한 소득으로 다시 지역사회 복귀를 도모하는 데 좋은 계기가 될 수 있다. 그러나 이 프로그램의 기획이나 운영이 면밀하게 이루어지지 않아 가질 수 있는 장점을 살리지 못한 채 전시적이고 형식적인 결과를 낳게 될 우려가 있다. 특히 기존에 이루어져 오던 노숙인 복지사업 체계와의 협조체계나 연속성 없이 갑자기 내어 놓는 사업이 되어서는 곤란하다.[65]

사업의 유형을 막론하고 우리나라의 현재 노숙인 노동관련 프로그램은 다음과 같은 문제를 내포하고 있는 것으로 보인다(이태진 외, 2003).

첫째, 현재 노숙인 자활지원사업을 추진해가는 데 있어서 지속적이고 통합적인 사례관리가 이루어지지 않는다는 점이다. 따라서 대상자의 특성과 욕구를 고려하지 않은 채 획일적인 진행만 있을 뿐이다. 따라서 향후 자활쉼터의 자활프로그램이나 노숙인 노동연계 관련 프로그램에는 적절한 전문인력 혹은 전문성을 발휘할 수 있는 프로그램 내용을 배치하여야 한다. 이를 통해 지속적인 사례관리를 수행해야 한다. 노숙인 자활지원 프로그램은 단지 직업소개소의 안내에 머무르는 것이 아니다.

둘째, 노숙인들이 가진 다양한 문제를 해결하기 위하여 사회적 자원들 간의 연계가 미흡하다는 점이다. 노숙인들은 특히 심리·사회적인 손상, 알코올 질환의 비율이 높다. 따라서 이러한 문제점이 해결되지 않으면 자활에 이르기 어려운 것이 사실이다. 따라서 노숙인 쉼터와 지역사회 내 유관 사회복지시설이나 기관들 간의 파트너십이 긴밀히 구축되어야 할 것이다.

셋째, 자활프로그램 수행에 있어서 지역사회 내 자활관련 기관과의 연계망 구축이 미진하다. 현재 국민기초생활보장제도 내의 자활사업 수행기관은 고용안정센터, 자활

---

65) 예를 들어 일자리갖기사업이 거리노숙인의 숫자를 줄이려는 이면적 목표를 가지고 거리노숙인 보호체계를 중심으로 일자리를 제공하면서 거리 노숙을 하지 않도록 하는 조건이나 유인을 첨가한다면 단기적으로 거리노숙인 감소의 효과를 보일지 모르지만 결국 노숙인 쉼터나 주거지원 프로그램과의 보호 연속성이 훼손되어 중장기적으로 거리 노숙이 더 늘어나는 결과를 낳을 수 있다. 따라서 이러한 점 등을 해결하기 위해서는 노숙인일자리갖기사업 등이 노숙인보호체계 전반과의 '서비스 통합' 차원에서 기획되어야 한다.

후견기관, 직업상담소 등이 있다. 그러나 현재 노숙인 쉼터의 자활프로그램에 이들과의 연계가 미진한 상태이다. 한편으로는 자활지원사업이나 일자리 갖기 프로그램 등이 기존 노숙인 복지체계와 연계가 잘 이루어지지 못하고 있다.

3. 노숙인의 대안활동

　엄밀히 말해 노동이 활동하는 모든 내용을 포괄하는 것은 아니다. 개인이 자신을 재생산하는 과정에서 이루어지는 활동이나 여가 등은 노동이 아니다. 그러나 노숙인의 노동에 대해 이야기하면서 노숙인의 노동말고도 그 밖의 다른 활동에 대해서 생각해 볼 필요가 있다.

　극빈층이 임노동에 참여하지 않을 때 이에 대해 '게으르거나' '병리적'이라고 낙인화하는 이데올로기적 노동윤리는 많은 사회에서 지배적인 것이다. 그리고 이 낙인이 노숙인에게 가장 지배적으로 적용되곤 한다.

　실제 우리 사회의 노숙인들 절대다수가 일자리를 찾아 움직인다는 사실은 상식화되어 있다. 즉 일할 기회가 없다는 것이 더 사실을 잘 설명한다. 노숙인은 임금을 받을 수 있는 일의 기회가 없는 경우에는 다양한 대안적 활동에 참여하고 있다. 서비스와 관련된 프로그램, 자조집단, 옹호조직, 종교활동 등에 활발히 참여한다. 이는 일반적으로 노숙인이 아무 일도 하기 싫어하고 게을러 고립되어 있다는 일반인의 편견과는 상반된다.

　미국에서의 한 조사결과에 따르면 2년간의 거리노숙인에 대한 현장조사 결과, 노동윤리를 해치고 무위도식한다는 낙인을 받고 있는 거리노숙인들이 펼치고 있는 생산적 활동은 매우 다양한 것으로 확인되었다. 연구진은 노숙인의 다양한 활동이 일반인들에게서 긍정적 관심을 끌지 못하는지에 대해 세 가지로 이유를 분석하고 있다(Wagner, 1994).

첫째, 나름의 생산적인 사회경제적 기능을 가지는 활동들도 피상적으로 바라보는 외부인이나 행인들의 눈에는 비활동(inactivity)적으로 비쳐진다.

둘째, 사회복지기관의 프로그램에 참여하는 것과 같은 활동들에 대해 일반대중의 이해수준이 빈약하고, 이런 대중들에 의해 부정적으로 낙인을 받는다.

셋째, 종교, 자조집단, 예술 등 다른 수많은 활동에 참여하는 경우에도 긍정적인 활동이라면 '노숙인'이나 '빈민'이 아니라 '시민'으로 해석되기 때문이다. 반면 그렇지 않은 상황에서는 '시민'이 아닌 '노숙인'으로 낙인화된다.

이런 상황들 때문에 노숙의 문제는 '공적 측면'과 '사적 측면' 사이의 붕괴를 드러내는 것이기도 하다.

노숙인에 대한 접근에서 '무노동에 대한 병리적 접근'에 기반을 두어서는 곤란하다. 즉각적인 노동 참여가 어려운 상황에서 거리사회 혹은 쉼터나 쪽방 등 현장에서의 다양한 대안활동이 격려되고 중요한 프로그램으로 모색되어야 한다.

자원봉사활동도 그 중요한 방안으로 부각될 수 있다. 그리고 일부 실천가들에 의해 활용되었던 바 있다.

노숙인의 자원봉사 활동

Wagner의 현장조사 결과에서 Jack과 Ralph는 일주일에 1회씩 drop-in-center의 아침식사 프로그램에서 자원봉사활동을 정기적으로 하고 있다. 노숙인들은 자신과 관련된 빈곤 관련 프로그램에서 자원봉사활동을 하는 경우가 많다. 하지만 그렇지 않은 경우도 있다. 같은 현장조사에서 Nina는 죽은 동생의 경험 때문에 AIDS 관련 프로그램에 정규적으로 자원봉사자로서 참여하고 있다.

우리나라의 경우에도 노숙인의 자원봉사활동 참여는 여러 시설 등에서 프로그램화되어 전개된 바 있다. 그리고 이는 큰 의미가 있다. 단 중요한 점은 이것이 "(지역)사회의 낙인을 피하기 위한 활동"만으로 활용되어서는 본래의 의미를 살리지 못하는 것이 된다. 동시에 노숙인의 활동성을 고취시키고 자신의 생활에 대한 통제력을 고양시

키기 위한 의도적 기획이 필요하다. 이는 무조건적인 자원봉사활동 참여로 저절로 얻어지는 것은 아니다.[66]

경제적 보상이 목적이 되는 적절한 일자리나 일할 기회는 우리 사회에서 노숙인 유무를 막론하고 충분치 않다. 따라서 이 기회가 충분치 않은 상황에서 나타나는 대안적 활동이 가지는 의미에 대해서 적극적인 평가와 활용이 필요하다.

4. 노숙인 자활지원사업과 사회복지실천

미국 뉴욕의 쉼터는 1999년부터 workfare와 연계된 쉼터 프로그램을 적극적으로 시행하고자 하고 있다. 이를 두고 찬반의 의견이 엇갈리고 있는데, 근로연계 쉼터 프로그램이 노숙인의 쉼터 이용을 위축시키고 결과적으로 거리로 내모는 것이라는 비난과 근로와 연계된 쉼터 프로그램으로 인하여 노숙인이 그 사회 구성원이 경험하는 일상생활을 경험하는 것이 궁극적으로 이들에게 이득을 가져오며 문제해결의 적극적인 방안이라는 입장이다(김혜성, 2000).

‘일’이 가지는 의미는 경제적, 혹은 비경제적으로 노숙인이 지역사회로 복귀하기 위해서는 반드시 참여해야 하는 것으로 평가될 수 있다. 그리고 이 참여에 장애가 되는 요인을 제거하고 노숙인이 적절하게 노동 혹은 활동할 수 있도록 지원하는 것도 사회복지실천에서 중요한 과제가 된다. 이는 지역사회 내에서 자원의 조절, 노숙인에 대한 옹호, 노숙인을 대상으로 하는 직접 프로그램과 대면 실천 모두가 병행되어야 하는 일이다. 분명 사회복지실천의 영역에서 수행해야 할 부분이 많이 있다. 물론 이 말은 모

---

66) 자원봉사활동의 관리에서 자동창출(spontaneous creation)의 환상을 경계하라는 원칙이 있다. 이는 자원봉사 참여와 효과가 저절로 얻어지지 않고 관리자의 면밀한 프로그램 기획과 운영 및 슈퍼비전을 통해 성과를 얻을 수 있음을 강조한 것이다. 전문성과 관리노력은 이를 ‘어떻게’ 수행하는가에서 발휘되는 것이다.

든 것을 사회복지사의 업무영역으로 다 수행해야 한다는 것은 아니다.

빈곤의 영역에서 사회복지사의 활동이 많아지면서 사실상 실천가의 지향에 따른 갈등의 소지가 나타나기도 한다. 이는 특히 자활사업과 관련되어 지역운동적 실천가와 사회복지사 간에 많이 나타나곤 한다(남기철 · 김진숙, 2005).

국민기초생활보장제도의 도입은 한편으로 수급자의 권리성을 강화하는 긍정적 결과를 가져왔으나 동시에 근로가능한 연령층의 근로참가를 조건으로 급여를 제공하는 제도적 변화,[67] 즉 조건부 수급자를 발생하게 되었고 이에 대응하여 자활지원사업이 실시되었다. 또한 최저생계비 미만의 상태가 아니기 때문에 직접적인 급여를 받을 자격은 없으나 저소득층으로 볼 수 있는 '차상위 계층'도 이 자활사업에 참여하게 되었다. 이러한 과거의 공공부조와 자활사업의 결합 형태 역시 사회복지실천의 영역에 '자활사업' 관련의 역할을 요구하는 상황을 가져왔다. 이는 노숙인 노동연계 프로그램에도 일정한 영향을 미쳤다.

공공부조제도와 자활사업의 결합 방식과 제도적 보완점에 대해서는 지금도 많은 논란이 이루어지고 있다. 하지만 공공부조제도라는 전형적 사회복지체계에 결합된 자활사업이라는 체계는 분명 기존의 사회복지체계와는 조금 다른 속성을 가지고 있다.

자활사업은 저소득 실업자에 대한 정책적 목표와 지역사회 내에서 축적된 현장의 경험이 잘 조응할 수 있을 것이라는 기대를 안고 출발하였다. 그동안 제도권 밖에서 전개되었던 민간 운동, 특히 빈민지역운동의 경험이 제도화의 텍스트가 되었다. 빈민지역운동이 전개했던 다양한 운동 프로그램 중에서 '생산공동체 운동'이 가지는 특성

---

67) 근로능력이 없는 수급대상자는 조건 없이 급여를 받게 되고 자활사업 참여희망자는 자활사업에 참여할 수 있다. 그러나 근로능력이 있다고 판단되는 수급자 중에서 현재 취업상태이거나 가구여건으로 자활사업 참여가 힘든 경우를 제외한 나머지 조건부 수급자들은 자활사업에 참여하는 것을 조건으로 생계비 지원을 받게 되는데 이들은 읍면동의 사회복지전담공무원에 의해 분류되어 일부는 '취업대상자'로서 노동부 고용안정센터의 취업알선, 직업훈련, 자활인턴, 공공근로 등 취업지원서비스를 받게 되고 취업대상자에 비해 상대적으로 근로능력이 취약하다고 판단되어 '비취업대상자'로 분류된 사람들은 보건복지부 자활사업인 자활근로, 자활공동체, 지역봉사, 재활프로그램에 참여하게 된다. 차상위계층 중 참여 희망자도 자활사업에 참여할 수 있다.

을 적극 도입한 것이다. 시장에서의 성공과 이 과정에서의 의식화와 조직화를 통한 역량강화(empowement)를 도모하였다. 이 생산공동체 활동은 90년대 말 이후 노동시장 복귀가 어려운 대상자들에 대한 사회적 일자리의 필요성을 강조하였다.

이러한 상황에서 2000년 제정된 국민기초생활보장법은 노동 능력이 있는 취약계층에게도 자활지원사업 참여를 전제로 생계비를 지원하는 정책을 제도화한 것이다. 최초에는 장기실업자들의 자활에 집중되었던 문제의식이 국민기초생활보장법의 틀에 맞추어 생계급여를 필요로 하는 조건부 수급자의 자활로 정책의 대상과 방향이 전환된 것이다.

그런데 이 '자활사업'의 전통은 빈민운동이라 지칭되는 사회운동의 영역, 즉 사회복지 외부의 영역에 있었다. 개념적으로나 이론적인 측면에서 주민의 욕구라든가 자조집단, 지역사회복지 혹은 지역사회조직과 관련된 측면에서 사회복지와 무관하다고 볼 수는 없다. 하지만 누가 어떻게 활동해왔는가라는 실천의 의미에서 볼 때, 사회복지실천의 영역 외부에 있었던 것이라고 할 수밖에 없다. 그런데 이제 공공부조제도와 자활사업이 전 사회적 탈빈곤 정책이라는 하나의 흐름에 제도화되면서 사회복지실천도 더 이상 자활사업의 외부에만 존재할 수 없는 여건이 된 것이다.

자활사업의 전통을 주도해 온 실천은 기본적으로 지역주민운동으로서의 성격을 견지해오고 있다. 이들의 실천방식을 간략히 요약하기는 무리가 따르겠지만 기존의 사회복지실천과 비교해 볼 때, 기본적인 이념적 지향에서부터 차이가 난다. 이는 사회복지실천의 시각보다는 특히 자활사업의 전통적 흐름을 주도해 온 지역주민운동의 시각에서 더 강조되고 있다. 지역운동적 시각에서 볼 때, 사회복지실천은 빈민의 대변자라기보다는 보수적이고 정부의 시각을 대변한다고 보곤 한다. 그리고 이러한 인식은 사실상 여러 실천의 현장에서 갈등을 유발하곤 한다.

또한 이러한 인식을 바탕으로 하지 않더라도 탈빈곤이나 자활과 관련된 기술과 기법에 대한 이해가 많아야 한다고 기대되었던 사회복지사의 경험부족과 지역사회기반 활동 지식의 부족은 또 다른 갈등의 요인이 되기도 한다.

빈민지역 생산공동체 운동의 전통은 끊임없는 경쟁 속에서 개별화되는 시장의 메커니즘에서 벗어나 대안적인 사회경제적 조직으로서의 협동체를 지향해 왔다(신명호·김홍일, 2002). 이것이 쉽게 달성될 수 없으므로 모든 참여자들이 자기 삶의 많은 부분을 다른 이와 공유하고 서로에게 개입함으로써 태도와 관계가 변화·발전하는 과정이 있어야 한다. 이를 위해 빈민운동 종사자들은 대개 주민들과 같은 생활공간에서 그들과 비슷한 형태의 삶을 살면서 주인의 일원이 되는 방식을 택해왔고 이것이 '실천'의 기본적 내용을 구성하고 있었다.

> 활동가와 주민의 관계에서는 항상 수평적이고 호혜적인 관계가 강조되어 왔다. 이것은 워커—클라이언트 관계와는 다른 것이다. 공동체 운동에서는 삶의 교류를 통해서 자기 자신과 다른 사람에 대한 애정과 관심을 키워나가도록 돕고, 그런 과정에서 참여자들이 스스로를 조직하고 자신들의 문제를 해결하는 데 나서게끔 하는 것을 목표로 삼아 왔다(신명호·김홍일, 2002).

이러한 관점에서 볼 때, 자활운동이 공공부조제도와 결합, 제도화하면서 이 영역에 가담하게 된 사회복지사들의 실천은 전면적이지도 않고 '공식적이고 경직된' 형태로 정부의 서비스를 전달하면서 빈민들을 객체화한다는 인식을 하게 된다.

또한 자활후견기관에서 활동하는 사회복지사들은 클라이언트와의 관계가 기존의 워커—클라이언트 간의 전문적 관계와는 다름을 인식하지만, '공동체로서 함께 생활'하는 것에 이르지는 않는 일정한 거리를 기본속성으로 한다. 이러한 인식 역시 자활운동 내에서의 관계와는 많은 차이를 갖기 때문에 기존의 활동가들로부터 비판의 대상이 되기도 한다.

이와는 또 다른 정책적 논리라는 측면에서 노대명(2003)은 현재의 자활사업의 갈등요소를 살피고 있다. 그는 90년대 이후의 탈빈곤 정책의 흐름이 '효율성과 노동비용 및 복지비용의 절감을 위해 선별적인 소득보장과 노동시장 진입을 도모하는 것'과 '반소외에 역점을 두고 복지 수혜자의 자발적 참여에 따른 노동 여건 개선과 사회적 일자리 창출 등을 강조하는 것'의 상반된 속성들을 가지고 있음을 지적하였다. 그리고 반 소외적 측면을 보다 강화해야 할 것을 제안하고 있다.

〈표 11-1〉 자활사업의 목표와 논리

목 표	논리/관점	방 법	직접적 결과	궁극적 결과
노동을 통한 탈빈곤	①효율성의 관점	조건부과	고용촉진 (수급자 감소)	단기적 예산절감
			저임노동 증가	기업활동 용이
	②반 소외 관점	자발적 참여	고용촉진 (고용서비스 확대)	단기적 예산 증가
			사회적 일자리 증가	삶의 질 향상

그런데 부분적으로 자활사업을 주민운동적 차원에서 실천해 온 주체들에게서는 스스로는 조직화와 의식화를 통해 반 소외의 관점을 지향하고자 하는 데 공공부조제도와의 결합 속에서 효율성의 관점에 따른 실천의 요구가 발생하는 점에 대한 비판이 나타나고 있다. 그리고 사회복지실천이 효율성의 관점을 대변하는 실천으로서 인식되면서 현장 속에서 갈등이 나타나기도 한다.[68] 물론 이러한 인식은 반드시 옳다고 볼 수 없으며 사실상 지역운동이 '복지' 영역의 콘텐츠를 가지지 않은 채 생존할 수 없는 상황에 대한 자각도 중요하다.

노숙인은 노숙생활의 경험을 통해서 많은 심리사회적 취약성을 가지고 있으며 이러

---

[68] 반면 사회복지실천에서 강조되어 온 '정상화'의 지향에 비추어 볼 때, 지역운동에서의 생산공동체 중심의 자활사업전통은 클라이언트를 사회적 주변으로 지속적으로 배제해가는 결과를 낳을 우려가 있음을 지적할 수 있다. 즉 전일화된 시장경제의 사회 속에서 소수의 대안적인 시스템에 클라이언트를 유도해가는 것은 결국 클라이언트를 노동을 통해 자활하게 한다고 하지만 사실상 그 사회의 주류(mainstream)로부터 영구히 분리시켜 사회적 소수로 만들게 될 우려가 있다는 것이다. 이에 따라 사회복지실천의 영역에서는 시장 영역에서 대안적 흐름을 모색하는 '자활공동체' 중심으로 이루어지는 자활사업의 모든 면에 대해 지지하기에는 의구심을 가질 수밖에 없는 상황이다. 그러나 이것이 사회복지 영역에서 자활공동체적 실천의 무용론으로 귀결될 수는 없다. 이는 사회운동적 속성을 가지는 모든 영역에서의 딜레마라 할 수 있으며, 사회복지실천에서 이 괴리가 상대적으로 크게 느껴지는 것은 사회복지실천의 본질적 속성에 따른 문제제기라기보다는 그간의 탈계층적 전문화 추구과정에 따른 부산물이라 할 수 있다.

한 취약성은 자활하여 정상적인 경제생활을 영위하는 데 큰 제약으로 작용하게 된다. 이러한 상황에서 현재 노숙인 자활사업은 두 가지 측면의 맥락을 동시에 가지고 있다. 첫 번째 측면에서 노숙인이 사회생활로 복귀하기 위해서는 경제활동에서의 자립성을 필요로 하므로 심리사회적 재활에 그치는 것이 아니라 자활사업을 필요로 한다. 그리고 기존에 이러한 자활사업은 노숙인을 대상으로 이루어져 오지 않았기 때문에 자활후견기관 등 자활사업관련의 정보나 지식체계를 적극적으로 활용해야 할 필요를 낳고 있다. 반대로 두 번째의 측면에서 일반 자활사업의 노력만으로는 노숙인에게 충분한 효과성을 가져오기가 어렵다. 노숙인이 정상적인 경제사회활동으로 복귀할 수 있도록 지원하는 자활지원사업에서는 노숙인의 심리사회적인 취약성을 고려해야만 한다. 그리고 여기서 사회복지실천이 일정한 역할을 수행해야 한다.

한국보건사회연구원의 분석에 따르면 노숙인 쉼터 입소자와 부랑인복지시설의 입소자에 대한 자활지원 대상자를 추정한 결과, 최소 1,400명에서 최대 4,086명이 대상자로 분포되어 있다고 보았다(이태진 외, 2003). 이들은 근로의지, 건강상태, 사회적 기능수행 정도가 달리 분포되어 있으며, 따라서 이들에 대한 자활지원방식은 달리 설정되어야 할 것이다. 즉 대상자의 상황과 욕구에 맞는 자활프로그램을 개발하여 적절히 배치되도록 해야 한다는 것이다.

노숙인 쉼터 입소생활자 등 접근 가능한 노숙인 모두에 대해서는 노동을 통한 자활지원, 그리고 이것이 여의치 않을 경우에는 대안적 활동을 강화할 수 있는 사례관리체계가 가동되어야 한다. 물론 이는 자활시설에서 독자적으로 운영하는 사업단이나 프로그램의 형태만을 말하는 것이 아니라 취업알선이나 직업활동관리 프로그램 등을 통한 지역사회에서의 개별적 근로를 포함하는 개념이다. 이를 위해서는 자활시설 입소자에 대해서는 '개별화된 자활프로그램 계획'을 입안하여 이를 중심으로 사례관리 노력이 진행되도록 하는 방식의 실천이 필요하다.

시설 자체에서 독립적으로 편성하는 사업단이나 자활공동체보다는 지역사회의 자활사업 관련 자원을 최대한 활용하도록 연계하는 지원이 필요하다. 이를 위해서 특히 많은 경험을 쌓아가고 있는 자활사업 참여기관들이 활용될 수 있을 것이다. 대표적인 것으로 자활후견기관, 사회복지관, 지원봉사센터, 민간위탁기관, 정신보건센터, 시군구 고용안정센터, 직업훈련기관, 지방사무소 등이 있다. 이들 자원은 노숙인·부랑인이 많이 분포된 지역에 상대적으로 많이 위치하고 있어 비교적 접근성이 높은 편이다.

물론 노숙인이나 부랑인의 직업적 자원 혹은 자활지원을 위한 내용은 이러한 공식 형태의 활동뿐만 아니라 비공식 부문의 정보와 자원도 많이 필요로 한다. 그러나 중요한 점은 자활시설 내에서의 독자적 사업 편성보다는 자활시설 내에서는 '사례관리자'에 의한 자활지원계획 편성과 각 개인의 자활관련 활동의 참여 관리를 '기본 프로그램'화하도록 지원한다는 점이다. 사업단의 편성은 가급적 지역사회의 자원을 활용하도록 하여 불필요한 사업단 편성에 따른 실패와 비효율의 경험을 줄이고 다른 지역사회 자원에서 불가능한 독특한 사업영역에 대해서만 독자적 사업단의 편성을 엄격한 심사 과정을 거쳐 '공모 프로그램'으로 지원하는 것이 바람직할 것이다.

자활프로그램이나 직업활동의 안정성 등이 확보되는 경우에 자활의집 지원이나 여타의 주거지원 프로그램을 연동시키는 방법으로의 보호의 연속성이 견지되도록 해야 한다. 개별화된 자활지원계획의 사례관리 내용과 자활의집 및 주거지원 프로그램이 같은 연장선상에서 이루어지도록 해야 한다.

2002년 노숙인자활사업평가에서 자활지원사업에서 개선되어야 할 실천방향에 대해 조언하고 있는 다음의 내용은 현재의 상황에서도 시사하는 바가 크다.

첫째, 직업재활의 강화이다. 노숙인 자활사업의 선결 요인은 자활의지의 고취이다. 심리사회 재활프로그램의 요소가 반드시 가미되어야 한다는 점이다. 자활의지가 부족한 상황에서의 자활(공동체)사업은 불안한 출발을 하게 되며, 따라서 실패의 가능성도 그만큼 높아진다고 할 수 있다. 일을 통해 삶의 의지를 강화하고 이를 통해 직업을 가진 사회인으로 설 수 있는 가능성을 높이는 일이다.

입소자의 일시적인 또는 즉흥적인 선택에 따른 자활(공동체) 사업의 연속성 단절과 실패가 주는 노숙인 자활정책에 부정적인 요인으로 작용하고 있는 것은 직업재활의 측면이 소홀히 되는 것에서 그 원인을 찾을 수 있다. 자활(공동체) 프로그램을 통해 노숙인 개개인의 자활의 의지를 새롭게 하는 것만으로 자활(공동체) 사업은 의미를 가질 수 있는 것이다.

둘째, 자활을 위한 사회적 지원망을 확대하고 강화시키는 것이다. 현재와 같은 노숙인 자활을 위한 정부의 지원방식은 많은 문제점을 가지고 있다. 또한 정부의 지원을 통해 자활(공동체) 사업을 진행하는 데 많은 제약 요소들이 존재한다. 따라서 지역의 연계자원을 적극적으로 활용할 수 있어야 한다. 자활후견기관을 통한 자활근로 참여, 2001년 하반기부터 시행되고 있는 국민기초생활보장법의 특례기준에 따른 수급자 정책을 활용할 수 있을 것이다. 이를 통하여 보다 효과적인 자활(공동체) 사업을 추진할 수 있을 것이다. 또한 민간의 자원을 개발하는 것이 가장 중요할 것이다. 민간의 자생구조를 강화해야 하는 면에서 더욱 그렇다. 중앙정부의 지원체계에서 임금을 보전해주는 것이 가능하지 않다면 지방정부와 공익재단 등을 통한 보다 적극적인 자원개발에 나서야 할 것이다.

셋째, 참여자의 책임성을 강화하는 일이다. 자활(공동체) 사업에 참여하는 입소자의 출자를 통한 사업을 추진하는 방식을 강화해야 한다. 자활사업을 자신의 것으로 애착을 가질 수 있도록 하기 위해서는 소액이라도 자신의 금전을 투자하는 것이 장기적으로 바람직한 방향이다. 강조하듯이 자활사업에서 가장 중요한 것은 자신의 의지이기 때문이다. 책임감 강화를 위한 사전의 충분한 관계의 형성이 전제됨은 물론이다.

넷째, 자활공동체 사업을 위한 실무자 교육훈련 프로그램의 필요성이다. 많은 기관들이 전문성 부족으로 어려움을 겪고 있다. 또한 인력도 부족하다. 인력의 보완을 통한 전문기관 연수, 훈련, 실무자를 위한 전문적이고 정기적인 교육프로그램의 실시 등이 병행되어야 지원의 효율성을 높일 수 있으며, 동원 가능한 자원들을 이끌어낼 수 있을 것이다. 이는 장기적으로 볼 때 매우 유용한 투자이다.

다섯째, 전문적인 경영컨설팅을 도입하여야 한다. 현재의 자활공동체 사업이 막연한 가능성으로 접근하고 있는 면이 있다. 보다 정확하고 단계적인 발전 계획을 가지려면 실무자 1-2인과 경쟁력을 상실한 입소자에 의존하는 형식의 사업 계획은 지양되어야 한다. 이를 위한 전문 컨설팅을 도입하여 막연한 희망을 구체적이고 가시적인 희망으로 바꾸어내는 것이 필요하다. 실패를 거듭할수록 사회적으로 낙오한 이들을 더 큰 절망으로 떨어뜨리는 결과를 낳을 수도 있기 때문이다. 사업의 실패는 있을 수 있으나, 실현가능한 계획을 가지고 최선을 다하는 실패와 그렇지 않은 실패는 그 결과에 있어 많은 차이가 있기 때문이다.

제12장 노숙인과 주거

집이요. 집만 해결되면 좋겠어요. 나갈 때가 다 되서 그런지, 들어올 땐 행복했는데요.
나올 때 되니까 또 걱정 되요. 집이 없으니까 아무리 벌어도 안 되요…….

모자원 입소자와의 인터뷰에서, 2005.

1. 노숙인과 주거문제

앞서 Ⅰ부에서 살펴보았듯이 노숙인은 주거취약계층의 한 형태 그것도 가장 극단적
인 형태라고 할 수 있다. 그러한 의미에서 노숙인에게 주거문제는 가장 본질적인 영역
이며 주거지원서비스는 가장 핵심적인 사회복지 서비스의 구성요소일 수밖에 없다.

노숙인을 광의의 의미로 일정한 주거가 없는 모든 사람으로 보아 거리노숙인으로부
터 주거불안계층까지를 모두 포괄하는 것으로 광범위한 의미로 파악하기도 한다. 이를
구체적으로 나누어보면 다음과 같이 네 집단으로 분류할 수 있다(이태진, 2004). 첫째,
아직 주거를 상실하지 않았지만 주거불안상태에 놓인 계층(예를 들어 퇴거의 위험에 몰
린 계층 등), 둘째, 이미 주거를 상실하였으나 가족적 지지망이 해체되지 않아 형제나
친척집에 거주하고 있는 주거취약계층, 셋째, 이미 주거를 상실하였고 가족적 지지망까
지 해체되어 비닐하우스나 쪽방과 같은 불안정한 임시주거시설에서 생활하는 계층, 넷
째, 비닐하우스나 쪽방에도 머무르지 못하고 거리로 나와 숙식을 해결하는 계층이다.

노숙인이 노숙을 하게 되는 가장 근본적인 원인은 독립적이고 안정적인 주거공간이
없다는 점을 들 수 있다. 이로 인해 노숙인 중에는 근로활동 참여를 통해 경제적 자립
의 가능성이 상당히 높은 사람이 많이 포함되어 있음에도 불구하고 주거불안에 한 번

빠지고 나면 노숙의 위험에서 탈출하기란 쉽지 않게 된다. 소위 '가난해서 집이 없는 것이 아니라 집이 없어서 가난하다'는 우리 사회 세태에 대한 언급에서 나타나듯이 안정적 주거가 확보되지 않는 한, 노숙인이 정상적인 사회경제활동으로 복귀하는 것은 거의 불가능하다.

노숙(homelessness)에 대해서 집(home)이 없다는 것이 물리적 주거(housing)의 측면과 관련되어 가지는 의미에 대해 탐색할 필요가 있다. 이에 대해 Tosi(2000)는 노숙의 의미에 대한 두 가지 극단적 시각이 있음을 지적하였다. 공간의 결여와 사회적 관계 및 유대의 결여라는 관점의 차이다. 이는 사회적 배제나 주변화의 상황과 관련되지만 실제에서는 두 극단적 상황이 명확하게 구별되지는 않는다. 즉 이는 보호처의 결여로서의 노숙과 관계의 결여로서의 노숙이라는 측면의 대립은 'home'에 대한 서로 다른 패러다임에 조응하는 것으로 볼 수 있다.

약간은 역사적 맥락의 고려가 필요하다. 빈곤층은 과거보다도 현재에 더 심각한 주거문제를 가지고 있다는 주장이 많다. 이러한 주장은 열악한 주거환경이 노숙인의 주거문제를 더 심각하게 했고 노숙인 문제에서 과거보다 주거요소의 역할이 더 중요하게 되었는가의 문제를 제기한다. 또한 유럽에서 새로운 틀(frame)은 빈곤을 생산하는 새로운 조건과 사회적 배제 개념이 나타내는 패러다임이 주목받고 있다.

이 프레임에서의 과제는 결정적인 요소를 찾아내는 것보다는 사회적 배제의 생산에서 포함된 전반적인 복잡한 요소에 주택요소가 어떻게 연결되어지는지를 확인하는 것이다. 빈곤과 배제의 다양한 조합이 가능하며 서로 다른 형태의 '통합된 빈곤'이 실제로 나타나고 있다. 주거의 개념에서 주변화된 노숙인은 자신의 가정을 긴 시간 동안 반복적으로 혹은 영구적으로 박탈당한 것으로 특징지어 진다. 많은 학자들이 일시적인 노숙과 영구적 노숙을 구별하고 있으며 모든 노숙인이 다 영구적이지 않다는 점을 지적하고 있다(Tosi, 2000).

실제로 주변화가 심각하지 않은 주거의 배제도 많이 나타나는 현상이며 주변화의 문제를 다룰 필요 없이 주택에 관한 프로그램만을 필요로 하는 경우들도 있다.

노숙의 문제를 적절하게 이해하기 위해 중요한 점은 주택의 부족이 아니라 적절한 주거환경의 부족이라는 것이다. 여기서 적절한 주거라는 것은 저소득층에 맞는 특정한 적절성의 요구와 사회적 배제의 조건에 맞추어 노숙의 예방이나 노숙으로부터의 재활에 대한 적절성의 요구를 충족하는 것을 의미한다.

물론 이는 한편으로 복지국가의 주택정책이 정상적인 주택과 특별한 주택을 분리하게 되는 경향이 발생하는 것과 관련된다. 즉 빈곤자의 주거문제에 대한 해결을 전체적인 인구의 주거와는 분리된 별도의 체계를 통해 다루려고 한다. 이러한 이중성의 속성을 부정하는 입장은 노숙인이 임시 주거나 최하층의 유별난 주거가 아닌 '정상적'인 주택을 제공받아야 하고 노숙인을 위한 프로그램은 일반 주거프로그램과 분리되지 말아야 한다는 비판과 관련된다.

보다 일반적인 시각에서 사회 주택 정책에 대한 비판은 빈곤자에 대한 그 효과성의 문제와 관련된다. 한편에서는 주택이나 혹은 사회 주택에 대해서도 빈곤자들이 접근성을 가지기 어렵고, 인습적인 사회적 급여와 빈곤자의 특수한 욕구 사이에 불일치가 있다는 것이다. 특히 심각한 주변화를 경험하는 노숙인의 다중적 욕구와 문제 상황을 다룰 수 있도록 사회적 수단(사회적 지지)과 주택적 수단의 통합이 요구된다.

관련된 여러 가지 논의들을 종합해보면, 사회적 통합의 문제가 없는 노숙인에게는 저렴한 주거를 제공하고 주변화의 문제가 많이 나타난 노숙인에게는 주거와 사회적 지지 서비스가 통합된 서비스가 제공될 필요가 있다. 물론 이는 완전히 분리된 것이 아니라 양적인 조합의 문제일 것이다. 어쨌건 노숙인 문제의 해결을 위해서는 적절한 주택정책이 본질적으로 핵심적이라는 것은 분명하다.

사회적 배제와 그 해결책에서 다중적 속성이 있다고 해도 적절한 주거 제공의 필요성은 강조되어야 한다. 좋은 주택정책이 노숙의 문제를 해결한다는 논의는 주택정책이 '사회적' 목표를 통합할 때만 타당하다. 이는 주택정책에 주택이 아닌 수단을 통합하는 것을 포함한다.

과잉단순화의 우려는 있지만 "노숙은 주거의 문제다"라는 명제가 자주 이야기된다. 이는 궁극적으로 노숙인에 대한 사회적 개입이 주거지원에 대한 내용을 결여할 경우 의식주에 대한 생활지원서비스는 될 수 있을지 모르지만 이는 노숙인의 노숙생활을 보호하는 것이 된다. 노숙의 악순환을 단절하는 것에는 결코 이르지 못하게 된다.

동시에 노숙인에 대한 주거지원 프로그램은 해당 노숙인의 (사회적 배제나 단절의) 상황에 맞는 사회적 지지의 내용을 갖추고 있어야 한다. 단지 저렴한 주거를 제공하는 것으로 해결될 수는 없는 것이다. 그리고 소위 이 사회적 지지는 주거지원 프로그램에서 비주택적인 영역을 본질로 한다. '사례관리', '사회적 지지', '사회복지적 개입' 등 여러 가지로 불릴 수 있다. 주거지원 프로그램이 주택의 영역과 비주택적 영역을 어떤 방식으로 결합하고 있는가, 하는 점은 프로그램마다 다양하며 이를 다양하게 가지고 있으며 서로 연계될 경우가 효과적인 주거지원이 될 수 있을 것이다.

이처럼 다양한 형태의 개입을 포함한 주거지원 프로그램이 있을 경우 이를 모형의 차원에서 두 가지로 크게 구별한다. 직선적연속체모형과 지지적주거접근모형이다.

〈그림 12-1〉 주거지원 프로그램의 모형 차원

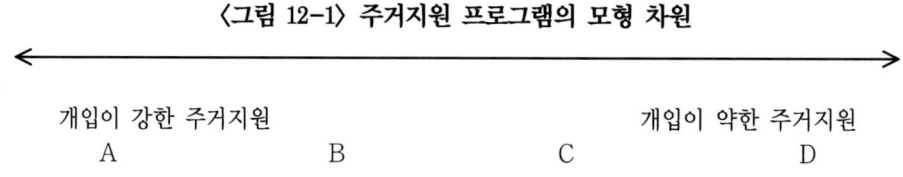

이 그림에서 쉼터나 시설 혹은 거리 노숙과 같이 아직 주거지원 프로그램에 들어가지 못한 경우나 사회적 지지가 많이 필요한, 즉 문제가 심각한 노숙인일 경우 상대적으로 화살표의 좌측에 위치하게 되고 기능수행정도가 좋아 독립적인 생활이 가능할수록, 그리고 지역사회복귀가 용이할수록 화살표의 우측에 위치한다고 본다.

개입이 강한 주거지원에서부터 개입이 약한 주거지원으로 A-〉B-〉C-〉D의 순서를 통해 주거지원 프로그램을 이전하여 독립적인 지역사회생활로 돌아간다는 것이 직선적연속체모형의 가정이다. 이는 논리적으로 명쾌하지만 사실상 이러한 순차적 이전은 현실에서 일어나기 어렵다. 그리고 이 순차적 이전 자체가 노숙인이 견디기 어려운 스트레스나 프로그램 이탈의 원인이 될 수도 있다.

지지적주거접근모형은 노숙인의 선호와 프로그램 전문가의 논의에 기초하여 현재 노숙인의 상태에 맞는 주거지원 프로그램 수준을 결정하고 가급적 그 상태에서 필요한 기능수행을 학습하고 지원하여 안정적으로 생활하게 하는 것이다. 여기서 지역사회 복귀는 궁극적인 목표로 염두에 두되 잦은 프로그램 이전의 폐해를 경계하는 데 초점을 두고 있다. 이는 직선적연속체모형의 단점에 대한 대안으로 부각된 것이다. 하지만 한편으론 지나치게 이상적이라 자원의 부족이 현실이므로 선호에 기초한 주거지원은 비현실적이라는 비판도 있다.

중요한 점은 노숙인에 대한 대책이 생활유지서비스나 쉼터 제공에만 집중되어서는 곤란하고 지역사회로의 복귀를 지향하는 주거지원 프로그램이 필수적이라는 점, 그리고 이 주거지원 프로그램은 다양한 형태로 '주택요소'와 '사회적 지지개입요소'가 결합되어야 한다는 점이다. 그리고 이 결합된 내용이 다양하다면 노숙인의 상태에 맞춰 적절한 프로그램을 이용하고 그 각각의 형태를 이전해가는 모형들을 염두에 두어야 한다.

2. 미국의 노숙인 주거지원과 보호의 연속성

주지하다시피 미국은 사회복지의 측면에서는 그 서비스의 양이나 폭이 제약되어 있어 유럽 국가들에 비해서는 복지후진국으로 분류된다. 그럼에도 노숙인의 발생에 따라 이 악순환을 제거하기 위해서는 주거영역에 대한 접근이 필수적이라고 보아 여러 가지의 주거지원 프로그램을 전개하고 있으며 최근에는 '보호의 연속성'과 '노숙 고리의 단절'이라는 전략적 목표를 위해 활동을 전개하고 있다.

미국의 노숙인 지원사업은 맥킨니법을 기점으로 하여 여러 가지 중요한 변화를 겪게 된다. 주거의 영역도 마찬가지이다. 맥킨니법 이후 미국의 노숙인 주거지원 프로그램은 일단 공공의 영역에서 HUD에 의해 기본적인 틀이 마련되어 제공되고 있다.

HUD는 특히 '보호의 연속성(Continuum of Care)'을 강조하고 있는데 이는 노숙인 복지서비스 분야에서는 매우 강조되고 있는 개념이다. 이에 대해 다음과 같이 설명하고 있다.

> 1980년대 연방의 홈리스 지원정책은 본질적으로 응급대응책에 초점을 두었기 때문에 현재까지 눈에 보이는 요구에 대응하는 시설프로그램이 전부였다. 따라서 대규모 응급쉼터에 과대한 투자가 이루어진 반면, 홈리스를 위한 영구주택의 투자는 발생하지 않게 되었다…… 현재 미국은 홈리스에 대한 포괄적이고 종합적인 접근을 필요로 한다. 이는 우리의 커뮤니티를 동원하여 홈리스를 의존상태로부터 자립을 지향하는 시스템으로 초점을 두지 않으면 안 된다는 것을 의미하며, 따라서 우리의 전략은 홈리스의 다양한 요구를 밝히고 그것에 따라 보호의 연속성을 촉진하는 것이다. 이에 현재 시스템은 세 가지의 단계, 즉 응급쉼터, 전환주택(transitional housing), 영구주택(permanent housing) 단계의 연속적인 시스템으로 구성되어야 한다.

이를 구체화한 HUD의 맥킨니 프로그램은 다음과 같이 네 가지 주거유형으로 정리될 수 있다(김선미, 2004).

〈표 12-1〉 HUD의 네 가지 주거유형에 따른 맥킨니 프로그램

구 분	응급쉼터 (Emergency Shelter)	지원주거 (Supportive Housing)	쉼터+보호 프로그램 (Shelter plus Care)	SRO 프로그램 (Single-Room Occupancy)
재 원	상시기금조성	경쟁방식 공모형	경쟁방식 공모형	경쟁방식 공모형
프로그램 지원자	—주 —지방정부	—주 —지방정부 —비영리단체(NPO) —지방정신보건센터 —준정부기관	—주 —지방정부 —공공주택청 (Public Housing Authorities	—공공주택청(Public Housing Authorities —비영리단체(NPO)
구성요소	—응급쉼터 —사회적 서비스	—전환주거 —피난소 —장애인용 영구주택 —혁신적 지원주택	—입주자에 대한 스폰서 —SRO 입주에 대한 임대보조	—SRO 주택
지원활동 및 서비스	—심리회복/대화 —사회복귀 —지지적 서비스 —비용운용 —홈리스 예방	—물건매매 —거주자사회복귀지원 —신규건설 및 임대 —운영관리 —지원서비스	—임대조성	—임대조성
입주자	—단신 및 가족 —주거상실 위기 에 처한 사람	—이전주거에 대한 욕 구가 있는 단신 및 가족 홈리스 —영구주택에 대한 욕 구가 있는 신체장애 홈리스	—신체장애가 있는 단신 홈리스와 그들의 가족	—단신홈리스
지원 기간	1년	3년	5년-10년	10년

대체로 응급쉼터(emergency shelter)에서 지원주택이나 S+C 등을 거쳐 SRO로 움직여가는 과정을 응급에서 이전(혹은 중간), 그리고 영구주거로의 연속적인 진전과정으로 볼 수 있다.

이 네 가지 HUD의 주거지원 프로그램의 특성을 개괄해보면 다음과 같다(남철관·김유경, 2004).

1) 응급쉼터 프로그램

응급쉼터 프로그램은 임시 생활시설 서비스이기도 하지만 보호의 연속성에 따라 주거지원의 첫 단계가 되기도 한다. 응급쉼터 보조금 프로그램은 기존 홈리스 응급쉼터의 질을 개선하고, 이용할 수 있는 추가 쉼터들을 만들고, 쉼터 운영비를 충당하고, 홈리스에게 필수적인 사회서비스를 제공하고, 홈리스 문제를 예방하는 데 일조하기 위해 고안된 프로그램이다.

이 프로그램은 홈리스 문제를 예방하고 단신 및 가족 홈리스들이 보다 독립적인 삶을 살아갈 수 있도록 지원하는 연속선상의 첫 단계로 계획된 프로그램이다. 정해진 기준에 부합하는 관할구역에 기금을 할당하는 기초로 다음과 같은 항목의 지원을 위해 지역개발 정액교부금을 사용하는 지정기금 형식의 프로그램이다.

—건물을 응급쉼터로 개량하거나 전환하는 데 들어가는 비용
—운영비용
—필수적인 서비스에 소요되는 비용
—홈리스 예방활동을 위한 비용

응급쉼터 보조금 프로그램을 시행하는 목적은 단신 및 가족 홈리스들을 위한 응급쉼터 및 전환주거 시설들의 양과 질을 증가시키고, 이 시설들의 운영 및 필수 서비스의 제공을 꾀하고, 홈리스 문제를 예방하는 데 있다. 응급쉼터 보조금 프로그램이 생겨난 후, 이 프로그램은 주와 지방정부들이 홈리스들의 욕구에 부합하는 시설과 서비스들을 제공할 수 있도록 돕고 있다. 응급쉼터 보조금 프로그램에서는 홈리스를 위한 쉼터제공의 예산을 지원하지만 이들이 영구주거로 전환하기 위한 과정 역시 지원한다.

2) 지원주거 프로그램

지원주거 프로그램은 홈리스가 가능한 한 독립적인 생활을 할 수 있도록 주거와 지

원서비스를 결합한 형태로 개발된 프로그램이다. 주정부와 지방정부, 관련 정부기관, 그리고 비영리민간기관들이 이 프로그램을 위해 국고보조금을 신청할 수 있고, 공모형 형태로 지원이 결정된다. 이는 맥킨니법에 근거를 두고 있다.

이는 지역사회 중심으로 보호의 연속성 전략의 일환이라 하겠다. 홈리스 상태에서 독립생활로 전환해 가는 과정에 놓인 많은 홈리스들을 지원하고, 가능한 한 그들이 독립적으로 생활해 갈 수 있도록 돕기 위한 지원주거와 서비스들을 더욱 개발하기 위해 정부차원에서 실시하고 있는 대표적인 프로그램이다.

지원주거 프로그램은 궁극적으로 홈리스들이 첫째, 주거 안정성의 성취, 둘째, 기술수준과 수입증대, 셋째, 보다 나은 자기결정권의 확보라는 세 가지 목표를 수행할 수 있도록 도모하고 있다. 보조금의 수혜기관들은 지속적인 수행평가를 통해 클라이언트의 진전을 모니터링하게 된다.

지원주거 프로그램의 프로젝트는 대략 5가지의 유형으로 살펴볼 수 있다.

① 전환주택(TH: Transitional Housing)

이는 단신 및 가족 홈리스들이 영구주거로 이전하는 것을 지원하는 것이다. 24개월간 거주할 수 있으며 그동안 독립생활능력 증진을 위한 지원서비스를 제공받는다. 접근성을 높이는 일, 주거배치지원의 개입 등 운영자는 전문적 개입을 병행할 수 있어야 한다.

② 장애 홈리스를 위한 영구주거

이는 장애인 홈리스를 위해 지원서비스를 가지는 지역사회에 기반을 둔 장기적인 주거이다. 이는 특수욕구를 가진 인구집단이 영구적인 세팅에서 가급적 독립적으로 생활할 수 있도록 해준다. 단일 건물 안에 16명이나 그 이하의 사람들이 이용하는 주거구조이다. 주택유형은 아파트, 단독주택, 연립주택, 그룹홈, SRO 등을 망라한다.

③ 세이프 헤이븐(Safe Heaven)

이는 거리에 있고 하우징 및 지원서비스에 참여할 수 없거나 참여하지 않는 중증 정신질환 홈리스들에게 서비스를 제공하는 지원주거 형태이다. 이는 접근하기 어려운 사람을 대상으로 하고 있다. 세이프 헤이븐은 의식주 제공과 같은 기본적 욕구를 제공하는 진입문으로 기능하기도 하며 거리 밖에서의 생활에 대한 적응과 영구주거로의 전환을 위한 거주대안을 도모하고 있다.

④ 지원서비스만 제공하는 프로그램(SSO)

SSO 프로젝트는 홈리스의 서비스 욕구를 다루며 주거까지 제공하지는 않는 경우이다. 이는 한 건물 안에 있을 수도 있고 하나의 중심지역 내에 있는 건물들에 있을 수도 있다. 혹은 복수의 건물들에 위치하면서 서비스를 전달하는 형태이거나 특정 건물 형태에서 독립되어 있기도 하다.

⑤ 혁신적 지원주거

혁신적 지원주거는 신청기관들이 여타의 지원주거 형태들이 커버할 수 있는 범위 밖에 있는 프로그램들을 설계할 수 있도록 하는 프로젝트이다. 이는 독창적이고 일반화 가능한 프로그램의 개발에 도움을 주고자 하는 것이다.

이 지원주거 프로그램을 신청할 수 있는 홈리스의 자격기준은 우리 사회에서 관련 사업 시행 시 논란의 여지가 발생하고 있는 지원대상 노숙인의 조작적 정의에 큰 함의를 주고 있다. 먼저 다음 중 어느 한 곳에 거주하고 있을 때 자격이 주어진다.

—인간의 정주처로 의도되지 않은 장소
—응급쉼터

—거리나 응급쉼터에 있다가 홈리스를 위한 전환주거 혹은 지원주거로 와 있는
  사람들

—기본적으로 생활하고 있는 곳은 위의 경우들인데 사정에 의해 단기간(30일 이
  내) 병원이나 기타 시설에서 보내고 있는 사람들

— 민간거처(private dwelling unit)에서 1주일 이내에 쫓겨나 갈 곳이 전혀 없고
  주거 확보에 필요한 자원이나 지원망을 결여한 사람

—정신건강 및 물질남용 치료시설이나 감옥 같은 시설에서 1주일 이내에 퇴소한
  사람으로, 그곳에서 30일 이상 계속 거주하였으나 퇴소 후 갈 곳이 전혀 없고
  주거확보에 필요한 지원망을 결여한 사람

반면 다음과 같은 경우에는 홈리스로서 지원주거 프로그램에 의한 지원을 받을
수 없다.

—주거에 살고 있으면서 과다한 액수를 임대료로 제공하고 있으면서도 주거가
  기준 이하거나 사람이 과밀한 경우

—감옥에 있는 경우, 그러나 출소 후 갈 곳이 전혀 없고 주거확보를 위해 필요한
  자원이나 지지망을 결핍했다면 출소 이후에는 홈리스로서 지원받을 자격이 생
  긴다.

—친척집이나 친구집에 함께 살고 있는 경우

—Board and Care, Adult Congregate Living Facility 혹은 이와 유사한 곳에서
  살고 있는 경우

—housing upon release를 제공하거나 arrange 하기 위해 요구되는 기관으로부터
  퇴소한 경우

—주 병원의 병동에 있는 경우, 위탁보호 청소년들은 주 지원을 보충하는 서비스
  들을 받을 수도 있다.

3) 쉼터 + 보호 프로그램(S+C: Shelter plus Care)

이 프로그램은 별도의 예산출처를 가지는 프로그램들과 연계하여 접근하기 어려운 장애홈리스들의 임대료를 보조하는 프로그램이다. 이 프로그램은 사람의 주거지로 계획되지 않은 곳에서 살고 있거나 응급쉼터에서 살고 있는 장애홈리스들과 그 가족들을 위해 장기적인 주거와 지원서비스를 제공하고자 만들어진 것이다. 이 프로그램에서는 장애홈리스들을 위해 다양한 주택 옵션들과 일련의 지원서비스들을 갖추고 있다.

이 프로그램의 보조금은 다음 4가지 방식을 통해 사용된다.

—세입자에 기초한 임대보조

—스폰서에 기초한 임대보조

—프로젝트에 기초한 임대보조

—SRO 주거에 대한 섹션 8 개량 프로그램

4) SRO 프로그램

이 프로그램은 적정 수준에서 이루어지는 SRO 주택의 개량과 연계하여 홈리스들에 대한 임대보조를 제공한다. 이 싱글룸은 우리나라의 쪽방과 유사한 개념일 수도 있다. 최소한의 저렴한 주거이다. 싱글룸의 특성상 이 프로그램은 단신자들에게 제공된다.

싱글룸에 대한 임대보조는 10년 동안 제공된다. 소유주들은 임대보조금을 통해 일부 개량에 들어가는 비용을 보상받는다. 이는 최소한 보통수준 혹은 주거품질기준을 충족하는 SRO들이 지역 내에 더 많이 공급되고 이를 홈리스 지원을 위해 사용할 수 있도록 하기 위해 고안된 프로그램이다.

3. 한국의 노숙인 주거지원 현황

사실상 우리나라에서 노숙인에 대한 주거지원은 극히 전시적이고 명목적인 수준을 넘지 못하고 있다. 가장 큰 이유는 한국의 주택공급과 수요 자체가 편법적 부의 축적을 위한 왜곡된 시장과 투기구조로 인해 일반 국민 모두에게 어려움을 조장하고 있기 때문이다. 따라서 '주거보장'이라는 용어가 '노숙인'의 주거를 보장하기 위한 프로그램으로서 현실화되기에는 매우 어려운 사회구조라는 것이 현실이다.

우리나라의 노숙인에 대한 주거지원 프로그램[69]은 가장 대표적인 것으로 자활의집 운영지원이 있다. 이는 초기에는 '노숙인 자활프로그램'으로 공모형 예산사업의 한 부분으로서 활용되어 왔다. 그리고 최근에는 월세지원사업, 임대주택사업, 다가구매입임대사업 등을 통한 주거지원 사업도 이루어지고 있다. 약간은 성격을 달리하지만 쪽방상담소의 쪽방지원사업 역시 노숙인에 대한 주거지원사업의 한 형태(SSO의 성격 중 일부 포함) 속성을 가지고 있다. 그러나 이러한 사업들은 각기 그 예산출처나 활용방법, 사업의 주체와 체계가 서료 연결되지 못하여 분절적으로 진행되어 오고 있다.

이 중 몇 가지 대표적인 사업들의 운영방식과 성격을 살펴보면 다음과 같다.

1) 자활의집

'자활의집'은 1999년 서울 일부 지역부터 시작하여 2000년부터 전국적으로 활용된 노숙인 주거지원 사업의 대표적인 사례이다. 이는 쉼터 이후의 노숙인 지원이 없음에 따라 쉼터생활에의 고착화 내지는 노숙생활의 반복적 고리형성이라는 문제를 타개하

---

69) 사실상 가장 대표적인 노숙인 정책으로서 노숙인쉼터와 부랑인복지시설 등 생활시설의 운영도 광의의 주거지원 프로그램에 해당할 수 있다. 하지만 이는 별도의 장에서 다루고 있으므로 여기에서는 사회복지생활시설을 제외하고 살펴본다.

기 위해 쉼터입소생활 이후 지역사회로의 복귀로 연계하기 위한 중간과정으로 주거지원사업을 편성한 것이다.

이는 정기적인 소득이 있는 노숙인을 대상으로 하여 전세금을 지원하여 일정 기간 동안 주거공간의 비용을 지원해 주는 것이다. 2년 거주 조건의 계약서를 작성해야 하는데 이 계약은 2회까지 연장 가능하여 실제로는 4년의 거주가 가능하다.

자활의집은 초기에 비교적 활발한 신청과 이용을 보였으나 계약만료 시점에서의 적절한 후속관리 부재, 지방자치단체와 보건복지부의 연계 취약 등으로 그 활용의 적정성에 대해 의문이 제기되기도 하였다. 특히 이는 정보의 관리마저도 제대로 되지 않아 전세금의 지원 이후 아무런 관리와 개입이 진행되지 못한 양상을 반증한다.[70]

우리 사회에서 자활의집은 노숙인을 대상으로 하는 최초의 공식적인 주거 지원정책으로 의미를 가지고 있다. 또한 임대아파트와는 달리 지역사회 내에 일반적인 주택에 입주하여 낙인의 부정적인 영향이 거의 없었고, 일체의 거주비용도 징수하지 않아 저축을 통한 자립의 가능성을 촉진시키는 효과도 있는 등 많은 장점을 가지고 있었다(이태진, 2004: 남철관·김유경, 2004 등). 또한 가족단위의 경우 우선적인 지원대상이 되어 가족해체를 방지하는 효과도 도모할 수 있었다.

반면 단점도 노출하고 있었다. 일반 민간인이 소유한 주택을 임차하는 과정에서의 전세권 설정의 난점과 같은 행정절차에서의 문제, 전세시세의 차이와 무관하게 지역별로 획일화된 지원금액의 문제, 가족단위 노숙인에 비해 개인 노숙인은 2-3인이 결합형 입주를 해야 하는 데서 발생하는 어려움 등이 지적될 수 있다(남철관·김유경, 2004). 하지만 보다 본질적으로 사례관리가 되지 않아 결국 본래의 사업목적을 달성하였는가의 효과성 문제, 사업의 실제 운영에서 사업 성격이 견지되지 못하는 문제 등이 검토되어야 할 필요가 있다.

기본적으로 자활의집은 여러 가지 장단점의 논의가 나타나고 있으나 많은 관련주체

---

70) 실제에서는 이 전세금 지원이 노숙인 쉼터에 대한 지원이냐 자활준비가 된 노숙인에 대한 지원이냐의 혼선이 있을 만큼 이 사업의 실제운영에서 주거지원사업으로서의 성격이 잘 견지되지 못하는 시행착오가 많았다.

(보건복지부와 지방자치단체, 관련 연구자 등)들이 기본적으로는 사업의 유지·확대에 대한 필요성을 공유하고 있다. 다만 이 사업의 적절성을 유지하기 위한 보다 면밀한 관리가 필요할 것이다.

2) 임대주택사업

우리나라에 저소득층을 위한 공공주택제도는 재개발 임대아파트, 공공임대주택, 영구임대주택이 대표적이다. 그리고 넓은 의미로 보아 노숙인도 이러한 저소득층 주택사업의 대상이 될 수 있다. 그러나 공공임대주택은 지불능력을 감안할 때 노숙인에게는 현실적인 주거지원방법이 될 수 없다. 그리고 기존의 임대주택정책이 저소득층의 입주를 염두에 두고 만들어진 것이라서 특수한 상황과 욕구를 가진 노숙인이 입주하여 주거자립을 도모하기에는 어려운 점이 많다(남철관·김유경, 2004).

최근에는 서울시와 건설교통부 혹은 대한주택공사 등을 통해 다가구임대주택 사업이 노숙인과 관련한 주거지원정책으로서 활용성이 부각되고 있다. 특히 다가구매입임대사업 중에는 '단신자용' 주거가 일부 포함되어 있어 이는 사실상 노숙인 주거지원정책으로서의 활용적절성을 시험하는 계기가 되고 있다.

3) 주거비(월세)지원사업과 기타

월세지원사업은 2000년 당시 노숙자다시서기지원센터의 시범사업으로 이루어진 바 있다. 이때 자활의집에는 입주할 자격이 되지 못하지만 취업 중이고 최소한의 월세보증금을 마련한 개인과 가족을 대상으로 일정 기간 월세를 지원하는 제도이다. 당시 노숙자다시서기지원센터에서는 일선 희망의집(노숙인 쉼터)의 추천을 받아 12인에게 이를 지원하였다. 월세의 50%, 최고 15만 원 한도로 6개월을 지원하는 형태였다. 양적으로는 실적이 활발하다고 할 수는 없으며 이는 기본적으로 월세보조금이 실제 필요한 금액에 비해 낮아 쉼터에 남아 생활하는 것을 선택하게 된다는 것이다(이태진, 2004).

초기 노숙자다시서기지원센터의 월세지원사업은 그다지 활성화되지 못하였으나 이후 공동모금회 등의 예산지원으로 이루어진 주거복지사업의 일환으로 노숙인 주거비 지원사업은 새로운 전기를 마련하게 되었다. 이것도 월세지원사업과 유사하게 저렴주거의 주거비용을 현금으로 지원하는 형태이다. 전실노협(전국실직노숙인대책종교시민단체협의회) 등 단체의 주관으로 이루어진 이 사업은 2006년 한 해 600여 명의 노숙인에게 주거비를 지원하였다.

이는 자활의집이나 임대주택사업과 달리 주거비를 지원한다는 점에서 독특한 사업방법을 나타내고 있으며 이는 우리나라가 아직 미국의 section 8에 따른 임대료 보조제도나 영국의 주택수당과 같은 공공부문의 주거비 보조 정책수단이 빈약하다는 점에서 민간의 주요한 역할을 보여주고 있다. 특히 우리나라의 공공부조인 국민기초생활보장제도에서는 주거급여가 있기는 하지만 적절한 주거지원이 이루어질 수 있는 수준에 미치지 못하고 있다. 더욱이 노숙인의 경우에는 일정한 주거가 없어 오히려 공공부조나 관련 빈곤제도의 적용을 받지 못하는 행정적 모순도 많이 발생하고 있는 상태이다. 이를 감안한다면 민간에서 이루어지고 있는 주거비 지원사업이 가지고 있는 의미는 크다.

최근에는 공동모금회 등의 예산지원이나 자원을 다양화하여 다른 민간단체, 쉼터만이 아닌 상담보호센터 체계, 쪽방지원의 형태 등으로 월세지원사업이 보다 다양한 형태를 모색하고 있는 상황이다.

월세 혹은 임대료 지원 외에도 민간 영역에서 몇 가지 주거지원을 위한 사업들을 전개하고 있다. 그중 가장 대표적인 것은 '노숙인복지와인권을실천하는사람들(노실사)'에서 운영하고 있는 '사랑방'이다. 노실사의 사랑방은 1인 1실의 숙소를 가지고 이용자들이 내는 이용료로 생활에 필요한 제반 비용을 충당하고 있다. 실무자는 식사준비, 의료문제대처, 신용불량지원 등 행정지원, 수급권 신청 안내 등의 역할을 한다. 2002년 기존의 쉼터 중심의 노숙인 복지사업 편향에 대한 대안으로서 모색되어 출발한 것이다.

〈그림 12-2〉 노실사 사랑방의 내부모습

자료: 노실사홈페이지(www.homelessaction.or.kr)

또한 영등포 신길동 지역의 한울타리사람들, 대한성공회살림터의 한가족되어주기운동, 성수삼일교회의 자율의 집 등이 민간차원에서 운영되는 노숙인 주거지원의 모습을 보여주고 있다(남철관·김유경, 2004).

4) 한국 노숙인 주거지원 정책의 평가

현재 노숙인을 보호하고 있는 노숙인 쉼터나 부랑인 복지시설은 사회복귀를 위한, 혹은 거리 생활에 따르는 위험을 완화하기 위한 중간적 거점의 성격으로 일시적인 거처에 불과한 서비스 형태이다. 그리고 이 시설에 장기적으로 거주하는 것은 노숙인의 자활을 위해 바람직하지 않다는 것이 중론이다. 장기적이고 지속적인 주거지원방안의 마련이 필요하다. 이러한 인식에 따라 우리나라에서도 공공과 민간에 의해 몇 가지 노숙인에 대한 주거지원사업을 생활시설과 별도로 진행하고 있다. 그리고 그 양상은 몇

년 사이에 상당히 다양해지고 있으며 공공과 민간 각 영역에서 새로운 시도들이 나타나고 있다.

하지만 그 실제를 평가해 볼 때 몇 가지 측면에서 고려되어야 할 점들이 있다.

첫째, 노숙인 주거지원 정책의 다양성과 양적 확대가 필요하다. 현재 몇 종류의 사업이 있지만 그 양과 지원 정도가 빈약하여 전시성을 벗어나기 힘들다.

둘째, 주거지원 정책의 상호 간 연계와 협력 구조가 필요하다. 쉼터와 같은 생활시설, 상담보호센터, 혹은 공공과 민간 등 노숙인 관련 사업 주체 간에 주거지원사업에 대한 이해가 달라 서로 간의 마찰이 발생하고 있어 이에 대한 조절이 필요하다.

셋째, 주거지원과 서비스 연계의 적절성을 담보해야 한다. 주거지원의 형태에 따라 그에 적절한 서비스 지원과 사례관리의 정도도 달라지기 마련이다. 그러나 현재는 주거지원 사업 간 서비스 연계의 수준 다양성을 찾아볼 수 없으며 오히려 일관되게 사례관리의 취약성이 지적되고 있다.

넷째, 거시적인 제도 차원에서 공공부조제도와의 연계, 임대주택과의 연계, 저렴주거의 보급 등이 배경환경이 되도록 해야 한다. 기본적으로 이 영역에서의 취약성은 노숙인의 유입을 대량으로 증가시켜 미시적인 대책의 한계를 낳게 한다.

4. 노숙인 주거지원에서의 실천역할 모색

노숙인 주거지원을 위한 기본적인 논의들을 전개하였고 미국의 HUD가 제기하고 있는 보호의 연속성 개념에 입각한 주거지원 프로그램의 내용들, 그리고 우리나라에서 현재 이루어지고 있는 노숙인 주거지원 프로그램을 간략하게 살펴보았다.

주거는 기본적으로 거시적인 정책의 영역으로 여겨지고 사회복지사의 실천의 과제나 기술로서는 간과되기 쉬운 부분일 수 있다. 하지만 노숙인 주거지원 프로그램에는 물리적 요소로서의 주택만이 아니라 실천개입의 요소가 중요한 이슈로 포함되어 있다. 이를 적절하게 수행하기 위해서는 몇 가지 쟁점이 있다.

첫째, 쉼터와는 다른 실천가의 역할을 모색하여야 한다. 쉼터도 주거지원의 한 양상으로 볼 수도 있으나 실제로 쉼터에서는 재활 및 자활지원 사업이나 프로그램을 전면적으로 입소자에게 실행하는 것이 서비스의 주요 요체였다. 하지만 그 이후의 독립생활에 근접해 가는 주거지원 프로그램에서는 쉼터에서와 마찬가지로 일종의 시설 프로그램과 같은 것들이 거주 노숙인의 생활을 통제해서는 곤란할 것이다. 실천가도 심리사회적 재활프로그램 위주의 역할에서 벗어나 독립생활에 대한 지원 등 측면에 초점을 두어야 할 것이다. 주거지원 프로그램에서는 경우에 따라서 '개입하지 않는 무개입'이 의도적으로 구성된 실천가의 개입전략일 수도 있다.

둘째, 주거지원 프로그램에 포함되어 있는 노숙인의 내적 통제소(internal locus of control)를 고양할 수 있는 실천원칙을 구성해야 한다. 가급적 노숙인이 자신의 생활과 관련된 주요한 결정을 스스로 만들고, 자신의 생활환경을 스스로 통제할 수 있도록 격려하고 지원하는 것이 중요하다.

셋째, 노숙인 스스로의 활동에 따른 주거지원 프로그램이지만 만약 발생할 수 있는 심리사회적 문제 등에 대응하기 위해 응급지원체계가 구성되어 있어야 한다. 즉 노숙인에 대한 주거지원 사업이 단순한 주택임대사업은 아니라는 것이다.

넷째, 주거지원 프로그램은 여러 가지로 상이할 수 있다. 이 상이한 주거지원 형태에 맞는 사회적 지지와 개입방안을 구성해야 한다. 자활의집이나 자율의 집에 대한 심리사회적 개입 방식과 임대료 지원사업에 대한 심리사회적 개입은 당연히 다른 수준에서 조직화되어야 한다.

다섯째, 보호의 연속성과 관련된 주거지원 프로그램에서 노숙인에 대한 옹호활동은 실천가의 본질적 임무이다. 이 옹호활동은 저렴한 주거의 확보를 위한 정책적인 것일 수도 있고 혹 발생할 수 있는 NIMBY 현상에 대응한 지역사회에서의 활동일 수도 있다. 이 옹호활동은 노숙인 복지영역에서의 전문가의 실천으로 본질적이다.

제13장 노숙인과 재활프로그램

실천을 결정하기 위해 이론을 활용하는지의 여부에 따라 기술자와 전문가를 구별할 수 있다. 이론적 틀은 문제가 어떻게 진전되는지, 문제를 어떻게 해결할 것인지에 대한 통찰력을 제공한다. 그러나 이것이 우리의 행동을 구체화하는 경우는 드물다. 예를 들어 생태학적 체계틀은 특정 클라이언트를 지역사회 자원에 의뢰할 것을 암시한다. 하지만 어떻게 의뢰할 것인지에 대해서는 구체적으로 언급하지 않고 있다…… 그래서 이론과 기법이 실천가에게는 동시에 필요하다.

Sheafor & Horeisi, 2003.

1. 노숙인의 특성과 재활

노숙인은 다양하다. 신체장애나 정신장애를 가진 사람도 있고 그렇지 않은 사람도 있다. 빈곤 혹은 무주거의 상황만이 거의 유일한 복지욕구로 이야기하는 사람도 있고, 가족관계나 법적 문제 등 다른 문제를 호소하는 경우도 많다.

재활(rehabilitation)은 기본적으로 임상적인, 그것도 특히 물리적, 신체적 측면 혹은 의학이나 보건의 측면에서 많이 사용되어온 용어이다. 사회복지의 영역에서는 장애인 복지의 영역에서 많이 사용되는 용어이기도 하다. 때문에 일견 노숙인 복지의 영역에서는 다소 걸맞지 않는 용어로 여겨질 수도 있다.

그런데 이 재활이라는 용어는 사실상 노숙인 복지에서도 드물지 않게 사용되고 있다. 그렇다면 이는 노숙인 중 특별히 신체적 혹은 정신적 건강의 측면에서 임상적 문제가 있는 노숙인에 대해 초점을 두어 사용하는 용어인가? 물론 그런 의미도 있지만 또 하나 간과해서는 안 되는 것이 노숙이라는 생활조건이 주는 심리사회적 위험요소이다. 이 노숙생활의 위험요소는 노숙인 개인마다 생물·심리·사회적 기능수행에서의 어려움을 가져오게 한다. 눈에 드러나는 장애나 정신질환, 알코올중독의 유무와 관계없이 사람마다 다양한 양상이면서도 노숙이라는 공통적인 특성이 주는 요소에 대한 재활이 필요하다. 이러한 재활의 대상 요소는 앞의 Ⅰ부에서 서술한 심리사회적 특징 부분과 관련된다.

이에 대해 Bauman과 Grigsby(1988)는 노숙인의 심리사회적 특성에 대한 실증적 유형화 연구 과정에서 몇 가지 실천적 함의를 제시하고 있다. 그 첫째는 '양날의 칼'처럼 작동하는 노숙생활에서의 사회적 연계에 대한 부분이다. 노숙인들에게 길거리 생활에서의 연계, 특히 노숙인들 간의 연계는 심리적 안녕과 정보, 상호지지를 위해서는 유용할 수도 있지만 경우에 따라서는 부정적 영향을 미치기도 한다. 길거리 집단인 거리노숙인 지지망에 완전히 매몰되는 것은 간혹 인습적 사회주류적 역할과의 결연관계가 해체되고 비전통적 문화와의 결연히 노숙생활에 매몰되도록 할 수 있다. 노숙과정은 몇몇 이론들에 따르면 주요한 상실에서 결연관계해체와 매몰로 가는 과정을 포함하는데, 그 핵심과정은 외적 환경에의 매몰, 자원고갈, 전통적 지지와 자원 상실 및 결연해체 등이다. 노숙인에 대한 재활은 이 역동성에 대한 반전을 도모하는 것이 된다.

거리에서의 노숙생활은 그 자체로 위험한 것으로 받아들여진다. 구체적으로 육체적, 정신적 건강, 알코올중독, 생활의 질 등 측면에서 노숙인의 문제가 심각하다. 특히 노숙인은 이러한 문제가 일반 인구층보다 노숙인에게서 더 심각하다는 점에는 동의하지만 흔히 나 자신의 문제가 아니라 다른 노숙인의 문제로 보는 경향이 있다(Bauman & Grigsby, 1988).

자신의 문제를 심각하게 보고 있지 않은 노숙인의 경향은 다른 노숙인들과의 결연이나 동일시, 만성적 노숙으로 인해 전통적 역할로부터 사회적 연계단절이 나타난 과정에서 추론이 가능하다. 노숙 만성화의 특징은 기본적으로 다른 노숙인과의 결연, 그리고 동일시의 두 가지인데 전자는 노숙인에게 사회적 지지의 증가를 주고, 후자는 낯선 환경에서 자신을 이해하는 데 관련된 정보를 얻을 기회를 준다. 물론 이는 긍정적 측면보다 부정적 측면이 부각될 수 있다. 소위 인습적 관점에서 볼 때, 왜곡된 연계와 지각이라는 점이다. 즉 비교의 대상이 되는 타인들이 문제를 많이 가지고 있으면 자신의 문제를 과소평가한다는 것이고 한편으로는 전통적이고 인습적인 수준의 비교대상과의 정보 교환기회가 상실되어가는 것이다. 국내에서의 실증적 분석결과에서도 거리 노숙 기간은 만성화나 노숙하지 않는 대상과의 사회적 관계에 심각한 영향을 미치고 있음이 확인된 바 있다(남기철, 2000). 때문에 노숙을 하며 보내는 시간이 많고 길거리의 친구들이 관계망의 대부분일 경우 자신이 가진 신체적 정신적 건강과 사회적 기능수행의 수준에 대해 실제보다 긍정적으로 평가하게 된다. 노숙인들이 만성화의 함수로 자신의 문제를 과소평가(Bauman & Grisby, 1988)한다는 것은 이를 의미한다.

노숙인들 중에서 특히 외부자(outsider)의 속성을 많이 가진 사람에게는 함께 노숙을 반복하는 사이클을 단절시키기 위해 소규모의 손상되지 않은 지지집단을 제공하는 것이 중요해진다. 사례관리나 고용과 연계되어 '함께 거주하는 사람 기반'의 전통적인 주거프로그램을 잘 구성하는 것도 중요하다.

노숙인에 대한 재활프로그램은 임상적인 문제를 가지고 있는 보건의료 서비스의 대상 노숙인에게 중요하다. 하지만 이뿐만이 아니라 사회복지서비스의 대상이 되고 있는 모든 노숙인에게 노숙생활로 인한 심리사회적 영향들을 사정하고 그 공통적 기능수행의 문제를 해결하기 위해 사회복지실천 활동이 필요하다. 대개의 관련된 개입 모형이나 프로그램은 사회복지실천의 원론이나 영역에서 유추될 수 있다. 그리고 이를 노숙인 복지체계의 프로그램에서 상시적으로 적용될 수 있도록 하는 것이 중요하다.

2. 노숙인 재활프로그램

언급하였듯이 재활프로그램은 특히 건강문제를 가진 노숙인에게 중요할 수 있다. 물론 건강서비스를 위한 접근 자체는 보건 분야의 인력과 전문성이 활용해 온 기존의 방법과 동일할 것이다. 하지만 특히 노숙인 건강서비스를 위해서 다음 9가지의 일반원칙을 강조하곤 한다(McMurray-Avila, M., Gelberg, L., & Breakey, W. R., 1999).

- 아웃리치의 중요성
- 노숙인의 개별성에 대한 존중
- 서비스제공자와 클라이언트 간 신뢰와 라포의 증진
- 서비스제공에 있어서의 유연성 (치료접근방법뿐 아니라 서비스지역, 제공시간 등에 있어서도)
- 노숙인의 기본적 생존욕구에 주목

  (기본적 생존욕구가 충족되고서야 health care가 중요하다는 것을 인식하라)

- 통합된 서비스제공과 사례관리의 중요성 (필요한 서비스를 조정하는 기능을 함)
- 임상전문가 (복합적인 임상문제들에 개입할 수 있어야 함)
- 서비스와 아울러 주거지원프로그램을 병행해야
- 종단적 관점 (개인의 생활상황이 안정화될 때까지 지속성 있는 보호를 제공하라)

등이 그것이다.

노숙이라는 속성 그리고 그에 수반되는 건강과 심리사회적 기능수행 문제는 "성공적인 재활적 개입의 성과"를 어떤 수준에서 결정해야 할지를 복잡하게 만든다. 노숙인들, 특히 중독과 정신질환문제를 가진 자들은 건강상태, 기능수준, 그리고 삶의 질 각각에서 바람직한 개선을 향해 나아갈 때 다양한 단계의 변화를 거치게 된다.[71] 이는 단선적인 과정이 아니며 각 개인들은 그들 나름의 속도로 변화를 경험하게 된다. 만성적인 문제들 특히 약물중독과 정신질환은 퇴행과 재발의 가능성이 높다. 이러한 상황이 발생할 수도 있다고 기대할 수 있어야 하며 프로그램 기획시 고려될 필요가 있다. 뿐만 아니라 이는 성과평가 방법론에서도 고려가 되어야 한다. 예를 들어 점진적 단계들이 서로 다른 지점들에서 발생할 수 있으며 때로는 퇴행할 수도 있다는 것을 염두

---

71) 전숙고단계(precontemplation) : 숙고단계(contemplation) : 활동단계(action) : 유지단계(maintenance) : 재발단계(relapse)

에 두는 한편, 정신질환이 있는 노숙인에 대해 아래와 같이 가장 기본적인 것으로부터 시작해 점차 정교화된 것에 이르는 "목표의 위계(hierarchy of objectives)"를 설정할 수 있다.

- 아웃리치 워커로부터 샌드위치를 받는다.
- 아웃리치 워커와 시선접촉(eye contact)을 유지한다.
- 깨끗한 의복을 받는다.
- 주거/쉼터 지원을 받는다.
- 임상가와의 면담을 수락한다.
- 개입(medication)을 받는다.
- 개인 위생관리를 자발적으로 시작한다.
- 위기상황이 닥치면, 응급시설로 이송된다.
- 정기적으로 진료를 받는다.
- 증상에 호전을 보인다.
- 자기관리(self-care) 능력을 키운다.
- 만족스럽게 sheltered living program에 순응한다.
- 사회활동에 참여한다.
- 만족스러운 상호관계를 유지한다.
- 노숙인 프로그램에서 일반(일반인) 프로그램으로 옮긴다.
- 직업재활프로그램에 참여한다.
- 독립적으로 생활할 수 있다.
- 고용상태를 유지한다.

이러한 점진적 성과들을 사정할 수 있는 새로운 전략들이 필요하다. 예를 들면 클라이언트가 안정성과 독립성을 향해 가는 과정을 따라가기 위해 HCH Network

(Health Care for Homeless Network)에서 개발되고 있는 "서비스 연속성 매트릭스 (Service Continuum matrix)" 등을 들 수 있다. 이는 물론 노숙인의 건강문제에 초점을 두고 임상적 재활을 논의하는 데 초점이 맞춰진 것이지만 노숙인 전반의 재활 실천에서도 중요한 의미를 가지는 것이다.

노숙인이 자신의 기능수행 저해요인에 대해 스스로 인식하고 이를 해결할 수 있는 자원과 프로그램에 접근할 수 있도록 도와주는 것 자체가 좋은 재활프로그램이 될 수 있다. 필요한 서비스로의 접근을 가로막는 장애물들이 있다. 접근을 가로막는 이러한 장애물들 중 일부는 교통편(transportation)의 부재와 같은 단편적이고 외부적 요인들과 관련된다. 그 외에 건강문제의 존재를 부정하거나, 유용한 서비스에 대한 인식이 결여되어 있거나, 혹은 대형기관에 대한 두려움이나 불신으로 아예 근처에도 가지 않으려 하는 등의 요인이 있기도 하다. 이는 객관적이고 구조적인 사실의 문제일 수도 있고 노숙인 개인의 왜곡된 판단일 수도 있다.

자신에게 건강문제가 있다는 것도 알고 어떤 서비스가 필요한지를 안다고 해도, 많은 노숙인들은 보건 및 사회서비스체계에서 이전에 경험한 부정적인 이미지들로 인해 외부의 도움을 불신한다. 예를 들어 아주 비위생적인 꾀죄죄한 꼴로 전문의료진 앞에 서야 하는 상황 때문에 당혹감을 느낄 수도 있다. 또는 그나마 자신이 가진 미약한 돈을 치료비로 뺏기면 어쩌나 하는 두려움 때문에 서비스를 피하기도 하고, 경찰 등 행정당국이나 권위체(authority figures)를 두려워해서 전문가로부터의 서비스를 피할 수도 있다.

이러한 장애물들을 극복하기 위해, 서비스 전달 지역 및 위치와 관련된 개선이 필요하다. 재활프로그램을 기획할 때, 이동형으로부터 고정형 서비스까지 옵션을 염두에 둘 수 있다.

접근을 가로막는 장애물은 서비스가 제공되는 시간과도 관련된다. 주류가 되는 서비스들은 일정이 잡혀 있게 되는데 노숙인들이 미리 잡혀 있는 그 일정에 따르기에는 어려움이 많다. 왜냐하면 일단은 당장의 생존이 더 중요하기 때문이다. 노숙인들은 예약을 하거나 시간을 변경하기 위해 전화를 사용하는 것에도 접근성에 제약이 있다. 서비스 시간은 표적이 되는 대상집단에게 가장 편리한 시간이어야 한다.

서비스접근을 가로막는 또 하나의 장벽은 난폭행위를 했던 전력을 가진 노숙인이 실제로 서비스로부터 저지당할 때 발생하기도 한다. 노숙인 보건서비스 제공자들은 난폭행위의 성격을 지속적으로 사정해야 한다. 그러한 행위는 자신이 통제할 수 있는 선을 넘는 정신질환으로 인해 유발되는 것은 아닌가? 혹은 타인을 가해하기 위해 의도된 행동인가? 이에 대한 지속적인 사정이 필요하다.

서비스제공자들이 노숙인과 일할 때 서비스전달에 있어 개선해야 할 또 하나의 부분은 도입부에서 언급한 바 있는 통합된 서비스 개념으로 돌아가는 것이다. 대부분의 주류 보건서비스조직들은 주로 단독으로(single-focused) 일한다. 노숙의 복합적인 이슈를 다루기 위해 조직되는 예는 드물다. 사람들이 단지 "보여준 문제점(presenting problem)"에 대해서만 개입하게 된다면, 그 기저에 깔린 문제유발원인은 건드리지 못하게 된다. 노숙인에 대한 보다 효과적인 임상개입은 학제 간 팀을 통해 수행될 때 이루어질 수 있다.

재활프로그램이 어떤 지점에서 어떻게 시작되는가 하는 점이 중요해질 수 있다. 복합적인 진입지점(multiple points of entry)을 특징짓는 시스템을 일컬어 "no wrong door"접근법이라고 부른다((McMurray-Avila, M., Gelberg, L., & Breakey, W. R., 1999). 그러한 시스템에서는, 노숙인에게 초기 접촉을 통해 필요로 하는 모든 서비스와 연결될 기회를 제공한다. 필요로 하는 서비스를 규명하기 위해서는 건강 및 사회적 문제(주거상태 및 급식해결이나 의복문제 등 기본욕구에 대한 접근 정도도 포함)에 대한 적절한 사정이 필요하다.

임상적 개인력에 대한 표준형 질문에 덧붙여, 접수면접은 클라이언트의 생활상황(잠자는 장소, 급식해결방법, 지지체계, 정신병력, 알코올 및 약물 사용, 폭력이나 학대에의 노출, 노숙하게 된 원인, 노숙으로부터의 탈출계획 등)에 특별한 주목을 해야 한다. 또한 보건서비스 제공자들은 진단에 영향을 미칠 수 있는 기저에 깔린 가능한 조건과 상황들 어느 것에라도 민감할 필요가 있다.

중요한 점은 사회복지실천, 교육학, 심리학 등 관련된 행동과학 분야에서 축적되어 있는 재활프로그램에 대한 성과를 적극적으로 활용하는 것이다.

우리나라에서도 부족한 양이지만 노숙인 쉼터 등을 대상으로 공모방식 지원에 의한 재활프로그램을 운영해 오고 있다. 하나의 사례로 2001년에 자활사업평가위원회를 통해 예산지원을 요청한 노숙인 재활프로그램(자활공동체 사업 및 자활의집 운영사업 등 제외)의 현황을 보면 다음 〈표 13-1〉과 같다.

〈표 13-1〉 공모방식에 의한 2001년 노숙인 재활프로그램

기관명	프로그램 이름	비 고
서울 자유의집	정신건강관리사업/희망단우회	입소자에 대한 정신건강관리 및 알코올중독자 단주모임 프로그램
강릉희망의집	알코올남용자 사회복귀 프로그램	
대구제일평화의집	알코올중독자 재활 및 예방	
방아골 희망의집	알코올중독자 재활프로그램	
풍납희망의집	알코올중독자 재활 및 예방	
대전실직 노숙자쉼터	알코올중독자 재활 및 예방	
가양7복지관	목표설정을 통한 자기극복 및 자긍심 강화 프로그램	음악감상, 대인관계 기술훈련, 면접연출, 재테크강의, 캠프
강남복지관	해결중심 단기가족재활프로그램	해결중심 집단프로그램, 캠프
대구가톨릭근로자회관	심리사회정서지지 프로그램	인간관계향상, 분노조절, 사회성강화
등촌1복지관	오행체조와 마음공부	오행체조, 마음공부, 집단상담
방화6복지관	취업기능교육 및 사회역할훈련	운전면허교육, 단합대회
부산보현의집	재활을 위한 심성교육훈련	명상수련, 사찰탐방
부산사랑의집	자존감 향상 프로그램	강사 강의, 영화감상, 등산대회
부산소망관	공동체활동을 통한 자아강화	사물놀이 연습
사랑의손잡기실천본부	그룹홈 운영을 통한 사회복귀능력 향상	금전관리, 사회기술 등 강의
삼전복지관	재활직업교육 및 집단사회사업	사회기술훈련, 귀농교육
생명의전화복지관	나도 사장이 되자	사회기술훈련 및 창업교육

기관명	프로그램 이름	비 고
서초복지관	한마음 공동체	대인관계훈련 집단프로그램
성남내일을여는집	사회성 회복을 위한 사회극	사회극 연습 및 공연
성동복지관	노숙인을 위한 치료레크리에이션	치료레크리에이션 프로그램
신사복지관	나, 당신 사랑해요	비구조화된 집단 감수성 훈련
신정복지관	새벽을 여는 사람들	상담, 대인관계훈련, 금전관리, 건강검진, 오락행사
영등포보현의집	노숙자 재활프로그램	미술치료 프로그램 및 캠프
은행골우리집	노숙자 자녀 사회적응력 향상을 위한 2차 재활프로그램	상담, 문화활동, 학습지도
조계종사회복지재단	갈매기의 꿈	자신의 삶을 돌아보는 내용의 집단 프로그램
중계복지관	노숙인 정신건강증진	권역단위 정신건강상담, 사례관리, 집단프로그램, 실무자 교육
춘천새희망쉼터	춘천지역 노숙인 집중 자활프로그램	집단교육, 등산, 자활사업장 참여
한국사랑의울타리회	알코올 심리 재활프로그램	유기농법 농업노동 참여, 신앙활동

3. 사례관리

미국에서는 1980년대 이후 노숙인에 대한 사례관리가 급증하였으나 반면, 사례관리 개념의 명확성과 의미에 대해서 혹은 효과성이라는 측면에서 문제제기가 있어 왔다. 그리고 사례관리에 대한 모형적 접근에서 ACT 모형을 강조하면서 다음의 내용을 실천적으로 강조하는 논의들이 이루어 진 바 있다(Morse, 1998).

—지역사회기반의 단호한 아웃리치 수행

—클라이언트와의 신뢰성 있고 보호적인 관계 형성

—클라이언트 자율성의 존중

—클라이언트 자기가 결정한 욕구의 우선순위

—필요한 자원 획득을 위해 클라이언트에게 활동적인 원조를 제공

—사례 부담의 경감

—ACT 접근의 실행

지난 20년간 사례관리는 노숙인에게 서비스를 제공하는 전환점으로서 기능해 왔다. 서비스 제공자, 연구자, 정책 입안자, 의회 등이 모두 노숙인에 대한 사례관리를 강조하며 이 증진을 위해 노력해 왔다. 프로그램 개발자들은 사례관리 서비스를 정신장애, 약물중독, 이중진단, 임산부, 노숙인 가족 등 다양한 노숙인 하위인구집단에 적용시켜 왔다.

사례관리는 노숙인의 다중적이고 심각한 욕구, 다양한 하위집단, 사회 각 수준에서의 다중적 개입의 필요성, 적절한 주거자원의 핵심적 중요성 등을 인식하는 보다 넓은 관점 속에서 이해되어야 할 필요가 있다. 그러나 사례관리는 분명히 노숙인에 대한 실천에서 가장 보편적인 서비스의 하나가 되어 왔다.

노숙 영역에서 사례관리가 가장 강조되고 빈번히 실행되는 이유는 무엇인가? 이는 부분적으로는 사례관리가 휴먼서비스 분야에서 공통적으로 강조되는 하나의 사조(zeitgeist)이기 때문이기도 하지만 한편으로는 노숙인 영역에서의 다음과 같은 핵심적인 가정과도 관련된다(Morse, 1998).

첫째, 노숙인은 심각하고 다중적인 문제, 충족되지 않은 서비스 욕구와 문제를 가지고 있다.

둘째, 욕구충족을 위해 필요한 서비스와 자원은 이질적인 서비스 조직 간의 파편적인 체계 내에 있다.

셋째, 서비스 체계는 많은 경우에 접근 장애요소가 있어 클라이언트가 필요한 서비스나 자원에 접근하기 어렵다.

넷째, 접근의 촉진, 조정, 협상, 클라이언트 욕구에 대한 서비스 보증을 위해 사례관리자가 필요하다.

또한 특정 개인 클라이언트의 성과를 개선하는 것뿐만 아니라 전체적인 서비스 체계 개선을 위한 개입전략으로서도 사례관리가 고려되기도 한다. 그러나 한편으로는 사례관리가 정확히 무엇으로 구성되어 있는 것인지, 그 효과성은 어떠한지에 대한 혼란과 의문이 있는 것도 사실이다.

우리 사회에서도 노숙인 복지체계의 실무자나 관련자들이 사례관리라는 말을 자주 사용하고 있으나 그 개념이나 모형에 대한 상은 매우 상이하고, 심지어는 부정확한 오해에 기반을 둔 의사소통이 이루어지기도 한다. 즉 보건과 휴먼서비스 분야 전반에서와 마찬가지로 노숙인 분야에서도 사례관리는 널리 알려지고 많이 논의되고 있으나 정확히 규정되지 않은 개념이다.

이 개념의 명확화를 위한 노력 중 특히 Willenbring과 동료들(1991)의 시도가 유용한데 이들은 사례관리서비스가 그 특정한 서비스 기능의 개념에서 규정될 수 있다고 제안하고 사례관리를 특징지을 수 있는 다음 6가지의 주요 기능을 명확히 했다.

① 클라이언트 명화화와 아웃리치(Client identification and Outreach)

② 사정(Assessment)

③ 기획(Planning)

④ 연결(Linkage)

⑤ 점검(Monitoring)

⑥ 클라이언트 옹호(Client Advocacy)

이들은 또한 공통적이면서도 사례관리 서비스의 영역에 걸쳐 상이한 4가지의 부가적 기능에 주목했다.

① 직접적 서비스(Direct Service)

② 위기개입(Crisis Intervention)

③ 체계옹호(System Advocacy)

④ 자원개발(Resource Development)

이외에 사례관리의 공통적인 부가적 기능은 퇴소계획(discharge planning)이다. 이는 클라이언트가 한 유형의 세팅이나 서비스에서 다른 것으로 이전하도록 하는 계획을 원조하는 것이다.

기능에 대한 묘사가 사례관리 개념을 구체화하는 데 도움을 주고 있으나 아직도 사례관리의 정확한 의미에 대해 합의가 부족하다. 이는 부분적으로 사례관리실천이 많은 상이한 모델과 접근에 의해 이루어지고 있다는 점과 관련된다. 서로 다른 사례관리 모델은 대개 위의 주요 기능들을 수행하지만 부가적 기능의 유무나 중요한 방법의 측면에서 상이하다.

특히 여기서 사례관리 프로그램의 조작적 혹은 과정적(orperational or process) 특성이 중요한데, Willenbring과 동료들은 이를 사례관리의 기능과는 구별하였다. '과정적' 특성이란 사례관리가 '무엇'을 하는가보다는 사례관리서비스가 '어떻게' 작동하는가를 측정하는 것이다. 다음 7가지 '과정' 변수가 특정한 사례관리서비스들의 유사성과 상이성을 이해하는 데 관련된다.

① 서비스의 기간

② 서비스의 집중성

③ 서비스의 초점

④ 자원 책임성

⑤ 가용성

⑥ 서비스의 위치

⑦ 직원 형태

사례관리 프로그램이 '어떻게' 작동하는가와 관련된 이 7가지 변수에 덧붙여 사례관리에 '누가' 포함되는가를 고려하는 것이 유용하다.

―클라이언트 표적 인구가 누구인가?

―직원은 누구인가?, 특히 그들의 훈련 분야는 무엇인가?

이러한 변수들을 감안하여 사례관리 접근법의 다양성을 모형화하여 비교할 때, ACT, ICM, CCM, SNCM, CTI 등이 포함된다.

〈표 13-2〉 노숙인 사례관리실천의 유형별 특성

구 분	직접 서비스	연결, 의뢰, 옹호	서비스 기간 담당인구	실천가	비 고
집중적 사례관리: ICM (Intensive Case Management)	일부	광범위	지속적 10:1 혹은 15:1에서 40:1	―지역사회기반 개인직원 ―일반실천가 (generalist)	클라이언트가 필요한 서비스에 접근하도록 지원하고 필요한 옹호를 하는 아웃리치 강조
단정적 지역사회 처치: ACT (Assertive Community Treatment)	집약적	일부	지속적 10:1	―지역사회기반 팀 직원 ―다학문적	현장에서 개인에게 집중적으로 개입하고 서비스를 지지하는 것을 강조, 사례를 공동개입하는 다학문적 팀워크를 강조하며 집중성을 가짐
임상적 사례관리: CCM (Clinical Case Management)	집약적	일부	지속적 10:1 혹은 20:1	―지역사회기반 개인직원 ―전문실천가 (specialist)	주 개입(치료)자와 클라이언트 사이의 개별적인 치료 관계를 상대적으로 강조

구 분	직접 서비스	연결, 의뢰, 옹호	서비스 기간 담당인구	실천가	비 고
사회적 관계망 사례관리: SNCM (Social Network Case Management)	일부	일부	10:1 혹은 20:1	―지역사회 혹은 사무실 기반 개인직원	클라이언트가 사회적 관계망을 확장하고 강화하도록 원조하는 것에 초점
중개적 사례관리: BCM (Broker Case Management)	최소	광범위	약간 지속적 50:1에서 85:1	―사무실 혹은 지역사회기반 개인직원 ―일반실천가 (generalist)	다른 사람이 제공하는 서비스나 자원이 필요한 곳을 사정하고 기획, 의뢰하여 클라이언트가 잘 접근하도록 지원
결정적 시기 개입: CTI (Critical Time Intervention)	일부	광범위	시간제한적	지역사회기반	시설에서 지역사회로의 복귀와 같은 중요한 시기의 집중적 사례관리, 실천 내용에서 '집중적 사례관리'와 유사하지만 클라이언트의 안정적 지지망 구축에 더 많은 관심

이 모델이나 접근법은 이론이나 조사에서 잘 정립되어 있는 것과 아직 광범위한 이론적 혹은 조사의 근거는 약하지만 임상실천에서 공통적으로 사용되고 대두되는 것들을 모두 포함한다. 이는 5가지의 노숙인 하위인구집단별로 묘사될 수 있다.

1) 심각한 정신질환(Severe Mental Illness) 노숙인

ICM(Intensive Case Management)은 약물중독장애, 노숙가족, 심각한 정신질환을 포함하는 다양한 노숙인 하위집단에 대해 널리 사용되어 온 접근방법이다. 이는 기존의 광범위한 이론적 기반이 없는 영역에서 나타난 접근의 한 예이다. 노숙인 클라이언트에서 많이 사용되는 것은 부분적으로 임상적 원리―단호하고 지속적인 아웃리치, 사례양의 감소, 필요한 자원 접근에서의 능동적 원조―에 기인한다. 이 ICM은 프로그램의 기능이나 과정적 특성의 광범위한 묘사 없이 언급되어 왔다. 또한 프로그램이나 노숙인 하위범주 간 ICM의 비교성은 불분명하다. ICM 프로그램 간에 조작적인 차이가 있는 것으로 보이고 이들은 종종 체계적으로 묘사되거나 사정되지 않았다.

ACT(Assertive Community Treatment) 프로그램은 심각한 정신질환을 가진 노숙인에 대한 또 하나의 일반적인 접근이다(ACT는 종종 CTI와 잘 구별되지 않으며 같은 용어로 사용되기도 한다). ACT 모형은 많이 연구되어 왔고 심각한 정신질환을 가진 비노숙인 클라이언트를 위해 효과적인 지역사회 기반의 개입으로 이미 잘 정립되어 있다. 이는 또한 정신질환을 가진 사람들을 위한 프로그램 모델로 많은 주에 널리 보급되어 있다. ACT 요소들은 사례관리라는 개념을 피한다. 이 모형은 실제로 다른 많은 사례관리 모형과는 차이가 있는데, 특히 직접 치료와 서비스에 대한 강조, 사례양의 공유, 보건이나 간호와 같은 다양한 전문 분야 간의 팀 협력이라는 점에서 특히 차이가 난다.

ACT 모형은 노숙인구와의 관련성을 높이기 위해 다양한 방법으로 적용되어 왔다. 이러한 적용들은 노숙인에 대한 아웃리치, ICM 프로그램에서의 원리 등을 활용하였다. 심각한 정신질환을 가진 노숙인 클라이언트를 위한 ACT 팀은 최근 CMHS ACCESS 프로그램을 통해 널리 퍼지고 정교화되었다.

ICM과 ACT 외의 다른 사례관리 접근도 제시될 수 있다. Clinical Case Management와 Social Network Case Management가 부가적으로 제시되고 있는데 둘

다 모두 참신한 이론적 배경을 가지고 있으나 널리 적용되고 있지는 못하다.

Strengths Model이 심각한 정신질환 인구를 대상으로 종종 실행되고 있고 이는 개인뿐만 아니라 환경에 대한 초점, 준전문 직원, 약점보다는 강점에 대한 초점 등의 특성이 있으며 최근 캔사스에서 ACCESS 기금에 의해 노숙인에게 적용되고 있다.

CTI(Critaical Time Intervention)도 정신질환 노숙인에게 시험되고 개발되고 있는 새로운 접근이며 이는 쉼터에서 주거로 이전하는 결정적 시기 동안 정서적, 실천적 지원을 하면서 다른 서비스나 지원에 장기적으로 클라이언트를 연결하는 역량강화에 초점을 두고 있다.

또한 소비자(comsumer)나 동료를 다양한 사례관리 접근 내에 통합시키는 방식이 있는데 이는 노숙인 ACT 팀에 소비자 옹호를 포함하는 것과 같은 방식이며 Consumer Case Management 접근이라고 할 수 있다. 이는 전통적인 정신건강서비스를 주저하는 클라이언트를 관여시키는 데 유용할 수 있다.

마지막으로 Broker Case Management 접근도 많이 제공되는데, 이는 광범위한 아웃리치, 연결, 직접적 서비스 접촉보다 사정, 기획, 의뢰, 점검 기능을 강조한다. 보통 노숙인 클라이언트에게는 추천되지 않는다.

2) 이중진단(Dual Diagnosis) 노숙인

이중진단 노숙인에게 제공되는 접근들은 Integrated Treatment의 원리를 많이 따르고 있는데 이는 약물중독, 정신건강, 다른 관련 클라이언트 욕구에 대한 다학문적 치료접근에 초점을 둔 것이다. 최근에 프로그램 개발과 연구가 늘어나는 추세에 있으나 이중진단 노숙인에 대한 사례관리접근은 드문 상황이다. 통합적 치료보다는 기존의 약물중독 치료접근에 의뢰와 연결을 증진하는 Social Network Therapy/Intensive Case Management의 예들이 문헌에 나타나고 있다. 다른 문헌에는 노숙인 클라이언트에 대한 통합적 치료—사례관리 접근이 묘사되고 있다. Blankertz와 White(1990)는 이중진

344

단 노숙인 클라이언트를 위한 주거 프로그램에 사례관리를 통합한 모형을 기술하고 있다. 이 모형에서는 사례관리자가 초기 아웃리치, 개별화된 서비스, 재활계획, 필요한 자원과 서비스의 연결, 심리교육적 약물중독 치료집단을 제공한다. 사례관리서비스는 클라이언트가 주거 프로그램을 성공적으로 종결하는지 여부를 추적하도록 설계되었다. Intensive/clinical case management 프로그램과 ACT 프로그램도 또한 노숙인과 이중 진단자를 위한 통합적 치료 개념과 기법을 종합하기 위해 조정되어 왔다. 다른 프로젝트들이 현재 개발 및 연구 중이다.

3) 약물중독(Substance Abuse) 노숙인

사례관리는 약물중독자를 위한 서비스의 중요한 요소로 고려되고 있으나 그 조사연구는 적은 편이다. 이는 노숙인 약물중독자의 영역에서도 마찬가지로 정신건강의 문제만큼 많지 않다. 그러나 NIAAA의 기금에 의해 지원받은 3가지 노숙인 사례관리 시범 프로그램은 주목할 만하다. 먼저 McCarty 등(1990)은 보스톤에서 약물중독 문제를 가진 노숙인을 위한 안정화 프로젝트의 핵심요소로 intensive case management 프로그램을 개발하고 묘사하였다. 이 서비스는 클라이언트가 서비스 제공자의 불신을 극복하도록 지원하고, 필요한 치료와 지지 욕구를 조정하고, '클라이언트를 재활의 연속선을 따라 진행하도록 지도'하는 것으로 설계되었다. 이 사례관리 역할은 지지뿐만 아니라 연결과 점검 활동을 강조한다. Louisville 프로젝트에서 이와 유사하게 intensive case manager의 역할을 강조하였는데, 이는 직접적 서비스 제공보다는 특히 AA와 NA 모임에서 클라이언트를 지역사회 자원과 연결하는 것에 초점이 있다. 다음으로 Minneapolis 프로젝트에서는 노숙인 만성적 음주자를 위한 ACT 모형을 적용하여 이 ACT 팀이 사정과 기획, 그리고 기타의 공통적 기능에 첨가하여 연속적인 보호와 서비스를 제공하도록 설계되었다. 하지만 이 세 프로그램은 의도된 프로그램 모형을 반영하고 실제 실천에서는 일치하지 않는 점(예를 들어 클라이언트와 직원의 비율 문제,

이직문제 등)들이 있음을 주목해야 한다.

4) 기본 보건(Primary Health) 및 일반적 상황의 사례관리

사례관리는 노숙인에 대한 기본적인 보건의 영역에서도 효과적인 전략으로 볼 수 있으며, Health Care for the Homeless 프로젝트에서도 사례관리가 중요한 요소가 되어 왔다. 하지만 이에 대한 상세한 묘사나 기록은 모자란 편인데 Savarese 등(1993)은 일반적인 노숙인 건강보호 팀 활동에서 다양한 방법으로 핵심적인 사례관리 기능이 통합되는 방법을 예시하였다. 반면에 Stephens와 동료들은 사례관리자가 시스템을 점검하고 중개하는 중요성을 강조하면서 다학문적 팀 내에서 사례관리를 통합하는 것을 강조하였다.

Kuczenski(1992)는 미네소타에서 Health Care for the Homeless 프로젝트에 관해 소개하면서 간호사들이 어떻게 아웃리치나 follow-up 가정방문을 수행하면서 클라이언트가 필요한 자원에 접근하도록 도울 수 있는가를 예시하였다. 반면 Steward(1992)는 같은 HCH 프로젝트에서 전문화된 사례관리자의 역할을 묘사하였다.

그러나 전반적으로 일차보건의 영역에서 특히 특정화된 하위집단에 대한 사례관리의 세부적 모형은 문헌에 많이 나타나지 않고 있다. 노숙아동들은 특히 이 보건의 영역에서 집중적 사례관리 서비스가 가장 필요한 고위험집단으로 이야기되고 있다. Worley와 동료들(1995)은 통합적 접근을 추천하면서 ACT 팀과 같은 사례관리팀에 간호전문가 등을 포함할 수 있음을 지적하였다.

5) 노숙인 아동과 가족(Homeless Children and Families)

문헌에 나타나고 있는 바는 매우 적지만 노숙 청소년, 임신한 10대, 전체 노숙 가족을 대상으로 하는 사례관리 서비스가 묘사되고 있다. Kidstart 프로그램은 Better Homes Foundation과 IBM에 의해 노숙아동을 위한 사례관리 모형으로 개발되었다. Kidstart 프로그램은 서비스 기획, 연결, 점검 등 대부분의 사례관리 프로그램의 공통적 모습을 통합하였으며 노숙인 대상의 다른 접근처럼 개별화되고 포고라적인 보호를 강조하고 있다.

가출 및 노숙 청소년(runaways and homeless youth)을 위한 두 개의 프로그램이 집중적 사례관리 프로그램을 실행하였다. Cauce와 동료들(1993)이 포괄적 초점의 프로그램을 실행하였다. 그리고 Borgford-Parnell 등(1994)이 임신한 10대를 위한 집중적 사례관리 프로그램에서 간호사와 사회복지사를 고용하였다.

노숙인 가족을 위한 사례관리 프로그램이 인기를 더해가고 있으나 그 효과성을 명시적으로 밝힌 연구는 드물다. 사회복지실천은 그간 사례관리에 대해 교육과 실천에서 많이 강조해 왔기 때문에 나름대로 많은 모색이 있어 왔다. 그러면서도 대상의 특성이나 실천가의 사례부담을 고려한 사례관리의 현실적 다양화에 대한 인식은 부족한 것이 사실이다. 그리고 우리 사회에서 현실적으로 대개는 지역사회에 기반을 둔 사례관리가 아니라 개별 시설 내에서의 사례관리에 머무르고 있는 경우가 많다.

실제에서 사례관리 실천의 가능한 목표와 수준은 사례관리자 1인당 담당 인구를 감안하여 결정될 수밖에 없다. 그런데 통상 우리나라의 노숙인 복지 현장에서 사회복지사와 실무자에게 주어지는 여건은 '중개적 사례관리(Broker Case Management)'도 실천하기 어려운 상황임에도 불구하고, 통상적으로 '집중적 사례관리(Intensive Case Management)' 이상, 혹은 '단정적 지역사회 처치(Assertive Community Treatment)'나 '임상적 사례관리(Clinical Case Management)'까지도 요구하는 내용에 대한 교육이 일반적이다. 과다한 실천목표로 인해 사례관리 자체가 이루어지지 못하는 것보다는 현장에서 가능한 개입유형을 도모할 필요가 있다.

사례관리의 요구와 관련하여 또 하나 과제가 되는 것은 '지역사회 기반의 실천' 강화의 맥락이다. 사례관리는 지역사회 내에서 클라이언트의 자활과 재활의 목적에 필요한 최선의 자원을 동원하는 것을 전제로 하는데 이 자원의 확보가 지역사회 내에 있는 공공과 민간의 자원을 다 포괄하지 못하고 있는 경우가 많다.

시설 내에서의 사례관리도 중요하지만 본질적으로 사례관리란 시설 내에 국한된 활동이 아니라 지역사회와의 연계 속에서 자원의 연계와 조정에 관한 전문활동이라는 점이 강조될 필요가 있다.

제14장 역량강화실천과 반배제적 사회복지실천

> 억압을 받는 사람들의 경험이란 외부의 힘과 장벽에 의해 자신의 삶을 제한받으면서 형
> 성되는 것인데, 외부의 힘과 장벽들은 결코 우연이거나 일시적인 것이 아니어서 회피할
> 수 없으며, 체계적으로 서로 연관되어 있어서 어떠한 방향으로든 꼼짝 못하게 만든다.
> 그것은 새장 속에 갇혀 있어서 모든 방향으로 가는 길이 차단되어 있거나 지뢰밭에 갇힌
> 것 같은 경험이다.
>
> Frye, 1983

노숙인에 대한 사회복지실천에서 역량강화(empowerment)의 관점과 방안을 모색하
는 것은 매우 중요하다. 노숙인은 일반적으로 자기효능감의 저하, 자존감의 손상, 통제
감의 취약성 등을 가지고 있기 때문이다. 그리고 이것이 비인습적인 기행 혹은 사회
구성원 주류의 편견과 맞물려 사회주류의 통합을 어렵게 만들곤 한다. 또한 반배제적
사회복지실천은 아직 우리나라 사회복지계에 일반화된 사회복지실천방법은 아니지만
노숙인의 사회적 배제가 심각한 상황에서 의미를 줄 수 있는 사회복지실천방법이다.

역량강화실천이나 반배제적 사회복지실천은 소위 주류적 · 전통적 사회복지실천의
방법보다는 다소 운동적 관점이 강화된 실천방법이라 할 수 있다. 이는 사회행동
(social action), 급진적 사회복지실천(radical social work practice), 반억압적 사회복지
실천(anti-oppressive social work practice) 등과 이념적 유사성을 가지고 있다. 사회복
지계 내부에서 대다수 전문성이 보수성과 연결되는 점에 대한 비판과 아울러 제기되
는 것이기도 하다.

1. 역량강화실천의 방법과 맥락

역량은 세 가지 수준에서 발생하는데 개인적 수준, 대인적 수준, 환경적 수준이다. 개인적 수준은 자신의 문제에 영향을 미치고 이를 해결하는 능력과 관련한 감정과 생각을 말한다. 대인적 수준은 문제해결을 촉진하는 다른 사람들과의 경험과 관련된다. 환경적 수준은 자조 노력을 촉진하거나 방해하는 사회제도를 말한다.

노숙인의 무력성(powerlessness) 역시 개인적 차원, 대인적 차원, 환경적 차원의 세가지 수준에서 나타난다. 노숙인이 노숙을 끝내도록 하려는 접근에서도 이 세 가지 수준을 모두 고려해야 한다.

역량강화실천은 개인, 가족, 집단 혹은 지역사회 내에서 역량(power)을 획득하는 능력을 개발하고자 한다. 역량강화 연구와 실천은 이런 변화에 기여하는 구체적인 과정을 규명해 왔다.

파슨스(Parsons)와 구티에레스(Gutierrez), 콕스(Cox) 등은 역량강화실천의 일반적 구성요소로 중요한 것을 다음과 같이 제시하고 있다(김혜란 외 역, 2006).

① 태도, 가치, 신념: 자기효능감—자신을 위한 행동을 증진하는 자기인식, 자기 가치에 대한 신념, 통제감—에 관한 신념은 역량강화 과정에 영향을 미친다. 심리학에서는 이런 태도를 역량강화의 유일한 요소이며 역량강화의 주요 목적으로 본다. 하지만 역량강화는 개인적 통제감의 개발에서 더 나아가 좀 더 큰 사회체계들에 영향을 미치는 것이다.

② 집합적 경험을 통한 정당성의 인정: 집합적 경험에서 자신 및 타인들은 서로 공유하고 있는 경험을 인지한다. 즉 자신과 주변 세계에 대한 인식의 일부가 정말 타당하고 따라서 목소리를 내기에 정당하다는 것을 아는 것이다. 이런 인지는 자기 비난을 감소하고, 당면 문제의 원인으로 개인적 실패 이상의 것을 보려는 경향을 증가시키며 공동 문명의식을 가져오고, 의식을 증가시키는 집합적 관점에 기여한다. 집합적 경험

은 개인 수준을 넘어서 가족이나 지역사회 같은 다른 체계들을 변화시키는 동기가 될 수 있다.

③ 비판적 사고와 행동을 위한 지식과 기술: 각 개개인은 상호 공유와 지지를 통해 문제의 내부와 외부 양상에 대해 비판적으로 사고할 수 있다. 그들은 자신의 가치와 신념, 태도를 갖게 된 과정과 이것들이 문제에 영향을 미치는 과정뿐 아니라 거시 수준의 구조와 이의 영향에 대해 규명할 수 있다. 역량을 증가시킨다는 것은 비판적으로 사고하는 것을 배우고 정보를 얻고 행동을 취하는 과정을 배우며, 실제로 행동을 취하고 성과를 평가하는 것을 포함한다. 문제를 사회정치적 맥락에 두는 과정은 자기 비난을 감소시키고 개인이 문제의 뿌리를 사회에서 이해하도록 돕는다. 의식향상을 통해 자신의 문제가 다른 사람들의 문제와 어떻게 유사한지를 알게 된다. 또한 집합적인 이해와 행동을 향상시키는 공통경험에 주목하기 시작한다.

④ 실천: 반성적 실천을 통해 개개인은 행동전략을 개발하고 내부와 외부 구조에 영향을 미치는 데 필요한 자원과 지식, 기술을 개발할 수 있다. 심리적으로는 자신의 행동에 대해 책임지는 것을 배운다. 행동적으로는 공통 목적과 사회변화를 얻기 위해 다른 사람들과 기꺼이 행동할 수 있게 된다. 또한 이런 행동에 반응하면서 무언가를 배우게 된다.

역량강화 실천은 그간의 생활경험을 통해 자신의 역량을 충분히 발휘하지 못하는 장애요인으로 쌓여온 것들을 극복하는 것으로 시작한다. 이 장애물은 직접적인 것과 간접적인 것으로 나눌 수 있다. 역량의 직접적인 장애는 물질적 자원에 대한 접근을 제한한다. 그리고 간접적 장애는 자원의 부족과 불평등을 지원하는 사회가치를 포함한다. 부정적 평가나 낙인과 관련되는 것이다.

역량강화실천은 네 가지 차원에서 개입을 도모하는데 이는 다음의 표에서 보는 바와 같다.

<표 14-1> 역량강화실천의 주요 문제해결활동

1차원	2차원	3차원	4차원
· 사회복지사—클라이언트 관계의 확립 · 당면한 욕구의 충족	· 교육 · 기술개발 · 자조	· 자원확보 · 체계사정	· 사회행동 · 정치적 행동(거시) · 변화 · 지역, 전국, 국제적 행동
· 개인, 가족을 현존하는 서비스와 연결 · 의식향상과정의 시작 · 자원을 찾고 요구하는 방법에 대한 실제적 학습	· 지식발달 · 문제해결의 물리적 심리적 사회적 국면들 · 옹호나 중재와 같은 새로운 기술의 개발 · 선정된 문제에 대한 구체적 지식 · 공통 문제와 해결을 다루기 위한 집단의 활용 · 자기원조 대 다른 사람에 대한 원조 · 상호 문제해결 기술	· 자원과 조직에 대한 지식 개발 · 전문가 및 조직과의 사소통하는 기술의 개발 · 조직적 지역사회 변화의 기술 개발 · 조직 변화에 참여 · 의사결정체의 기회에 참여 · 공식적 자조 프로그램과 조직의 조성, 합류	· 정치적 경제적 체계, 전국적인 쟁점에 대한 지식의 개발 · 전국적인 쟁점(거시)을 다루고, 조직과 작업하는 기술의 개발 · 개인적 문제에 대한 정치적 성격의 명확화 · 편지, 전화캠페인, 협의, 중재 · 로비, 피켓팅
주요참여자			
· 개인, 가족 · 사회복지사	· 개인, 가족 · 소집단 · 사회복지사	· 개인, 가족 · 소집단, 대집단 · 초점화된 문제의 연결망	· 개인, 가족 · 소집단, 대집단 · 지역사회 · 전국적 조직 · 지역단위 조직
주요변화표적			
· 개인, 가족	· 개별, 집단의 상황 · 공통적인 문제해결	· 조직 · 기관 · 개인 · 공통문제	· 대집단 · 지역사회 · 법률, 정책 · 지방정부, 중앙정부

차원 1에서의 노숙인에 대한 활동은 사회복지사와 클라이언트의 관계, 즉각적인 욕구충족, 의식향상, 자원발굴과 요청방법의 문제가 소개되어 있다.

사회복지사는 클라이언트에게서 즉각적인 생존과 안전의 욕구가 확인될 때, 이를 즉시 해결해주어야 한다. 사회복지조직과 기관의 복잡성이 증대하여 이 과업이 단순한 것은 아니다. 쉼터입소기회의 제공, 식품이나 의류의 제공, 신체 및 건강보호, 서비스 자격신청과 결정 등 여러 가지 면에서 복합적이고 행정적인 최선의 결정을 내려야 할 책임이 있다. 이 차원에서의 과업이 결코 모든 것은 아니지만 이것이 제대로 진행되지 못할때, 클라이언트와의 긍정적 관계가 성립되기 어렵다. 클라이언트가 가지고 있는 문제나 상황 때문에 제약이 따르더라도 클라이언트가 서비스 계획에 사례관리자와 함께 참여하는 것이 중요하다. 사회복지사와 클라이언트 간에 공유된 권력을 가지는 것이다.

노숙인에게 자기비난의 경향이 많이 나타날 수 있다. 반대로 잘못된 모든 것을 타인에게 귀인하면서 공격성을 키우기도 한다. 하지만 이 양자는 본질적으로 동일한 것이다. 긍정적인 자기 이미지를 통해 변화가 필요한 부분이다. 사회복지사가 자기가치감이 낮은 클라이언트와 상호작용할 때, 의도하지 않았지만 종종 클라이언트의 자기효능감을 저하시킬 수 있는 행동을 할 수 있다는 점에 유의해야 한다. 노숙인 스스로 할수 있는 일을 할 기회를 박탈함으로써 친절함의 의도마저 클라이언트에게 악영향을 끼칠 수 있다.

클라이언트가 편한 시간에 약속을 잡는 것, 클라이언트가 표현할 수 있도록 충분한 시간을 주는 것, 클라이언트의 문화나 환경에 적합한 방식으로 의사소통하는 것 등 클라이언트의 자기가치감을 증진하도록 하는 원조방법은 많다.

결국 역량강화실천의 효과성은 과정과 성과 모두에 있으며, 그 평가에서는 이 양자에 대한 질적이고 양적인 접근 모두를 요구하는 것이다.

노숙인에 관한 역량강화실천의 원칙으로 다음의 것들을 제시하고 있다(김혜란 외역, 2006).

첫째, 클라이언트의 즉각적인 욕구충족이다. 만일 기본적인 욕구가 충족되지 않는다면 그 외 구체적인 문제들을 제기하는 것은 클라이언트 입장에서 자신과 무관한 것으로 비쳐지기 쉽다. 사회복지사는 클라이언트의 즉각적인 생존욕구와 안전에 대한 욕구를 해결해 주어야 한다.

둘째, 클라이언트가 규정하는 문제의 수용이다. 클라이언트 자신이 규정한 문제를 사회복지사가 있는 그대로 수용하고 자신이 변화과정에 적극적으로 관여되고 있다고 클라이언트 스스로 느낄 때, 관계의 토대가 구축된다.

셋째, 권력 통제감의 공유이다. 도움을 요청하는 노숙인과 서비스를 제공 또는 제한하거나 거부하는 입장에 있는 사회복지사 간의 권력의 차이는 중요할 수 있다. 클라이언트가 통제감을 경험하도록 사회복지사는 미묘하지만 때로는 명백하게 권력의 역동에 민감해질 필요가 있다.

넷째, 자원 및 기술에 대한 교육이다. 필요한 자원 확보와 옹호기술 개발은 노숙인의 자기효능감 획득에 중요한 활동이다. 이러한 목적을 달성하기 위해 사회복지사는 정보를 이용 가능하도록 해야 하며, 클라이언트의 옹호기술에 대한 모델링이 되어 줄 수 있어야 한다.

다섯째, 협력적 작업관계의 창출이다. 사회복지사가 모르는 자원에 대해 노숙인이 오히려 알고 있는 경우가 종종 있다. 각 상황에서 클라이언트가 알고 있는 지식을 꺼내 놓고, 사회복지사는 새로운 자원을 가져옴으로써 책임을 공유한다.

여섯째, 상호지지집단의 활용이다. 노숙인은 극심한 소외를 경험할 수 있다. 지지집단은 노숙인의 상황에 대한 더 큰 이해를 촉진할 뿐 아니라 부가적인 자원과 문제해결 기술을 제공해 줄 수 있다. 이러한 집합적인 노력은 압도당하는 듯한 느낌이나 고립감을 경감시켜 줄 수 있다.

일곱째, 의식향상이다. 의식향상에 클라이언트의 노숙원인이 되는 사회적, 정치적 경제적 영향에 대한 교육, 토론 등을 포함할 수 있다. 그러한 통찰력은 클라이언트의 자기비난을 감소시키면서 개인 책임과 사회 책임 간의 차이에 대한 이해를 촉진한다.

여덟째, 조직개발의 참여이다. 사회복지사 협회와 옹호집단에 있어서 사회복지사와 클라이언트의 참여는 프로그램의 목적과 조직 문화를 변화시킬 기회를 제공한다. 이전 클라이언트들이 이사회 선출에 대한 투표권을 갖는 것은 역량강화에 기반을 둔 조직을 창출하기 위해 조직의 사명과 목적을 변화시키는 가장 직접적이고 근본적인 방법일 수 있다.

한편 마일리(Miley)와 두보이스(Dubois)는 사회복지실천에서 역량강화가 미시, 중범위 그리고 거시적 수준에서의 변화라는 측면에서 세 가지의 실천기술을 가진다고 보았다. 자원의 활성화, 협조적 관계의 창출, 기회의 확장이 그것이다(이경아 외 역, 2004).

① 자원활성화: 이는 미시적인 기술에 해당한다. 클라이언트 자신의 개인적 자원과 사회적 환경 내 가능한 자원에 대한 사정을 촉진하는 것은 역량강화 기반활동과 관련이 있다. 자원을 활성화함에 있어 사회복지사는 다음과 같은 활동을 전개할 수 있어야 한다.

—개인적 효능감을 강화한다.

—대인관계능력을 강화한다.

—의식신장을 촉진한다.

—강점을 형성한다.

—변화에 대한 동기를 부여한다.

—문화적 자원들을 찾아낸다.

—개인적 역량을 훈련한다.

비판의식의 개발은 개인적인 것과 정치적인 것 간의 관계성을 확보하는 것이다. 의식신장은 경험을 맥락화하고, 자기비난을 감소시키고 "집단 성원들이 본질적 이유를 받아들여 자기 자신의 선택과 행동에 영향을 주도록 돕고 선택에 있어서 책임을 지도록 돕는 것이다." 비판적인 반영은 개인적 행동의 사회적인 유래를 이해하고 제도적 구조와 정책의 가변성을 인식할 수 있도록 하였다. 이러한 반성적 대화가 집단 내에서 발생할 때, 집단 성원들은 사회정책을 변화시키고 사회구조를 개혁하기 위한 집단행동의 기반을 형성할 수 있다.

② 동맹관계 구축: 이는 중범위적 기술영역의 초점에 해당하는 것이다. 동맹관계 구축에서 사회복지사의 클라이언트는 역량강화 집단에서 클라이언트의 노력과 제휴해야 한다. 자연적 지지망을 중심으로 클라이언트의 기능을 강화시키고 서비스 전달망을 조직해야 한다. 이러한 동맹은 클라이언트에게 정서적 지지를 가져오고 역량의 기반을 형성할 수 있도록 한다.

　　—역량강화 집단 형성하기

　　—비판적 의식 발전시키기

　　—자연적 지지망과 제휴하기

　　—필요한 사회서비스 전달체계 만들기

　　—클라이언트—서비스 동맹 구축하기

　　—대인 관계적 역량 최대화하기

역량강화 기반 사회복지실천에 있어서 주요 수단은 클라이언트들과 집단으로 일하는 것이다. 소집단과의 작업은 의식향상, 상호원조계약, 기술 개발, 문제 해결, 그리고 다른 사람들에게 영향력을 행사하는 자기 자신의 효과성을 경험할 수 있는 최적의 환경이다.

동맹관계에 있는 사회복지사는 또한 그들의 활동을 지역사회연합, 관계부처 간의 관계망, 사례관리 팀 등으로 확장한다. 이러한 전문가들, 클라이언트 옹호자와 서비스 tql자들 간의 동맹은 집단적 사회행동, 정책변화를 위한 옹호와 사회서비스 전달체계에 있어서의 조직 등을 위한 역량의 기반을 제공한다. 이러한 동맹들에 있어서 클라이언트의 관여를 통해 그들 자신의 관점을 표현하고 그들 자신의 권리를 보호할 수 있는 기회를 가지게 된다.

③ 기회의 확장: 사회복지사와 클라이언트는 사회조직 내 기회를 확장시키기 위해 함께 노력하게 된다. 사회개혁, 정책개발, 법적 옹호 그리고 지역사회변화 노력 등을 통한 기회의 확장은 자원의 재분배를 확고히 하고 사회정책을 발전시키는 데 필요한 전문적 요구와 직접적인 관련이 있다. 이와 관련된 기술은 다음과 같다.

―환경적 기회와 위기를 인식한다.

―지역사회 역량강화와 발전에 참여한다.

―사회옹호와 사회행동주의를 촉진한다.

―사회정의를 지지한다.

―사회정치적 역량을 기른다.

사회적 불평등을 시정하고 억압당하는 사람들에게 도움이 되고, 힘과 자원들을 조작하는 데 필요한 집단행동은 사회적 정치적 역량강화를 주도한다. 사회행동은 효과적인 사회적 정치적 변화를 위해 자기 자신의 목소리를 내도록 클라이언트를 격려하고 정책에 영향을 주도록 클라이언트의 이익을 옹호하는 직접 서비스 실천가들이나 거시적 실천가 모두에게 있어서 적절한 기술이다.

2. 반배제적 사회복지실천

Barry(1998)는 많은 유럽국가들이 social care와 social protection을 전반적으로 사회사업기관의 실천에 통합시키고 있다고 하면서 최근의 사회적 배제에 대한 관심은 사회복지실천에 많은 도전을 안겨주고 있음을 지적하였다. 그러나 그간 사회복지실천의 전문화 과정에서는 사회복지실천이 개인 내적 초점 유지와 탈계급적인 중립적 개입기술 개발에 주력해왔기 때문에 초점의 이동이 필요하다.

사회적 배제는 클라이언트가 되는 취약계층의 불이익과 박탈 과정을 묘사하고 설명하는 개념이므로 사회복지실천의 준거 개념으로서 매우 유용하다. 이는 클라이언트의 다양한 욕구를 반영하고, 자원에 대한 접근의 제한성을 설명해 주고, 무엇보다도 서비스의 효과적인 전달과 개입에서 효과적으로 실천할 수 있는 주요한 관점을 제공해 주기 때문이다. 즉 소극적으로는 서비스 자체가 클라이언트를 더 이상 주변화시키거나 배제시키지 않도록 하는 것으로부터 적극적으로는 배제를 진행시키는 사회적 메커니즘을 중단시키고 통합을 지향하는 쪽으로 유대를 변화시키는 사회복지실천 개입의 틀을 제안하게 된다. 이러한 실천을 사회적 배제에 저항하는 반배제적 사회복지실천이라 할 수 있다.

Pierson(2002)은 사회적 배제의 개념을 활용하여 경제적 의미에서의 빈곤을 망라한 반배제적인 사회복지실천의 주요한 특징을 '예방적 실천(preventive practice)'이라는 개념을 통해서 설명하고 있다. 그러나 여기서 예방적 실천의 의미는 일상적인 의미에서 사용되어 왔던 개념과는 조금 다른 부분을 강조한다. 즉 문제발생 전에 개입하는 시간적 부분만을 의미하는 것만은 아니다. 기존의 전통적인 사회복지실천을 특정 손상영역에 국한된 사후치료적인 실천의 속성이 강하다고 본 것이다. 이에 비해 반배제적 사회복지실천은 광의에서 빈곤의 역동적 과정으로 이해되는 배제화의 과정에서 구체적인 사회적 기능과 능력의 손상이 나타나기 전이나 혹은 심화되기 전에 이 과정을 저지하고 능력을 고취할 수 있는 실천을 도모한다는 것이다.

반배제적 사회복지실천의 시각에서는 사회적 배제를 저지하기 위해서는 특정 전문분야만이 아니라 전체적이고 협동적인 접근을 필요로 한다고 본다. 그러나 특히 사회복지실천은 이에 대해 사회적 요구를 받고 있을 뿐 아니라 많은 자원을 보유하고 있다고 지적한다. 이를 위해 기존의 전통적 사회복지실천에서 구축된 자원을 재배치하고 배제의 역동성에 비추어 재구성할 것을 제안하고 있다.

먼저 사회복지실천의 기본적 가치이자 원칙으로 제시되고 있는 Biestek의 7가지 원리는 개혁적 실천의 원리들과 함께 고려되어야 한다고 보아 Clark의 견해를 인용하여 개인의 독특성에 대한 가치, 정의에 대한 고려, 자유의 옹호, 지역사회에 대한 필수적 고려의 4가지 지향을 다시 확인하고 있다.

특히 반배제적 실천에서는 실천가 혹은 실천 분야가 클라이언트의 빈곤을 어떻게 이해하는가가 핵심적 관건이라고 보고 있다. 사회복지실천의 전통 중에서 반배제적 실천을 위해 직접적인 도움을 주고 있는 3가지의 지형으로 반억압적 실천(anti-oppresive

358

practice), 생태적 접근(ecological approach), 지역사회실천(community social work)의
전통을 들고 있다. 반배제적 실천은 기존 사회복지실천의 전통에 대한 부정이 아니다. 기
존 사회복지실천에서 축적된 기술의 활용과 아울러 배제된 클라이언트에 대해 함께 개입
하는 다른 영역과의 공동작업을 강조한다.

반배제적 사회복지실천에서는 클라이언트가 지속적으로 배제되어 가는 과정의 고리
를 막는 것이 사회복지실천의 기본 임무라고 설정하고 이를 위해서는 다른 영역의 사
회적 서비스와 함께 다음과 같은 다섯 가지의 과제를 수행해야 한다고 보고 있다
(Pierson, 2002).

① 소득과 복지서비스 수급권의 극대화
② 사회적 지지와 관계망 강화
③ 기관과 지방조직과의 연계 속에서 활동
④ 서비스 활용자, 지역 주민, 지역 단체들의 효과적인 참여를 위한 채널 창출
⑤ 전체적인 근린 이웃에 대한 초점 유지와 지역사회의 역량 강화

그리고 사회복지실천의 각 개입은 이 다섯 가지의 과제에 명백히 부합하는 것으로
기획되고 배치되어야 함을 역설하고 있다. 기존에 관성적으로 이루어져 오던 실천이나
서비스가 이 중 어느 하나의 과제에 부합하더라도 다른 요소를 저해하는 것이 있는지
를 검토하고, 다섯 가지 과제에 미치는 영향을 종합적으로 고려하여 사회복지실천의
방법과 전략을 선택하고 집행해야 한다는 것이다.

이와 같은 다섯 가지의 과제는 특정한 사회복지실천이 사회적 통합을 지향하는 쪽
으로 적절히 진행되고 있는지를 평가할 수 있는 준거도 될 수 있다. 즉 특정한 사회복
지실천의 양상이 지역사회 혹은 근린집단과의 참여나 연계강화를 위한 내용을 고려하
고 있지 않을 때 이는 서비스 수급권의 극대화나 사회적 지지의 강화를 위한 좋은 내
용으로 구성되어 있다고 해도 반배제적 사회복지실천으로서는 적절한 것으로 보기 어
렵다는 것이다. 이는 직접 효과성을 평가하기 위한 척도로는 다소 추상적이지만 대체
적인 실천의 지향으로서 준거를 제공하고 있으며 이루 개별 실천의 효과성 검증 척도

의 구성에 의미를 주고 있다.

사회복지실천은 궁극적으로 인간 대 인간의 대면적 접촉에서 개인, 집단 혹은 상황환경의 변화를 추구하는 행동으로 나타나고 이는 지식(knowledge)만이 아니라 기술(skill)의 중요성과 관련된다.

반배제적 사회복지실천에서는 사회복지실천의 기술을 주어진 상황에서 행동이나 개입의 과정을 지도할 수 있는 지식, 전문성, 판단, 경험의 정도를 의미한다고 정의하고 상담, 모델링, 사회기술교육 등을 포괄하는 영역의 50여 가지 기술을 소개하였다. 이 다양한 기술목록이 활용될 수 있다고 보아 사용되는 기술에 대해서 기존의 영역에 대해 개방적인 태도를 취하고 있다.

이 중에서도 반배제적 사회복지실천에서 특히 유용하게 활용될 수 있는 실천 기술로 의사소통기술(communication skills), 협상기술(negotiating skills), 옹호기술(advocacy skills), 지역사회실천기술(community work skills)의 네 가지 기술군을 지적하고 있다. 사회복지실천의 영역에서 익숙하게 이야기되어 왔던 이 기술들이 어떻게 사용되어야 하는 점에서는 전통적 사회복지실천에 비해 조금은 다른 각도에서 설명하고 있다. 예를 들어 의사소통기술에서 '경청'의 부분에서는 클라이언트는 배제의 경험자이며 '전문가'이므로 이를 클라이언트 중심으로 경험과 관점을 듣는 '이야기 듣기(listening story)'를 강조한다. 이는 전통적인 질문과 대답의 형식을 통한 재단된 정보 수집과는 다르다고 보며 사례에 고유하고 독특한 지식인 'local knowledge'를 추구하도록 권장한다. 또한 대화의 외연화(externalizing conversation) 과정을 통해 자신을 사회적으로 배제하고 있는 힘과 흐름을 규명하여 이의 명명과 재명명을 시도하고 대안적 이야기(story)를 구성하도록 한다. 그리고 배제를 만드는 승패의 문화 속에서 패배의 자기상은 강점 중심의 대화를 통해 희생양으로서가 아니라 개인적·사회적 변화의 기점으로서 다루도록 하고 있다. 즉 일반적인 경청의 추상적 기술원리가 아니라 다양한 전통적 사회복지실천에서의 경청 혹은 대화와 관련된 기술을 빈곤의 과정과 배제의 압력에서 벗어나도록 고취하는 측면에 초점을 두어 활용하게끔 구성하고 제시하고 있는 것이다.

즉 이러한 반배제적 사회복지실천의 기술원리는 기존의 추상적인 사회복지실천의 원리들이 빈곤에 따른 주변화 압력에 처해 있는 클라이언트들에게 어떻게 활용되어야 하는가의 중범위적 틀을 제공하고 있다는 점에서 그 가치를 찾아볼 수 있다.

사실상 전통적 사회복지실천의 보수성에 대한 비판과 반작용으로서 급진적 사회복지실천(radical social work practice), 여권주의적 사회복지실천(feminist social work practice) 등은 자주 제기되어 온 것이다. 그러나 이러한 흐름과 반배제적 사회복지실천은 유사한 이데올로기적 특성과 아울러 상당한 차이점도 보이고 있다. 사회복지실천의 3가지 구성요소로 가치, 지식, 기술을 흔히 언급한다. 전통적 사회복지실천에 비해 종래의 소위 급진적 사회복지실천이 이 3가지 요소를 전면적으로 재구성 혹은 재배치하고 있다고 한다면 반배제적 실천은 전통적 사회복지실천의 요소들을 빈곤과 사회적 배제라는 맥락에서 활용될 수 있도록 중범위적 준거를 제공하고 있다.

3. 클레멘트 코스의 사례

얼마 전 노숙인에 대한 인문학 교육과정이 미국의 학자를 초빙하여 운영되면서 언론의 관심을 모은 바 있다. 소위 '클레멘트 코스'의 운영이다. 이는 미국의 작가이자 교육자인 얼 쇼리스(Earl Shorris)가 지난 1995년에 노숙인과 마약 중독자 등 시설수용자들을 대상으로 인문학 교육을 무료로 제공함으로써 시작된 것이다.[72]

뉴욕에서 첫 코스를 시작할 때만 해도 그의 시도는 크게 인정받지 못했다. 재단들에 후원을 요청할 때마다 호응이 없어 사재를 털어 인문학을 가르칠 비용을 마련하곤 하였다. 초기 약물중독자 재활센터 등을 돌며 약물중독자, 매춘부, 노숙인 등 31명의

---

72) 노숙인 인문학 강좌를 처음 시작한 건물이 '클레멘트 기념관'이었기 때문에 강좌의 명칭이 클레멘트 코스가 되었다.

학생을 모았다.

첫 1년 코스가 끝났을 때 31명 중 17명이 수료증을 받았고 그 중 14명은 뉴욕 바드대의 심사를 거쳐 학점을 취득했다. 이들 중 2명은 나중에 치과의사가 됐고 전과자인한 여성은 약물중독자 재활센터의 상담실장이 됐다. 이때부터 쇼리스의 클레멘트 코스는 사회적 주목을 받기 시작했다.

쇼리스는 이후 지속적으로 윤리, 철학, 예술, 역사, 논리학 등을 강의해 왔다. 삶에대한 성찰적 반성을 거쳐 자활의지를 되찾도록 돕자는 취지다. 현재 전 세계 5대 도시에 53개 코스가 개설되어 있다. 클레멘트 코스는 11년간 전 세계에서 빈민 4000여 명이 코스를 졸업했고 최근엔 한해 신입생이 1200여 명에 이른다.

우리나라에서도 이에 영향을 받아 두 가지 종류의 한국형 클레멘트 코스가 2005년에 개설되었다. 그리고 그중의 하나가 노숙인 대상의 인문학 과정으로 편성되었다. 서울역 지역을 담당하는 노숙인 상담보호센터의 하나인 노숙인다시서기지원센터가 쇼리스의 클레멘트 과정을 받아들여 성프란시스대학을 만들었다. 2006년 9월 20명의 1기노숙인 입학생들은 12월까지 철학과 예술사, 작문을 대학 교수들로부터 배웠다. 이 중17명이 한 학기를 수료했다. 그리고 2학기가 시작되기 전 한국을 방문한 쇼리스와 대담을 가져 사회적 주목을 받게 된 것이다.

노숙인 대상의 여러 교육 프로그램이 주로 단순 직업기술 습득에 치우치는 것과 달리, 클레멘트 코스는 자기 존중감 회복과 내면적인 동기화를 위한 인문교양교육을 중심으로 한다는 데 그 주요한 특징이 있다. 이것이 한때 지나치게 이상적이고 실용성이 없는 것이 아닌가 하는 비판을 불러일으키기도 하였지만 미국 등에서 그 효과에 대해 분석한 결과는 달랐다. 취업기술교육보다 오히려 인문학 강의가 근본적인 자존감과 자활의지를 불러일으키는 데 효과적인 것으로 알려지고 있다.

때문에 클레멘트 코스는 거의 전적으로 철학과 역사, 예술사 등 순수 인문학 강좌를 중심으로 진행된다. 이에 대해서는 코스의 창시자로 직접 많은 과정을 운영하고 있는 쇼리스 자신이 언론과의 인터뷰에서 밝힌 내용을 보아도 드러난다.

쇼리스는 "빈곤을 벗기 위해서는 정치적 마인드가 필요하며 정치적 삶을 위해선 깊은 성찰이 필요하다"면서 "먹거리와 잠자리도 중요하지만 성찰을 위한 자존심 회복이 우선"이라고 강조했다.

국민일보, 2006. 1. 20.

"빈민은 열악한 환경과 불운이라는 포위망에 둘러싸인 사람들입니다. 포위망에 갇히면 할 수 있는 일이란 생존을 위한 즉각적 대응밖에 없어요. 즉각적 대응 대신 반성적 사고를 할 수 있게 된다면 삶이 달라질 거라고 생각했습니다. 인문학을 통해 반성적 사고를 시작하고 다른 삶을 살고 싶은 소망을 갖게 하는 것이 우리 교육의 목표입니다."

동아일보, 2006. 1. 18

클레멘트 코스는 본질적으로 실용성보다는 인문학에 대한 학습과정과 성찰적 태도의 함양으로 노숙인의 역량을 강화(empowerment)하려는 속성을 가지고 있다. 따라서

본질적으로 역량강화실천이 교육 프로그램화된 모습으로 의미를 파악할 수 있다. 때문에 그 구체적인 코스의 운영에서 역량강화실천이나 반배제적 사회복지실천의 실천원리와 방안을 결합할 경우 보다 효과적일 수 있다.

역량강화실천, 반배제적 사회복지실천, 그리고 사례로 살펴본 클레멘트 코스에 이르기까지 아직 우리나라의 노숙인 복지사업에서 많이 사용되고 있는 실천방법은 아니다. 그러나 이 실천원리들은 진보적 접근을 추구하는 사회복지사에게서는 꾸준하게 모색이 이루어지고 있는 것이므로 노숙인 복지실천 현장에서, 특히 보수적이지 않은 관점을 지향하는 실천가들은 노숙인에 대한 접근에서 그 적용의 구체적 방안을 모색해 볼 수 있는 의미 있는 것이다.

제15장 당사자 활동과 옹호

노숙 당사자들은 정부와 서비스 제공자들에 대해 항상 만족하고 아무런 의견이 없는 것이 아니다. 지금까지 권위적인 분위기 속에서 그들에게 제공되는 서비스가 모든 사람의 기본적인 권리를 보장하기 위한 것이라는 의식을 갖지 못했기 때문에 스스로 의견을 제시하지 못한 것이다. 이런 굴레를 벗을 경우 노숙 당사자들은 얼마든지 운동의 중심이 될 것이다.

서종균, 2001

1. 노숙인과 옹호(advocacy)

노숙인은 사회적 편견이 심한 소수집단인 만큼 당사자 활동과 옹호활동이 중요한 의미를 가진다. 사회복지실천에서는 사회복지사의 중요한 역할 영역으로 옹호(advocacy)를 제기해 왔다.

옹호활동은 급진적 흐름의 사회복지실천에서만이 아니라 이미 주류 사회복지실천에서도 중요한 사회복지사의 역할로 인식되고 있다. 이는 사회적 약자인 클라이언트의 이해를 대변하고 사회주류로부터의 분리와 배제를 막기 위한 활동의 중요성이, 이데올로기적 지향에 관계없이, 사회복지의 본질적 영역으로 인식되고 있기 때문이다.

옹호활동은 객관적이라기보다는 파당적인 역할에 가깝다. 지역사회복지영역에서 사회행동(social action)에 대해 강조하고 있는 학자들은 사회복지사의 주요 역할모형으로 중립적 역할과 파당적 역할이 있다고 했다. 그리고 여기에서 파당적 역할은 클라이언트의 이해를 대변하는 것이 바로 전문성이 되는 것이라 보았다. 클라이언트에 대해 지역사회 홍보 활동을 수행하는 것, 교육활동, 차별철폐를 위한 각종 행동 등이 모두

옹호활동에 해당한다. 이는 클라이언트를 직접 실천의 대상으로 삼지 않아 직접 실천 (direct practice)이 아닌 것처럼 여겨질 수 있으나 이는 매우 중요한 사회복지사의 직접적 사회복지실천(direct social work practice) 내용이다.

옹호활동에서는 당사자 활동 혹은 당사자 운동의 중요성이 부각된다. 기본적으로 권익과 이해의 대변은 당사자 집단에게서 가장 본질적으로 적극적으로 행사될 수 있기 때문이다. 그리고 여기에서 사회복지사의 활동은 이 당사자 활동을 육성하고 지원하는 안내자(guide)의 역할로 국한된다. 안내자는 조력자(enabler)나 촉매자(facilitator)보다는 더 적극적일 수 있으나 기본적으로 일정 시기 이후 궁극적 역할은 당사자에게 이전한다는 점에서 유사하다.

옹호활동은 실질적으로 민간의 활동영역이다. 옹호활동이 필요한 이유는 사회적 배제를 경험하고 있는 소수집단을 대변하기 위한 것이다. 그리고 그 활동의 대칭점이 사회의 주류 혹은 공권력의 견해이다. 따라서 공공이나 공공기관, 혹은 주류집단을 상대로 옹호활동을 전개하기 때문에 공공의 활동에서는 옹호활동이 나타나기 어렵다.[73)]

물론 반대로 노숙인 관련의 모든 민간단체의 활동을 옹호활동으로 볼 수는 없다. 모두 당사자 활동이라고 볼 수 없는 것과 마찬가지이다. 이는 당연하게 들릴 수 있지만 면밀하게 살펴볼 경우에는 옹호활동과 그렇지 않은 민간의 활동이 명확히 구분되는 것은 아니다. 또한 대표적인 노숙인 관련 민간단체의 활동에는 옹호활동이 포함되어 있는 경우가 많다.

민간부문의 노숙인 지원활동은 각 국가의 노숙인 지원제도와 맞물려 다양한 역할을 수행하고 있다. 즉 거리노숙인에 대한 아웃리치(out reach)활동에서부터 안정된 주거의 확보와 주거유지를 위한 이후 지원까지 노숙인 지원책의 각 분야별로 민간단체의 역할이 스며들어 있다는 점은 각국 공히 발견되는 점이었다. 그러나 민간부문과 중앙정부 혹은 지방정부와의 연계 방식 혹은 그 전개과정은 조금씩 다른 양상을 보이고 있다.

---

73) 사회적 역할의 재정립기나 혼란기에는 공공기관이 옹호활동에서 역할을 수행하기도 한다. 이는 우리나라에서 중앙정부 공공기관인 국가인권위원회의 활동내용이 정부 다른 부처나 지자체와 일정한 갈등을 빚는 모습 속에서 찾아볼 수도 있다.

  노숙인 옹호활동은 누구에 의해 수행되는가? 기본적으로 노숙인 당사자, 노숙인 복지현장의 사회복지사를 비롯한 실무진, 관련 민간 조직, 양심적 지식인이나 관련 영역 전문가나 단체 등에 의해 이루어진다. 이 중 노숙인 스스로에 의해 이루어지는 것을 당사자 활동으로 흔히 부르곤 한다. 경우에 따라서 노숙인 운동 혹은 당사자 운동이라는 용어도 사용된다. 이는 노숙인 당사자 활동이나 관련 활동이 옹호의 측면을 많이 포함하고 있음을 나타낸다.

  노숙인 운동의 가장 중요한 토대는 노숙인들이 직접 참여하고 있다는 점이다. 대개 노숙인들은 가장 열악한 생활상태에 있으면서 자기 생활에 영향을 주는 의사결정이 어떻게 이루어지는지 모르고 이에 대해 스스로 자기 주장을 하지 못하고 있다. 또 그들의 다양한 이해와 소요는 대체로 무시되고 있으며, 당사자 스스로나 다른 사람들에 의해 정해진 서비스의 수혜자로만 여겨지고 있다.

  그런데 여기서 생각해 보아야 할 문제는 노숙인들이 스스로 운동의 주체가 될 수 있는가 하는 점이다. 노숙인은 일정한 주거가 없고 정기적으로 의견을 교환하기도 더 어렵다. 먹고살기도 매우 어렵고 동원할 수 있는 자원도 빈약하다. 이러한 상황에서 직접 먹고사는 것과 관련되지 않은 사안에 관여한다는 것은 어려운 일이다. 함께 의견을 모으는 것보다는 하루의 잠자리나 일거리를 마련하는 것이 더 급하다. 구조적인 대안이나 다른 노숙인의 인권과 관련된 문제보다는 그날의 자기 잠자리와 일자리를 구하는 것에 더 많은 관심을 기울이게 된다. 노숙인들의 어려운 처지는 그들의 관심사를 협소하게 만든다. 하지만 이보다 더 문제가 되는 점은 노숙 당사자들의 인식일 수 있다. 노숙인은 스스로를 노숙인이라고 생각하지 않거나, 아니면 무기력에 젖어 현재의 상태를 벗어나기 위한 노력의 무의미함을 받아들이고 순응한다(서종균, 2001). 또 하나의 제약은 사회주류의 편견이 강하게 작용하고 있다는 점이다. 이 만연한 사회지배적 가치관은 노숙인과 비노숙인, 노숙인 내부에서 차별의식을 낳고 있다. 이러한 제약 조건을 극복하는 활동내용과 방안을 모색하는 것이 노숙인 당사자 활동과 노숙인 운동의 과제가 된다.

노숙인 운동이 가지게 되는 내용은 크게 세 가지를 포괄하는 것으로 볼 수 있다. 첫째는 노숙인 생활상의 욕구나 어려움에 대해 스스로 원조하고 돕는 활동이다. 스스로 생활을 유지하고 이 과정에서 존엄성을 잃지 않기 위해 스스로 상호부조하는 활동을 전개할 필요가 있다. 이는 생명유지를 위해 자존감이나 존엄성이 훼손되는 일을 반복하게 될 경우 '학습된 무기력'과 생활에서의 통제력에 문제가 발생하기 때문이다. 이는 외국의 많은 노숙인 운동이나 옹호활동에서 중요한 활동내용으로 다양한 프로그램이 시행되고 있다. 일부에서는 운동의 관점과 생활유지 지원활동을 분리시키는 경향이 있는데 이는 노숙인 운동의 활성화를 저해하는 인식일 뿐이다. 노숙인의 자조활동 조직화와 활성화는 노숙인 스스로 자기 통제력과 인식을 고양시키며 점차 더 많은 노숙인 활동가를 발굴하는 방법이 되기도 한다.

두 번째는 노숙인 스스로의 인권에 대한 집단적 권리옹호활동이다. 특히 복지 프로그램과 관련된 많은 내용은 과거 자칫 시혜적인 것으로 인식되곤 했으나 최근에는 모두 국민의 기본권으로 인정되는 것이다. 이에 관련하여 복지권 실현을 위한 사회운동 등이 나타났던 것처럼 노숙인도 기본적인 권리를 주장하는 운동을 전개하여야 한다. 이에는 건강권, 주거권, 노동권을 일반 시민과 마찬가지로 보장받을 수 있는 조치의 주장이 필요하다(서종균, 2001).

마지막으로 사회정책의 각 분야에서 나타나고 있는 제반 시민운동과 적절히 결합할 수 있어야 한다. 여성운동이 사회 각 영역에서의 활동에 '성인지적' 관점을 표방하며 결합하는 것과 마찬가지로 노숙인 운동 혹은 노숙인 당사자 활동도 관련 영역, 특히 빈곤이나 사회복지 관련의 사회운동에 유기적으로 결합될 수 있어야 한다.

2. 외국 민간단체의 옹호활동

여기에서는 널리 알려진 몇몇 민간 노숙인 관련 단체의 활동, 특히 옹호활동으로

368

널리 알려진 내용에 대해 살펴본다.[74)]

1) 쉘터(SHELTER)

쉘터는 1966년, 영국에서 노숙문제가 사회적인 문제로 부각되자 이 해결과 노숙인을 지지하기 위해 전문가 그룹이 중심이 되어 결성된 민간단체이다. 전국의 웬만한 도시에는 쉘터라는 이름의 사무실이 있을 정도로 역사가 깊고 인지도가 높다. 이 단체는 "모든 사람들에게 적절한 주거를 제공한다"는 목표를 가지고 주거지원센터를 통한 네트워크를 구축하고, 보다 적절하고 공정한 주거체계를 수립하기 위해 지속적으로 캠페인을 수행하면서, 주택과 노숙인에 대한 정보와 전문적인 역량을 갖추어 가고 있다(정원오 외, 2005).

2005년 기준으로 쉘터는 전국적으로 500여 명 이상의 직원을 두고 있으며, 연간 176,000명의 노숙인과 주거빈곤층에게 전문적인 상담서비스를 제공하고 있다. 직접적인 서비스로서 전국에 50여 개의 주거지원센터(Housing Aid Centre)에서 주택에 관한 전문적인 상담활동을 수행하고 있는데, 활동의 초점은 내담자들에게 법적인 권리를 설명하고 실용적인 자원을 제공하는 것으로서 소송으로 이어질 경우, 후속조처 역시 수반하고 있다.

이 밖에 지역사회단위에서는 지방정부의 파트너로서, 특히 지방정부의 시민봉사실(Citizen Advice Bureaux)과 협력하여 공무원 훈련, 주거빈곤층에 대한 자문, 지역정보 제공, 인력지원 등을 수행하고 있다. 브리스톨(Bristol)의 '허브(The Hub)'가 그 예로서 시정부와 공동으로 원스톱사무실(One-stop)을 만들어 노숙인 지원에 있어서 산재된 정보를 한곳에서 제공받도록 하는 체제를 갖추고 있다. 이곳에 쉘터의 직원이 파

---

74) 이하 외국단체의 사례에 대해서는 필자가 공동연구원으로 참석한 연구 프로젝트 보고서인 "정원오 외(2005), 〈노숙인 인권상황 실태조사〉"의 내용을 요약·정리하였다. 이 부분은 김선미 공동연구원이 일차적으로 자료를 수집하여 집필한 영역이다.

견이 되어 각종 정보를 제공하기도 한다.

또한 쉘터라인(Shelter line)이라는 24시간 상담과 정보제공을 하는 무료전화를 설치하여 위기에 처한 노숙인에게 필요한 정보들을 제공하고 있다. 쉘터는 주거정책에 대한 대안을 개발하고 이를 정책입안으로 이끌기 위해 정치인이나 의사결정자, 여론 등과 교섭하기도 한다. 즉 정치인과 정책결정자들과의 긴밀한 접촉을 통해 입법변화에 압력을 행사하고, 언론에 노숙생활을 알리고 열악한 주택을 개선할 수 있도록 영향을 미친다.

쉘터의 또 다른 노숙인 지원방식은 옹호활동의 가장 전형이라고 할 수 있는 캠페인 활동이다. 1995년부터 시작된 캠페인은 노숙인의 주거권 확보 부분에 주력하고 있고, 현재는 아동을 가진 여성 혹은 가족 노숙인 지원에 주력하고 있다. 1996년도에는 주택법에 대해 각 단계마다 개정반대 캠페인을 벌여 약 200여 건에 달하는 조정을 통해 법안을 월등히 개선하는 데도 일조했다.

또한 노숙인 문제에 대해 일반인들의 이해를 도모하기 위해 각종 팸플릿을 제작하고 배포하기도 한다. 아울러 「Roof」라는 격월간 잡지를 발행하여 거리노숙인뿐만 아니라, 주거빈곤층 전반의 문제, 그리고 주택정책 전반에 대한 문제를 제기하고, 대안을 제시한다.

교육 및 훈련사업으로서 노숙인 지원 단체의 실무자 및 공무원 일반인을 대상으로 하는 교육프로그램도 수행 중이다. 내용은 주택관련 제도 전반에 대한 것이며, 권리일반에 대한 것도 포괄한다.

쉘터의 재정은 정부보조금 약간을 제외하고는 대부분 자체적인 조달에 의하고 있다. 그 대부분이 기부금과 유산 등의 후원금으로 조달되고 있어, 후원금 확보 방식을 개발하고 후원발굴에 노력하고 있다.

2) NCH(National Coalition for the Homeless)

NCH는 미국 전체 노숙인 문제의 해결을 진보적인 입장에서 지원할 것을 목적으로 하며 이러한 점에서 노숙인 지원시설을 운영하는 단체와는 성격을 달리하는 것으로 여겨진다(정원오 외, 2005). 이 단체는 1979년에 있었던 열악한 쉼터환경으로 고통 받던 뉴욕에서, 변호사였던 로버트 헤이즈가 뉴욕시를 상대로 한 '칼라한 소송'에서 승소한 시점을 본격적인 시발점으로 한다. 이후 1980년에 레이건 정부의 노숙인 예산삭감에 맞서 노숙인에 대한 서비스뿐만 아니라, 인권옹호활동도 중요하다고 판단하여 정식으로 설립되었다.

NCH의 궁극적인 목적은 노숙인의 상태를 종식하는 데 있다. 대중교육, 정치적 옹호, 풀뿌리자원조직의 방식을 동원해 활동하고 있으며, 이러한 활동은 주거권확보, 경제정의실현, 건강권확보, 시민권옹호 등 네 가지 분야에 중점을 둔다. 이를 위해 기본사업으로 노숙인 관련 법률지원활동, 주택지원프로그램 등을 운영하며, 대시민 노숙인 홍보사업, 노숙인 권익 증진활동, 노숙인들이 보다 괜찮은 일자리를 얻을 수 있도록 지원하는 사업, 거리신문 프로젝트 등을 주력사업으로 하고 있다.

비정기적인 사업으로는 선거와 관련하여, 노숙인에게도 투표권이 있음을 주장하는 "You Don't Need a Home to Vote"라는 슬로건을 내세운 투표권 캠페인(voting campaign)을 벌이고 있으며, 노숙인 기금마련을 위해 걷기 대회를 유치하기도 하고 매년 전국적으로 노숙인에 대한 인식주간을 선포하여 National Student Campaign Against Hunger and Homelessness와 공동 스폰서로 캠페인을 전개하고 있다.

최근에는 노숙상태를 근절하기 위한 한 방편으로서 노숙인에 대한 대중들의 이해를 돕는 것을 목적으로 Bringing America Home Campaign에 착수했다. 이는 공교육, 풀뿌리 조직, 진보적인 정책과 법률적인 지원을 위해 수행되는 캠페인으로서 사람들이 생활을 하기 위해서는 적절한 주거의 보장과 소득의 보장, 건강관리, 그리고 교육이 요구된다는 것과 시민권 수호를 알리는 것을 목적으로 하며 여기에는 다음과 같은 내용의 요구가 포함되어 있다.

Bringing America Home Campaign의 요구

- **The bringing american home act:**

  108회 의회에서 소개된 이 포괄적인 법안은 기본적인 인권을 실현하도록 하는 주거권 확보와 국제적인 건강관리, 그리고 기본적인 생활유지를 위한 임금, 연방정부가 부담해야 할 주거지원의 극대화, 적절한 임금과 일자리 지원, 임시직 노동자의 보호, 노숙인으로서의 시민권보호 등에 관한 결의를 포함하고 있다.

- **The national housing trust fund:**

  조세를 활용해 새로운 주거를 제공하기 위한 기금조성을 요구한다. 이 기금의 활용 목표는 2010년까지 150만 호의 주택을 제공하고 리모델링하는 것에 사용하는 것이다.

- **Health care access resolution:**

  모든 사람들의 소득과 연령, 고용상태, 건강상태와는 무관하게 질적으로 포괄적인 건강보호를 받을 수 있는 법률을 제정할 것을 요구한다.

- **Universal living wage resolution:**

  주당 근로시간과 기본적인 근로시간을 채우게 되면(주당 40시간) 기본적인 주택을 제공받을 것을 전제로 한다.

이 밖에 NCH는 변호사, 지역그룹, 연구자, 행정담당자, 언론매체 등에 많은 정보를 제공한다. 각종 워크숍과 토론회 등을 개최해 조사된 자료들을 발표한다. 이를 위해 지속적으로 실태조사를 실시하고 있으며, 데이터를 구축하고 있다. 이를 일반 대중에게 알리는 작업도 병행하고 있는데, 이를테면 대학이나 시민조직 및 지역사회조직의 활동에 방문하며 노숙을 경험한 사람들에 대한 비디오를 상영하거나, 노숙인 홍보를

위한 웹사이트를 구축하고, 월간 정기간행물을 발행하기도 하며, 북아메리카 전역에 걸친 컨퍼런스나 워크숍 등을 개최하고 있다.

NCH는 정부지원이 전혀 없이 후원으로만 운영된다. 1년 총 예산은 약 8만 달러이며, 전국적으로 약 1만 개의 기관과 개인회원이 그것을 부담하고 있다. 정부지원을 받지 않고 있기 때문에 행정부서와 밀접한 공조관계는 없다. 다만 같은 지역에서 활동하고 있는 노숙인 지원단체들과는 매우 긴밀한 관계를 갖고 신뢰를 구축하고 있다. 다만 정치적인 로비활동을 위해 워싱턴에 위치하고 있다.

3) 시부야 노숙인의 생활과 거주권을 쟁취하는 자유연합

노지렌으로 잘 알려져 있는 '시부야 노숙인의 생활과 거주권을 쟁취하는 자유연합'은 일본 노숙인의 생활개선과 거주권의 확립을 위해 1998년 4월 결성된 노숙인과 지원자로 구성된 "노숙문제의 당사자 단체"이다. 노지렌은 노숙인을 일방적인 구제대상이나 시혜의 대상으로 대상화하지 않으며, "동료로서" 함께 생각하고, "더불어 행동"하고 있다. 일본의 지원단체의 중요한 특징 중 하나라고 할 수 있다. 이는 비단 '노지렌'만이 아니라 전국의 어느 단체이고 대체적으로 노숙인 당사자와 함께 활동하고 있으며, 노숙인 당사자의 '자기결정권(自己決定權)'과 '당사자성(當事者性)'을 무엇보다도 중요한 가치로 삼고 있다. 이로 인해 단체 운영 및 활동과 관련한 모든 회의 등에 노숙인 당사자가 참여하여 평등한 발언권을 가지며, 급식, 패트롤 등 각종 지원활동 및 행사운영에 있어서도 노숙인 당사자는 중요한 역할을 수행하고 있다.

노지렌의 일상활동을 살펴보면, 요일별로 체계적인 짜임을 보이고 있는데, 월요일에는 복지 및 시설면회활동, 화요일에는 전국 노동자통일행동실행위원회 회합, 목요일과 금요일, 토요일에는 야간 패트롤 활동을 수행하고 있다. 여기서 패트롤이란 일반적으로 현장 상담 혹은 아웃리치라고 불리는 것과 유사하지만 다소 차이가 있다. 그리고 일본의 민간지원단체의 경우에는 패트롤, 혹은 야간 순회가 더 일상적인 용어이다. 이는 활동의 기본적인 지향에 다소 차이가 있는 것 같다. 즉 일본의 지원단체의 경우, 야간 패트롤에는 반드시 당사자와 지원자가 한 팀을 구성하여 각각 담당 영역을 순회한다. 이는 '동료가 동료의 생명을 지킨다'라는 대표적인 모토에 따른 것이다. 일본의 지원단체가 수행하는 야간 패트롤은 지원자나 상담자가 노숙인 당사자에게 있어서 필요한 것이 무엇인지 혹은 쉼터로의 유도나 어떠한 생활 물품을 배포하기 위한 '상담'이 아니다. 일본 지원단체의 야간 패트롤은 노숙인 생활을 하고 있는 동료(혹은 '동료적 연대성'을 지향하는 지원자)가 다른 동료와 '결부(結付)'되는 하나의 접근이다. 즉 야간 패트롤은 '동료 만들기'의 맥락에서 일상 활동의 하나로서 위치하고 있는 것이다.

월요일의 복지행동 및 면회행동은 신주쿠 지원기구와 비슷한 방식에서 진행된다. 활동의 주체는 물론 노숙인 당사자이고, 지원자는 동석하는 수준이다. 노지렌은 거주지원과 관련해서는 생활보호 수급 후 민간임대주택에서 주택보호를 받는 사람이나 시설에서 시설보호를 받고 있는 사람에 대한 면회행동을 실시하고 있다. 이는 사실상 재차 강조해도 지나치지 않지만, 생활보호 수급, 그 자체가 탈노숙은 아니기 때문이다. 또한 기본적으로 노숙인 자체가 거리에서 생활하는 것만의 개념이 아니라 다양한 주거 불안정 상태를 포괄하는 것으로 개념을 정의하면 민간지원단체의 활동이 포괄해야 할 영역은 그만큼 확장되는 것이다. 따라서 생활보호 수급 후 민간임대주택이나 간이숙박소 등에서 생활하고 있는 이에 대한 주거 서비스 혹은 정기적인 방문 활동 등은 무엇보다도 필요한 지원 활동의 하나라고 할 수 있을 것이다. 이에 더하여 노지렌은 병원 및 시설을 방문한다.

4) 신주쿠 노숙 노동자의 생활과 취로보장을 요구하는 연락회의

신주쿠 노숙 노동자의 생활과 취로보장을 요구하는 연락회의(이하 연락회의)는 1994년 8월에 도쿄도에 의한 신주쿠 노숙인의 강제 배제에 반대하여 활동하던 두 개의 운동단체와 노숙인 당사자가 결합하여 결성된 단체이다. 이후 강제 배제에 반대하고 노숙인의 주거와 고용 문제를 전면에 내세우면서 다양한 활동을 노숙인 당사자와 더불어 수행해 왔다.

연락회의 명성이 더욱더 알려지게 된 계기는 1996년 아오시마 도정(都政)하에서 신주쿠 역 인근의 상자집 강제 배제 사건(같은 해 1월 24일)에 반대하는 활동을 통해서이다. 이를 통해 '강제 배제만으로는 아무 것도 해결되지 않는다'는 사실을 사회적으로 알릴 수 있었다. 2000년에는 앞서 살펴본 '노숙인 자립지원법'과 관련하여 노숙인 당사자와 함께 최초의 국회청원 활동과 양심적인 국회의원과 연계하여 '노숙인 자립지원법' 청원 운동을 벌여 이 법의 제정에 중심적인 역할을 수행하였다. 현재는 비영리법인 등록을 하고 활동을 전개하고 있으며, 대(對)행정 의견 개진 활동과 행정 교섭 등 보다 활발하고 다양한 활동을 전개해 오고 있다.

신주쿠 지원기구의 활동을 소개해 보면 먼저 급식 지원활동, 야간 패트롤, 의료 상담과 더불어 복지행동이 있다. 여기서 복지행동은 일본 전국에서 노숙인 지원활동을 하는 단체라면 어떠한 단체이고 공통적으로 수행하는 활동으로, 이도 역시 노숙인 당사자가 참가하여 다른 당사자들이 복지 서비스 창구에서 불이익을 당하지 않게끔 지원하는 활동을 말한다. 최근에는 각 쉼터나 자립지원센터 등에서 생활하는 노숙인 당사자를 방문하여 불이익이나 비인권적 처우를 받지 않는지를 감시하는 활동도 전개하고 있다.

또한 거주지원 활동으로는 생활보호 수급자의 생활 재구축과 삶의 보람 만들기 등을 지원하고 있다. 즉 노숙인 생활로부터 생활보호를 통해 거리로부터 탈각한 이들이 간이숙박소나 민간임대주택, 보호 시설 등에서 고독하고 소외된 삶을 보내는 나머지 알코올이나 도박 등에 빠지는 것을 예방하는 것, 또한 이들 상호 간의 연계를 통해 생활보호 수급자 상호부조조직 만들기 등을 지원하고 있는 것이다. 현재 이 모임은 3년 전부터 '상수리나무의 모임'을 구성하여 월 3회 회합, 피크닉, 꽃보기 모임, 학습회 등을 실시하고 있다. 특히 '상수리나무의 모임'은 2001년부터 한 단계 발전시켜 '모야이 엮기 모임'으로 전환하여 신주쿠구만이 아니라 도쿄도 전체의 연계 모임을 지향하며 활동을 전개하고 있다.

3. 우리나라의 노숙인 옹호활동과 당사자 활동

짧은 노숙인 대처활동 경험에도 불구하고 우리나라에도 옹호활동을 전개하고 있는 몇몇 조직들이 있다. 대표적인 단체와 주요한 활동을 살펴보면 다음과 같다.

1) 노숙인복지와인권을실천하는사람들(노실사)

2001년 12월 12일 고려대 제2학생회관 강당에서 창립대회를 통해 공식 창립된 "노숙인 복지와 인권을 실천하는 사람들(이하 노실사)"은 노숙인 당사자 운동을 표방하고 있는 대표적인 옹호조직이다.

노실사는 노숙을 삶의 한 형태로, 도시빈민인 노숙인을 함께 살아가는 우리의 이웃이자 사회적 실체로 인정하는 것을 창립의 모토로 하고 있다. 당사자와 함께 하는 것을 원칙으로 한다. 한국사회의 경제구조가 일정한 주거공간을 가질 수 없는 노숙인을 양산할 수밖에 없다는 현실인식에 기반을 두고 노숙상태로 전락한 노숙인에 대한 정부와 우리 사회의 책임을 강조하는 활동과 더불어 노숙인을 비롯한 사회적 약자에 가해지는 인권침해에 적극 대응하기 위한 활동을 전개하고 있다. 개소 이후 5년간의 대략적인 활동연혁을 살펴보면 다음 〈표 15-1〉과 같다.

<표 15-1> 노실사의 2001년―2005년 주요활동연혁

2001	05월 12일	노실사의 전신인 노숙인복지실무자협의회(약칭 노실협) 창립
	12월 12일	노숙인 복지와 인권을 실천하는 사람들(약칭 노실사) 창립 총회
	12월 14일	제1회 노숙인(Homeless) 인권문화제 개최
	12월 21일	'2001 Homeless Memorial Day(거리에서 죽어간 노숙인 추모제)'
		주최: 노실사, 인도주의실천의사협의회(이하 인의협)
2002	04월	"노숙인은 우리의 이웃입니다" 대 시민 캠페인(상암월드컵 경기장)
	04월 10일	계간지 떨꺼둥이 창간호 발간
	06월 03일	노숙인인권공동실천단 조직 및 활동
	11월 05일	단신생활자 주거지원을 위한 노실사 사랑방(유료숙박소) 개소
	12월 23일	'2002 Homeless Memorial Day(거리에서 죽어간 노숙인 추모제)'
2003	06월	국민기초생활보장제도 현실화를 위한 연석회의 참여
	12월 22일	2003 거리에서 죽어간 노숙인 추모제 개최
2004	01월 30일	한일 홈리스 실태와 주거지원에 대한 세미나(한국보건사회연구원·전실노협과 공동주최)
	05월 06일	CMS 회비납부 시작(사단법인 시민운동지원기금과 계약 체결)
	05월 07일	서울시 비영리민간단체 등록(서울시 제2003-496호)
	12월 21일	'2004 거리에서 죽어간 노숙인 추모제' 개최
2005	01월 25일 ~ 현재	1·22서울역 사태 대응을 위한 '노숙인 사망 진상조사 및 근본대책마련을 위한 연대모임' 구성(37개 제 인권·사회단체) 및 활동 전개
	02월 14일 ~ 02월 16일	KBS 추적60분과 '노숙인 생활실태 조사' 공동 진행
	03월 30일 ~ 현재	노숙인 문화권증진을 위한 문화행동 구성 및 활동 전개(문화연대, 영상미디어센터 미디액트 등 6개 단체)
	06월 28일	"매입임대주택 주거빈곤층의 희망인가" 대 토론회 주관단체(주최: 빈부격차차별시정위원회)
	08월 ~ 11월	노숙인 문화예술체험 워크샵 진행

특히 주목할 만한 활동으로 "거리에서 죽어간 노숙인 추모제"와 "노숙인 인권문화제"를 개최하고 있다. 또한 그간 쉼터 등 시설 중심으로 진행되어 오던 활동과 빈약한 주거지원에 대한 대안으로 '사랑방'을 개소하였다.

'떨꺼둥이(의지할 곳 없이 맨손으로 쫓겨난 사람을 의미)'를 발간하여 노숙인 옹호
단체로서 소식을 전달하고 있으며, 각종 관련된 정책논의에서 당사자 옹호조직으로서
의 역할을 수행하고 있다. 지난 2004년의 서울시 의료구호비 지급중단사태나 서울역
노숙인 사망사건에 따른 소요상황 등에서 주요한 역할을 담당해 왔다.

2) 노숙인인권공동실천단(실천단)

실천단(노숙인인권공동실천단)은 2002년 만들어진 단체이다. 2002년 월드컵 개최당
시 서울시 등에서 거리노숙인을 눈에 띄지 않도록 지방으로 연수를 보내는 계획을 입
안한 바 있다. 당시 이 조치의 부당성에 대해 대항하는 연대체가 조직되었다. 이 연대
체에는 참여연대 등 시민단체와 노실사, 전실노협, 대학 관련 동아리, 도시빈민선교회
등 여러 단체가 망라되었다.

이후 이 활동을 거쳐 노숙인인권공동실천단이 자원활동가 조직으로 만들어졌다.

실천단의 주요한 구성원은 노숙인 현장활동가, 대학의 관련 동아리, 도시빈민선교회, 직장인, 그리고 무엇보다도 노숙인 당사자를 다수 포함하고 있다.

주된 활동으로는 우선 노숙인 인권문제에 관한 다양한 논의와 옹호활동에 참여하고 있다. 거리에서 죽어간 노숙인 추모제나 노숙인 인권문화제 등을 노실사 등과 함께 주최하여 참여하고 있다. 특히 매주 목요일 야간 현장상담을 수행하고 있다. 이 야간상담은 회현역, 남대문, 남산, 종로, 청량리 등 거리에서 진행된다. 특히 실천단의 현장상담은 일반 아웃리치와 달리 노숙인 당사자 활동가의 비중이 커서 이들이 상담자들에게 조언을 하거나 직접 상담을 수행한다. 이는 현장상담의 중요요건인 관여(engagement)를 용이하게 하며 당사자 스스로의 역량을 강화하는 효과를 낳고 있어 좋은 사례가 되고 있다.

한편으로 2006년부터는 사회복지공동모금회의 노숙인 주거지원사업에 전실노협과 함께 사업수행기관이 되어 수급자를 발굴하고 주거비 지원사업을 담당하고 있다. 이는 현장성 높은 옹호활동을 수년간 실행해 온 경험에 기반을 둔 성과로 볼 수 있다. 2007년 사업에서는 실천단이 법인이 아님에도 불구하고 동 사업에 핵심수행기관으로서 역할하고 있다.

　현재 거리지원팀이 있고 3개 주거지원팀이 있다. 거리지원팀에 의해 발굴된 사례는 주거지원팀에 의해 사례관리(case management)로 연결된다. 단지 쪽방에 정착하는 것을 넘어 그 이상의 상향주거지원과 지속관리를 통한 탈노숙에 이르는 후속작업을 대면적으로 실행한다.

　노숙인 당사자의 주도적 참여에 의한 활동, 정기적인 활동내용을 지속화하고 있는 점, 옹호활동과 구체적 서비스 연계를 연결짓고 있다는 점 등은 자원활동가만으로 구성된 옹호단체 혹은 당사자단체에서는 보기 힘든 장점을 구현하고 있는 것이라 하겠다.

3) 전국실직노숙인대책종교시민단체협의회(전실노협)

　1998년 봄부터 민간의 모임으로 시작된 '실직노숙자대책종교시민단체협의회'는 1998년 말까지 전국적으로 확대된 급식활동 단체들과 쉼터들이 모여 '전국실직노숙자대책종교시민단체협의회'를 결성하였다.

　1998년 보건복지부와 국고지원을 합의하여 1999년 사무국을 구성해 당시 구세군 건물에서 발족하였고 정책개발, 프로그램개발, 조사연구, 대외협력위원회를 구성하였다. 1999년 10월에는 홈페이지(http://www.homeless.or.kr)를 개설하였다. 또한 노숙인 돕기 홍보지침서인 「노숙자와 이웃하기」책자와 격월간지인 「희망나눔」발간을 시작하였다. 1999년 노숙인 재활프로그램 지원을 시작으로 노숙인자활사업에 따른 실무지원을 실시하며 노숙인자활사업평가위원회 활동에서 중요한 역할을 담당하였다.

　전실노협은 1998년부터 정부의 지원과 민간의 자원 확보를 통해 현장에서 노숙인을 지원하는 기관과 단체들의 의견통로와 정책형성 역할을 하고 있다. 그동안 민간의 네트워크를 바탕으로 정부와 노숙인 보호·지원 정책의 개선을 위한 조율을 통해 주거지원 정책, 공공부조 정책, 쉼터 지원, 거리 노숙 대책, 의료대책, 자활사업 등을 확산시키는 데 주력하여 왔다.

주요한 정책형성을 위한 토론회나 공론을 형성하기 위한 옹호활동을 지속적으로 전개해 왔으며 그 주요한 활동 연혁은 대략 다음과 같다.

○ 2000. 5―노숙인 권리선언대회: 우리도 국민입니다

○ 2000. 11―노숙인 복지욕구 조사 및 심포지엄 개최

○ 2000. 10―노숙인 바로알기 공익광고 및 교육 홍보물 제작

○ 2001. 5~12―노숙인쉼터 발전방안 연구

○ 2001. 7―정책간담회 '노숙인문제, 주거문제로 볼 것인가?' 개최

○ 2001. 10―주민운동30주년기념 국제워크샵 '홈리스 동아시아교류회, 그 이후' 세션진행

○ 2001. 12―정책토론회 '노숙인 건강문제 해결을 위한 모색'

○ 2002. 6―노숙인 인권옹호 캠페인

○ 2002. 11―국제초청워크샵 '영국의 치료공동체 소개와 한국적 적용 방법'

○ 2002. 12―노숙인 지원체계 개선을 위한 공청회

○ 2003. 4―실무자워크샵 '노숙인복지 비전만들기'

○ 2003. 6―'노숙자쉼터 입소자 및 쉼터 실태조사' 실시

○ 2003. 7―사회복지사업법 개정령 관련 간담회 개최

○ 2003. 10―'노숙인복지 제도화의 원칙과 방향' 공청회 개최

○ 2004. 1―한·일 홈리스실태와 주거지원에 관한 세미나 개최

○ 2004. 5―노숙인 의료 문제 해결을 위한 시민사회단체 연대활동

○ 2004. 6―홈리스 체육대회 '홈리스 어울마당'

○ 2004. 7―[부랑인및노숙인복지시설설치운영규칙] 입법예고(안)에 관한 토론회

○ 2004. 8―철도공안에 의한 노숙인 폭행 등 가혹행위 근절을 위한 대책모임 활동

○ 2004. 10―노숙인 지원사업 전략 워크샵

○ 2004. 12―홈리스 인권캠페인 '우리에게 집이 있다면'

○ 2005. 1―'노숙인보호사업 지방이양에 따른 과제' 토론회 개최

○ 2005. 3―한·일교류회 (키타큐슈 지원기구 방한 간담회 및 교류회)

○ 2005. 5―노숙인지원체계 개선을 위한 집담회

○ 2005. 5―노숙인시설 실태조사 진행

○ 2005. 12―노숙인인권상황 실태조사 진행

○ 2005. 9―노숙인신용회복지원을 위한 간담회

○ 2005. 10―효율적 생활관리를 위한 실무자 간담회

○ 2005. 10―전국실무자수련회

○ 2005. 11―동절기 대책 관련 실무자 간담회, 노숙인 인권문화제

○ 2005. 11―임시주거비지원을 통한 노숙인 사회복귀지원사업 사업설명회

전실노협은 현재까지도 계간 '홈리스(homeless)'와 매주 '웹진(노숙인과 이웃하기)'을 통해 우리 사회의 노숙인에 대한 편견과 차별을 개선시키기 위해 노력하고 있다. 또한 인권문화제, 캠페인 등을 통해 현장의 시민들이 노숙인을 보는 시각을 교정하기 위해 활동하고 있다. 실무자를 위한 교육과 워크샵 등을 통해서 노숙인 지원역량의 강화를 위해 노력하고, 정책 마련을 위한 토론회와 심포지엄 등을 통해 네트워크를 통한 민간의 의견을 수렴하고 있다. 인권의 문제와 사회적 배제의 문제에 관련하여 관련 단체와의 연대를 강화하고 있다. 현재 노숙인 복지사업 지방이양에 따라 보건복지부와 체결된 국고지원에 따른 사업 운영 방식의 변화를 모색하고 있는 상태이다.

우리 사회에서 노숙인에 대한 일반인의 편견이 강하고 이러한 편견이 전반적인 노숙인 복지정책에 장애가 되는 만큼 노숙인 옹호활동과 편견 극복을 위한 교육활동은 중요한 의미를 가진다. 옹호단체나 당사자 단체가 펼치고 있는 인권문화제나 추모제 등 행사는 큰 의미를 가진다. 다음 한 언론매체의 보도내용이 함의를 주고 있다.

'노숙인복지와 인권을 실천하는 사람들' 등 11개 빈곤사회단체는 연중 밤이 가장 길다는 12월 22일 오후 서울 영등포역 광장에서 '2006 거리에서 죽어간 노숙인 추모제'를 열어 노숙인 인권에 대한 관심을 호소한다.

2001년부터 시작해 올해로 6번째 추모제를 준비한 이들 단체는 "매년 400명 (2001년 통계) 이상의 노숙인이 거리에서 사망하는데 이는 노숙인들의 열악한 건강과 생활실태를 반증한다"고 밝혔다.

이들은 역사(驛舍)의 공공성 확보, 노숙인 금융채무 해결, 안정적인 노동권 보장, 재활 인프라 구축, 주거복지정책 마련, 건강권 확보 등을 정부에 요구했다.

노숙인 단체에서 활동 중인 최은숙 씨는 "올해에는 지하철 역사 방화셔터에 깔려 압사하는 등 노숙인 사망 사건들이 많았다."며 "이들을 추모하고 노숙인의 인권에 대해 다시 한번 짚어보는 자리가 되길 기대한다."고 말했다.

참석자들은 추모제에 앞서 '쪽방'을 체험해보고 노숙인들의 초상을 촬영해 주는 행사를 벌인 뒤 국회까지 가두 행진한다.

제III부

한국 노숙인 복지의 전개와 과제

한국의 노숙인 지원정책에 있어서는 책임한계의 모호성, 책임소재의 불명확성이 나타나고 있으며, 지원사업에 있어서는 전달체계의 비합리성, 민관 협력구조의 약화가 나타나고 있다. 또 지원 프로그램에 있어서는 비전문성 등의 문제점이 드러나고 있다. 몇 차례의 관련 법 개정을 거쳤음에도 불구하고 여전히 나타나고 있는 이 문제는 우리나라에 노숙인 복지 종합대책이 있는가를 생각하게 한다.

이태진, 2006년 노숙인복지시설개선을 위한 토론회에서

제16장 한국 노숙인 복지의 역사와 전개

IMF 사태가 발생하고 실직 노숙인들이 속출했을 때, 보건복지부 관계자가 찾아왔습니다. 오갈 곳 없는 이들을 위해 우선 종교계가 나서서 쉼터를 마련해 주면 향후 필요한 조치를 복지부에서 마련해 보겠다는 것이었습니다. 사태가 급한지라 낙원동 주택가에 한옥을 한 채 전세를 얻어서 20여 명이 쉴 수 있는 공간을 마련하고 개소식을 하려는 순간 주변 상가와 주민들이 골목을 막고 출입을 못하게 하였습니다. 부랑인들이 치안을 어지럽힌다는 것이 이유였습니다. 경찰 순찰을 강화하고 초소도 만들어주겠다고 하며, 이용자들이 결코 부랑인이 아니라 어제까지 바로 여러분의 이웃이었지만 잠시 상황이 어려워 집도 가정도 당장 돌볼 수 없는 일시적 실직자라는 사실을 아무리 설명해도 이해하려 하지 않았고, 급기야는 너무 화가 치밀어 참지 못하고 몸싸움으로 번졌습니다. 그날 저녁 9시 텔레비전 뉴스에 제 얼굴이 전국으로 방영되어 한동안 잊고 지냈던 동창들이 여기저기서 연락해 오는 일이 벌어졌습니다. 그게 벌써 8년 전 일이 되어 버렸습니다.

전실노협 위원장의 홈페이지 인사말에서

우리나라의 노숙인 복지서비스는 그 역사가 길지 않다. 이는 사회복지 전체적으로 그 역사가 선진국과는 다르게 나타나기도 하지만 다른 한편으로 정주(定住: settling down)에 대해 강조가 강한 농경사회와 유교적 문화 요인도 있다. 이에 따라 노숙인의 규모가 상당히 작았고 노숙인에 대해서는 문화적 비난과 함께 '단속'의 대상으로 여겨 온 기간도 길다.

1. 노숙인에 대한 사회복지서비스의 전개과정

노숙인에 대한 우리나라의 사회복지서비스는 처음 부랑인에 대한 단속과 규제로부

386

터 출발하였다. 따라서 앞에서 살펴보았던 노숙인의 심리사회적 특성 혹은 사회적 배제 양상에 대한 사회복지실천이나 서비스는 거의 자리 잡히지 못한 상태이었다. 최근에 들어서야 겨우 사회복지서비스의 일환으로 여겨지기 시작한 것이다. 초기에는 부랑인 복지정책만이 나타나다가 이후 노숙인 복지정책이 부각되면서 아직 적절한 통합이 이루어지지 못한 채 상당히 불안정한 이원적 체계를 유지해 오고 있다. 따라서 노숙인에 대한 우리나라의 사회복지서비스 전개과정을 살펴보기 위해서는 부랑인 지원정책에 대한 변천부터 살펴보아야 한다. 이 과정은 대략 다음과 같이 살펴볼 수 있다(이태진 외, 2003. 참조).

부랑인에 대한 문제가 사회문제로 드러난 시기는 1970년부터이며, 본격적으로 정부 차원의 개입이 시작된 것은 1975년 '내무부 훈령 410호'의 "부랑인 신고, 단속, 수용보호와 귀향 및 사후관리에 관한 업무지침"이 마련되면서부터라 할 수 있다.75) 이 시기를 부랑인 문제에 대한 소극적 차원의 개입기라 하겠다. 그러나 이 시기는 부랑인을 복지의 대상이 아닌 단순 통제의 대상으로 인식한 시기였다. 사회복지의 대상자로서 서비스를 제공한다기보다는 사회에 잠재적 위험이 되는 사람들을 단속하고 격리하는 '사회방위적' 활동이라고 보아야 할 것이다. 특히 군사정권 내에서 사회의 적절한 근면과 절제된 생활의 '규율'을 어기는 사람들에 대한 부정적 인식은 일반 시민사회가 문제가 아니라 정부 차원에서 먼저 낙인화를 진행하고 있었던 것이다.

이어진 1981년의 '부랑인 보호 대책'은 보다 적극적으로 정부가 의지를 표명한 출발점으로서 내무부 외에 보사부에 의한 보호체계를 구성하게 된다. 이 대책에 따라서 1982년부터 비교적 많은 자원을 할당하여 보다 구체적으로 부랑인 문제에 대한 조사를 실시하였다. 이 시점에서 부랑인 혹은 노숙인에 대한 낙인, 혹은 사회통제나 사회

---

75) 내무부훈령 제410호인 '부랑인 신고, 단속, 수용보호와 귀향 및 사후관리에 관한 업무지침'은 시민생활의 명랑화와 범법자 등 불순분자의 활동을 봉쇄하려는 데 목적을 둔 것으로 이 업무처리 지침에 의하면 군수·구청장은 경찰과 합동으로 부랑인 단속반을 편성하여 월 1회의 일제단속과 필요에 따라 수시 단속을 실시, 상설 부랑인신고센터를 설치·운영하여 범국민적인 단속체계를 확립하였다.

방위적 관점이 해소된 것은 아니지만 사회복지적인 관점이 그 맹아를 나타내고 있다.[76]

이러한 적극적인 개입에 의해 1986년까지 5년여에 걸쳐 대대적인 시설확충 작업이 실시되었다. 이 기간에 건축된 부랑인복지시설의 면적은 현재 구축된 시설 전체 면적의 85.6%에 해당할 정도로 시설의 확대를 이루었으며, 시설종사자의 인건비와 관리비 등 시설운영비도 거의 정부에서 지원하기 시작하였다. 이 시기는 부랑인지원정책의 양적 확대기로서 부랑인에 대한 사회통제 차원의 견해와 사회복지차원의 견해가 공존한 시기였다.

1980년 중반까지를 부랑인지원사업의 양적 확대기라 한다면, 1980년 후반부터는 부랑인 사업의 질적 확대기라 할 수 있겠다. 1987년 부산 '형제복지원 사건'과 충남 '성지원 사건' 등 부랑인 복지시설 인권유린의 문제가 대두되면서 이후 시설운영에 대한 체계성 확보의 필요성이 인식되었다. 이에 시설운영에 있어서 기본적이고 필수적인 항목인 입·퇴소 절차의 개선, 시설수용인원의 적정화 작업, 직업교육의 강화 등 질적 개선작업이 실시되었다. 이어 1987년 2월 '부랑인 복지시설운영개선 종합대책'이 마련되었고, 같은 해 3월 내무부 훈련 410호가 폐지되었다. 이와 같이 1980년대까지 부랑인 지원정책에 대한 양적·질적 수준 향상 작업이 어느 정도 이루어졌으나, 여전히 부랑인 복지시설에 대한 법적 근거가 미비하다는 점이 문제제기 되었다.

이에 정부는 1990년대 이후 부랑인 복지시설의 법적 위치 및 위상을 보다 더 명확히 하기 위해, 사회복지사업법 제34조 제4항 "부랑인복지시설 설치·운영규칙" 제정을 위한 법적근거를 마련(훈령→부령)하였고, 시설의 투명성이 확보된 운영을 위해 시설평가제를 도입하여 시설거주자 및 이용자를 위한 프로그램의 개발·실시 항목을 마련하였다. 이는 부랑인 복지시설로 하여금 프로그램의 개발·실시에 중점을 두어 다양한 프로그램을 운영하도록 유도하는 역할을 하게 된다.

---

76) 통상 노숙인 혹은 부랑인은 사회복지대상자로서 서비스 수급의 자격이나 권리가 가장 늦게 인정받는 경향이 있다. 이는 노동력의 손상이 상대적으로 덜한 인구층이라 인식지고 따라서 '나태'에 대한 사회적 제재가 필요하다는 것 때문에 자격 없는 빈민(undeserving poor)으로 여겨지기 때문이다.

이어 2000년에 정부는 보건복지부령 제165호 "부랑인복지시설·운영규칙"을 제정하여 부랑인 복지시설의 전문화를 위한 방안을 모색하고자 하는 노력을 나타내었다.

한국보건사회연구원에서 부랑인 지원정책의 흐름을 시기별로 구분해 내용을 정리한 바에 따르면 다음 〈표 16-1〉과 같다.

〈표 16-1〉부랑인 지원정책의 변천과정

시 기		지원정책
문제 인식기	1975. 12	내무부 훈령 410호 "부랑인 신고, 단속, 수용보호와 귀향 및 사후관리에 관한 업무지침" 하달 —상설 부랑인신고센터 설치·운영
적극적 개입기	1981. 10.	"부랑인 보호대책" 발표 —정부개입 실태조사, —내무부외 보사부에 의한 2차원 보호체계운영
양적 확대기	1982~1986	부랑인 복지시설 신·증축 —수용규모 증가: 시설당 인원 487명
질적 확대기	1987. 2 1987. 3 1987. 4	보건사회부 "부랑인 복지시설운영개선 종합대책" 마련 내무부 훈령 410호 "부랑인 신고, 단속, 수용보호와 귀향 및 사후관리에 관한 업무지침 폐지 보건사회부 훈령 제523호 "부랑인선도시설 운영규정" 하달 —입·퇴소 절차개선 —시설수용인원규모 적정화 —직업교육강화 —시설운영 공익법인화
시설에 대한 제도 확립기	1997. 8.	사회복지사업법 개정: 시설평가제도 법제화
	1999. 4.	사회복지사업법 제34조 제4항 "부랑인복지시설 설치·운영규칙" 제정을 위한 법적근거 마련(훈령→부령)
	2000. 8.	보건복지부 부령 제165호 "부랑인복지시설 설치·운영규칙"제정

출처: 이태진 외(2003)

한편 우리나라에서 노숙인의 문제는 1997년 후반 외환위기 직후부터 본격적으로 사회문제로 대두되었으며, 그동안 부랑인이나 행려자로 인식되어 오던 '거리의 사람들'은

IMF 사태로 인해 비로소 '노숙자'[77]로 불리워지고, 이들에 대한 사회적 인식이 크게 바뀌게 되었다.

국가에 의한 공공복지가 취약한 가운데 그나마 저소득층이 한계상황에 떨어지는 것을 막아왔던 가족과 지역사회마저 빠른 속도로 해체되고 있는 상황에서, 사회적 취약계층에 대한 안전망의 부재는 노숙인 발생의 구조적인 배경을 이루게 되었다(김수현, 외, 1998). 1990년대 후반 등장한 노숙인은 이제 도시 노동자들이라면 누구라도 본인의 의사와는 상관없이 잠재적인 노숙인의 상태에 놓일 수 있으며, 실제 노숙인이 될 수도 있다는 인식을 심어주게 된다.

전례 없는 IMF외환위기를 경험한 정부는 거리로 쏟아져 나오는 수많은 실직 노숙인의 식사문제 및 숙소해결을 위해 민간단체, 종교단체, 부랑인 복지시설 등 다양한 단체 및 기관과 결합하였으며, 이들의 심리적인 문제를 해결하는 데 중점을 두게 된다. 이 시기의 정부는 이러한 경험이 전무했으므로, 우선 눈에 띄는 문제를 해결하기 위한 긴급처방 수준의 지원정책을 폈다고 할 수 있다.

그러던 중 IMF 발생 약 7개월이 지나는 시점에 노숙인을 지원하기 위한 체계적인 시스템을 도입하기 위해 "도시노숙인 종합지원대책"을 발표하였다. 이에 따라 지속적인 거리상담을 통해 노숙인을 분류하여 쉼터 혹은 부랑인 복지시설에 입소시키고자 했으며, 동시에 노숙인들이 근로할 수 있도록 일자리를 제공하도록 했고, 또한 귀향여비를 지급하기도 했다. 이러한 대책은 종전과는 달리 정부가 노숙인의 욕구 및 그 특성에 근간을 두고 적절한 서비스를 제공하려는 시도였던 것이다. 따라서 이 시기는 정부가 문제발생 후 당황했던 상황에서 벗어나 노숙인 문제에 보다 적극적이고 체계적으로 접근하고자 했던 시기라 하겠다. 그러나 한 가지 아쉬웠던 점은 이러한 프로그램을 지원할 효율적인 지원체계가 만들어지지 않았고, 단순히 정부에 의해 강제적으로 실시되어 왔다는 점이다. 정부와 지자체 및 민간에서도 이러한 문제점을 인식하여 시

---

77) 노숙인에 대해 1990년대 말까지는 노숙자라는 호칭이 민간단체나 관련 실무진 혹은 옹호단체나 당사자에게서도 일반적으로 사용되었다.

민단체를 주축으로 하는 "서울시노숙인대책협의회"를 구성하였고, 아울러 노숙인을 자활로 인도하기 위해 자활구도를 다양하게 계획하였다.[78]

급증한 실직 노숙인의 숙식을 제공하기 위해 민·관의 협력으로 1998년 105개의 쉼터를 확보하였고, 약 3,000여 명의 입소를 추진하게 된다. 또한 1999년에는 노숙인의 자활에 있어 중간자의 역할을 하는 자유의집을 신설하여 약 1,000여 명의 노숙인이 입소하게 되었다. 이 시기의 노숙인 정책은 거리노숙인을 줄이고 가능한 많은 노숙인을 시설로 입소하게 하는 것이었다.

그런데 쉼터에 입소한 노숙인들은 심리적·육체적 상황이 다양한 양상을 보였다. 따라서 욕구와 상태에 따라 적절한 서비스 제공의 분화 필요성을 인식하였으며, 이에 노숙인의 특성을 고려한 쉼터의 유형화 방안이 추진되었다. 이에 정부는 자활프로그램과 재활프로그램에 대한 사업을 공모하고, 각 프로그램에 대한 사업을 선정, 사업비를 지원하게 된다. 그리고 이를 선정하고 평가하기 위한 주체로 민관 합동의 '노숙자자활사업평가위원회'를 구성하여 노숙인복지사업 전반에 대한 정책적 평가와 사업 적절성 심사를 진행해 갔다. 2000년부터 시작된 노숙인의 자활지원은 2001년 이후 계속적으로 그 구도를 이어갔으나 노숙인의 욕구 및 특수성을 반영하지 못한 점은 앞으로 정부와 민간이 협력해 풀어갈 과제로 남아 있다.

2001년을 지나면서 노숙인 지원에 대한 시각은 이전과 다르게 변화되었으며, 정책적 지원 및 사업에 있어서도 축소와 유지에 대한 논란에 빠진 듯하다. 이는 노숙인쉼터 입소자의 감소에 기인하는 것일 뿐만 아니라, 노숙인의 복지의존성 증가, 기존 프로그램의 효과성에 대한 의문제기, 그리고 쉼터의 프로그램 운영 능력의 문제제기에 기인한다고 판단된다. 그런데 이에 대하여 역으로 생각할 필요가 있다. 즉 정부의 노숙인지원정책의 방향이 이제까지와는 다른, 새로운 형태로의 개입이 필요함을 의미한

---

78) 이 시기에 정부는 노숙인들의 자활을 위한 일자리를 제공하고자 '사회복지시설 유료봉사원' 시범사업을 실시하여 한시적으로 노숙인을 취업시켰으며, 그 외에도 노동부 등 관계부처와 협력하여 일자리정보제공, 농어촌 일손 돕기, 푸른 숲 가꾸기 등을 제공, 다각도의 사업을 시도하였다(이태진 외, 2002).

다고 하겠으며, 향후 노숙인 지원정책은 바로 이 점에 주목해야 할 것이다.

　2003년 노숙인지원정책은 사업추진의 근간이 되는 제도화 추진의 국면에 놓여 있다. 이는 노숙인쉼터의 종사자 처우와도 관계된 것이며, 쉼터의 합리적인 운영과 관련되어 있고, 노숙인 지원정책의 체계화의 일환으로서 의미를 지닌다. 이에 2003년 6월 사회복지사업법개정안이 통과되면서 법 제2조 사회복지사업의 범위에 '노숙자'조항이 삽입되었다.

　이상의 노숙인 지원정책의 흐름에 대해 한국보건사회연구원에서는 다음〈표 16-2〉와 같이 정리하고 있다.

〈표 16-2〉 노숙인 지원정책의 변천과정

시 기		지원정책
응급 보호기	1998. 4.	보건복지부 '서민생계 안정대책' 발표 ―노숙인을 위한 잠자리 60개소(서울 36개) 개설 ―귀향 시 일정액의 여비 지원 ―Food Bank 실시 ―노숙인을 위한 순환진료반(의사 3명, 간호사 4명) 구성 ―노숙인을 위한 전문 심리상담 실시 ―노숙인 및 저소득 실직자를 위한 특별취로사업 실시
지원체제 도입기	1998. 6.	보건복지부 '도시노숙인 종합지원대책' 발표 ―노숙인에 대한 집중 상담 실시 　(서울지역 7개소 27개 팀 661명 상담원 운영) ―공공근로사업, 취로사업, 3D업종 일자리 알선 ―'사회복지시설 유료 봉사원' 시범사업 실시 ―노동부와 연계하여 취업정보, 숲가꾸기 등 일자리 제공
지원체제 확립기	1998 1999	서울지역 105개소로 쉼터 확보, 3,000여 명 입소. 중간쉼터로서의 자유의집을 신설, 1,000여 명 입소. 전국적으로 160여 개의 쉼터 설치
자활지원 추진기	2000	노숙인 쉼터 유형화 사업 추진 노숙인 재활프로그램 공모(대인관계, 금주 프로그램 등) 자활프로그램 50개 선정 및 실시 노숙인 쉼터 106개의 노숙인 쉼터 유형화 작업 실시

시 기		지원정책
지원사업 정착기	2001	거리상담→자유의집→희망의집→자활의집 구도체제 정착 재활 및 자활프로그램 실시
쉼터정체 거리지원시작	2002	쉼터노숙인 및 노숙인 쉼터 감소 거리진료의 상설화 드롭인센터 3개소 개소(서대문, 영등포, 부산)
제도화 추진기	2003	사회복지사업법중개정령안 2조 사회복지사업의 범위에 노숙인 조항 삽입
	(2005)	(부랑인및노숙인보호시설설치운영규칙에 노숙인 정의 포함)

출처: 이태진 외(2003)

이후 2005년에는 기존의 부랑인복지시설설치운영규칙이 부랑인및노숙인복지시설설치운영규칙으로 개편되어 노숙인 쉼터와 복지시설에 관한 규정들을 명문화하고 있다. 그리고 여기에서 '노숙인'에 대한 개념적 조항이 최초로 선택되었다.

보건복지부의 "노숙인보호사업안내"에서는 노숙인 보호사업의 연혁을 다음과 같이 나타내고 있다. 여기서는 쉼터노숙인 보호사업, 거리노숙인 보호사업, 쪽방생활자 지원사업, 노숙인보호사업의 제도화로 나누어 설명한다.

○ 쉼터노숙인 보호사업
—1998년~2004년까지 국가지원사업으로 추진
—국민기초생활보장법 제43조 및 사회복지사업법 제2조제1항 및 제34조제4항에 근거하여 부랑인및노숙인보호시설설치 · 운영규칙에 의거 운영

○ 거리노숙인 보호사업
—2003년부터 상담보호센터 시범운영(서울 2, 부산 1)
—2004년 국가지원사업으로 추진
 (7개소 운영: 서울 4, 부산 1, 대구 1, 대전 1)
—국민기초생활보장법 제43조 및 사회복지사업법 제2조제1항 및 제34조제4항에 근거하여 부랑인및노숙인보호시설설치 · 운영규칙에 의거 운영

○ 쪽방생활자 지원사업(쪽방상담소 운영)
—1999. 12. 대통령 지시로 사업추진
—2001년~2004년까지 국가지원사업으로 추진

※ 노숙인보호 및 쪽방사업 지방이양
   2005년도부터 지방분권특별법 제6조(사무배분의 원칙)에 의거, 노숙인보호 및 쪽방사업 지
   방이양(사업비: 국비지원 → 분권교부세 지원)

○ 노숙인보호사업 제도화
—그동안 법령의 근거 없이 예산지원사업으로 운영하고 있던 노숙인보호사업의 제도화를 위하
   여 부랑인복지시설설치·운영규칙을 「부랑인및노숙인보호시설설치·운영규칙」으로 개정 시
   행(2005.1.5)
※ 노숙인보호를 위한 쉼터 및 상담보호센터의 시설 설치기준 및 종사자 자격·배치기준과 쉼
   터의 입소절차 등을 정함

그런데 '노숙인보호사업'이 제도화된 첫 해부터 노숙인복지사업은 '예산의 지방이양'
이라는 커다란 변화를 맞게 된다. 그런데 부랑인복지영역의 사업은 중앙정부의 소관사
업으로 남아 있으면서 노숙인복지사업은 지방자치단체에 이양되는 모순이 발생하였다.
이는 그전부터 논의되어 오던 부랑인복지와 노숙인복지의 통합적 연계를 가로막는 주
요한 요인이 되었다. 또한 지역 간 연계와 통합기획이 취약한 상태로 각 지역별 사업
체계가 별도 추진되어 혼란스러운 상태이다.

전체적으로 보아 10년간 노숙인복지는 새로 출발한 사회복지의 영역으로서는 단기
간 내에 많은 성장을 이루었다. 그리고 이 과정 속에서 민관의 논의구조가 활성화된
특징도 나타내었다. 그러나 임시사업에서 제도화되는 발전과 체계화 과정에서 각 지방
으로의 이양은 현재로서는 좋지 못한 결과를 보이고 있다. 이로 인해 양적인 성장은
이루었지만 혼란스럽고 일부 사업 주체들이 자신의 사업 영역 확대를 위해 개별 약진
하는 경쟁이 섣부르게 확산되고 있다.

2. 우리나라의 노숙인 복지서비스 체계

2007년 현재 노숙인에 대한 사회복지서비스 체계는 2004년에 개정된 사회복지사업법

제2조에 "노숙인"이란 표현이 포함된 것, 2005년에 보건복지부령인 '부랑인복지시설설치운영규칙'이 개편된 '노숙인 및 부랑인 복지시설 설치 운영규칙', 그리고 보건복지부 복지자원정책과에 의해 제시되는 연도별 '노숙인 보호 사업안내' 등의 내용에 의해 이루어지고 있다.

<그림 16-1> 현행 노숙인 복지사업 체계

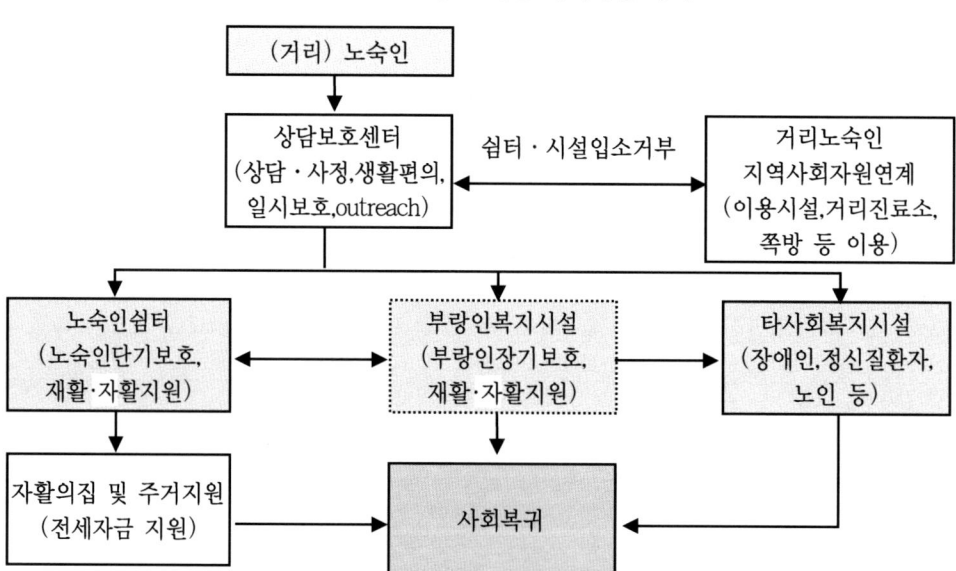

출처: 보건복지부(2007), 2007년도 노숙인보호사업 안내

위의 그림에서 보는 바처럼 현재의 노숙인 복지사업 체계에서는 거리노숙인에 대해 쉼터로 입소·연계하는 경우와 쉼터 입소를 원하지 않는 노숙인에 대한 거리생활에서의 현장 지원이라는 두 가지 방향으로 이루어지게 되어 있다.

첫 번째 방향에서는 거리노숙인에게 상담보호센터를 비롯한 거리보호체계의 아웃리치 팀이 접근하여 이들에게 생활지원서비스를 제공하면서 생활시설이라 할 수 있는 '쉼터(경우에 따라서는 부랑인 복지시설)'에 대한 정보를 제공하고 쉼터 입소를 유도한다. 특히 우리 사회에서는 기존에 부랑인복지시설이나 정신요양시설에 대한 부정적 인식과 낙인이 심한 편이므로 적절한 정보제공은 매우 중요하다. 노숙인이 쉼터 입소를 희망할 경우 쉼터로 알선하게 되는데 현재는 상담보호센터에서 직접 입소가 되지 않고 '중간쉼터' 등의 단계를 거쳐야 되는 장벽이 일부의 상황에서 발생하곤 한다. 쉼터에 입소하게 되면 이곳에서 생활하며 기본적인 의식주를 해결한다. 동시에 노숙생활로 인해 나타난 심리사회적인 문제에 대해 사회복지서비스를 받으며 필요한 재활이나 자활 프로그램에 참여한다. 쉼터 생활을 통해 지역사회로 복귀할 준비를 갖추게 되면 자활의집이나 여타 주거지원 프로그램을 통해 지역사회에서의 독립적인 생활로 나가게 된다.

두 번째 방향에서는 거리에서 생활하는 노숙인이 생활시설인 쉼터 입소를 원하지 않을 경우, 상담보호센터를 비롯한 급식, 진료, 취업알선, 상담 등의 현장보호 서비스를 이용하면서 건강하지 않은 거리 노숙생활의 악순환 고리를 끊도록 하기 위한 개입이 이루어지게 된다.

이와 같은 노숙인 서비스 체계의 기본적 방향을 정부의 입장에서는 "노숙인 보호사업 안내"를 통해 다음과 같이 설명하고 있다(보건복지부, 2007).

---

1) 쉼터노숙인 보호사업
   실직 등으로 발생한 노숙인들에게 숙식, 의료 및 자활프로그램 등을 지원함으로써 이들의 사회복귀를 촉진하기 위한 노숙인 보호사업 운영에 필요한 사항을 정함으로써 노숙인 보호에 적정을 기하고 효율적인 「쉼터」운영을 도모

2) 거리노숙인 보호사업
   거리노숙인에게 생활편의 시설을 제공하며 대상자의 분류 등 적정서비스 공급을 위한 전문상담 기능을 강화하고 응급잠자리 제공 등 일시보호를 위하여 「상담보호센터」를 설치·운영

3) 쪽방상담소 운영
   쪽방생활자들의 취업알선과 목욕·세탁·이미용 등 각종 편의 제공과 주민등록복원 및 기타 기초생활보장 대상자 편입 등 서비스를 적극 제공하기 위하여 지방자치단체의 실정에 맞게 자율적으로 설치·운영

4) 유예적용대상 노숙인관련시설 정비
   부랑인및노숙인보호시설설치·운영규칙 부칙 제2조제2항에 적용되는 노숙인시설에 대하여는 유예 기간 내에 기준에 맞도록 지자체의 지역복지계획에 수립반영

가. 노숙인은 주로 IMF체제 이후 실직·가정해체 등 사회구조적 원인과 질병·장애 등 개인적 원인이 복합적으로 작용하여 발생
○ 사회통합 차원에서 주거·의료문제 해결과 자활보호사업 등을 통해 사회복귀 촉진
나. 노숙이 장기화되면서 일부는 부랑인화되고 있고, 사생활 침해 등의 사유로 쉼터 입소를 기피하는 거리노숙인 상존
○ 상담보호센터를 통한 지속적인 현장상담관리 강화로 노숙인의 특성에 맞는 쉼터 또는 부랑인복지시설 등 적정 사회복지시설 입소를 유도
○ 계속적으로 거리에 잔류하는 노숙인은 상담보호센터 이용을 유도하여 목욕·세탁·이미용 등 생활편의 제공
○ 무료진료소, 보건소 또는 대한결핵협회 등을 통한 건강검진 등 의료서비스를 제공하고 지역정신보건센터와 연계하여 정신질환 및 알코올 상담 실시
○ 응급잠자리 제공 등 일시보호서비스와 개별 심층면담을 통하여 전문재활쉼터 등 개인특성에 적합한 쉼터 입소를 유도
다. 쉼터의 전문화로 노숙인 특성별 보호를 개선하고 이용 편의성이 제고될 수 있도록 보다 개방적이며 자율성이 보장되는 쉼터운영 방안 모색
○ 알코올재활, 정신재활, 자활전문쉼터 등 쉼터 전문화 유도
○ 지역별 노숙인 특성을 파악, 쉼터 운영형태 다양화 도모로 거리노숙인의 입소가 용이하도록 다양한 조치 마련
라. 여성 및 가족 노숙인에 대한 보호 강화
○ 지역별 여성 노숙인 발생추이를 감안, 충분한 수준의 여성(가족)쉼터 설치를 지속적 확충
○ 여성쉼터 설치현황 및 이용절차 등을 거리 여성 노숙인에게 집중 홍보
○ 부모와 같이 입소한 아동에 대한 보호 강화(일정수준의 교육·육아 등 배려)
마. 노숙인 발생 예방을 위한 쪽방상담소 운영
○ 쪽방지역 거주자 등 노숙인으로 전락할 수 있는 경계선상의 지역거주자에 대하여 쪽방상담소를 통한 생활편의(목욕·세탁·이미용 서비스 등) 제공 및 상담 지원 강화로 노숙인으로의 전락을 미연에 방지
바. 쉼터의 지속적 확충 및 유예적용대상 노숙인시설 정비
○ 노숙인 발생추이에 따른 쉼터 정원관리에 철저를 기하고 부족이 예상되는 경우에는 시설 확충 또는 신규 설치 등 사전 대비 조치
○ 아울러 부랑인및노숙인보호시설설치·운영규칙 부칙 제2조제2항에 적용되는 노숙인시설은 유예 기간 내에 시설 및 인력기준을 갖추도록 지자체의 연차 지역복지계획 예산에 반영·시행

　　물론 실제에서는 여러 가지 제약 때문에 이러한 노숙인 보호체계가 잘 작동되지 않는 경우가 많다. 그러나 어찌되었건 과거 단속과 일괄적인 부랑인 복지시설에의 격리 수용 조치에 비한다면 많은 향상을 가져온 것이 사실이다.

기본적으로 현행 노숙인 복지서비스의 가장 중요한 부분은 생활시설(노숙인 쉼터와 부랑인 복지시설), 상담보호센터, 기타의 현장보호체계와 지역사회복귀체계로 나누어 볼 수 있다.

1) 노숙인 쉼터(생활시설)

노숙인 쉼터는 우리나라 노숙인 복지서비스의 가장 핵심적인 위치를 차지하는 단기 보호생활시설이다. 노숙인 쉼터는 과거의 부랑인 복지시설에 비해 소규모이며 지역사회에 근접하도록 하여 실제 노숙인들이 지역사회와의 격리 없이 이용할 수 있고 단기간 생활하도록 하고 있다.

노숙인 쉼터는 대개 1998년 소위 IMF 경제위기 시 대량 발생한 실직 노숙인에 대한 긴급대책으로부터 출발하여 급격히 늘어나 한때 전국적으로 200여 개소에 달하였으나 현재는 대략 100여 개소가 운영되고 있다. 이 중에는 공식적으로 정부의 지원을 받으며 운영되는 곳도 있으나 일부는 정부의 지원과 무관하게 종교시민단체에서 개별적으로 운영하는 경우도 있다.

이 쉼터의 운영에 대해서는 현재 다음과 같은 운영지침이 활용되고 있다.

---

❶ 기능 및 역할

가. 노숙인을 입소시켜 숙식제공, 재활 및 자활 프로그램 운영 등의 서비스를 제공

나. 쉼터별로 자활쉼터, 알코올재활쉼터, 정신재활쉼터 등 전문화 유도

─노숙인쉼터는 노숙인의 특성에 따라 특성화·전문화하여 운영하고 노숙인이 조기에 사회에 복귀하도록 함

  ※ 종전 자활사업 프로그램과제로 지원되는 자활, 알코올재활, 정신재활 사업을 실시하는 쉼터는 해당 전문자활사업을 발전시켜 그 쉼터의 전문사업으로 정착유도

다. 「상담보호센터」에서 거리노숙인을 분류·사정(査定)하여 입소의뢰하거나 보호기관 등에서 입소 의뢰하는 경우 쉼터 정원의 범위 내에서 우선 수용 조치

---

② 쉼터 정원관리 및 시설 등 확충

가. 해당 지역별 노숙인 쉼터에 입소 가능한 노숙인 발생추이를 면밀히 파악하여 사전에 충분한 입소공간이 마련되도록 조치(기존 시설의 확충 또는 신설 등)를 취하여야 함

나. 특히 여성 및 가족쉼터의 경우, 해당 지역별 수요계층을 면밀히 파악하여 여성 및 가족 노숙인이 거리 등에서 생활하지 않도록 입소정원 관리에 만전을 기할 것

다. 2005. 1. 5일 시행 당시 기 설치·운영하고 있었거나 설치 중에 있었던 노숙인 쉼터(상담보호센터 포함)의 경우에는 부랑인및노숙인보호시설설치·운영규칙 제11조에서 정하고 있는 시설설치기준에 따른 시설설치기준(면적 등)과 동 규칙 제12조제1항에서 정하고 있는 종사자의 자격 및 배치기준이 동 규칙 부칙 제2조제2항에 따라 동 규칙 시행일로부터 5년 이내에 조속히 확보될 수 있도록 연차적인 시설 및 인력 확충계획을 수립, 준비에 철저를 기할 것

③ 쉼터 입·퇴소자 관리

가. 쉼터 입소자 중 알코올중독자는 알코올전문쉼터로, 정신문제가 있는 자는 정신재활 쉼터 또는 정신요양시설 등으로 전원 조치하는 등 입소자의 건강상태 등을 참작하여 필요한 조치를 취하여야 하며 이 경우 보호기관(시·군·구)은 전원이 원활히 이루어질 수 있도록 필요한 지원을 할 것(규칙 제18조 참조)

나. 쉼터 입소자에 대한 성별·연령별·직업별 특성을 고려하여 자활사업을 전개하되 가급적 전문 자활쉼터 등으로 전원 조치하여 자활이 효과적으로 이루어지도록 할 것(제5장 참조)
※ 상기한 전원 조치는 특별한 경우가 아닌 한 당사자의 동의하에 이루어져야 함

보건복지부, 2007 노숙인 보호사업 안내에서

여기서도 볼 수 있는 것처럼 쉼터는 단지 의식주를 제공하는 수용처로써가 아니라 노숙인의 심리사회적 상황에 맞는 실천과 프로그램을 운영하도록 하고 있다.

2) 상담보호센터

상담보호센터는 거리노숙인에게 접근하여 노숙인 복지서비스 체계로 연결될 수 있도록 하는 이용시설의 개념이다. 이는 사실상 노숙인의 문제가 거리노숙인의 존재로부터 비롯되는데 쉼터라는 생활시설만으로는 거리노숙인에게 필요한 서비스를 연결할 수 없다는 문제의식에 기반을 둔 것이다. 이의 위상과 운영방침은 다음과 같다.

❶ 기능 및 역할

가. 1차적으로 거리노숙인에 대하여 세탁, 목욕, 이·미용서비스 등 생활편의 제공 및 거리상담
   을 통하여 긴급보호가 필요한 노숙인 등에게 일시적 간이숙소 제공

나. 2차적으로 거리에서 생활하는 노숙인(부랑인 포함)에 대한 개별상담을 통하여 대상자의 특
   성 및 필요한 서비스를 파악, 적합한 시설(쉼터 등)로 인계 등 분류·사정 기능 수행

○ 알코올중독자, 정신질환자 등은 알코올재활 및 정신재활 전문쉼터(관련 재활사업수행 쉼터)
   로 안내하거나, 진료가 필요한 자에 대하여는 무료진료소 또는 보건·의료기관에 진료의뢰
   조치

○ 건강상 문제가 적고 자활의지가 있는 자의 경우 등 비교적 자활가능성이 많은 자는 가급적
   자활전문 쉼터로 인계하거나 취업안내로 자활 연계 또는 사회복귀 유도

※ 분류·사정결과 부랑인복지시설의 입소대상자는 본인의 동의 및 시·군·구 등 협조를 얻
   어 부랑인복지시설로 입소 조치

○ 현장순회 상담 강화로 거리노숙인 현장보호 및 안전조치(특히 동절기) 강화

❷ 세부운영

가. 노숙인 현장보호체계로서의 역할

○ 상담보호센터는 거리노숙인 보호체계 중 현장보호의 일환으로서 거리노숙인 응급보호(상담,
   생활편의 및 응급잠자리 제공 등) 및 시설보호(쉼터 등)로의 진입과 지역사회복귀지원, 지
   역사회와의 연계를 담당하는 역할과 기능을 수행

○ 해당 지역의 노숙인 등 발생 현황에 따라 상담보호센터를 설치하되, 그 기본적 역할과 운영은
   반드시 부랑인및노숙인보호시설설치·운영규칙(보건복지부령 307호)에 위배됨이 없어야 함

○ 상담보호센터 설치와 운영에서 지켜져야 할 세부원칙

① 노숙인 쉼터 및 부랑인 복지시설 등 보호시설, 기타 복지시설 및 자원을 고려한 현장보호체
   계로서의 역할 수행

② 상담보호센터는 노숙인의 선택권이나 인권을 존중하는 원칙하에 운영(법률 등에 의하지 아
   니하는 강제적 조치나 수용보호 금지)

③ 노숙인이 원하는 쉼터나 기타 사회복지시설로의 의뢰와 분류체계로서의 기능 수행에 있어
   서 해당 지역의 복지자원과 연계하여 조치

④ 각 지역에서 발견된 보호대상자는 가급적 해당 지역에서 보호할 수 있도록 조치

⑤ 상담보호센터는 해당 지역의 사회복지시설 서비스 체계와의 연결고리로서 역할을 수행하도
   록 노력

⑥ 상담보호센터는 노숙인 등 보호대상자의 욕구에 대하여 현장보호서비스를 양적·질적으로
   충족시킬 수 있도록 지원하여야 함

나. 세부기능 및 역할

1) 상담 및 의뢰 기능

○ 상담보호센터는 거리노숙인에 대한 상담을 통하여 대상자의 특성 및 필요한 서비스를 파악, 노숙인 쉼터 또는 부랑인복지시설 등 적합한 사회복지시설과 자원으로 인계 등 상담 및 의뢰 기능 수행

○ 알코올중독자, 정신질환자 등은 알코올재활 및 정신재활 전문쉼터나 관련 사회복지시설로 안내하거나, 진료가 필요한 자에 대하여는 무료진료소 또는 보건·의료기관에 진료 의뢰 조치

○ 각 지방자치단체는 상담호보센터에서 의뢰되는 노숙인이 해당 지역의 노숙인 쉼터, 부랑인복지시설 및 타 사회복지시설의 정원 한도 내에서 입소 의뢰하는 데 불편함이 없도록 협조 체계 구축

○ 상담보호센터는 거리노숙인 및 서비스 수요자에 대한 전문적 상담과 사정(assessment)이 가능하도록 상담요원 등 관련 인력을 활용하여 해당 업무 수행

○ 지방자치단체와 상담보호센터는 의뢰가 가능한 노숙인 쉼터, 부랑인복지시설 등 관련 사회복지시설 및 자원에 대한 정보를 확보하고 관련 조치가 원활히 이루어지도록 조치 (관련 세부규정 등 마련)

2) 생활지원서비스 제공

○ 1차적으로는 거리에서 생활하는 노숙인 등에 대한 생활지원서비스 제공

○ 거리노숙인에 대한 세탁, 목욕, 이·미용서비스 등 생활편의 제공 및 거리상담을 통한 긴급보호가 필요한 노숙인 등에 대한 일시적 간이숙소 제공

○ 생활지원서비스는 급식, 숙박, 세탁, 목욕, 물품보관, 이·미용서비스, 응급의료지원 등을 포함

○ 급식은 자체제공이나 해당 지역의 (무료)급식 등 사회복지자원과 연계하여 제공

○ 숙박서비스는 필요시 단기적으로 제공하되, 지역사회의 노숙인 쉼터나 사회복지시설자원과의 연계 속에서 제공하여 상담보호센터가 상시생활 시설화하지 않도록 노력

○ 의료서비스는 지역사회의 응급의료지원체계 등과 연계체계를 마련

○ 생활지원서비스의 제공방법과 기준 등에 대한 상담보호센터 자체의 세부규정을 이용자에 대한 편의차원에서 마련하고 공지

3) 현장상담(outreach) 및 보호

○ 상담보호센터와 지방자치단체는 관내 거리노숙인 밀집지역 등에 대해 주기적으로 현장 방문 및 상담 활동을 통해 현황을 파악하고 필요한 서비스 대책을 강구

○ 지방자치단체와 상담보호센터는 현장상담활동에서 거리노숙인 및 서비스 수요자에 대한 급식 및 의료 등 응급상황에 대한 조치를 강구

○ 상담보호센터는 현장상담 활동을 통해 상담보호센터, 노숙인 쉼터 및 관련 사회복지시설과 서비스, 국민기초생활보장제도 수급, 취업상담 및 자활지원 자원 등에 대한 정보를 제공

보건복지부, 2007 노숙인 보호사업 안내에서

상담보호센터는 노숙인 쉼터보다는 다소 늦게 출현하였다. 공식적으로 정부의 지원을 받아 운영되는 노숙인 보호체계의 상담보호센터는 서울 5개소, 대전 1개소, 대구 1개소, 부산 1개소 등 현재 총 8개소가 있다. 앞의 지침에서 본 바와 마찬가지로 상담보호센터는 기본적으로 이용시설과 같은 위상이지만 현실에서는 숙식을 제공하고 있어 생활시설로서의 성격이 전혀 없다고 할 수 없다.

상담보호센터는 그 기본적 역할을 상담 및 의뢰 기능, 생활지원서비스의 기능, 현장상담과 outreach의 기능으로 설정하고 있다.

3) 현장보호체계와 지역사회복귀체계

우리나라의 노숙인 보호체계는 생활시설인 쉼터와 이용시설인 상담보호센터가 근간을 이루고 있다. 그러나 이 밖에도 거리 현장에서의 적절한 보호를 위한 프로그램과 지역사회로 복귀하도록 지원하는 체계들이 일부 역할하고 있다.

먼저 거리 현장에서의 보호체계로는 무료급식, 거리진료 체계 등이 있다. 이는 현재로서는 상당 부분 상담보호센터의 기능과 중복되기도 하지만 현재 별도의 주체에 의해 시행되는 프로그램들이 존재한다. 한편으로는 쪽방 상담소 등도 거리노숙인에 대한 지원체계가 된다. 거리노숙인이라고 해도 사실상 쪽방 거주자, 고시원 거주자, 만화방 거주자 등과 같은 불안정 주거층과 상당 부분 중첩되기 때문이다.

지역사회 복귀 지원체계로는 자활의집, 주거지원프로그램, 고용지원 서비스 체계가 존재한다. 이도 역시 쉼터나 상담보호센터의 역할과 연계되어 지원되는 경우가 많다. 쉼터 이용 이후, 혹은 거리 노숙에서의 탈피를 위해 지역사회에서의 독립적 생활을 위한 중간단계의 지원을 위해 주거와 소득지원책들이 강구되고 있으며 최근에는 건설교통부와 주택개발공사의 매입임대주택사업도 이와 연계되고 있다. 그러나 현실적으로는 실효성 있게 운영되기보다는 아직 기획단계의 사업이라고 보아야 할 것이다.

우리나라에서는 노숙인 보호사업이 본격화된 1998년 이후 시설운영의 보호사업 외에 필요한 프로그램 운영이나 사업 등을 '노숙인 자활사업'의 공모방식을 통해 예산을 지원하는 형태로 운영하고 있다. 따라서 현재 우리나라, 특히 보건복지부에서 지칭하는 고유명사로서의 '노숙인 자활사업'은 '자활' 측면의 사업을 의미하는 것이 아니라 시설 운영 외의 모든 정부 예산지원 대상이 되는 노숙인 복지서비스 관련 사업을 지칭하는 것이다. 이에는 자활공동체사업, 재활프로그램, 의료사업 등이 모두 포함되고 있다.

---

① 노숙인 자활 사업

가. 자활공동체 사업의 목적
○ 목적: 시장에 진입하여 소득을 얻기 어려운 노숙인을 대상으로 근로 활동을 통한 근로의욕 고취, 공동 참여를 통한 소득 창출로 자활 기반 마련

나. 사업내용
○ 시장 진입형: 소규모 창업지원 사업으로 주로 개인적인 판매 사업
○ 공익형: 노숙인 자활을 목적으로 기관의 상황에 맞는 공익적인 사업을 선정하여 사업 참여자에게 소득 분배
○ 사업유형: 자원재활용, 숲가꾸기, 건축수리, 자활농장, 청소용역, 가내수공업, 차량청소, 건설용역, 직업훈련, 소규모창업 등

다. 사업선정
○ 사전 시장조사를 통한 사업성 판단: 관련서류 비치
○ 기관의 사업 책임자 선정 / 기관이 공식적인 책임을 지는 체계 마련
○ 사업의 연속성을 위해 단기 사업보다는 장기 사업 선정
○ 사업선정에 따른 예산확보(지방자치단체장에 계획서 제출)

라. 대상자 선정
○ 사업 선정에 따른 참여자 선정의 객관적 기준(문서화)
○ 참여자 선정과정을 기록한 상담 서류(문서화)
○ 참여자 개별상담을 통한 자활계획서 작성
○ 참여자와 기관 간의 사업목표 공유: 사전회의록

마. 사례 · 금전관리
○ 참여자의 정기적인 사업 참여 기록(비치): 개인의 변화와 목표치 중간 점검
○ 자활목표에 따른 저축목표액 달성 점검과 정기적인 금전관리

바. 사업 중간점검
○ 사업의 목표치를 정기적으로 점검하고 문제점 기록
○ 참여자와 관리자(기관)와의 정기적인 회의(회의록 비치)

사. 이윤 활용방안
○ 이윤에 대한 사전 계획을 관리자와 참여자가 공동으로 작성
○ 이윤활용에는 사업지속을 위한 투자비와 자활계획서에 따른 이익분배가 투명하게 이루어지
  도록 함
○ 노숙인 자활공동체 사업이 (특히 인건비를 지원받는 경우) 수익금의 활용 및 분배가 임의
  로 진행되지 않도록 하며 지방자치단체, 자활사업평가위원회 등과 협의하여 관리 및 배분
  원칙을 명문화할 것
아. 사업평가
○ 사업종료 시 자활계획 목표치 달성 점검
○ 사업 평가(기관, 참여자, 기관과 참여자 공동): 서류 비치
○ 평가지표를 제시하고 평가단에 의한 평가 진행
  ※ 지방자치단체는 노숙인 업무 분야별 업무추진 및 평가 등에 있어서 동 내용을 준수하되
     지역실정에 맞지 않거나 불합리한 부분, 당장 시행이 어려운 부분 또는 더 나은 대안이
     있는 경우에는 합리적으로 조정·운영

노숙인의 건강에 대한 문제가 심각하다는 점이 여러 가지 경로를 통해 확인되고 그 중요성이 부각되자 정신건강과 알코올중독에 대한 사업, 의료지원사업 등을 진행하고 있다.

② 정신보건 및 알코올재활프로그램 사업
가. 현황 및 문제점
○ 쉼터 및 거리노숙인 중 정신분열증, 우울증, 불안장애, 알코올 및 약물 남용 등의 정신질환
  을 갖고 있는 자가 많은 실정임
○ 정신질환 노숙인의 조기발견, 진단 및 치료프로그램, 사례관리 등 적절한 정신보건서비스
  부족으로 자활 가능성의 저하 이외에도 안전사고, 정신질환의 만성화, 노숙 기간의 장기화,
  노숙인 쉼터 사례관리자의 피로, 노숙인에 대한 사회적 편견 등의 문제 대두
나. 프로그램 목적
1) 노숙인 쉼터 정신보건 및 알코올재활프로그램
○ 쉼터노숙인을 대상으로 정신질환 및 알코올문제의 재활프로그램을 제공함으로써 자활을 위
  한 준비를 하도록 하거나 자활 중인 노숙인의 자활을 유지할 수 있도록 지원함
○ 노숙인 쉼터를 치료적 공동체로 운영함으로써 정신질환이나 알코올문제로 인하여 손상되거
  나 습득하지 못한 일상생활이나 사회생활기술을 습득하도록 하여 자활을 위한 발판을 마련함

2) 정신보건센터 노숙인 정신보건사업
○ 쉼터 및 거리노숙인의 정신질환 및 알코올문제의 진단 및 치료 등 적절한 정신보건의료 서비스 제공을 지원하여 정신질환이나 알코올문제로 인하여 발생할 수 있는 자해나 타해 등의 안전사고를 예방하고, 정신질환이나 알코올문제의 악화나 만성화를 방지함
○ 전문적인 사례관리나 정신보건 및 알코올재활프로그램이 필요한 쉼터노숙인에게 적정한 서비스를 제공하고, 쉼터의 사례관리자 등 종사자에 대한 정신질환 및 알코올문제에 관련된 교육과 자문 등을 제공함으로써 입소한 정신건강 및 알코올문제 노숙인에게 쉼터가 최소한의 정신보건서비스를 제공할 수 있도록 지원함

다. 프로그램 내용
1) 노숙인 쉼터 정신보건 및 알코올재활프로그램
○ 프로그램의 대상 및 범위
—정신분열증, 우울증, 알코올 남용 및 중독 등 정신건강문제를 갖고 있는 노숙인들을 대상으로 치료공동체 운영, 사례관리, 정신사회재활프로그램, 외부 정신보건의료기관과의 연계 등을 통해 정신질환과 알코올문제의 완화 및 회복에 중점을 둠
○ 프로그램 내용
—위생관리, 대인관계, 사회생활, 직업재활, 여가활용 등 쉼터노숙인의 전체 생활을 치료공동체의 취지에 맞게 운영. 특히 치료공동체 운영과 재활프로그램 과정에서 노숙인의 자발적 의지를 최대화할 수 있도록 함
—쉼터의 사례관리자는 노숙인의 개별적인 병력과 정신질환 및 알코올문제의 정도, 지지체계, 자활의지 등 평가를 통해 개인별 사례관리계획을 세우고 이에 따라 재활서비스를 제공함
—정신질환 및 알코올문제에 대해 의료서비스가 필요할 경우 의뢰하고 지속적으로 적절한 치료를 받도록 관리
○ 프로그램의 운영방식
—사업계획서에는 구체적인 프로그램별로 분기별 사업목표량을 정하고 이를 분기별로 계획, 대비 실적을 점검하며 사업을 추진하여 계획적이고 체계적인 사업이 될 수 있도록 하며, 월별로 업무실적을 작성함
—지역사회에서 활용 가능한 자원을 파악하여 적절히 활용하도록 함
—집단 재활프로그램을 위하여 프로그램에 집중할 수 있는 적절한 크기의 프로그램 공간을 확보하도록 함
—재활프로그램 제공 시 다양한 전문가가 참여할 수 있도록 하며, 다양한 전문가가 참여하는 사례관리 검토회의를 정기적으로 실시함
—재활프로그램 및 사례관리에 참여하고 있는 인력은 관련 분야의 교육 등에 정기적으로 참석하여 재교육을 받도록 함
—재활프로그램은 프로그램 운영 매뉴얼을 구비하여 체계적인 프로그램 제공이 가능하도록 하고, 제공된 프로그램에 대해 평가를 실시함
—재활프로그램 대상자에 대해서는 정기적으로 정신건강상태나 기능을 평가하여 사례관리 및 재활계획을 변경하도록 함

2) 정신보건센터 노숙인 정신보건사업
○ 프로그램의 대상 및 범위
─노숙인들의 노숙원인이 된 정신건강문제와 노숙의 결과로 발생한 정신건강문제 중 전문적인
　정신보건의료 서비스의 개입을 통한 개인 및 소집단 차원의 문제해결에 초점을 맞춤
○ 프로그램 내용
─프로그램 시작 시점에서 쉼터노숙인 전체에 대한 정신건강 선별검사 및 프로그램 시작 이후
　신규 입소 노숙인에 대한 정신건강 선별검사
─선별검사에서 위험군으로 분류된 노숙인 및 쉼터에서 의뢰한 정신건강문제 의심자에 대한
　심층진단
─정신건강문제자 상담
─정신질환 외래약물치료
─노숙인 쉼터 사례관리자에 대한 정신보건교육 및 자문
※ 향후 예산과 인력이 보강되는 경우 거리노숙인의 정신질환 의심자에 대한 진단 및 치료 지
　원(경찰 및 시·군·구청과 협조)과 거리에서 노숙하는 정신질환자에 대한 사례관리 프로
　그램 필요
○ 프로그램의 운영방식
─정신보건센터는 인근지역의 쉼터노숙인 및 거리노숙인의 정신건강문제의 진단, 치료를 책임지며,
　노숙인 쉼터에서 사례관리 책임을 맡고 있는 담당자와 협조하면서 사례관리 서비스를 제공함
─지역사회에서 활용 가능한 자원을 파악하여 적절히 활용하도록 함
─집단 재활프로그램은 대단위 쉼터나 쉼터 내 대상자가 많은 경우 쉼터에서 제공하거나 대상
　자를 모아서 정신보건센터에서 제공하도록 함
─재활프로그램 제공 시 다양한 전문가가 참여할 수 있도록 하며, 다양한 전문가가 참여하는
　사례관리 검토회의를 정기적으로 실시함
─재활프로그램 및 사례관리에 참여하고 있는 인력은 관련 분야의 교육 세미나 등에 정기적으
　로 참석하여 재교육을 받도록 함
─재활프로그램은 프로그램 운영 매뉴얼을 구비하여 체계적인 프로그램 제공이 가능하도록 하
　고, 제공된 프로그램에 대해 평가를 실시함
─사례관리 대상자에 대해서는 정기적으로 증상이나 기능을 평가하여 사례관리 및 재활계획
　을 변경하도록 함

3 의료서비스 사업
가. 거리 현장의 무료진료소 사업
　　개별적으로 운영되어온 무료진료소를 다음과 같은 구조와 조직운영체계로 상향조정하여
　　전국적인 표준화를 통해 진료의 질 개선
나. 구　조
1) 지역별 무료진료소 배치: 서울, 부산, 대구, 대전
2) 필요한 진료관련 공간 및 기자재 지원

○ 환자의 질병과 관련된 개인기밀 보호를 위한 별도의 진료실(혹은 구분된 진료공간), 기본 진료 기자재(환자 진찰용 침대, 진료 테이블 및 의자, 청진기, 혈압계, 간이 혈당계, 펜라이트, 안저경 및 이경, 설압자), 기본적인 처치기구 및 설비(멸균소독기를 포함하여, 상처를 소독하고 간단한 봉합이 가능한) 필요
○ 약장(종류별 구별이 가능하도록 별도로 제작된 수납장 필요), 접수 및 예진용 테이블과 의자, 환자 대기용 의자 필요
○ 환자 데이터 관리용 컴퓨터 및 프린터, 약품보관용 냉장고, 수돗물 공급 시설, 진료공간의 냉난방 기기 설치 필요
3) 기본 인력구성 및 역할부여
○ 의사 1인(공중보건의) 배치와 적정 진료지원 등 필요
○ 간호사 1인(서울역 인근에는 2인) 고용: 간호업무 수행, 진료업무지원, 환자 사례관리
○ 사회복지사 1인(서울역 인근에는 2인) 고용: 상담업무 수행, 사회복지 측면의 사례관리
4) 환자의뢰체계 구축
○ 이미 환자를 의뢰하고 있는 2차, 3차 공공의료기관이 있는 지역의 경우는 이의 공식화가 필요하며 이외 지역은 지역의 대표적인 '민간병원' 혹은 '국립병원'과 업무협조 관계 필요(의료비 지원 필요성도 대두)
5) 의료구호비 예산 확보
○ 연간 의료비 총액을 노숙인 진료실적 등을 참고로 산정하여 입원·외래진료비 등이 부족하지 않도록 소요예산 확보
6) 의료진의 업무 분담
○ 진료업무 및 환자와 관련된 실무적인 내용은 현재 배치된 의사에게 최종적인 지휘감독의 권한을 부여하도록 함(의료진의 권한과 책임에 대한 규정화 필요)
○ 그러나 독자적으로 수행할 수 있는 업무(사회복지 상담 등)의 경우는 각각의 전문적 자율성을 최대한 존중

이와 아울러 노숙인이 지역사회로 다시 복귀하는 것을 지원하기 위한 주거지원 프로그램으로 자활의집을 운영하고 있다.

④ 자활의집 사업

가. 대상자 선정

○ 자활의집 입주대상자는 자활의지가 높고, 객관적으로 자활할 수 있는 여건이 갖추어졌다고
　판단되는 노숙인을 우선순위로 함

─자활 여건을 판단하는 객관적 기준은 다음의 사항을 우선적으로 적용함

① 여성가족 또는 남성가족 노숙인 혹은 가족이 결합되어 입주 가능한 노숙인

② 여성 노숙인으로서 안정적인 취업 상태에 있는 노숙인

③ 현재 1개월 이상 안정적인 취업 상태에 있는 노숙인

④ 취업으로 발생한 소득을 3개월 이상 정기적으로 저축하고 있는 노숙인

⑤ 자활의집 주거 이후의 생활계획(독립적인 주거계획)을 세우고 있는 노숙인

⑥ 독립생활을 유지하기에 건강상 문제가 없는 노숙인

─위 요건 중 ① 및 ②를 충족할 경우 다른 요건에 우선하여 입주권리를 부여하며, ① 및 ②의
　요건을 충족하지 못할 경우에도 나머지 요건 중 3개 항목 이상을 충족할 경우 우선입주 대
　상자로 선정될 수 있음

─사례관리자(실무자)는 위 요건들을 종합적으로 고려하여 대상자를 선정하되, 특정 요건이 현
　저하게 문제가 될 경우 가급적 대상자에서 제외할 것

나. 운 영

○ 노숙인 쉼터에서 자활의집을 운영할 때 다음의 사항을 참고할 것

─실무자 중 1인 이상을 자활의집 입주자에 대한 사례관리자로 선정할 것

─사례관리자는 적어도 월 1회 이상 입주자와 면담하여, 입주자의 경제활동, 소비활동, 저축활
　동, 기타 생활상의 문제를 파악하고 필요한 도움을 제공할 것

─사례관리자는 활동 내용을 사례관리기록으로 보관할 것

○ 자활의집은 예산이 허용하는 범위에서 가능한 수준에서 쾌적하고 공간적으로 적절한 수준
　으로 마련할 것

○ 자활의집 입주자는 특별한 문제가 없는 한 2년간 거주가 보장되어야 하며, 경제 환경 및 기
　타의 요인으로 독립거주가 실현되지 않을 경우 심사 후 1회에 한하여 연장할 수 있음

○ 특별한 사유 없이 자활의집 위탁운영자가 임의로 입주자를 교체할 수 없음. 입주자의 교체
　사유가 발생하는 즉시 해당 지방자치단체와 상의하여야 하며, 빈번한 입주자의 변경은 자
　활의집 위탁운영자격을 상실하는 사유가 될 수 있음

○ 자활의집 입주자가 2년이 경과했을 경우, 위탁 운영자는 기존 입주자의 연장 여부, 신규 입
　주자 추천, 자활의집 위탁 반납 중의 하나를 택하여 상급관리기관에 논의를 요청하여야 함

○ 자활의집 입주대상자를 선정하는 과정에 가급적 지역별 선정위원회를 구성하고 이를 통해
　선정의 객관성을 유지할 것

주거지원 프로그램에는 자활의집 이외에도 쪽방지원사업이나 매입임대사업 중 단신
자용 매입임대사업 등도 노숙인 지원사업의 일환으로 이루어지고 있다. 또한 서울시
뉴타운 개발과 관련지어 시행되었던 노숙인 일자리 지원사업, 예전에 대규모로 시행되
었던 산림청의 숲가꾸기 공공근로 사업에 노숙인을 집중적으로 파견하였던 것, 월세지
원사업 등 노숙인 지원사업으로 진행되었던 사업은 여러 종류가 있다.

그러나 노숙인 보호사업 안내나 법령과 예산에 따른 정규적 노숙인 복지사업은 보
건복지부 소관의 사업의 경우에만 통합적으로 제시되고 있다. 이 밖에 건설교통부나
관련 공사, 서울을 비롯한 일부 지방자치단체의 재량에 따른 기획편성사업, 공동모금
회 등을 통한 민간지원사업 등은 통합, 관리되지 못하고 별도의 운영체계를 가지면서
사업 간 연계 취약성, 중복과 누락 위험성 등에 대해 지속적으로 전문가들의 문제가
제기되고 있다.[79]

---

79) 물론 이러한 경향은 우리나라에만 나타나는 현상은 아니다. 노숙인 복지사업이 다른 영역의
   사회복지사업보다 관련 부처가 다양하고 사업의 내용이 여러 가지로 흩어져 통합관리가 필
   요하다는 점은 외국의 경우에도 여러 가지로 지적되곤 한다(GAO, 1999 등 참조).

제17장 노숙인 복지시설과 사회복지실천

교육 자체가 유치원 교육생 가르치는 거예요. 그러니까 귀에 안 들어오지. 그러니까 그
게 아니라는 거예요. 우리 같은 저 성인한테. 그래서 안 들어갈라고 그러는 거예요. 애들
교육! 유치원생! 유치원생…… 고등교육 이상 받은 사람들은 그 사람들은 절대 '나보다
별루다. 선생님이 될 자격이 없다.' 그런 얘기 하는 사람이 더 많아요. 그게 기분이 나쁜
거죠. 그럼. 그게 아이들 백날 유치원 교육생 교육들 그거 어머니 아버지가 진배나 마찬
가진데 그게 되나? ……무시, 무시 우리가 무시하는 게 아니고…… 웬만한 지식이 있는
사람들은 '야, 저것도 교육이냐?' 그런 식이에요. 그래서 문제에요……

시설에서의 프로그램에 대한 노숙인과의 인터뷰(2005)에서

쉼터, 상담보호센터(drop-in center) 등 노숙인 복지시설은 다른 종류의 사회복지시
설에 비해 복지시설로서의 체계화가 상대적으로 늦었다. 이는 앞 절에서 살펴보았던
서비스 체계에서의 취약점을 나타내는 것만이 아니라 시설 내에서의 사회복지실천 측
면에서도 다른 시설보다 취약성을 나타내게 한다.

사회복지 서비스는 경직된 경성 서비스(hard service)로서만이 아니라 전달하는 사
람의 대면적 기술에 의존하는 연성 서비스(soft service)로서의 성격을 많이 가지고 있
다. 이것이 사회복지실천의 전문성을 논의하는 이유이기도 한다.

1. 노숙인 복지시설의 사회복지실천에 대한 조사내용과 방법

노숙인 복지시설 내의 사회복지실천의 양상에 대한 부분은 기존의 자료나 문헌으로
는 분석이 곤란한 영역이다. 따라서 실증적 조사가 필요하다. 앞서 살펴보았던 내용들

이 주로 노숙인 복지체계의 구성체계나 조직, 그리고 해야 할 과업의 명세를 나타낸다면 사실상 '전문적 사회복지실천'이라는 본 장의 주제는 이를 누가 어떻게 실행하느냐 하는 구체적 측면에 해당한다. 그리고 이는 외형적인 문헌이나 자료 등에 쉽게 포착되지 않는 부분이다.

따라서 노숙인 복지시설의 '사회복지실천'이라는 연성적 부분에 대한 접근을 위해 실증적 조사연구를 별도로 진행하였다. 이는 양적 조사방법과 질적 조사방법이 병행되었다. 현재의 노숙인 복지시설 내 사회복지실천 현황과 욕구 내용에 대해 각각 노숙인 복지시설 입소자와 실천가의 견해를 조사해야 할 필요가 있다.

이와 관련되어 객관적인 사항의 조사는 설문지를 통한 자료수집과 양적 분석방법을 활용하였다. 양적 조사는 전국의 인가된 노숙인 쉼터 전체를 대상으로 이루어졌다. 조사시점인 2005년을 기준으로 전국적으로 100여 개소의 노숙인 복지시설 중 조사협조가 이루어지지 않은 일부를 제외한 82개소의 노숙인 복지시설이 응답하였다.[80]

이 조사의 자료수집과정은 대표적인 민간조직인 전실노협(전국실직노숙인대책종교시민단체협의회)를 통해 이루어졌고 시설별로 설문지를 먼저 발송한 뒤, 연구진이 방문하여 해당 시설 실무자와 함께 응답내용을 작성하였다. 자료의 분석은 본 연구자(필자)가 직접 자료를 회수 받아 실행하였다. 설문의 주된 내용은 시설의 현황, 시설의 종사인력 현황, 근무시간, 자격보유정도, 보수 및 근무여건 실태, 시설 내 사회복지실천의 내용 등이다.

반면 양적인 자료수집과 분석을 통해 포착되지 않는 생활시설 내에서의 사회복지실천에 대한 '욕구'와 '경험'에 대한 심도 있는 이해를 필요로 하므로 이를 위해 질적 조사방법이 활용된다. 이는 (시설 내 생활상황이라는) 특수한 상황에서 살아가는 모습과 욕구 및 서비스 경험을 포착하기 위한 것이므로 특히 문화기술지 방법을 채택하여 개념을 개발하고 내부자의 관점에서 문화적 맥락 내에서의 의미를 추구하여 분석한다

---

80) 따라서 이하에서 나타나는 응답은 모든 노숙인 시설이 포함된 것은 아니므로 그 결과의 해석에서(특히 시설현황과 같은 부분은) 조사응답시설 82개소의 응답결과임에 유의해야 한다. 물론 이 수치는 노숙인 복지시설의 절대다수를 포괄하는 것이다.

(신경림 역, 1997). 이 경우 표본은 질적 연구의 기본적인 원칙에 따라 '적절성'과 '충분성'에 의해 추출될 것이며 새로운 자료가 나오지 않는 포화상태가 될 때까지 연구 참여자를 늘려가며 연구를 진행한다. 자료는 심층면접과 관찰을 통해 수집될 것이다. 적절성의 기준에 비추어 볼 때, 한 지역의 시설에서만 자료가 수집되는 것은 바람직하지 않으므로 질적 연구의 수행을 위해서는 많은 노력이 필요하다. 특히 질적 연구방법은 연구자 자신이 연구도구가 되므로 도구로서의 신뢰성 제고가 중요하다. 본 연구자 (필자)와 보조 연구원 4명으로 구성된 연구팀이 질적 연구를 위한 자료수집과 분석에서의 숙련 제고의 훈련 후에 실제 자료수집에 투입되었다.

심층면접은 12인의 시설 실무자와 10인의 시설 입소 노숙인에 대해 이루어졌으며 각각의 면접에는 사례에 따라 차이가 있으나 대략 1시간여의 시간이 소요되었다. 면접 사례는 각 시설에 대한 연구진의 전화접촉 등을 통해 면접에 협조하기로 허락을 받은 경우를 대상으로 하였으며 실무자는 모두 1년 이상 노숙인 복지시설에서 근무한 상담원이나 생활 지도원이었다. 심층면접의 주제는 '노숙인 복지시설 내에서 이루어지고 있는 사회복지실천의 전문적 내용을 어떻게 인식하고 있는가'였다.

이와 같은 시설 입소자 및 실천가에 대한 조사 외에 노숙인 복지 사업 관련자와 전문가에 대한 자문을 통해 본 연구를 통해 발견되는 사항들의 적절성에 대한 점을 보완하였다.

2. 노숙인 복지시설의 여건과 사회복지인력 실태

1) 조사 대상 노숙인 복지시설 일반 실태

① 일반현황

설문조사 되었던 노숙인 복지시설 82개소의 운영주체는 종합사회복지관에서 운영하고 있는 희망의집이 26개소로 31.7%, 기타 노숙인 쉼터 중에서 사회복지법인이 운영하는 곳이 36개소로 43.9%, 종교법인이 운영하는 곳이 17개소로 20.7%이다. 초기에 노숙인 쉼터가 필요해지자 서울시를 중심으로 일부 지역에서 이용시설인 종합사회복지관에 생활시설인 노숙인 쉼터를 '희망의집'이라는 형태로 부설, 운영하도록 한 결과이다.

<표 17-1> 조사응답 노숙인 복지시설 일반현황

구 분		빈 도(%)
종합사회복지관 운영 희망의집		26(31.7)
운영 주체	사회복지법인	36(43.9)
	종교법인	17(20.7)
	사단법인	10(12.2)
	재단법인	7(8.5)
	비영리민간단체	4(4.9)
	개인	8(9.8)
홈페이지 有		46(56.1)
개소일	1993년~1999년	71(86.5)
	2000년~2005년	11(13.5)
시설 위치	일반주택지역	55(67.1)
	상업지역	14(17.1)
	유흥가	2(2.4)
	농업지역	1(1.2)
	공단 등 산업지역	4(4.9)
	외딴지역	6(7.3)

홈페이지가 있는 곳은 46개소로 전체의 절반을 조금 넘고 있다. 최근 대부분의 사회복지시설과 조직이 홈페이지를 가지고 있다는 점을 감안한다면 이는 노숙인 복지시설의 영세성을 의미하는 것이라 할 수 있다.

노숙인 복지시설의 개소일은 대부분 1999년 이전이며 이는 소위 IMF 위기 관련으로 '실직 노숙인'에 대한 관심과 응급대책으로 많은 쉼터가 개소한 시점이다. 2000년 이후 개소한 시설은 11개소로 조사되었는데 이 시기 동안에는 오히려 노숙인 쉼터는 전체적으로 감소하였으며 상담보호센터 등 일부의 노숙인 복지시설이 새로 개소하였다.

조사된 노숙인 복지시설의 2/3가 넘는 55개소가 주택지역에 위치하고 있었다. 그리고 다음으로는 17%가 상업지역에 위치하고 있다. 이는 다른 종류의 사회복지생활시설에서는 찾아보기 힘든 것이다. 노숙인 복지시설이 다른 유형의 사회복지시설에 비해 지역사회 밀착형으로 운영되고 있는 장점을 나타낸 것이라 할 수 있다.

② 생활인원

노숙인 복지시설에서 생활하고 있는 인원을 조사하였다. 조사에 응하였던 시설 중 5개소인 상담보호센터는 이용시설이다. 그러나 여기서도 잠자리를 포함한 생활편의서비스를 제공하고 있어 이를 이용하고 있는 인원을 분석에 포함하였다. 이에 따라 정원과 현원 등의 공식적 개념을 사용하지 않고 있지만 상담보호센터 5개소는 50인 이상 규모의 시설에 포함되어 있다. 대구상담보호센터 평균이용인원 100명, 부산의 경우 평균이용인원 80명, 서울 옹달샘의 경우 평균이용인원 150명, 구세군상담보호센터 평균이용인원 200명, 대전의 경우 평균이용인원 120명 등이다.

<표 17-2> 입소(이용)인원

구 분		빈도(%)	최소~최대(명)	평균(명)
정원	10인 미만	0(0)	10~300	47.9
	10인 이상~30인 미만	40(43.8.)		
	30인 이상~50인 미만	20(24.4)		
	50인 이상	22(31.8)		
적정 인원	10인 미만	3(3.7)	5~300	41.2
	10인 이상~30인 미만	48(58.5)		
	30인 이상~50인 미만	15(18.3)		
	50인 이상	16(19.5)		
현원	10인 미만	7(8.5)	6~250	41.1
	10인 이상~30인 미만	47(57.3)		
	30인 이상~50인 미만	13(15.9)		
	50인 이상	15(18.3)		
평균 인원	10인 미만	4(4.9)	7~250	41.8
	10인 이상~30인 미만	49(59.8)		
	30인 이상~50인 미만	15(18.3)		
	50인 이상	14(17.1)		

노숙인 복지시설은 이용시설이라고 할 수 있는 상담보호센터 몇 개소를 제외하면 '쉼터'라는 단기 생활시설이다. 전체적으로 그 정원은 평균 48명 선인데 현재 생활하고 있는 인원은 41명 선이다. 쉼터의 특성상 입·퇴소의 유동성이 크므로 이를 감안하여 평균 인원을 조사한 결과는 42명 선으로 유사하게 나타났다. 이를 정부가 발표하는 소위 공실률의 개념을 도입해 보면 정원 대비 생활인원은 85.8%이므로 15%에 달하는 공실률이 나타난다. 이는 한편으로 "노숙인 쉼터가 비어 있고 남는다."는 주장의 근거 가 되기도 한다. 그러나 이에 대해 정원이 무리하게 설정되어 있다는 비판이 많다. 공 간이나 설비 혹은 인력 여건을 감안하지 않고 정원이 책정되어 있다는 것이다. 전국실 직노숙인대책종교시민단체협의회와 개별 쉼터에서 현재의 적정 인원으로 판단하고 있 는 인원을 살펴보면 평균 41.2명으로 현원과 거의 같다. 즉 쉼터는 현재 여석이 있지

않고 그 쉼터에서 생활할 수 있는 적절한 규모의 인원이 이미 입소하여 생활하고 있는 것으로 볼 수 있다.

③ 시설이용기준 및 시설유형

조사된 노숙인 복지시설도 몇 가지의 유형을 가지고 있다. 즉 일차적으로 성인남성을 대상으로 운영되는 곳, 성인 여성, 가족 단위, 부자 단위, 모자 단위, 노인 대상 등 이용하는 인구층의 특징에 따라 분류가 가능하다. 다른 한편으로는 주된 초점이 되는 제공 서비스의 양상에 따라 심리사회적 재활에 초점을 두는 '재활쉼터'와 경제적 자활 및 지역사회복귀에 보다 초점을 두는 '자활쉼터', 그리고 이 두 유형의 생활시설과는 달리 이용시설인 상담보호센터가 있다.

〈표 17-3〉 시설이용기준 및 시설유형

구 분		빈 도
이용 기준	성인남성	68(82.9)
	성인여성	4(4.9)
	가 족	3(3.7)
	부 자	1(1.2)
	모 자	4(4.9)
	노 인	2(2.4)
시설 유형	재활쉼터	14(17.1)
	자활쉼터	63(76.8)
	이용시설	5(6.1)

노숙인의 분포 자체가 성인 남성이 압도적인 다수이기 때문에 전체의 80% 이상이 성인남성을 대상으로 한 시설이다. 여성시설은 4개소, 가족단위 시설이 3개소, 모자단위 시설이 4개소, 부자 단위 시설 1개소, 그리고 노인 대상의 노숙인 복지시설이 2개소였다.

시설의 서비스 유형과 관련하여서는 3/4이 넘는 63개소가 자활쉼터이고, 재활시설이 14개소(17.1%), 이용시설인 상담보호센터가 5개소였다. 사실상 이 자활쉼터와 재활쉼터의 구분은 정신건강 혹은 알코올 관련의 집중적 활동을 전개하는 것으로 되어 있는 '비전트레이닝센터'이외에는 공식적으로 나타나지 않는다. 그러나 일선 현장이나 관련 기관에서 생각하고 있는 정체성이 공유되고 있어 이를 기준으로 응답된 결과를 인정하였다.

④ 시설이용방법 및 제공서비스

시설에 입소하는 경로를 질문하였고 이는 중복응답을 통해 어떠한 방식으로 입소가 되고 있는지를 확인하였다. 직접방문에 의한 입소가 이루어지고 있는 곳은 56.1%, 상담소(서울역이나 영등포 역 등에 있는 상담소)를 통하여 입소하고 있는 쉼터는 57%, 행정공무원이나 경찰을 통한 입소가 이루어지고 있는 곳은 57%, 상담보호센터를 통해 입소가 이루어지고 있는 곳은 50%, 서울 지역의 '보현의 집'과 같이 중간쉼터를 통해 입소가 이루어지는 곳은 42%로 나타났다.

〈표 17-4〉 시설입소이용방법

구 분		빈도(%)
이용 방법	직접방문입소	46(56.1)
	상담소를 통한 입소	47(57.3)
	행정공무원이나 경찰을 통한 입소	47(57.3)
	상담보호센터를 통한 입소	41(50.0)
	중간보호센터(서울)를 통한 입소	34(41.5)
	기타 과정을 통한 입소	27(32.9)

이는 일견 별 의미 없는 것으로 보일 수 있으나 실은 노숙인 쉼터에 입소하는 경로가 쉼터마다 상당히 다르게 활용되고 있다는 것을 나타내는 것이다. 예를 들어 상담보

호센터는 원래 노숙인 쉼터로 거리노숙인을 연계하는 것이 주 역할이었는데 이를 통한 입소가 이루어진 쉼터가 절반밖에 되지 않고 있다.

기타의 입소 형태도 1/3가량에서 나타났는데 이의 구체적 양상을 보면, "교회/주민신고", "법무부 보호관찰소의 의뢰", "병원/교도소", "교정시설을 통한 입소", "여타 사회복지시설의 의뢰", "쉼터 자체의 아울리치 상담을 통한 입소", "다른 쉼터로부터의 전원 조치", "별도의 단체(고엽자전우회 노숙인 선도반)를 통한 알선" 등이 있다.

제공하고 있는 서비스의 내용에 대해 조사하였다. 여기에는 숙소의 제공과 석식 및 조식 제공(휴일은 3식 제공)은 모든 시설에서 이루어지는 것이므로 제외하였다. 평일 중식은 절반가량에서 제공하고 있다. 취업알선은 85.4%, 정기적 상담은 95.1%, 사례관리 기록은 78%, 의료서비스의 연계는 93.9%, 알코올 및 정신건강 서비스의 연계는 59.8%에서 이루어지고 있으며 주거지원의 한 형태인 자활의집 연계도 39%에서 제공되고 있다. 이 응답 자체로는 대부분의 노숙인 복지시설에서 기본적인 의식주의 제공 이외에 '사회복지실천'으로서의 서비스가 제공되고 있음을 나타내고 있다. 그러나 물론 이의 충실성이나 실효성은 별도의 문제가 된다.

<표 17-5> 시설에서 제공되는 서비스

구 분		빈도(%)
제공 서비스	평일중식제공	44(53.7)
	취업알선	70(85.4)
	정기적 상담	78(95.1)
	사례관리기록	64(78.0)
	퇴소 후 지원서비스(자활의집)	32(39.0)
	의료연계	77(93.9)
	알코올 및 정신건강 서비스 연계	49(59.8)
	기타	24(29.3)

그 밖에 제공되고 있는 기타의 서비스로는 금전관리와 이미용 서비스, 기관자체의
의료지원, 영성 프로그램, 문화활동프로그램, 자체 자활프로그램, 심리명상프로그램, 정
보화교육, 자원봉사프로그램, 체육대회 및 야유회 등 여가활용 프로그램, 심리치료 프
로그램, 단주프로그램, 협동조합 및 소규모창업지원, 초등 중등부 공부방 교실 운영,
미취학아동 보육, 긴급 생계비 지원 등의 알선 등도 일부 시설에서 이루어지고 있었
다. 그러나 이는 극히 소수의 응답이었다.

2) 시설인력현황과 근무실태

① 상근현황

사실상 사회복지실천은 그 인력의 적절한 확보와 밀접하게 관련된다. 이는 사회복
지실천이 가지는 전문적, 연성적 속성에 기인한다. 먼저 상근자의 현황을 살펴보면, 조
사대상 노숙인 복지시설은 가장 적게는 2명부터 가장 많게는 25명의 상근인력을 확보
하고 있었다. 평균은 4.0이었다. 24시간 이루어져야 하는 노숙인 복지시설에서의 실천
내용상 주간과 야간으로 인력이 나뉘어져야 하는 바, 주간인력이 평균 2.9명이고 야간
인력이 평균 1.1명이었다. 이와 관련하여 가장 인력이 적은 소규모의 2인 종사 시설의
경우 주간인력은 사회복지실천업무와 무관한 '조리원' 1인, 야간인력은 '상담원' 혹은
'생활지도원' 1인이 되는 것이 현재의 운영실태이다.

<표 17-6> 노숙인 사회복지시설 상근현황

구 분		최소~최대(명)	평균인원(명)
상근인원		2~25	4.0
상근 실태	주 간	0~21	2.9
	야 간	0~7	1.1

② 직종별 상근현황

이처럼 상근인력의 양만이 아니라 '누가' 상근을 하는가도 중요한 관건이 되므로 그 실태를 확인한 결과는 다음 표와 같다.

종사자 수와 상관없이 조사된 82개소 중 시설장이 종사하는 기관은 56개소, 상담원이 종사하는 곳은 66개소, 생활지도원이 상근하는 곳은 61개소이며 조리원이 상근하는 시설이 76개소였다.

시설장 종사 여부와 관련하여 종합사회복지관에서 운영하는 26개소의 '희망의집'은 사실상 복지관 관장이 시설장이기 때문에 시설장이 없는 상태나 마찬가지이다. 정원이 20인 미만의 시설인 경우 대부분 생활지도원 1인과 조리원 1인이 종사하고 있으며 이는 인력지원지침의 기준에 따른 것으로 볼 수 있다. 혹은 20인 이상의 시설이라도 상담원 TO가 아닌 생활지도원 TO로 종사(비전트레이닝 양구재활쉼터의 경우 40인 시설임에도 상담원은 없고, 생활지도원 2인이 근무하고 있으며 흰돌회의 경우 정원 50인 시설임에도 상담원 없이 생활지도원 2인이 배치되어 있음)하는 경우들이 있었다.

생활지도원의 경우 20인 미만의 시설에서 생활지도원 TO와 상담원 TO를 명확히 구분하지 않고 사용(공릉복지관 희망의집은 정원 10명인데 상담원 1인, 조리원 1인으로 상근인력이 구성되어 있고 성민복지관 희망의집 경우 정원 15명인데 생활지도원 1인, 조리원 1인임)하는 경우도 많다.

사실상 인력지원지침에 구애받지 않고 기관 재량껏 상담원·생활지도원 TO를 활용하는 경우들이 많은 것이다.

조리원의 경우는 모든 시설에서 의무적으로 고용하게끔 되어 있으나 상담보호센터는 동절기에만 배치되도록 하고 있다. 이에 따라 조사된 5개소의 상담보호센터에는 조사 당시 동절기가 아니라서 조리원 TO가 없었다. 또한 열린여성센터의 경우 조리원 구분 없이 상근자 5인 모두 상담원으로 배치하고 있다. 따라서 82개소 중 76개소에 조리원이 상근하고 있다.

전체 82개소 중 행정책임자가 배치된 기관은 7개소, 간호사배치기관은 4개소, 영양사가 종사하는 기관은 2개소, 설비기사는 4개소에서 상근하고 있다. 행정책임자, 간호원, 영양사, 사무원, 설비기사는 시설규모에 따라 지침상 배치되어야 함에도 미배치된 기관이 있고, 배치되지 않아도 될 곳에 상근자가 배치된 경우도 있었다.

<표 17-7> 노숙인 복지시설 직종별 상근현황

구 분	종사 여부(개소)	최소~최대(명)	평균(명)	관련자격소지(명)
시설장	56	1	1.0	0.5
상담원	66	1~5	1.4	1.0
생활지도원	61	1~10	1.6	0.4
조리원	76	1~4	1.1	0.1
행정책임자	7	1~2	1.1·	0.7
간호사	4	1	1.2	1.2
영양사	2	1	1	1
사무원	6	1~2	1.1	0.5
설비기사	4	1	1	0.5

상근인력에 대한 분석에서 나타나는 바는 일단 시설규모에 따른 상근인력 지침에 따라 기본적 배치와 지원이 이루어지지만 이를 지키지 않는 곳도 많으며 현재 상근인력의 구성상태는 적절한 전문실천을 담보하기에는 극히 열악한 상황이라는 점이다.

한편으로 이들 인력에 대한 자격기준이 정해져 있는데 이에 합당한 자격기준을 갖추고 있지 못한 경우가 다수 발견되고 있다. 이는 일부 시설에만 있는 영양사와 간호사를 제외하면 거의 모든 인력 구성상태에서 나타나고 있는 바이다.

2005년 법제화 이후 자격요건을 충족하기 위해 자격증 취득예정이거나 준비 중인 경우가 다수이다. 현재 '관련자격소지' 수치가 낮은 이유는 법제화 이전 노숙인 복지의 응급사업 단계에서 비자격자를 배치한 데 기인(예를 들어 종교운영 시설의 경우 종교인(전도사, 목사 등)이 상담원·생활지도원으로 종사하거나 입소인이 생활지도원으로 종사하는 등)한다. 한편으로 조리원 중 사회복지 관련자격을 보유한 경우가 일부 나타나기도 하였다.

③ 급 여

급여에 대해 조사한 결과는 다음과 같다. 현재 노숙인 복지시설의 시설장은 상근이 아니거나 상근하더라도 급여를 받지 않는 경우가 많아 평균 액수가 낮게 조사되었다. 시설장이 상근으로 종사하는 56개소 중 정규적인 급여를 받는 기관이 20개소로 응답되었다.

상담원, 생활지도원 등에 대해서는 각 시설별로 평균임금을 산정하였다. 상담원이 129만 원 선으로 생활지도원의 122만 원보다 약간 높았다. 2005년 노숙인 복지사업이 지방이양사업으로 전환되면서 시설운영주체만이 아니라 각 지자체별로 인건비 지원액에 편차가 나타나고 있다. 서울의 경우 2005년에 호봉제를 적용하고 있으며 5%의 급여인상이 있었고, 인천의 경우 호봉에 따른 수당을 제공하기로 되었다. 반면 대전 지역의 경우 전년대비 인건비가 동결되었다. 일부 지방에서는 여타의 다른 사회복지시설과 동일한 급여체계를 적용하기도 한다.

〈표 17-8〉 종사자 급여

구 분	최소~최대(원)	평균액(원)	보험적용(적용/전체)
시설장	0~1,700,000	508,423	20/56
상담원	1,070,200~1,741,320	1,288,638	62/66
생활지도원	659,905~1,433,705	1,218,093	58/61
조리원	998,100~1,200,000	920,543	73/76
행정책임자	1,262,000~1,543,150	1,410,357	7/7
간호사	1,300,000~1,532,680	1,414,012	4/4
영양사	1,347,710~1,420,000	1,383,855	2/2
사무원	1,195,000~1,260,000	1,229,601	6/6
설비기사	1,021,120~1,370,000	1,261,682	4/4

사회보험의 적용은 대부분 이루어지고 있으나 아직도 일부 시설은 이루어지지 않는 곳도 있는 것으로 나타났다. 보험이 적용되지 않는 사유는 현재 준비 중이거나, 상담원이나 생활지도원이 고령이라 정년의 이유, 관련자격 미소자인 경우에 교체 예정인

경우 등으로 나타났다.

④ 평일근무시간

종사자들의 근무시간에 대해 확인하여 보았다. 사회복지생활시설에서 종사자들의 근무시간 실태는 매우 열악한 것으로 알려지고 있으며 특히 24시간 근무환경을 감안한 교대근무인력에 대한 고려가 예산지원에서 반영되지 못하는 점과 밀접히 관련된다.

〈표 17-9〉 평일근무실태

구 분	주간(시간)		야간(시간)		일일평균 (시간)
	최소~최대	평균	최소~최대	평균	
시설장	0~10	3.8	0~15	1.3	5.1
상담원	0~12	6.8	0~16	4.4	11.2
생활지도원	0~12	3.7	0~16	8.3	12.0
조리원	0~12	6.5	0~15	2.2	8.7
행정책임자	8~11	9	0~6	1.1	10.1
간호사	5~9	7.5	0~4	1	8.5
영양사	8	8	0	0	8
사무원	0~9	7	0~9	1	8
설비기사	8~11	9.0	0~6	2.3	11.3

먼저 평일의 근무시간을 확인해 본 결과 상주하는 종사자 상당수가 24시간 근무하는 것으로 응답하였다. 일부 시설에서는 로테이션 형태의 근무방식이나 야간 당직제의 활용 등의 방법을 활용하고 있었다.

표에서 볼 수 있는 바와 마찬가지로 시설장은 주·야간을 합쳐 일일평균 5.1시간 근무하고 있으며 이는 상근비율이 높지 않으므로 평균적인 주간·야간 근무시간이 낮게 나타났다.

상담원의 근무시간 실태를 보면 주·야간을 합쳐 일일평균 11.2시간을 근무하는 것으로 나타났다. 이들은 대개 주간근무 인력으로 편성되지만 야간전담의 생활지도원이 없는 소규모 시설의 경우 야간업무를 전담하는 경우도 있고, 주야간을 모두 근무하는 경우도 있어 1인이 주간 평균 6.8시간, 야간 평균 4.4시간 근무하고 있었다. '종합사회복지관 희망의집'의 경우 노숙인 쉼터 상담원은 생활지도원의 역할을 하고, 주간의 행정적인 업무 등은 종합사회복지관 사회복지사가 대행하고 있었다. 효창종합사회복지관, 노원노인종합사회복지관, 공릉종합사회복지관, 평화종합사회복지관 등이 그 예로 볼 수 있다. 한편으로 상담원과 생활지도원의 업무 영역이 불분명하여 몇몇 시설의 경우 생활지도원이 주간에 근무하고 상담원이 생활지도업무를 담당하는 경우도 있었다. 이는 풍납복지관 희망의집, 성남내일을여는집, 천안희망쉼터 등에서 발견되는 사례이었다. 일부에서는 상근자 간 로테이션 근무일 경우도 있었다. 예를 들면 1인은 월, 수, 금요일에는 주간근무, 화, 목요일에는 야간근무를 하며 다른 상근자와 교대하는 방식이고 혹은 상근 직원끼리 24시간 격일근무를 하는 방식 등이다.

생활지도원은 일일평균 주·야간을 합쳐 12.0시간을 근무하고 있어 상담원보다도 더 많은 근무시간을 나타내었다. 생활지도원은 상담원에 비해 평일근무시간이 많으며 가장 많이 나타나는 근무시간의 형태는 오후 6시에 출근하여 익일 오전 9시에 퇴근하는 15시간 근무의 방식이었다.

그러나 통상적으로 야간전담인력으로 생각되는 생활지도원이 주간에도 평균 4.1시간을 근무하는 것으로 나타나고 있다. 그 이유는 생활지도원의 TO이지만 실질적으로는 상담원 업무를 하는 경우(상담원 1인, 생활지도원 1인 종사가 아닌 생활지도원 2인 종사인 경우), 격일근무로 24시간 근무하는 경우, 로테이션 근무 등의 형태일 때는 주간에도 근무를 하게 된다.

조리원은 평균 8.7시간을 근무하는 것으로 나타났다. 식사시간에만 근무하는 경우도 있다. 대부분의 노숙인 쉼터는 자활쉼터이므로 조식과 석식만 준비하는 경우도 있다. 조리원이 최대 15시간 근무하는 경우는 쉼터입소인이 조리원으로 종사하며 생활지도원의 역할을 대신하는 경우이다.

이 밖에 행정책임자는 10.1시간 근무하는 것으로 나타났는데 이 중 일부에서 시설에 상주하며 낮에는 행정책임, 야간에는 생활지도 업무를 보는 시설이 있어 이로 인해 평균치가 상승하고 있다. 간호사와 영양사는 각기 8.5시간과 8시간을 주로 주간에 근무하고 있다. 설비기사는 11.3시간을 근무하고 있는데 설비기사의 경우 상주하며 상담원, 생활지도원과 로테이션 근무를 하는 시설이 있어 이 때문에 평균치가 다소 높게 나타난다.

⑤ 주말 근무실태

평일근무와 아울러 주말 근무시간에 대해서도 확인하였다. 이는 시설 간 편차가 크다. 표의 수치는 평균값을 구한 것이다. 주말과 무관하게 야간전담인력이 없는 시설의 경우에는 상담원이 토·일요일에도 야간업무를 보고 있다. 상담원은 토요일에 5.3, 일요일에 3.7시간을, 생활지도원은 토요일에 7.0, 일요일에 6.0시간을, 조리원은 토요일에 4.8, 일요일에 4.0시간을 근무하고 있었다.

〈표 17-10〉 주말근무

구 분	주말근무	
	토요평균	일요평균
시설장	1.9	2.1
상담원	5.3	3.7
생활지도원	7.0	6.0
조리원	4.8	4.0
행정책임자	0.8	1.7
간호사	1.0	0
영양사	2	2
사무원	2.1	0.5
설비기사	5.2	2.2

상담원에 비해 생활지도원의 주말 근무 시간이 많았다. 생활지도원은 주말과 무관하게 야간을 전담하고 있는 경우가 많으며 자활쉼터의 특성상 야간에 입소인이 몰리

므로 야간인력배치는 필수적이다. 이러한 이유로 생활지도원은 주말에도 휴무 없이 근무를 하는 경우가 많다. 조리원의 경우도 주말과 상관없이 입소인의 식사를 준비하여야 하므로 주말에도 식사시간 때에 근무하는 경우가 있다.

결국 일주일에 평균치로만 계산해도 상담원은 65시간, 생활지도원은 73시간을 근무하고 있는 것이다. 주 5일제의 40시간 근무라는 사회적 여건은 이들과 너무나 다른 것이며 더구나 근무시간이 탄력적이지도 않은 상태에서 주말이나 명절 등 공휴일의 시간도 근무한다는 열악한 여건에 처해 있다.

⑥ 주말휴무실태

주말휴무실태는 상담원을 기준으로 파악하였다. 이는 본 연구가 노숙인 복지시설에서의 사회복지실천을 주제로 하고 있으므로 이와 가장 밀접한 인력을 대상으로 살펴보기 위함이다. 만약 주말근무비율이 높은 생활지도원을 기준으로 하였다면 휴무의 응답이 더 줄어들었을 것이다. 표에서 보는 바와 같이 토요일은 휴무가 아예 없다는 응답이 가장 다수 응답이었다. 일요일의 경우는 47.6%는 휴무라고 응답했지만 22%는 격주 휴무, 11%는 반일 근무, 그리고 1/5인 19.5%는 일요일에도 휴무가 없다고 응답하고 있다.

〈표 17-11 〉 주말휴무

구 분		빈도(%)
토요휴무	휴무	19(23.2)
	격주휴무	21(25.6)
	반일근무	18(22.0)
	휴무 없음	24(29.3)
일요휴무	휴무	39(47.6)
	격주휴무	18(22.0)
	반일근무	9(11.0)
	휴무 없음	16(19.5)

⑦ 야간근무형태

생활시설이므로 야간에도 인력이 필요하지만 이에 대한 별도의 예산지원이 없는 상태이다. 그렇다고 모든 종사자를 무조건 24시간 근무하게 할 수도 없는 것이므로 야간근무현황이 어떻게 유지되고 있는가를 살펴보았다. 그 결과 상근자 간 로테이션 근무방식을 택한다는 곳이 26.8%, 주간 전담인력과 별도로 야간 전담인력을 활용한다는 곳이 31.7%, 상담원이 야간근무를 병행한다는 곳이 14%, 기타가 24.4%로 나타났다. 기타의 응답 중에는 공익근무요원을 야간인력으로 지원받아 활용한다는 응답, 근무자중에서 상주(조리원, 시설장, 생활지도원)자를 활용한다는 경우, 아예 야간근무자가 없는 경우 등이 포함되었다.

〈표 17-12〉 야간근무형태

구 분	빈도(%)
로테이션 근무	22(26.8)
야간 전담인력 근무 (주간 전담인력 있는 상태)	26(31.7)
상담원이 야간근무	14(17.1)
기타	20(24.4)

3. 노숙인 복지시설의 사회복지실천에 대한 인식

인식과 관련된 부분은 양적인 설문조사를 통해서는 잘 파악되지 않는 부분이므로 서비스 제공자인 상담원 및 생활지도원과 대상자인 노숙인의 면접자료를 함께 분석하였다.

1) 행정업무의 부담과 인력부족

통상 노숙인 쉼터에서는 직접적 실천업무 외에 행정업무의 양이 과중하다는 불만이 높았다. 일선 실무자들에게 질문한 결과는 '보통'이라는 응답이 54.9%로 가장 다수 응답이었고 '많은 편이다'가 41.5%, '매우 많다'가 3.7%로 나타났다. 적다는 쪽의 응답은 전혀 나타나지 않았다. 행정업무가 과중하게 느껴짐을 나타내고 있다.

평상시 정부의 공문처리 기한은 1주일 이상 주어지는 경우는 15% 선에 불과하였고 당일과 익일 이내에 처리하도록 요구된다는 응답이 40%를 넘어 가장 다수 응답이었다. 지자체나 정부에서 곧장 처리하도록 요구하는 내용이 많다는 것을 나타낸다.

〈표 17-13〉 행정업무 부담

구 분		빈도(%)
행정업무의 양	매우 많다	3(3.7)
	많은 편이다	34(41.5)
	보통	45(54.9)
	별로 없다	0(0)
	거의 없다	0(0)
평상시 정부의 공문처리 요청 기간	2주일 이상	2(2.4)
	1~2주일	11(13.4)
	1주일 이하	24(29.3)
	3~4일	12(14.6)
	당일~2일	33(40.2)
회계정산보고방식	연1회	2(2.4)
	반기별	3(3.7)
	분기별	54(65.9)
	매월	18(22.0)
	수시로	5(6.1)
회계정산잔액 처리방식	반납한다	25(30.5)
	다음 달 지원액에서 잔액을 공제한 후 지원받는다.	32(39.0)
	지출이 많은 달에 합해서 사용한다	4(4.9)
	기타	21(25.6)

회계정산 보고방식은 2/3의 다수 시설이 분기별로 이루어지고 있으며 매월 이루어
진다는 응답도 22%에서 나타났다. 회계정산잔액 처리방식은 반납한다가 30.5%, 다음
지원액에서 잔액을 공제한 후 지원받는다가 39%에서 나타났다.

이러한 회계나 행정업무의 부담이 전문적 실천을 저해한다는 인식은 노숙인보다는
서비스 제공자의 면접내용에서 여실히 드러난다.

> 저는 욕심은 있어요. 진짜 하고 싶은데 안 돼요. 불가능해 그렇게 하는 게. 하고 싶지만 경
> 리를 할 사람이 없으니깐, 그렇다고 그걸 간호사한테 시키겠어요? 아니면 새로 들어온 사
> 무여직원…… 돈도 많이 못 주는 데 그 사람을 시키겠어요? 그리고 내가 하던 일이고, 그
> 경리 일이라는 게 쉽지가 않거든요. 이것저것 신경 쓰게 되게 많고, 돈만지고 이러는 게.
> 그러니깐 제가 하는 수밖에 없는 거고. 그러니깐 그 일을 하다보니깐 다른 일은 당연히 못
> 하게 되는 거죠. 그렇다고 제가 뭐 주간에는 회계업무하고 야간에는 아저씨들 상담하고 이
> 렇게는 할 수 없잖아요. 완전 뻗지 그러면은. 내가 무슨 쏘머즈도 아니고……(실무자 C)

2) 전문성 인식에서의 혼란

전형적으로 발견되는 점은 '전문적 실천'이 무엇이라고 인식하는가에 대해서 서로
다른 혼란이 나타나고 있는 점이다. 노숙인 당사자들은 일단 쉼터의 서비스로는 물질
적인 것을 먼저 언급하지만 이것 이외에 전문적인 서비스나 실천의 내용에 대해서는
서로 다른 다양한 견해가 나타난다. 사실상 이는 실천가들에게서도 마찬가지이다.

단체생활에 대한 효과적인 통제와 '규율'을 전문적 실천으로 보는 견해가 흔히 나타
난다.

> (선생님이) 없으면 괜히 술 먹고 들어오는 사람들. 습관적으로 선생님이 계시면 그런 사
> 람들을 못 들어오게 하니깐. 그런 게 힘이 되죠. 그런 소리에요. 싸움도 할 수 있는데 책
> 임자가 있으면 그런 게 없으니깐. 떠들지도 않고……(당사자 C)

그 선생님은 사람이 좀 엄격한 면이 있더라고요. 뭐 규율을 어기고 그러면은 딱 퇴소, 그런 식으로 되어 있거든요. 사람이 뭐 마냥 좋을 수만은 없잖아요. 그 규율을 어기면 살아가는 데 지장이 있잖아요. 혼자서 살아가는 게 아니기 때문에 여러 사람이 사는 거기 때문에 그런 면이 좀 있더라고요. 자기가 하는 나름이에요. 여기 있으면서 뭐 싸우거나 그러면 안 되잖아요. 한두 번까지는 봐주는데 세 번 그러면은 퇴소…….(당사자 G)

또 가장 많은 경우의 하나로 일단 상담이나 프로그램을 전문성과 동일시하는 경우가 나타나고 있다. 이도 역시 상담자와 실무자 모두에게서 공히 나타나는 인식이다.

상담이 있죠. 생활에서 불편한 점이라던가, 애로사항이라던가, 또 미리 뭘 하고 싶은데 부족한 건의사항이라던가, 또 시설을 이용하면서 불편한거라던가, 또 본인이 어떤 계획을 갖고 자립 계획이 있는지 그런 것도 서로 얘기하면서 도와줄 것 있으면 도움 받고 많이 하죠. 주기적으로 만나서 저는 개인적으로 하는 편이에요…….(당사자 A)

전문성…… 보편적으로 그냥 접근하는 것은 어떤 상담인 것 같아요…….(실무자 J)

한편으로는 노숙인 쉼터 내에서 이루어지는 취업알선이나 행정적 지원을 전문성의 요체로 인식하기도 한다. 이는 설문조사 결과에서 행정업무가 차지하는 비중이 높게 평가되는 것과도 관련이 있다.

〈표 17-14〉 행정업무와 실천업무에 대한 인식

구 분		평균
행정업무와 실천업무의 비중	행정업무	44.2%
	실천업무	55.7%
실천업무의 전문성	상 담	51.5%
	프로그램 진행	29.8%
	기 타	18.5%

일선 실천가들이 행정업무와 실천업무의 비중에 대해 질문했을 때 응답의 평균치는 행정이 44.2%, 직접 실천이 55.7%였다. 또한 전문성이 요구되는 실천에 대해서는 상담이 51.5%로 가장 높게 인식되었고, 프로그램 진행이 29.8%이었다. 여타는 소수 응답이었다. 이에 포함되는 것으로는 생활·자활지원, 기초생활관리, 무료급식/의류배분/거리상담, 프로그램개발, 취업연계사업, 복지행정업무, 유관기관과의 업무협조, 의료연계, 사회보장행정, 자립지원, 사례관리 등이 제시되었다. 아직까지 사례관리를 전문적 업무로 인식하는 것이 상담보다는 훨씬 적게 나타남을 볼 수 있다.

> 저희가 제공하고 있는 것 중에…… 우리가 내세울 만한 것…… 글쎄요…… 딱히 집어낼 수가 없겠는데요. 전문적이라고 하기에…… 프로그램 면에 있어서 저희가 그다지…… 저희가 노력이 많이 부족한 탓이겠지만…… 딱히 집어낼 만한 게…… 글쎄요…… 취업알선, 취업알선 뭐 공공근로라든가, 자활근로 추천 같은 거…… 구청하고 동사무소하고 잘 연계되어 있어서요. 그런 거는 비교적 잘되는 편이거든요. 뭐 그 정도……인 것 같아요. 프로그램은 참 연계성이 많이 떨어져서 저희가 내세우기는 좀 그렇고요…….(실무자 F)

당사자의 경우에도 진료나 행정적인 부분, 직업알선 등의 내용을 가장 주효한 '전문적 실천 서비스'로 인식하고 있음이 나타난다.

> 서비스라면 진료서비스죠. 행정적인 서비스라든가, 사실 신분증도 없는 사람들이 많이 있거든요. 도와주고, 제가 받은 거는 뭐 많죠. 행정적인 서비스도 서류 관련된 거 많이 받고 일단은 뭐 제가 자활할 수 있게끔 일자리도 알아봐 주고 취업 구직자리도 알아봐 주고 교육받을 수 있는 것도 그런 걸 많이 받았죠…….(당사자 A)

3) 관계성에 대한 강조

노숙인 쉼터에서의 전문적 실천에 대해 고립이나 배제되어 가는 양상에 대한 관계성 측면에 초점을 두고 인식하는 경우도 많이 나타난다. 이는 노숙인 당사자들이 고립에 대해 인식하는 점과 이를 쉼터에서의 실무자와의 관계 속에서 해소해 가는 인식에서 드러난다.

> 외로워요 사실상. 노숙인들이 외로우니까 술이 친구가 될 수밖에 없는 거예요. 저는 무교지만, 보면은 술이 진짜 마약이에요. 술이 진짜 독약이고. 풀 사람이 없으니까 담배는 슬슬 저도 좀 해요. ……(당사자 A)

> 제가 원래 말을 참 잘했는데요. 이런 생활하면 말을 안 하게 되면 벙어리가 되요. 누가 말을 시켜도 말하기도 싫고 혼자 생각만 이렇게 하고, 그게 병이 되잖아요. 그래서 지금 말 잘 안 나오는 편이에요…… (당사자 C)

> 선생님들하고는 서로 마음을 알잖아요. 제가 어떤 생각을 하고 있고 제가 어떤 걸 원하고 있는지 알고 계시니깐, 서로 상담을 하면서 제가 미처 생각하지 못했던 것도 보완도 되고 또 제가 생각한 거도 말씀드리고 선생님하고는 마음의 교감이 중요한 것 같아요……(당사자 D)

이러한 양상은 한편으로 실무자들이 당사자와의 관계성에 전문성의 초점을 두고 있는 부분에서도 유추될 수 있다. 경우에 따라서는 전문성 그 자체보다도 인간 대 인간의 관계성 자체를 더 중시하는 경우도 있다.

> 전문성? 좀 다른 거 같애요. 생활시설에 계신 분들이 요하는 그런 전문성과 이용시설 센터에서 일하는 직원들이 필요로 하는 전문성이 다르지 않을까……그래서 같이 생활시설에 계시는 분들은 정말 전문성이라는 게 사람을 끌어안을 수 있고 포용할 수 있는 그런 능력 있잖아요. 사람 말 들어주고 그런 것들이 전문성이라고 하면…….(실무자 H)

> 좀 더 상담원과 클라이언트라는 이런 경직된 관계가 아니라 그냥 인간 대 인간으로 얘기를 많이 하는데 거기에서도 구분되는 거는 있겠죠. 이거는 내가 사회복지사로서 전문적

인 상담을 하고 있다는 것과 그냥 사회복지사와 클라이언트의 관계를 떠나서 인간 대 인
간으로, 그냥 오랫동안 알고 지냈으니까 잘 아는 사람으로서 줄 수 있는 편안함 그런 것
도 있을 수 있겠고. 하지만 저 스스로, 제가 제공하는 비물질적인 서비스의 수준에 대해
서 그렇게 높게 평가하지는 않아요. 음…… 왜냐면 아…… 이렇게 같이 생활하면서 매
순간순간을 나는 이 사람의 사회복지사다, 나는 이 사람에게 뭔가 전문적인 것을 제공해
야 한다. 나는 사회복지사니까 그냥 여기서 살고 있는 사람들과는 뭔가 달라야 된다. 이
렇게 매순간 인지할 수 있지 못하니까……(실무자 G)

4) 전문성의 부재와 취약성 인식

노숙인 복지시설에서 전문적 실천이 부족하고 취약하다는 인식도 많이 나타난다. 그
런데 이러한 인식은 몇 가지 서로 다른 내용을 내포하고 있다. 노숙인 복지시설에서의
실천이라는 것이 본래적으로 전문적일 것이 별로 없다는 인식과 매우 많은 전문성을 요
구함에도 실천여건의 상황이 이러한 전문성을 담보하지 못하게끔 만드는 것 등이다.

전문적인 것들을 계속 이야기하고 있는 것 같은데…… 전문성에 대해서는 전 잘 몰라요.
하지만 중요한 기능의 부분도 있다 스킬의 부분도 필요하다 또 하지만 구조적인 부분을
이해하지 않는, 전제하지 않는 스킬은 별로 무의미하다. 이것은 저는 몇 가지 사건을 통
해서도 경험을 했고……(실무자 B)

이게 사회복지사라고 해서 더 잘할 수 있는 그런 건 없어요…… 전문성이란 건 그냥 말
로 하는 거 같고…… 실제에서는 다 부딪치면서…….(실무자 E)

노숙인 복지 안에서의 전문성이란 건 없다고 보는 거죠. 뭐……(실무자 B)

위와 같은 언급들은 노숙인 복지시설 내에서의 전문성의 존재 의미나 필요성이 상
당히 허구적이라는 인식을 나타내는 것이다. 반면 이 현장 내에서 사회복지적 전문성

이 발휘되어야 하는데 '노숙인 복지'의 여건상 발휘되지 못하는 점에 대한 언급도 많이 나타난다.

> 제가 예전에 그런 뭐 그런 경험을 많이 트레이닝 받았을 때는 이런 게 그때와는 너무 많이 다르거든요. 그러니깐 오히려 직원으로 일하지 않았을 때 트레이닝만 받았을 때 사회복지에 관련된 일을 했던 것 같아요.
> (면접자 질문) 아, 어디서 트레이닝을 받으셨어요?
> 종합복지관이죠. 사례관리회의에 참여하고 그런 거. 지금은 저도 하는 일이 경리가 따로 없다보니깐 회계 관련 업무만 해도 많거든요. 회계 관련 업무하지, 기획안 짜지, 후원의 밤 하면 뭐 후원의 밤 관련해서 일하지, 하도 이런 저런 잡다한 일들이 많으니깐 정작 해야 되는 일들은 못 하는 거죠. 그만큼 인력이 부족하고…… 그렇죠. 시간도…… 부족하고…… 그렇죠. 직원복지도 안 돼있고 하니깐 그런 게 좀 힘들죠…….(실무자 C)

> 전문성을 갖기 위해서는 시설 자체가 전문화되고 유형화되어야 하는데 너무 다양한 계층, 그리고 쉼터시설자체가 전문성을 발휘하지 못하는 그러한 시설구조를 가지고 있기 때문에 실무자가 개별적으로 다양한 욕구들이나 다양한 아저씨들을 만나는 속에서 어느 한가지의 전문성을 갖는다는 게 솔직히 무리수라고 어떻게 얘기해야하나 어정쩡한 것 같다라는 생각이 들어서 ……(실무자 I)

> 정서적인 안정을 도모할 수 있는 다양한 프로그램들을 개발하는 일들. 그런 게 전문성을 띄고 있다고 볼 수 있죠…….
> (면접자 질문): 그렇다면 어떤 부분이 개선된다면 좀 더 사회복지적인 서비스를 제공하게 될까요?
> 일단은 여기 근무하는 실무자들에 대한 교육이 가장 시급하고요, 이제 뭐 최근에 노숙인협회도 결성이 되었잖아요? 협회 거기서도 뭐 다양한 프로그램을 제공한다든가 프로그램에 대한 소스제공이라든가 뭐 그런 방향제시, 뭐 그런 것도 중요한 것 같아요. 그 다음에 프로그램 개발에 대한 연구도 필요한 것 같고. 그리고 지금까지 쉼터들이 솔직히 말해서 각개약진을 했잖아요. 자기 자체적으로. 자체적으로 뭐 자활사업을 하든 뭘 하든 프로그램을 꾸며가지고 해 왔는데, 노숙인 뭐 이 사업 쪽에도 표준화된 프로그램이라든가 그런 연구성과 같은 게 많이 있었으면 하는 바람이고요…….(실무자 F)

어떤 경우에는 쉼터 종사자는 전문성이 필요 없고 필요하다면 외부의 전문성을 도입해 오는 것이 중요하다고 이야기하기도 한다. 이러한 입장의 맥락은 사례관리나 의뢰 같은 자원의 활용과는 조금 다른 실무자의 전문성이라는 자체를 인정하지 않는 것과 유사하다.

> 그 일단 만약에 전문상담을 받고 싶으면 연계는 되니까 그 부분은 뭐 상담이나 그런 부분은 크게 문제가 안 될 것 같고요. 상담자원봉사자가 있으시니까
> 실무자가 능력이 안 된다 하더라도, 실무자에게 하기 어려운 이야기라도 그런 건 가능할 것 같고요……(실무자 K)

5) 기타 전문적 실천에 대한 인식

이 밖에도 먼저 프로그램의 형식성, 비효과성이나 불만족스러운 점에 대한 당사자의 지적이 많이 나타나곤 한다. 이는 역으로는 이러한 프로그램이 사회복지실천의 영역이라는 인식을 토대로 하는 것이기도 하다.

> 전문적 프로그램…… 뭐 여러 가지 했었어요, 뭐 게임도 하고…… 뭐 이렇게…… 뭐 프로그램이죠. 전부 앉아서 대화 나누고……(당사자 B)

> 무슨 뭐 용지에 이렇게 해서, OX 문제 뭐 있고 그런 거…… 다 용지를 주고 우리가 쓰는 거지 뭐…… 오냐 엑스냐 뭐 이런 거…… 뭐 그런 암튼 여러 가지 했었어요. 근데 기억이 없어서 그렇지. 금방 또 나이가 많으니깐 까먹지. 이따가 또 가면 나중에 뭐 물어봤냐 그러면 난 또 모르지.(당사자 B)

이러한 프로그램 효과성에 대한 부정적 인식은 실천가들에게서도 마찬가지이다. 특히 교육 프로그램에 대한 부분이 자주 지적된다.

435 한국 노숙인 복지의 전개와 과제

너무 교육적으로만 하면 아저씨들한테 거부반응도 있을 거고 부드럽게 좀 프로그램을 만들었으면 아저씨들이 쉽게 다가올 수 있는……교육이 딱딱하잖아요…… 뭐 다 그렇진 않겠지만. 그리고 새로운 거 아이디어를……(당사자 E)

교육적으로 접근이 될까 봐요. 아저씨들은 되게 싫어하시는 것 같아요. 왜냐면 스스로도 나도 배울 만큼 배웠고 살 만큼 살았는데 아무리 사회복지사지만 사람들한테 교육적으로 받고 있고나하면 싫어하는 것 같아요……(실무자 J)

전문적 사회복지실천의 치유 부분에 대해 언급하고 있는 경우도 있다. 그런데 이런 치유가 전문성이나 기술에 기반을 둔다기보다는 진솔하고 개인적 관계의 측면에 기인하는 것으로 생각하곤 한다.

저는 일단은 뭐 말 그대로 쉼터니까 마음적으로 상처를 가지고 있으니까 마음의 병을 치유를 해야겠다. 물론 내가 지금 일은 못한다 하더라도 마음의 상처를 치유하기 위해서는 쉴 곳이 필요하다. 안식처가 필요하다…….(당사자 A)

글쎄요, 나는 직장 얘기 할 때는 좀 멀게 느껴지고. 자꾸 독촉을 받으니깐. 또 안 그런 그것만 얘기 안 하면 당연히 가족이죠. 내 아프면 약 사다주고 잘 신경 쓰니깐. 그런 거야…….(당사자 G)

그, 저는 그냥 정말로 클라이언트와 워커의 관계에서 깔끔하게 딱딱 할 거면 정말 그 뭐랄까. 뭐, 줄 수 있는 부분이 굉장히 작다고 전 말할 수 있고. 그걸 좀 벗어나가지고 정말 챙겨줄라면 정말 방대하다 한 인간에 대한 지원을 해야 된다는 생각이 들거든요……. (중략)……. 제가 옛날에 거리에서 한 여성 노숙인을 할 때 상담할 때 총체적으로 지원해 본 적 있는데 그분이 참 상황이 그래가지고 수급권도 받게 하고 막 이케할라고 이랬는데 진짜 어려운거예요…….(실무자 H)

다른 한편으로는 노숙인 복지시설이 오히려 다른 사회복지현장보다도 더 많은 전문성을 필요로 하는 곳이라는 인식도 강조되어 나타나곤 한다. 이는 문제의 복합성에 대한 인식과도 관련된다. 동시에 이 인식은 현재 노숙인 복지시설과 관련 현장의 연혁이나 체계성이 일천하여 나타나는 어려움에 대한 아쉬움도 포함되어 있다.

전문성은 다른 데보다 많이 필요할 거예요. 아마 전문성을 따진다고 하면 사회복지 분야 중 최고의 전문성을 가져야 할 거예요. 왜냐하면 아저씨들이 성격, 아니 사례가 워낙 다양하니까 글쎄요. 비교가 될지 모르겠지만 다른 쪽에 비해서 워낙 해결해야 할 문제가 너무 많아요. 가족 문제들, 뭐 알코올이든 여러 가지 문제 현안이 있고 마음적으로, 그리고 또 현실적으로도 금전적인 문제들 뭐 벌금이 될지, 카드 빚이 될지, 사기가 될지 여러 가지가 있거든요. 그 돈 문제 빚을 졌다 하더래도 거기다가 자기도 모르게 기소 중지자가 되는 경우도 많고. 그러다 보니까 그런 전문성을 요한다고 하면, 참 다방면인 전문성이 필요하죠……(실무자 K)

아직까지는 노숙인 복지 안에서만 그 안에서만 너무 정체되어 있는 건 아닌가 그래서 다양한 사회복지 자원, 사회적인 자원을 분명 활용해야 하고요. 그래서 사회복지 분야와 이렇게 서로 연계, 연대할 수 있는 이런 소통구조를 갖기 위한 노력도 필요하고 그리고 노숙인 복지 안에서의 자체적인 전문성도 더 키워야 되지 않나 이런 생각을 합니다……(실무자 G)

사실상 여기서 나타난 인식들은 일정 정도는 우리 사회의 사회복지실천 혹은 전문성 전반에 대한 인식과도 궤를 같이 하는 바가 있다. 그러나 한편으로는 노숙인 복지 현장이 가지는 특수성과 구체성에 의해서 다른 사회복지현장과는 다르게 사회적 승인의 문제가 더욱 첨예하게 지각되고 있음을 볼 수 있다.

4. 노숙인 복지시설의 사회복지실천 증진의 과제

노숙인 복지시설은 노숙인을 사회복지의 욕구(needs)를 가진 대상으로 하여 주거의 형태(사회복지생활시설) 혹은 주거는 아니지만 이용의 형태(사회복지이용시설)로 사회복지서비스를 제공하는 물리적 단위이다. 우리나라의 사회복지는 역사적으로 사회복지생활시설의 발전으로부터 발전해 온 측면이 강하여 사회복지시설이 사회복지에서 차지하는 비중이 상당히 크다. 그럼에도 불구하고 사회복지생활시설에서의 사회복지서비스에 대한 사회적 관심은 취약한 상태이다. 더욱이 노숙인 복지시설은 낙인이 더욱 심하고 최근에 만들어진 시스템으로서 체계성이 약한 상태이다.

사회복지 영역 내에서 사회복지시설이 가지는 비중에도 불구하고 사회복지생활시설에서의 전문적 사회복지실천에 대한 인식은 그다지 높지 않은 상태이다. 노숙인 복지의 영역은 최근에 부각된 영역이기 때문에 더욱 그러하다. 하지만 노숙인의 심리사회적 특성과 사회적 배제 현상에 대한 선행 연구의 결과를 볼 때, 노숙인 복지의 영역에서 심리사회적 측면에 대한 전문적이고 연성적인 사회복지실천은 매우 큰 중요성을 가진다. 따라서 본 장에서는 노숙인 복지시설에서의 사회복지실천의 현황과 인식에 대해 접근하고자 하였다.

사회복지실천의 양상 혹은 인식에 대한 부분은 기존의 자료나 문헌으로는 분석이 곤란한 영역이다. 따라서 실증적 조사연구를 진행하였다. 이는 양적 조사방법과 질적 조사방법이 병행되었다. 양적 조사와 질적 조사방법을 동시에 활용하여 자료가 수집·분석되었다. 객관적인 사항의 조사는 설문지를 통한 자료수집과 양적 분석방법을 활용하였다. 양적 조사는 전국의 인가된 노숙인 쉼터 전체를 대상으로 이루어졌다. 현재 전국적으로 100여 개소의 노숙인 복지시설 중 조사협조가 이루어지지 않은 일부를 제외한 82개소의 노숙인 복지시설이 응답하였다. 이 조사의 자료수집과정은 전국실직노숙인대책종교시민단체협의회를 통해 이루어졌고 시설별로 설문지를 먼저 발송한 뒤, 연구진이 방문하여 해당 시설 실무자와 함께 응답내용을 작성하였다. 자료의 분석은 본 연구자가 직접 자료를 회수 받아 실행하였다. 설문의 주된 내용은 시설의 현황, 시설의 종사인력 현황, 근무시간, 자격보유정도, 보수 및 근무여건 실태, 시설 내 사회복지실천의 내용 등이다.

반면 양적인 자료수집과 분석을 통해 포착되지 않는 생활시설 내에서의 사회복지실천에 대한 '욕구'와 '경험'에 대한 심도 있는 이해를 필요로 하므로 이를 위해 질적 조사방법이 활용되었다. 본 연구자와 보조 연구원 2명으로 구성된 연구팀이 질적 연구를 위한 자료수집과 분석에서의 숙련 제고의 훈련 후에 실제 자료수집에 투입되었다. 심층면접은 12인의 시설 실무자와 10인의 시설 입소 노숙인에 대해 이루어졌으며 각각의 면접에는 사례에 따라 차이가 있으나 대략 1시간여의 시간이 소요되었다. 면접 사례는 각 시설에 대한 연구진의 전화접촉 등을 통해 면접에 협조하기로 허락을 받은 경우를 대상으로 하였으며 실무자는 모두 1년 이상 노숙인 복지시설에서 근무한 상담원이나 생활지도원이었다. 심층면접의 주제는 노숙인 복지시설 내에서 이루어지고 있는 사회복지실천의 전문적 내용을 어떻게 인식하고 있는가, 였다.

자료 분석 결과 발견된 주요 사항들은 다음과 같다. 첫째, 노숙인 복지시설, 특히 생활시설의 영세성이다. 이는 시설의 규모나 예산, 그리고 인력의 수준에서 다른 사회복지시설에 비해서도 영세성을 나타내고 있다. 물론 시설의 소규모화와 지역사회접근성은 장점으로 볼 수 있으나 반면 지나친 영세성은 전문적 사회복지실천이 발휘될 수 없는 제약조건으로 작용하고 있다.

둘째, 인력구조의 취약성이다. 이는 시설의 영세성과도 관련이 되는 부분이다. 24시간 활용되어야 하는 생활시설의 특성에 비추어 볼 때, 현재의 인력의 절대 수, 자격의 적절성, 근무형태, 휴일과 야간의 근무형태 등에 비추어 볼 때, 전문성의 주체가 되는 인력구조에서의 일차적 취약성을 나타낸다.

셋째, 실천가와 당사자의 면접결과를 전체적으로 살펴볼 때 사회복지실천의 전문성 발휘는 극히 미미한 것으로 볼 수 있었다. 모든 면접대상자들은 현재 노숙인 복지시설에서의 사회복지실천 자체가 극히 미약하고 부족한 전시성과 형식성을 나타내고 있는 것으로 인식하고 있었다.

넷째, 전문적 실천에 대한 인식이 서로 다르게 다양하게 나타나고 있다. 상담이나 프로그램을 노숙인 복지시설에서의 사회복지실천의 요체로 인식하는 경우가 있는 반면, 행정적 처리를 원활하게 수행하는 것, 제도에 대한 인식과 정보제공 등의 모습을 전문성으로 인식하는 경우도 있었다. 혹은 취업이나 자활을 위한 알선 능력이 요체로 인식되기도 하였고 어떤 경우에는 수평적인 대면관계의 친숙성을 맺는 것. 혹은 생활시설의 운영을 위해 필요한 규율과 통제를 원만하게 이루어내는 것으로 인식되기도 하였다. 이러한 상이한 인식은 향후 노숙인 복지실천의 효과성 증진을 위해서는 어느 정도 통일성을 가질 수 있도록 극복해야 할 과제로 여겨진다.

다섯째, 전문성에 대한 부정적 인식도 상당히 나타나고 있다. 즉 노숙인 복지시설에서의 사회복지실천에 대해 긍정적으로 평가할 수 없다는 시각이다. 이는 다시 두 가지로 구분될 수 있다. 첫째는 노숙인 복지의 영역은 기본적으로 전문적 사회복지실천이라는 것이 부합되지 않는 영역이라는 정체성 자체에 대한 문제제기이다. 다른 하나는 그 당위성과 정체성은 충분히 인정되지만 현재 노숙인 복지가 처한 여건이 전문적 실천을 저해하는 측면이 너무 강하여 전문적 사회복지실천이라는 영역을 긍정적으로 평가할 수 없다는 것이다.

여섯째, 사회복지실천 일반과의 결합이나 네트워크에 대한 필요성 인식이 강하게 나타나고 있다. 노숙인 복지시설이 다른 사회복지시설에 비해 그 실천의 여건과 수준이 낙후되어 있다는 인식이 보편화되면서 대부분에서는 사회복지실천 일반과 결합되어야 할 필요를 제기하고 있다. 이는 사회복지실천 일반에서 활용되고 있는 원리나 기술, 프로그램을 노숙인 복지의 영역에 활용할 수 있는 기회가 될 수 있다.

사실상 노숙인 복지실천이 부딪치고 있는 전문 사회복지실천에 대한 딜레마의 인식은 그간 우리나라의 사회복지실천이 유보해 온 고민이 발현되는 것이라고 볼 수 있다. 이것이 새롭게 정착되어가는 사회복지의 현장에서 압축적으로 분출되고 있는 것이다.

사회복지시설은 우리 사회에서 중요한 사회복지실천의 맥락이다. 그리고 여기에서 사회복지실천이 실행할 수 있는 전문적 실천의 양태와 내용이 확립되어야 한다. 그리고 이것이 실천가와 서비스 대상자 사이에 어느 정도의 사회적 합의를 가지고 있어야 한다. '얼마나 잘'의 문제는 부차적인 것이고 '무엇'이 사회복지실천에서 전문성을 발휘해야 할 영역이고 초점인지에 대한 합의와 명확화가 필요한 시점이다.

제18장 21세기 한국 노숙인 복지의 쟁점

정부기관과 민간시민단체 간의 협력과 연계, 당사자의 자발적 활동과 민간단체와의 협력
연계, 그리고 당사자 모임에 대한 정부의 지원과 인정 등이 적절히 결합될 때 노숙인의
인권보장과 사회적 권리가 더욱 효과적으로 확대될 수 있을 것이다.

노숙인인권상황실태조사보고서, 2005

쉼터, 상담보호센터(drop-in center) 등 노숙인 복지시설은 다른 종류의 사회복지시
설에 비해 복지시설로서의 체계화가 상대적으로 늦었다. 서비스 체계에서의 취약점을
나타내는 것만이 아니라 시설 안팎에서 이루어지고 있는 사회복지실천의 전문성 취약
도 동시에 나타내고 있다.

불과 십년 전 응급구호대책을 창출해내던 시기에 비하면 양적으로나 질적으로 많은
성장이 있었음을 부인할 수는 없다. 하지만 아직도 노숙인 복지체계 혹은 노숙인 복지
실천의 이름으로 내어놓기에는 부족한 점이 많다. 그만큼 해결해야 할 과제도 많다.
그런데 이 과제에 대해서는 여러 집단마다 서로 다른 이야기들을 내어놓기도 한다. 10
년의 본격적인 사업 기간 동안 이제는 다소 복잡한 이해관계가 생긴 것이다.

하지만 분명한 것은 현재의 한국 노숙인 복지는 연구자의 관점에서 볼 때 만족스럽
지도 않고 적절한 방향으로 전개되지도 않은 것으로 보인다는 점이다. 오히려 지나치
게 정치적이고 선정적인 관점에서 다루어지는 경향이 강하다.

앞의 1부와 2부의 논의내용, 혹은 필자에 의해 직접 자료가 수집되고 조사된 분석
내용을 토대로 하여 21세기 초 한국 노숙인 복지에서 반드시 짚어보아야 할 몇 가지
쟁점을 화두로 제기해보면 다음과 같다.

◎ 노숙인 복지를 위한 중장기적 마스터플랜을 가지고 있는가?

　서구에서는 이미 노숙인에 대한 응급생활지원을 넘어 반복되는 노숙의 악순환을 막기 위한 노숙 종결의 계획들을 선언하고 있다. 그러나 우리나라는 사실상 일관성 있는 마스터플랜을 제시하지 못하고 있다. 특히 최근에는 지역사회복지계획의 수립과 공표 등 여건이 이루어지고 있음에도 노숙문제에 대한 대책은 여전히 정치적 관점에서만 다루어지고 있다. 시기적인 이슈에 대응하는 것이 아니라 중장기적 마스터플랜을 수립하여 노숙인 복지체계와 사업들의 틀로 삼아야 할 것이다.

　다음 〈표 18-1〉은 2006년 노숙인복지시설 발전을 위한 토론회에서 제안된 종합정책방안이다. 이와 관련된 내용 등에 대한 논의가 활성화되어야 한다.

〈표 18-1〉 노숙인 종합정책방안

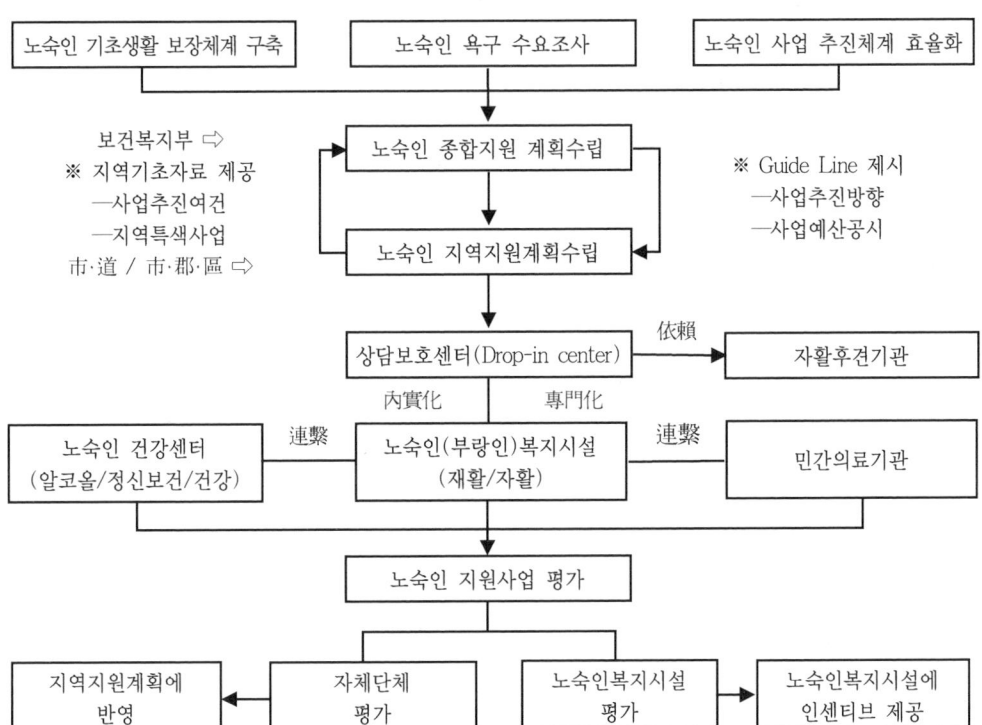

◎ 노숙인 복지사업 지방이양의 적절성 문제

노숙인 복지사업과 부랑인 복지사업의 시설체계를 넘어 서비스 간 통합을 위한 논의들이 이루어지고, 노숙인 복지가 제도화되던 시점에 노숙인 복지사업을 지방이양사업으로 재편하였다. 지방화 특히 사회복지서비스의 지방화는 일종의 대세라고 한다지만 우리 사회의 여건에서 적절하였는지에 대한 문제는 지금도 제기되어야 할 필요가 있다. 다른 나라에서도 노숙인 복지가 중앙정부의 계획을 필요로 하기에 각 지방수준에서 이루어지던 사업을 중앙정부가 연계하거나 혹은 이러한 중앙정부 연계역할에 대한 법제화까지 이루어지는데 유독 우리나라만 반대의 방향으로 사업이 재편되어야 할 이유를 찾기 어렵다. 특히 부랑인 복지는 중앙정부의 국고보조사업으로 남고 노숙인 복지사업만 지자체로 이관된 것은 일관성을 결여하고 있다. 현재 상황에서의 지방화는 국가 전체적으로 볼 때 노숙인 복지사업의 효과성과 수준을 떨어뜨릴 수밖에 없다는 점이 검토되어야 한다.

◎ 민간과 공공의 연계

노숙인 복지사업은 우리나라에서 민간과 공공의 연계를 통해 태동된 분야이다. 그리고 이 협력체계는 한동안 상당히 모범적이고 개방적인 의사소통 구조를 이루어왔다. 그러나 지방이양의 시점부터 민간과 공공의 연계는 취약해져 가고 있다. 민간과 공공의 논의와 연계를 통한 사업체계를 재구축해야 할 것이다. 그렇지 못할 경우 잦은 사안마다 마찰과 혹은 사업 축소를 경험하게 될 것이다.

◎ 시설화의 경향 경계

사회복지서비스 시설에 비중이 두어지는 우리나라에서 시설이 확충되는 것은 해당 영역의 복지서비스가 늘어나는 것을 의미할 수도 있다. 그러나 노숙인 복지는 그 특성상 지역사회와의 근접성이 중요하므로 서비스 체계가 지나치게 시설 위주로 편성되는 것은 좋지 못하다. 그러나 최근 들어 몇몇 시설 특히 대형시설 중심으로 서비스가 집중되는 경향이 나타나고 있다. 이는 노숙인 복지서비스 효과성 저하의 대표적 원인이 될 수 있다.

◎ 보호의 연속성 결여

앞에서 살펴보았듯이 노숙인이 지역사회에서 자활하도록 하기 위해서는 보호의 연속성이 중요하다. 다양한 관련 서비스가 단편적으로 제공될 것이 아니라 일정한 방향에 따라 연계성을 가지고 기획되어야 한다. 특히 주거서비스의 경우 이는 더욱 강조된다. 이를 위해서는 공공의 영역에서 그나마 이루어지고 있는 복지서비스가 소관부처별로 단절되어 있는 현재의 상황을 재검토할 필요가 있다.

◎ 부적절한 정치적 게임

어느 조직이건 생존과 확장을 위한 노력을 기울이는 것은 당연하다. 그렇지 않으면 오히려 자기부정의 의미가 있기 때문이다. 그렇지만 현재 노숙인 복지 영역에서 몇몇 대형기관이나 시설이 사업을 집중시키는 상황이나 주도권에 대한 추구 등은 대단히 바람직하지 못하다. 보통 이는 몇몇 지자체의 사업통제 욕구와 연결되곤 한다. 궁극적으로 노숙인 복지사업 전체의 축소와 혹은 사회적 승인(sanction) 약화나 취소를 가져올 수 있다.

◎ 노숙인 쉼터의 정규 복지시설 전환

미신고 사회복지시설이 전부 정식 사회복지시설로 전환되고 있는 와중에, 노숙인 쉼터는 정식 사회복지시설로의 전환을 준비할 수 있는 5년의 유예 기간이 설정되었다. 그러나 이 기간 동안 기능보강이나 연차적 준비에 대한 계획이 구체화되지 않았다. 2009년까지의 기간이나 혹은 그 이후에 대해 쉼터에 대한 전반적 계획이 수립되고 현장과의 의사소통이 이루어져야 할 것이다.

◎ 노숙인 복지영역 사회복지실천의 취약성

노숙인 복지 영역 특히 쉼터 등 노숙인 복지시설 내외에서의 사회복지실천 전문성이 극히 취약하다. 이는 우리 사회 전반적인 사회복지실천 프로그램의 취약성과도 관련될 수 있다. 하지만 여타 어떤 사회복지 분야와 비교해도 유독 노숙인 복지 분야가 사회복지실천의 전문성이 낮다는 것이 일반적인 견해이다.

노숙인에 대한 사회복지서비스는 단지 물적인 자원을 전달하는 것이 아니다. 이들에 대한 '사회적 배제'의 메커니즘을 단절시키고 이로 인한 심리사회적 손상을 회복시켜야 노숙생활로부터 탈피할 수 있다. 이는 앞서 노숙인의 심리사회적 특성에 대해 살펴본 내용에서도 유추될 수 있으며 서구 사회의 노숙인 보호체계도 이를 강조하고 있다. 그러나 아직까지 우리나라의 노숙인 복지사업에서는 명목상으로만 규정되고 있을 뿐, 전문적 사회복지실천을 수행할 인력지원도 취약하고 이에 대한 인식도 부족하다.

현장의 일부에서는 사회복지실천가와 자활이나 종교 영역 등 다른 분야와의 갈등이나 이견이 있기도 하다. 한편으로는 현장 내부에서 사회복지실천 프로그램의 빈약성을 스스로 인식하고 역할을 제약하는 경우도 있다. 하지만 노숙인 복지의 영역에서의 기반이 취약하다고 할지라도, 사회복지실천의 영역에 있는 많은 미시적 프로그램과 이론들은 노숙인 복지의 영역에서 충분히 활용성을 가진 것들이 많다. 이를 실천가들이 적절히 활용하는 것도 분명 전문성의 요체이다.

사실상 현장 여건의 취약성은 이러한 전문실천의 고민을 할 수 있는 여유를 제약하고 있다. 그리고 이것이 전문성 취약의 기본원인이 될 수도 있다. 하지만 사회복지실천 프로그램의 전문성 고양을 위한 노력은 중요한 과제임에 분명하다.

◎ 당사자 활동 및 옹호활동의 고양

사회복지실천에서 옹호나 당사자 활동은 중요한 영역이다. 우리나라에서도 이러한 활동들이 이루어지고 있으나 아직은 취약하다. 특히 노숙인에 대한 편견이나 낙인이 심한 상황에서 일반인을 대상으로 전개되는 옹호활동, 교육과 홍보 등은 특히 중요한 의미를 가질 것이다.

아직도 노숙인에 대한 현장보호체계, 상담보호센터, 노숙인 쉼터, 지역사회 복귀체계는 서로 유기적으로 연결되지 못하고 노숙인 복지체계 내에서의 '중복과 누락'의 혼란을 여전히 나타내고 있다. 또한 인접 부랑인 복지서비스와의 연계나 여타 사회복지체계와의 연계가 취약한 '외적 연계의 취약성'도 나타난다. 2003년 혹은 2005년부터 노숙인 복지사업이 제도화되면서 부랑인복지서비스 영역과 공식적인 연계도 명문화되고 있지만, 정부의 지방분권 정책에 따라 노숙인 복지사업 예산은 지방으로 이양되고 부랑인 복지사업 예산은 중앙정부의 국고보조사업으로 존재하는 것도 혼란의 한 원인이 되고 있다.

사회복지계열 어디서나 나타나는 인권과 보호의 딜레마도 노숙인 복지에서 중요한 쟁점이 될 수 있다. 인권과 자기결정 및 선택이라는 원칙(자기결정의 원칙)과 전문가의 판단에 따른 적절한 보호의 원칙(최대한의 봉사원칙)이 항상 잘 조화되는 것이 아니다. 오히려 이것이 갈등상황을 빚는 경우가 훨씬 더 많다. 이는 거리노숙인의 상황, 특히 알코올이나 정신건강 문제가 결합되어 있는 상황에서 더 많이 발생하는 딜레마

이다. 경우에 따라서는 일반 시민의 복리를 증진하고자 하는 '단속 수용'이나 '사회적
배제'의 양상이 마찰을 유발시키기도 한다. 실제로 거리노숙인의 인권에 관한 마찰이
나 사건 기사는 현재도 자주 등장하고 있다.

　어느 나라나 노숙인은 있다. 우리나라의 사회경제체제는 우리 이웃 중 일부가 노숙
인이 될 수밖에 없도록 강제하는 체제이다. 노숙인의 문제는 우리 자신의 문제이다.
노숙인이 나와 다른 특별한 사람이 아니라 우리 이웃으로 함께 살아가야 한다는 인식
이 필요하다. 그리고 여기에서 무엇이 필요한지 파악하고 방안을 강구할 수 있는 사회
복지전문성이 중요하다.

집시의 기도

둥지를 잃은 집시에게는
찾아오는 밤이 두렵다.
타인이 보는 석양의 아름다움도
집시에게는 두려움의 그림자일 뿐……

한때는 천방지축으로 일에 미쳐
하루해가 아쉬웠는데
모든 것 잃어버리고
사랑이란 이름의 띠로 매었던
피붙이들은 이산의 파편이 되어
가슴 저미는 회한을 안긴다.

굶어죽어도 얻어먹는 한술 밥은
결코 사양하겠노라 이를 깨물던
그 오기도 일곱 끼니의 굶주림 앞에 무너지고

무료 급식소 대열에 서서……
행여 아는 이 조우할까 조바심하며
날짜 지난 신문지로 얼굴 숨기며
여려오는 가슴을 안고 숟가락 들고
목이 메는 아픔으로 한 끼니를 만난다.

그 많던 술친구도
그렇게도 갈 곳이 많았던 만남들도
인생을 강등당한 나에게
이제는 아무도 없다.

448

밤이 두려운 것은 어린아이만이 아니다.
50평생의 끝자리에서
잠자리를 걱정하며
석촌공원 긴 의자에 맥없이 앉으니
만감의 상념이 눈앞에서 춤을 춘다.
뒤엉킨 실타래처럼
난마의 세월들……

깡소주를 벗 삼아 물마시듯 벌컥대고
수치심 잃어버린 육신을 아무데나 눕힌다.
빨래줄 서너 발 철물점에 사서
청계산 소나무에 걸고
비겁의 생을 마감하자니
눈물을 찍어내는 지어미와

두 아이가 "안 돼, 아빠! 안 돼" 한다.

그래, 이제
다시 시작해야지
교만도 없고, 자랑도 없고
그저 주어진 생을 걸어가야지.

내 달리다 넘어지지 말고
편하다고 주저앉지 말고
천천히 그리고 꾸준히
그날의 아름다움을 위해

걸어가야지……
걸어가야지……

** 충정로 사랑방에서 한 동안 기거했던 어느 노숙인의 시

‖ 참고문헌 ‖

〈국문자료〉

감정기 외(2002), 사회복지의 역사, 나남

국가인권위원회(2004), 인권백서.

김미숙(1998). 도시노숙자 실태. 한국보건사회연구원

김선미(2004), "미국의 홈리스 지원대책과 민간의 주거지원 활동", 도시와빈곤, 66호.

김수현 외(1998), 홈리스의 발생원인과 실태에 관한 연구, 한국도시연구소

김수현, 전홍규, 홍선미(1998). 영국·일본·미국의 홈리스 실태와 대책. 노숙인다시서
　　　기지원센터

김유경(2000), "상실의 의미", 노숙인복지연구. 1호.

김인숙(1994). 빈곤여성의 사회적 환경요인과 심리적 디스트레스와의 관계. 서울대학
　　　교 사회복지학과 박사학위논문

김혜란 외 역(2006), 사회복지실천과 역량강화, 나눔의집.

김혜성(1999) 노숙자 쉼터 입소자의 거리숙박기간에 영향을 미치는 요인에 관한 연구,
　　　연세대학교 석사학위논문

김혜성(2000), "노숙인 쉼터의 원조환경요소에 관한 연구", 노숙인복지연구, 1호.

김홍수영(2003), "사회적 소수자의 인권배제와 인권딜레마", 미간행논문.

남기철 외(2001), 노숙인의 이해와 지원체계, 노숙인다시서기지원센터

남기철(1998). "노숙인 문제의 현황과 시각". 한국사회과학연구소, 『동향과 전망』,
　　　가을호.

남기철(2000a). 노숙기간에 따른 심리사회적 외상이 보호시설 퇴소에 미치는 영향, 서울대학교 박사학위논문

남기철(2000b). "노숙인의 사회적 연계단절에 관한 연구". 한국사회복지학, 42호.

남기철(2003). 노숙인과 부랑인 복지 서비스, 새로운 연계를 위한 제언, 전국실직노숙인대책종교시민단체협의회, Homeless, 15호.

남기철·김진숙(2005), "빈곤에 대한 사회복지실천과 반배제적 실천원리", 사회복지연구, 26호.

남기철·정선욱(2004), "사회적 배제의 개념과 사회복지실천의 딜레마", 상황과복지, 19호.

남기철·황운성(2002), "노숙인의 쉼터 생활유형과 특성분류", 사회복지연구, 19호

남원석(2004), "소외계층을 위한 사회복지와 주거복지 연계방안", 한국주택학회 정책토론회 자료집

남원석·김윤이(2004), "영국 민간단체의 홈리스 주거지원 활동", 도시와빈곤, 66호.

남찬섭 역(2001), 영국 사회복지 발달사, 인간과복지

남철관(2004), "공공·민간자원 연계형 홈리스 주거지원 활동의 현황과 과제", 도시와빈곤, 66호.

남철관·김유경(2004), "미국의 홈리스 주거보장 정책과 시사점", 미국의 홈리스 지원사업 연수보고서.

노대명(2003), "한국 자활지원제도 개선방향에 대한 쟁점", 사회복지와노동, 7호.

노숙인복지연구회 역(2002), 노숙인 복지, 그 실천을 위해, 노숙인다시서기지원센터

노숙자다시서기지원센타(1998). 노숙의 원인과 양상.

노숙자다시서기지원센타(1999). 99 연구조사백서.

문진영(2004), "사회적 배제의 국가간 비교연구", 한국사회복지학, 56권(3).

문진영(2005), "빈곤 레짐에 관한 비교연구", 한국사회복지학, 57권(1).

문헌준(2004), "노실사 사랑방 운영사례를 통해서 본 홈리스 주거지원", 도시와빈곤, 66호.

미국홈리스지원사업연수팀(2004), 미국의 홈리스 지원사업 연수보고서.

박병현·최선미(2001), "사회적 배제와 하층계급의 개념 고찰과 이들 개념들의 한국 빈곤정책에의 함의", 한국사회복지학, 45호.

박정수(2004), 실직노숙인 재활 그룹홈 '한울타리 사람들'과 홈리스 주거지원, 도시와 빈곤, 66호.

박태영(2000), 사회복지시설론, 양서원.

보건복지부(2005), 2005년도 노숙인 보호사업 안내.

보건복지부(2007), 2007년도 노숙인 보호사업 안내.

보건복지부·건설교통부(2004), 저소득층 밀집지역 실태조사보고서.

서동우(1998). 경제위기와 알콜중독. 서울시 강남보건센터. IMF시기의 알콜중독에 대한 정책 세미나 - IMF로 무너진 가정! 술로 또 무너질 것인가?.

서종균(2001), "노숙자 운동의 방향", 도시와빈곤, 49호.

신경림 역(1997). 질적간호연구방법, 이화여자대학교출판부.

신명호·김홍일(2002), "생산공동체 운동의 역사와 자활지원사업", 동향과전망, 53호.

신원우(2000), "노숙인을 위한 아웃리치 프로그램의 원칙과 과제", 노숙인복지연구, 1호.

신원우(2003). 노숙인의 심리사회적 특성과 노숙 경험이 노숙 전후의 음주문제에 미치는 영향. 서울대학교 사회복지학과 박사학위논문.

심창학(2001). "사회적 배제 개념의 의미와 정책적 함의", 한국사회복지학, 44호.

심창학(2004), "사회적 배제와 사회복지정책적 접근", 상황과복지, 19호.

유채영(2000). 문제음주자의 변화동기에 관한 연구. 서울대학교 사회복지학과 박사학

위논문

유채영, 신원우(1999). 노숙자의 음주문제에 관한 조사연구. 노숙자다시서기지원센터. 음주문제노숙자를 위한 재활 프로그램 및 조사연구.

윤명숙(1998). 실직자의 알콜중독 치료를 위한 지역사회 재활모형. 서울시 강남보건센터. IMF시기의 알콜중독에 대한 정책 세미나 - IMF로 무너진 가정! 술로 또 무너질 것인가?

윤일성(1999). "노숙인 연구; 부산시 노숙인 실태조사". 도시빈민사회복지선교회, 노숙인 문제 다시 생각한다.

이경아 외 역(2004), 사회복지에서의 역량강화실천, 양서원.

이태진 외(2003), 노숙자·부랑인 지원체계 개선방안, 한국보건사회연구원

이태진(2004), 한국 홈리스의 주거지원 실태와 정책방안, 도시와빈곤, 66호.

이태진(2006), 노숙인 사회복지시설 정책방안, 노숙인복지시설 개선을 위한 토론회 자료집, 전실노협.

이태진, 노대명, 서동우, 주영수, 위정희, 석희정, 김선미(2002). 노숙인 자활지원체계 개선방안 연구, 한국보건사회연구원.

이태진, 서동우, 김미숙, 남기철, 김선미(2003). 노숙인·부랑인 지원체계 개선방안, 한국보건사회연구원.

인도주의실천의사협의회(1998). 노숙자 건강실태 조사보고서.

전실노협(2004), Homeless, 23호.

전실노협(2005), Homeless, 25호.

전실노협(2006), "노숙인복지시설의 현황과 과제", Homeless, 26호.

전홍규(2004), "일본의 홈리스 거주지원과 민간의 역할", 도시와빈곤, 66호.

정원오 외(2004), 취약계층의 도심생활 실태와 정책적 함의, 성공회대학교 사회복지연

구소

정원오 외(2005), 노숙인 인권상황 실태조사, 국가인권위원회

정원오, 김수현, 주영수(1998). 노숙인의 원인과 양상. 노숙인다시서기지원센타.

정원오·남기철·장기성(2004), 취약계층의 도심생활실태와 정책적 함의, 빈부격차차
　별시정위원회.

정은일·김수현(2000), "노숙자 자활지원사업의 성격과 방향", 2000년 상반기 노숙자
　자활지원사업 보고서.

조성희(1999). 실직자 가족의 해체가능성에 관한 연구. 서울대학교 사회복지학과 박사
　학위논문

주영수(1998). "노숙자 건강실태 조사보고". 인도주의실천의사협의회. '98 학술대회 -
　IMF 시대, 노숙자·실직자·요보호아동의 건강문제와 대책.

최지훈(2002), 서울역 주변 만화방의 풍경, 한국도시연구소

한국도시연구소 편(1998). 홈리스의 발생원인과 실태에 관한 연구.

한국도시연구소(2003), 사회적 배제의 관점에서 본 빈곤층 실태 연구, 국가인권위원회.

한국도시연구소(2004), 주거빈곤가구의 주거안정대책에 관한 연구, 한국도시연구소

한국도시연구소·서울시정개발연구원(2002) 서울시 비닐하우스촌 주민의 삶과 사회정책.

한국보건사회연구원(2001). 노숙자 쉼터의 발전 방향.

허구생(2002), 빈곤의 역사 복지의 역사, 한울아카데미

홈리스주거지원과사회적포섭연구모임(2004), "EU의 홈리스 문제와 사회적 배제", 도
　시와 빈곤, 66호.

홍대식(1990). 사회심리학. 박영사.

홍선미(2002). "노숙인 대책의 현황과 발전과제", 비판과대안을위한사회복지학회, 상황
　과복지, 12호.

홍인옥(2004), "저소득층의 주거실태와 대책방안", 한국주거환경학회 토론회 자료집.

〈영문자료〉

Aldenderfer, M. S. & Blashfield R. K.(1985). *Cluster Analysis*. SAGE Publication Inc.

Allison, P. D.(1984). Event History Analysis. California; SAGE Publications, Inc.

Applewhite, S. L.(1997). "Homeless veterans: Perspectives on Social Service Use", *Social Work*, Vol. 42., No.1.

Arthurson, K. and K. Jacobs, 'A Critique of the Concept of Social Exclusion and its Utility for Australian Social Housing Policy,' Australian Housing and Urban Research Institute(Paper presented at the UK Housing Studies Association Conference, Bristol, September 2003).

Balazs, J. (1993). Health care for single homeless people. In K. Fisher, & J. Collins(eds.). *Homelessness, health care and welfare provision*. London: Routledge.

Barry, M. & Hallett, C. ed.(1998), *Social Exclusion and Social Work*, Russell House Pub.

Bassuk, E. L. & Rosenberg, L.(1988). "Why does familiy Homelessness occur? A Case Control Study". *American Journal of Public Health*, Vol. 78.

Bauman, D. & Grigsby, C.(1988), 'Understanding the Homeless; From Research to Action', Hogg Foundation for Mental Health.

Belcher, J. R., Schiller-Jaquish, A. & Drummond, M.(1991). "Three Stages of

Homelessness: A Conceptual Model for Social Workers in Health Care". *Health and Social Work*, Vol. 16(2).

Bergman, J.(1995), 'Social Exclusion in Europe: Policy Context and Analytical Framework,' in G. Room, *Beyond the Threshold: The measurement and analysis of social exclusion*, Bristol: The Policy Press.

Bhalla, A. and Lapeyre, F.(2004), *Poverty and Exclusion in a Global World*, 2nd edition, Macmillan.

Bhugra, D.(1996), *Homelessness and Mental Health*, Cambridge University Press.

Blankertz, L. E. & Cnaan, R. A.(1990), Serving the Dually Diagnosed Homeless: Program Development and Interventions. *Journal of Mental Health Administration*, Vol. 20.

Blossfeld, H. P., Hamerle, A., & Mayer, K. U.(1989). *Event History Analysis*. New Jersey: Lawrence Erlbaum Associates Inc.

Breakey, W. R., Fischer, P. J., Kramer, M., Nestadt, G. N., Romanosky, A. J. & Stine, O. C.(1989) "Health and Mental Health Problems of Homeless Men and Women in Baltimore". *Journal of American Medical Association*, Vol. 262.

Calsyn, R. J. & Morse G. A.(1991). "Predicting Chronic Homelessness". *Urban Affairs Quartery*, Vol. 27(1).

Cohen, M. B.(1994). Overcoming Obstacles to Forming Empowerment Groups: A Consumer Advisory Board for Homeless Clients. *Social Work*, Vol. 39(6).

Cohen, M. B. (1997), "Overcoming Obstacles to Forming Empowerment Groups: A Consumer Advisory Board for Homeless Clients", *Social Work*, Vol 39., No.6., Nov.

456

Cunningham, M. etc.(2006), 'A New Vision : What is in Community Plans to End Homelessness?, Research Report on Homelessness in America', National Alliance to End Homelessness.

Danseco, E. R. & Holden, E. W.(1998). "Are There Different Types of Homeless Families? A Typology of Homeless Families Based on Cluster Analysis". *Family Relations*, Vol. 47(2).

DiBlasio, F. A., & Belcher, J. R.(1993), "Social Work Outreach to Homeless People and the need to address issues of self-esteem". *Health & Social Work*, Vol. 18(4).

Drake, R. E., Osher, F. C. & Wallach, M. A.(1991). Homelessness and Dual Diagnosis. *American Psychologist*, VOl. 46(11).

Edgar, B., Doherth, J. & Meert, H.(2003), Review of Statistics on Homelessness in Europe, FEANTSA.

Edgar, B., Doherty J. & Mina-Coull, A.(2000), *Support and Housing in Europe: Tackling social exclusion in the European Union*, Bristol: The Policy Press.

Elliot, M., & Krivo, L. J.(1991), "Structural Determinants of Homelessness in the United States". *Social Problems*. Vol. 38(1).

Erickson, S., & Page, J.(1998). "To Dance With Grace: Outreach and Engagement to Persons on the Street" Fosburg, L. B. & Dennis, D. L.(Eds.). *Practical Lessons : The 1998 National Symposium on Homelessness Research*, HUD & HHS

European Commission(2002), Joint Report on Social Inclusion.

European Commission(2004), Joint Report on Social Inclusion.

Fantasia, R., & Isserman, M.(1994), *Homelessness : A Sourcebook.* NY : Facts On File.

Feins, J. D. & Fosburg, L. B.(1998), "Emergency Shelter and Services : Opening a Front Door to the Continuum of Care", Fosburg, L. B. & Dennis, D. L.(Eds.). *Practical Lessons : The 1998 National Symposium on Homelessness Research,* HUD & HHS

First, R. J., Rife, J. C., & Toomey B. G.(1994). "Homelessness in Rural Areas : Causes, Patterns, and Trends". *Social Work,* Vol. 39(1).

First, R. J., Roth, D. & Arewa, B. D.(1988). "Homelessness : Understanding the Dimension of the Problem for Minorities". *Social Work,* Vol. 33(2).

Fischer, J. & Corcoran, K.(1994). *Measures for Clinical Practice : A Sourcebook.* NY : Free Press.

Fischer, P. J. & Breakey, W. R.(1991). The Epidemiology of Alcohol, Drug, and Mental Disorders among Homeless Persons. *American Psychologist,* V.46(11).

Fosburg, L. B. & Dennis, D. L. ed.(1999), *Practical Lessons : The 1998 National Symposium on Homelessness Research,* HUD & HHS.

Freimanis, L.(1993), "Alcohol and single homelessness : An outreach approach". In K. Fisher, & J. Collins(eds.). *Homelessness, health care and welfare provision.* London : Routledge.

Fuhr, M. E.(1996). *No Place To Stay* : A Handbook for Homeless Outreach.

Garber, D. S. & Seligman, M. E. P.(1980). *Human Helplessness.* New York : Academic Press.

Goetz, K. W. & Schmiege, C. J.(1996). "From Marginalized To Mainstreamed : The

Heart Project Empowers The Homeless". *Family Relations,* Vol. 45.

Goodman, L., Saxe, L. & Harvey, M.(1991). "Homelessness as Psychological Trauma", *American Psychologist,* Vol. 46(11).

Gory, M. L., Ritchey F. J., & Mullis, J (1990). "Depression among the Homeless", *Journal of Health and Social Behaviour,* Vol. 31.

Grigsby, C., Baumann, D., Gregorich, S. E. & Roberts-Gray, C.(1990). "Disaffiliation to Entrenchment; A Model for Understanding Homelessness". Journal of Social Issues, Vol. 46(4).

Hertzberg, E. L.(1992). "The Homeless in the United States: Condition, Typology and Intervention". *International Social Work,* Vol. 35.

Hoch, C. & Slayton, R. A.(1989). *New Homeless and Old.* Philadelphia; Temple University Press.

Hong, Seonmee.(1997). "Case Management of Homeless Mentally Ill Women in New York City; A Study of Service Use and Dropout", Doctoral Dissertation, Columbia University.

Horowitz, H. J.(1993). "Stress-Response Syndromes". *International Handbook of Traumatic Stress Syndrome,* Plenum press.

Hudson, C. G.(1998). *An Interdependency Model of Homelessness,* The Edwin Mellen Press

Jackson, K. K.(1998). "An Examination of the Relative Importance of Factors Predicting the Duration of Homelessness and Housing Stability Following Homeless Exit for Families with Children". Doctoral Dissertation, The Fielding Institute.

James, F. J.(1992). "New Methods for Measuring Homelessness and the Population at Risks". *Social Work and Research Abstracts*, Vol. 28(2).

Jencks, C.(1994). *The Homeless*, Harvard University Press.

Johnson, A. K.(1995). "Homelessness". *Encyclopedia of Social Work* 19th eds. Silver Spring, MD: National Association of Social Workers.

Jordan, B.(1996), *A Theory of Poverty and Social Exclusion*, Polity Press.

Kelly, E., Mitchell, C. & Smith S. J.(1990). Factor in the Length of Stay of Homeless Families in Temporary Accommodation. *Housing Studies,* Vol. 5.

Kozol, J.(1990). Mental Illness Does Not Cause Homelessness. In D. L. Bender & B. Leone(Ed.), *The Homeless*. CA: Greenhaven.

Kutza, E. A. & Keigher, S. M.(1991). The Elderly "New Homeless": An Emerging Population at Risk. *Social Work*, V.36(4),

Lamb, H. R. & Talbott, J. A.(1990). Mental Illness Causes Homelessness. In D. L. Bender & B. Leone(Ed.), *The Homeless*. CA: Greenhaven.

Leach, J.(1979). Providing for the Destitute, In J. K. Wing & R. Olsen(Ed.), *Community Care of the Mentally Disabled*, pp.90-105. Oxford University Press.

Levinson, D. ed.(2004), *Encyclopedia of Homelessness,* SAGE.

McCarty, D., Argeriou, M., Huebner, R. B., & Lubran, B.(1991). Alcoholism, Drug Abuse, and the Homeless. *American Psychologist*, Vol. 46(11).

McChesney K. Y.(1995). "A Review of the Empirical Literature on Contemporary Urban Homeless Families", *Social Service Review*, Vol. 69.

McMurray-Avila, M., Gelberg, L., & Breakey, W. R.(1999). "Balancing Act: Clinical Practices that Respond to the Needs of Homeless People". IN

Fosburg, L. B. & Dennis, D. L.(Eds.). *Practical Lessons : The 1998 National Symposium on Homelessness Research*, HUD & HHS

McNaught, A. & Bhugra, D.(1996). Models of Homelessness. In D. Bhugra(Ed.), *Homelessness and Mental Health*. Cambridge University Press.

Milburn, N. & D'Ercole, A.(1991). Homeless Women: Moving Toward a Comprehensive Model. *American Psychologist*, V.46(11).

Molnar, J. M., Rath, W. R. & Klein, T. P.(1990). Constantly Compromised: The Impact of Homelessness on Children. *Journal of Social Issues*, Vpl. 46(4),

Morris, J. M.(1998). "Affiliation, Gender, and Parental Status among Homeless Persons", *Journal of Social Psychology*, Vol. 138(2).

Morse, G. A., Calsyn, R. J., Miller, J., Rosenberg, P., West, L., & Guilland, J.(1996). "Outreach to Homeless Mentally Ill People: Conceptual and Clinical Considerations". *Community Mental Health Journal*, Vol. 32(3).

Morse, Gary(1998). "A review of Case Management for People Who Are Homeless : Implication for Practice, Policy, and Research." Fosburg, L. B. & Dennis, D. L.(Eds.). *Practical Lessons : The 1998 National Symposium on Homelessness Research*, HUD & HHS

Mowbray, C. T., & Bybee, D.(1998). "The Importance of Context in Understanding Homelessness and Mental Illness: Lessons Learned From a Research Demonstration Project". *Research on Social Work Practice*, Vol. 8(2).

National Coalition for the Homeless(1998). NCH Fact Sheet. In http://nch.ari.net.

Oakley, D, & Dennis, D. L.(1996). Responding to the Needs of Homeless People with Alcohol, Drug, and/or Mental Disorders. In J. Baumohl(ed.), *Homelessness in America. Phoenix*, Arizona: Oryx Press.

Peifer, K. M.(1999). *The Shelter Guidebook : An Education Manual for Shelter Workers*, Bell & Howell Company.

Percy-Smith, J.(2000), *Policy Responses to Social Exclusion*, Open University Press.

Pierson, J.(2002), *Tackling Social Exclusion*, Routledge.

Piliavin, I., Sosin, M., Westerfelt, A. H., & Matsueda, R. L.(1993). "The Duration of Homeless Careers: An Exploratory Study". *Social Service Review*, Vol. 67(4).

Piliavin, I., Wright, B. R. E., Mare, R. D. & Westerfelt, A. H.(1996). "Exits From and Returns to Homeless", *Social Service Review*, Vol. 70.

Rafferty, Y. & Shinn, M.(1991). The Impact of Homelessness on Children. *American Psychologist*, VOl. 46(11).

Proch, K. & Taber, M. A.(1987). Helping the Homeless. Public Welfare, Spring.

Rodgers, G., Gore, C. & Figueiredo, J. B. eds(1995), *Social Exclusion: Rhetoric, Reality, Responses*, Geneva: International Institute for Labour Studies.

Room, G.(1995a), 'Poverty and Social Exclusion: The New European Agenda for Policy and Research,' in G. Room(ed.), *Beyond the Threshold: The measurement and analysis of social exclusion*, Bristol: The Policy Press.

Room, G.(1995b), "Poverty in Europe: competing paradigms of analysis" *Policy and Politics*, Vol. 23(2)..

Room, G.(1999), "Social exclusion, solidarity and the challenge of globalization", *International Journal of Social Welfare*, Vol. 8.

Rosenberg, R., Bassuk, E. & Salomom, A.(1999), "Special Populations of

Homelessness Americans, Fosburg", L. B. & Dennis, D. L. ed.(1999), *Practical Lessons : The 1998 National Symposium on Homelessness Research*, HUD & HHS.

Rossi, P. H., Wright, J. D., Fisher, G. A., & Willis G.(1987). The Urban Homeless: Estimating Composition and Size. *Science*, V. 235.

Savarese, M. & Weber, C. M.(1993). "Case Management for Persons Who Are Homeless", *Journal of Case Management*, Vol. 2.

Shever, M. A., Black, M., Victor, C., Benzeval, M., Gill, M., & Judge, K.(1991). *Homelessness and Utilization of Acute Hospital services in London.* London: Kings Fund.

Shinn, M. & Weitzman, B. C.(1990). "Research on Homelessness", *Journal of Social Issues*, Vol. 46(4).

Shinn, M., Knickman, J. R., & Weitzman, B. C.(1991). "Social Relationships and Vulnerability to Becoming Homeless Among Poor Families". *American Psychologist*, Vol. 46(11).

Silver, H.(1994), "Social Exclusion and Social Solidarity: Three paradigms," *International Labour Review*, Vol. 133(5-6).

Snow. D. a. & Anderson, L.(1987). Identity Work among the Homeless; the Verbal Constructionand Avowal of Personal Identities. *American Journal of Sociology*, V.92(6).

Schutt, R. K., Meschede, T. & Rierdan, J.(1994). Distress, Suicidal Thought, and Social Support Among Homeless Adults. *Journal of Health and Social Behaviour*, VOl. 35(June),

Somerville, P.(1992), "Homelessness and the Measuring of Home : Rooflessness or

Rootlessness?". *International Journal of Urban and Regional Research*. Vol. 16(4).

Sosin, M. & Piliavin, I. & Westerfelt, H.(1990). "Toward a Longitudinal Analysis of Homelessness". *Journal of Social Issues*, Vol. 46(4).

Timms, P.(1993). Mental Health and Homelessness. In K. Fisher & J. Collins(Ed), *Health Care and Welfare Provision*. NY; Routledge.

Tosi, A.(2000), 'Homelessness and Housing Factor, Coping with Homelessness : Issues to be Tackled and Best Practice in Europe'

United States General Accounting Office(1999), 'Homlessness. Report to Congressional Committees'

Wagner, D.(1994), "Beyond the Pathologizing of Nonwork: Alternative activities in a street Community", *Social Work*, Vol. 39(6).

Weitzman, B. C., Knickman, J. R. & Shinn, M.(1990). Pathways to Homelessness Among New York City Families. *Journal of Social Issues*, Vol. 46(4).

Wong, Y. I. & Piliavin, I.(1997). "A dynamic analysis of homeless-domicile transitions". *Social Problems*, Vol. 44(3).

Wong, Y. I., Culhane, D. P. & Kuhn, R.(1997). "Predictors of Exit and Reentry among Family Shelter Users in New York City". *Social Service Review*, Vol. 71(3).

Wood, D., Valdez, R. B., Hayashi, T. & Shen, A.(1990). "Homeless and Housed Families in Los Angeles: A Study Comparing Demographic, Economic, and Family Function Characteristics". *American Journal of Public Health*, Vol. 80(9).

Wright, J. D.(1990). "Poor People, Poor Health: The Health Status of Homeless",

Journal of Social Issues, Vol. 46(4).

Wright, J. D., Rubin, B. A. & Devine, J. A.(1998). *Beside the Golden Door*. NY: Walter de Gruyter, Inc.

· 저자 ·

남기철　·약　력·
(南基澈)

1991. 서울대학교 사회복지학과 졸업(문학사)
2000. 서울대학교 대학원 사회복지학과 졸업(문학박사 및 문학석사)

1999-2002. 서울대학교 사회복지연구소 상근연구원
2002-2004. 보건복지부 노숙자대책 민관협의회 위원
2002-현재. 동덕여자대학교 사회복지학전공 교수
2002-현재. 참여연대 사회복지위원회 위원
2006-현재. 보건복지부 중앙생활보장위원회 전문위원

·주요논저·

「노숙인의 쉼터 생활 유형과 특성 분류」
「노숙자의 사회적 연계 단절에 관한 연구」
「빈곤에 대한 사회복지실천과 반배제적 실천 원리」
『자원봉사론』
『빈곤정책의 전환 모색(공저)』
외 다수

노숙인과 사회복지실천

: 노숙인 복지시설 내의 사회복지실천 양상과 체계화

· 초판 인쇄　2007년 6월 15일
· 초판 발행　2007년 6월 15일

· 지 은 이　남기철
· 펴 낸 이　채종준
· 펴 낸 곳　한국학술정보㈜
　　　　　경기도 파주시 교하읍 문발리 526-2
　　　　　파주출판문화정보산업단지
　　　　　전화　031) 908-3181(대표)·팩스　031) 908-3189
　　　　　홈페이지　http://www.kstudy.com
　　　　　e-mail(출판사업부)　publish@kstudy.com
· 등　　록　제일산-115호(2000. 6. 19)
· 가　　격　40,000원

ISBN　978-89-534-6935-8 93330 (Paper Book)
　　　　978-89-534-6936-5 98330 (e-Book)

—